Studium Jura

Herausgegeben von
Dr. Marco von Münchhausen

BGB
Allgemeiner Teil II

von

Christine Bauchhenss
Rechtsanwältin und Repetitorin

C.H. Beck'sche Verlagsbuchhandlung
München 1998

Die Deutsche Bibliothek – CIP-Einheitsaufnahme

BGB - Allgemeiner Teil / von Christine Bauchhenss. -
München : Beck
(Studium Jura)
Teil 1 verf. von Marco von Münchhausen und
Christine Bauchhenns
2 (1998)
ISBN 3 406 39785 9

ISBN 3 406 39785 9

Satz: Herbert Kloos, München
Druck: C.H. Beck'sche Buchdruckerei, Nördlingen
Gedruckt auf säurefreiem, alterungsbeständigem Papier
(hergestellt aus chlorfrei gebleichtem Zellstoff)

Vorwort

Die Reihe „Studium Jura“ dient sowohl dem Studienanfänger zum erstmaligen Einordnen der juristischen Materie als auch dem Studenten in der unmittelbaren Examensvorbereitung zur Wiederholung und Vertiefung des prüfungsrelevanten Stoffes. Auch dem Rechtsreferendar bietet sie die Möglichkeit zu einer kompakten und zeitsparenden Wiederholung der Schwerpunkte des materiellen und prozessualen Rechts.

Die Reihe umfaßt den Pflichtstoff des Referendarexamens und ist so konzipiert, daß eine anderweitige Vertiefung nicht mehr erforderlich ist.

Den bekannten Schwierigkeiten des Jurastudiums wird gezielt abgeholfen:

- ❑ Statt Stoffülle – Konzentration auf das examensrelevante Wissen.
- ❑ Statt Abstraktion – bildhafte, verständliche und einprägsame Darstellung.
- ❑ Statt Komplexität – Strukturen und Schemata.

Die Stoffdarstellung erfolgt sowohl induktiv (anhand von Fällen) als auch deduktiv (theoretisch mit Beispielen). Sie lernen rezeptiv (durch Verarbeitung des neuen Stoffes) und aktiv (durch Lösung und Wiederholung der Kontrollfragen).

Die Formulierung folgt weitgehend dem Gutachtenstil, wie er im 1. Juristischen Staatsexamen verlangt wird. Meinungsstreitigkeiten werden strukturiert mit Pro- und Contra-Argumenten dargestellt. Schließlich erhalten Sie fortlaufend Hinweise zur juristischen Methodik und zur Klausurtechnik.

Zum Schluß möchte ich mich vor allem bei Herrn Dr. Marco v. Münchhausen und Herrn Ingo Püschel für Ihre große Unterstützung bei der Anfertigung der Graphiken bedanken. Darüberhinaus verdient Herr Ingo Püschel Lob und Anerkennung für die Erarbeitung der Kontrollfragen. Schließlich bin ich Frau Fresa Schulz für die Erstellung des Sachverzeichnisses zu Dank verpflichtet.

Die Verfasserin

Gesamtkonzeption der Reihe „Studium Jura“ – Zivilrecht	
Rechtsgebiet	**Inhalt**
BGB – Allgemeiner Teil I	u.a. Willenserklärung, Vertragsschluß, AGB
BGB – Allgemeiner Teil II	u.a. Stellvertretung, Anfechtung, Wirksamkeitshindernisse
Schuldrecht – Allgemeiner Teil I	u.a. Leistungsstörungen
Schuldrecht – Allgemeiner Teil II	u.a. Erlöschen des Schuldverhältnisses
Schuldrecht – Allgemeiner Teil III	Schadensrecht
Schuldrecht – Besonderer Teil I, II	Besonderes Vertragsrecht
Schuldrecht – Besonderer Teil III	Bereicherungsrecht
Schuldrecht – Besonderer Teil IV	Deliktsrecht
Sachenrecht I	Mobiliarsachenrecht
Sachenrecht II	Immobiliarsachenrecht
Sachenrecht III	Kreditsicherungsrecht
Familienrecht	u.a. Ehe, Unterhalt, Scheidung
Erbrecht	u.a. gewillkürte und gesetzliche Erbfolge

Handelsrecht	u.a. Kaufmannseigenschaft, Handelsgeschäfte
Gesellschaftsrecht	u.a. BGB-Gesellschaft, OHG, KG, GmbH
Arbeitsrecht	IndividualAR, Grundzüge des KollektivAR
ZPO I	Erkenntnisverfahren
ZPO II	Zwangsvollstreckungsrecht

Die Reihe erscheint fortlaufend

Inhaltsverzeichnis

Seite

Seite

Seite

Kapitel 6. Die Fehleridentität

Kapitel 7. Zeitliche Faktoren

Literaturhinweise

Kommentare

Baumbach/Duden/Hopt, Kommentar zum Handelsgesetzbuch, 29. Aufl., 1994 (zit. B/D/H)

Erman, Handkommentar zum Bürgerlichen Gesetzbuch, 9. Aufl., 1993

Jauernig/Schlechtriem/Stürner/Teichmann/Vollkommer, Bürgerliches Gesetzbuch, 8. Aufl., 1997 (zit. Jau.)

Münchner Kommentar zum BGB, Band 1, 3. Aufl., 1993 (zit. MüKo)

Palandt, Bürgerliches Gesetzbuch, 56. Aufl., 1997 (zit. Pal.)

Soergel-Siebert, Bürgerliches Gesetzbuch, Band 1, 12. Aufl., 1988 (zit. Soergel)

Staudinger, Kommentar zum BGB, 12. Aufl., 1979 (zit. Staud.)

Lehrbücher

Braunbehrens/Angerbauer, BGB Allgemeiner Teil, 1. Aufl., 1991 (zit. B/A)

Brox, Allgemeiner Teil des BGB, 20. Aufl., 1996

Diederichsen, Der Allgemeine Teil des BGB für Studienanfänger, 5. Aufl., 1984

Eisenhardt, Deutsche Rechtsgeschichte, 2. Aufl., 1995

Flume, Allgemeiner Teil des Bürgerlichen Rechts, II: Das Rechtsgeschäft, 3. Aufl., 1979

Gernhuber, Bürgerliches Recht, 3. Aufl., 1991

Giesen, BGB Allgemeiner Teil: Rechtsgeschäftslehre, 2. Aufl., 1995

Gmür, Grundriß der Deutschen Rechtsgeschichte, 6. Aufl., 1994

Hirsch, Der Allgemeine Teil des BGB, 2. Aufl., 1992

Hübner, Allgemeiner Teil des Bürgerlichen Gesetzbuches, 1.Aufl., 1995

Kaser, Römische Rechtsgeschichte, 16. Aufl., 1992

Köhler, BGB – Allgemeiner Teil, 23 Aufl., 1996

Köhler, BGB – Allgemeiner Teil, Prüfe dein Wissen, 19. Aufl., 1996

Larenz, Allgemeiner Teil des Bürgerlichen Rechts, 7. Aufl., 1989

Löwisch, Allgemeiner Teil des BGB, 6. Aufl., 1997

Medicus, Allgemeiner Teil des BGB, 7. Aufl., 1997 (zit. Med. AT)

Medicus, Bürgerliches Recht, 17. Aufl., 1996 (zit. Med. BR)

Mitteis, Lieberich, Deutsche Rechtsgeschichte, 19. Aufl., 1992

Musielak, Grundkurs BGB, 4. Aufl., 1994

Rüthers, Allgemeiner Teil des BGB, 10 Aufl., 1997

Schack, Allgemeiner Teil, 6. Aufl., 1995

Schlosser, Grundzüge der Neueren Privatrechtsgeschichte, 6.Aufl., 1988

Wolf, Allgemeiner Teil des Bürgerlichen Rechts, 3. Aufl., 1982

Kapitel 1. Das Stellvertretungsrecht

Literatur: G. Hager, Die Prinzipien der mittelbaren Stellvertretung, AcP 180, 239; Lüderitz, Prinzipien des Vertretungsrechts, JuS 1976, 765; Pawlowski, Die gewillkürte Stellvertretung, JZ 1996, 125; Schwark, Rechtsprobleme bei der mittelbaren Stellvertretung, JuS 1980, 777; P. Schwerdtner, Rechtsgeschäftliches Handeln in Vertretung eines anderen (Vertretungsmacht), Jura 1979, 51 f., 107 f., 163 f., 219 f.

§ 1. Grundlagen

A. Einführung

I. Gibt eine Person eine Willenserklärung ab, so handelt sie **grundsätzlich für sich selbst**, d. h. die Rechtswirkungen ihrer Erklärung sollen sie *persönlich* treffen. 1

Beispiel: Verkauft V dem K seinen Pkw, so ist K selbst aus dem Kaufvertrag berechtigt (§ 433 I 1) und auch verpflichtet (§ 433 II).

II. Daneben gibt es jedoch Situationen, in denen eine Partei nicht selbst rechtsgeschäftlich handeln kann bzw. handeln will und sie sich deshalb einer **Hilfsperson** bedienen muß. 2

Beispiele:
- ❑ Der Inhaber eines Kaufhauses kann nicht selbst alle notwendigen Geschäfte vornehmen; daher bedient er sich seiner Angestellten als Vertreter (vgl. § 56 HGB; bitte lesen!).
- ❑ Geschäftsunfähige Personen sind nicht in der Lage, rechtsgültige Willenserklärungen abzugeben (vgl. §§ 104, 105 I). Daher bedürfen sie einer Hilfsperson, die für sie handelt (z. B. eines gesetzlichen Vertreters – §§ 1626, 1629 – oder eines Betreuers – §§ 1896 ff.).
- ❑ Ein Verein kann nicht selbst Rechtsgeschäfte tätigen, sondern muß hierzu durch den Vereinsvorstand als zuständiges Organ wirksam vertreten werden (vgl. § 26 II).

Der Gesetzgeber sieht für diese Fälle in den **§§ 164 ff.** die Möglichkeit der **Stellvertretung** vor. Hiernach kann eine Person (als Vertreter) in der Weise rechtsgeschäftlich handeln, daß die Rechtsfolgen nicht ihn selbst, sondern *unmittelbar einen anderen* (den Vertretenen bzw. Geschäftsherrn) treffen. Die vom Vertreter abgegebene oder ihm zugegangene Willenserklärung wird dem Geschäftsherrn so zugerechnet, als habe dieser sie selbst abgegeben (§ 164 I 1) oder empfangen (§ 164 III; Med. AT Rn. 882).

Beispielsfall: G beauftragt und bevollmächtigt seinen Freund V, in seinem (G's) Namen sein (G's) Surfbrett zu verkaufen. Daraufhin bietet V dem D das Brett für DM 1.000,– zum Kauf an, wobei er im Namen des G auftritt. D ist mit dem Geschäft einverstanden und verlangt von G Übergabe und Übereignung des Surfbretts Zug um Zug gegen Zahlung der DM 1.000,–. Zu Recht?

Gem. § 164 I 1 wirkt das Angebot des V unmittelbar für und gegen G. In gleicher Weise muß G auch die gegenüber V abgegebene Annahme des D gem. § 164 III i. V. m. I 1 für und gegen sich wirken lassen. Somit kommt der Kaufvertrag unmittelbar zwischen D und G zustande, ohne daß G beim Vertragsschluß selbst mitgewirkt hat. D kann daher von G gem. § 433 I 1 Übergabe und Übereignung des Surfbretts verlangen, während G gegen D gem. § 433 II einen Anspruch auf Zahlung von DM 1.000,– hat.

Die Stellvertretung hat die Wirkung, als hätte der vertretene **Geschäftsherr** das Rechtsgeschäft des Vertreters **selbst** vorgenommen.

Hinweis: Die Stellvertretung kann sich gem. § 164 I 1 auf die *Abgabe* einer Willenserklärung beziehen (= sog. **Aktiv**vertretung) oder gem. § 164 III auf den *Empfang* einer Willenserklärung (= sog. **Passiv**vertretung). Üblicherweise wird jedoch nur von „Vertretung" gesprochen.

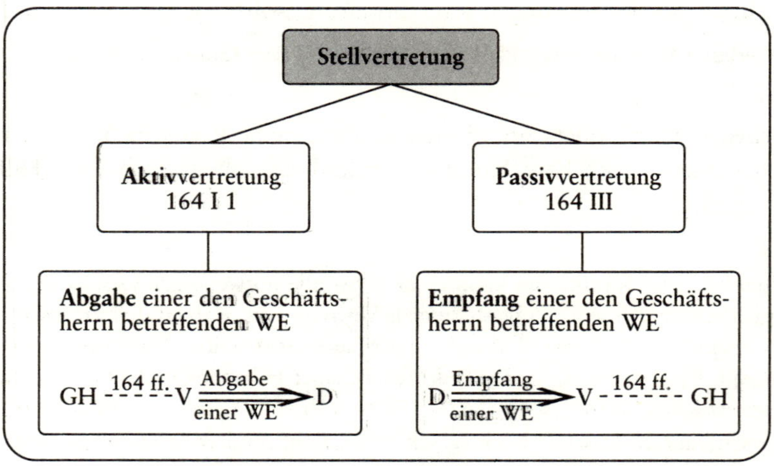

B. Die verschiedenen Rechtsbeziehungen bei der Stellvertretung

Wird ein Vertreter eingeschaltet, so sind **drei verschiedene Rechtsbeziehungen** zwischen den Beteiligten streng zu unterscheiden: 3

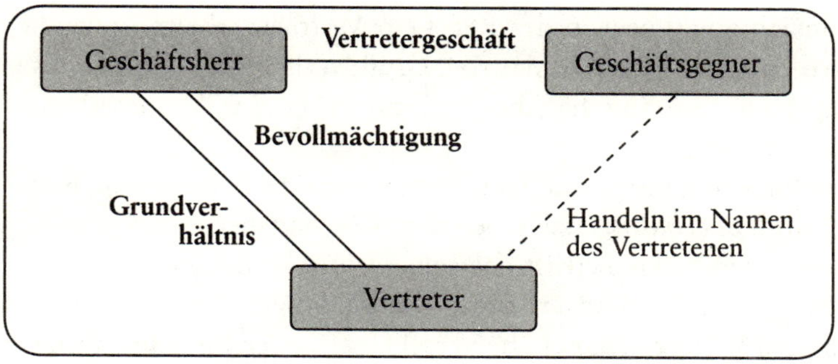

I. Das Vertretergeschäft

Als Vertretergeschäft bezeichnet man das Rechtsgeschäft, das der Vertreter (V) mit bzw. gegenüber dem Geschäftsgegner (D) vornimmt und das gem. § 164 I 1, III **unmittelbar für und gegen den Geschäftsherrn** (G) wirkt. 4

Beispiel: V schließt mit D im Namen und mit Vertretungsmacht des G einen Werkvertrag i. S. v. § 631 über die Reparatur der Armbanduhr des G. Der Werkvertrag kommt gem. § 164 I 1, III unmittelbar zwischen dem Geschäftsherrn G und dem Geschäftsgegner D zustande und wird als Vertretergeschäft bezeichnet.

Hinweis: Aus didaktischen Gründen werden im Folgenden die bei der Stellvertretung üblicherweise beteiligten drei Personen in folgender Weise abgekürzt:

- der Vertretene bzw. Geschäftsherr mit G,
- der Vertreter mit V,
- der Geschäftsgegner bzw. Dritte mit D.

II. Die Bevollmächtigung

Sie ist eine *einseitige, empfangsbedürftige Willenserklärung des Geschäftsherrn,* mittels derer rechtsgeschäftliche Vertretungsmacht (sog. Vollmacht, vgl. § 166 II) des Vertreters begründet wird. Die Vollmacht berechtigt den Vertreter, Rechtsgeschäfte mit Wirkung für und gegen den Geschäftsherrn zu tätigen. Die Bevollmächtigung kann gegenüber dem Vertreter (dann sog. **Innenvollmacht**) oder gegenüber dem Geschäftsgegner (dann sog. **Außenvollmacht**) erfolgen (vgl. § 167 I; Näheres hierzu unten § 2 Rn. 39 ff.). 5

Beispiel: G teilt dem Geschäftsinhaber D mit, daß er am darauffolgenden Tag seinen Angestellten V vorbeischicken werde, um ein neues Faxgerät für ihn (G) zu erwerben. Schickt er den V daraufhin am nächsten Tag los, um das Gerät zu kaufen, so handelt V mit Vertretungsmacht, da G gegenüber D Außenvollmacht erteilt hat.

Hätte G die Vollmacht nicht gegenüber D, sondern gegenüber V selbst erteilt, so wäre dieser aufgrund einer Innenvollmacht zum Abschluß des Kaufvertrages für G ermächtigt gewesen.

III. Das Grundverhältnis

6 Der Bevollmächtigung liegt in der Regel ein Vertragsverhältnis zwischen dem **Geschäftsherrn** und dem **Vertreter**, das sog. Grundverhältnis, zugrunde. Es ist meistens als Auftrag (§ 662), als Geschäftsbesorgungsvertrag (§ 675) oder als Arbeitsvertrag (§ 611) ausgestaltet.

- Die **Bevollmächtigung** räumt dem Vertreter nur die Befugnis ein, Rechtsgeschäfte im sog. *Außenverhältnis* (zwischen dem Geschäftsherrn und dem Geschäftsgegner) vorzunehmen. Sie betrifft das sog. *rechtliche Können.*
- Dagegen regelt das **Grundverhältnis** u. a. die Fragen, inwieweit der Vertreter zur Vornahme des Vertretergeschäfts verpflichtet ist, er für seine Tätigkeit eine Gegenleistung erhält, und ob er beim Gebrauch seiner Vollmacht Grenzen beachten muß. Das Grundverhältnis legt somit den Umfang der Rechte und Pflichten im *Innenverhältnis* (zwischen dem Vertreter und dem Geschäftsherrn) fest und betrifft das sog. *rechtliche Dürfen.*

Beispiel: G beauftragt den V, für ihn beim Antiquitätenhändler D eine bestimmte Kommode zu kaufen und erteilt ihm hierzu Innenvollmacht. Das Grundverhältnis liegt hier in Form eines zwischen G und V geschlossenen Auftrags vor. Gem. § 662 ist V hiernach gegenüber G verpflichtet, den Kaufvertrag mit D (= Vertretergeschäft) im Namen des G abzuschließen, ohne jedoch hierfür eine Gegenleistung von G zu erhalten.

Merke: Im Stellvertretungsrecht unterscheidet man streng zwischen **Innen-** und **Außenverhältnis**. Das Außenverhältnis betrifft das Rechtsverhältnis zwischen Geschäftsherrn und Geschäftsgegner, das Innenverhältnis dagegen das Rechtsverhältnis zwischen Geschäftsherrn und Vertreter.

C. Grundprinzipien

Das Stellvertretungsrecht baut im Wesentlichen auf folgenden drei Grundprinzipien 7
auf (Pal. Einf. vor § 164 Rn. 2):

Repräsentationsprinzip	Offenkundigkeitsprinzip	Abstraktionsprinzip
Der Vertretene wird **durch** den Vertreter, der **für ihn handelt**, nach außen repräsentiert	Der Vertretene muß erkennbar **im Namen des Vertretenen** handeln, sonst wirkt seine WE nicht für den Vertretenen, sondern für ihn selber (vgl. § 164 II)	Die **Vertretungsmacht** des Vertreters ist **unabhängig** (abstrakt) **vom zugrundeliegenden Rechtsverhältnis** (dem sog. Grund- oder Innenverhältnis)

I. Das Repräsentationsprinzip

Dieses (in § 164 und § 166 I zum Ausdruck kommmende) Prinzip besagt, daß das 8
Vertretergeschäft **allein vom Vertreter** vorgenommen wird und nur die *Rechtswirkungen* den *Geschäftsherrn* treffen. Daher kommt es für Inhalt und Wirksamkeit dieses Rechtsgeschäfts grundsätzlich allein auf die Person des Vertreters an. Der Geschäftsherr wird also durch den Vertreter repräsentiert (MüKo vor § 164 Rn. 62; Pal. Einf. vor § 164 Rn. 2; Med. AT Rn. 899; Näheres hierzu unten § 2 Rn. 11).

II. Das Offenkundigkeitsprinzip

Hiernach wirkt das Vertretergeschäft gem. § 164 nur dann für und gegen den Ge- 9
schäftsherrn, wenn der Vertreter erkennbar **im Namen des Geschäftsherrn** auftritt. Der Geschäftsgegner soll erfahren, wer sein Geschäftspartner ist (Pal. Einf. vor § 164 Rn. 2; Näheres hierzu unten § 2 Rn. 19 ff.).

III. Das Abstraktionsprinzip

Nach diesem Prinzip sind die Vollmacht und das zugrundeliegende Rechtsverhältnis 10
voneinander **zu trennen** und gegenseitig **unabhängig**. Demnach ist die Vollmacht grundsätzlich auch dann wirksam, wenn kein wirksames Grundverhältnis besteht. Bewegt sich der Vertreter im Rahmen seiner Vertretungsmacht, so wirkt das Vertretergeschäft auch dann für und gegen den Geschäftsherrn, wenn der Vertreter hierbei die im Innenverhältnis gezogenen Grenzen mißachtet (Pal. Einf. vor § 164 Rn. 2; Brox AT Rn. 507; Näheres hierzu unten § 2 Rn. 82 ff.).

IV. Zusammenfassende Graphik

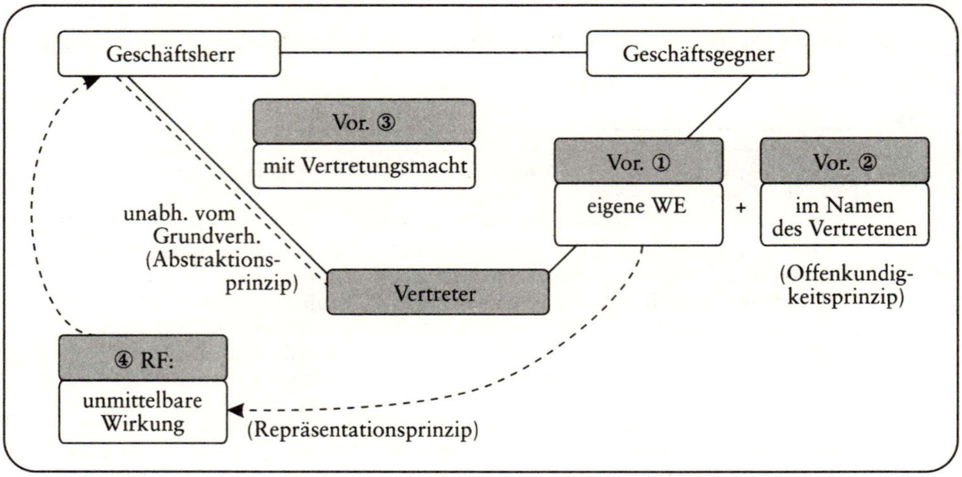

D. Abgrenzung der Stellvertretung von ähnlichen Rechtsinstituten

11 Die Stellvertretung ist insbesondere von folgenden **ähnlichen Instituten** abzugrenzen:

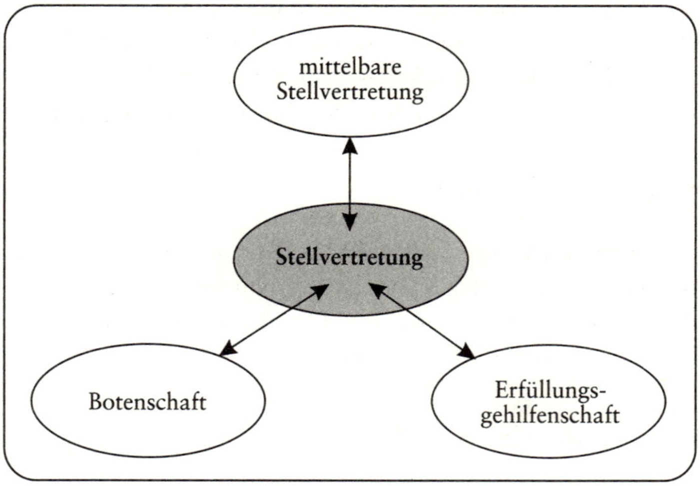

I. Die mittelbare Stellvertretung

12 Bei der sog. mittelbaren Stellvertretung schließt der Handelnde (der mittelbare Vertreter) das Rechtsgeschäft nicht im fremden, sondern **im eigenen Namen,** aber im Interesse und für Rechnung des Geschäftsherrn ab (Pal. Einf. vor § 164 Rn. 6; Musielak Rn. 711; Brox AT Rn. 472).

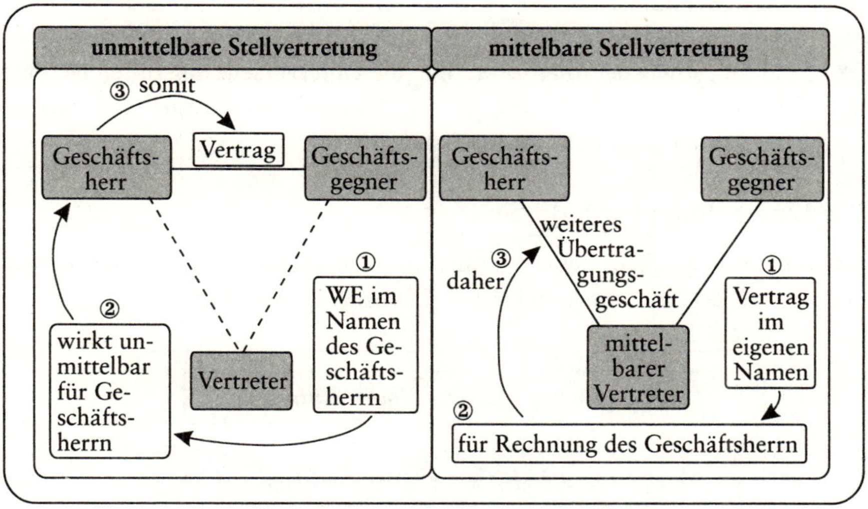

1. Die mittelbare Stellvertretung, die im BGB nicht geregelt ist, ist in Wirklichkeit **keine Stellvertretung**, da es an dem für eine Stellvertretung typischen Handeln *im Namen des Geschäftsherrn* gerade fehlt. Den mittelbaren Vertreter treffen die Rechtswirkungen des von ihm getätigten Rechtsgeschäftes *persönlich*; der Geschäftsherr ist dagegen *rechtlich* an diesem Geschäft *nicht beteiligt*. Der mittelbare Vertreter muß daher seine Rechte aus dem Vertretergeschäft durch ein *weiteres* Rechtsgeschäft auf den Geschäftsherrn übertragen. Die mittelbare Stellvertretung ist nur *wirtschaftlich* mit einer „echten" Stellvertretung vergleichbar, da in beiden Fällen das Rechtsgeschäft für einen anderen – nämlich den Geschäftsherrn – getätigt wird.

Beispielsfall: G will ein Gemälde des ihm bekannten Kunstsammlers D kaufen, möchte aber nicht namentlich in Erscheinung treten. Daher bittet er seinen Freund V, das Bild „für ihn" zu erwerben, ohne dies jedoch dem D mitzuteilen. Nachdem V von G den Kaufpreis ausgehändigt bekommen hat, kauft er im eigenen Namen das Bild, um es anschließend an G zu übereignen.

Da V den Kaufvertrag im eigenen Namen abgeschlossen hat, liegt kein Fall einer echten Stellvertretung i. S. d. §§ 164 ff., sondern eine sog. mittelbare Stellvertretung vor. V ist demnach selbst Partei des Kaufvertrages mit D geworden. Da der Kauf jedoch auf der Grundlage von einem Auftragsverhältnis (§ 662) mit G und somit für dessen Rechnung erfolgt ist, ist V im Innenverhältnis zu G (gem. § 667; bitte lesen!) verpflichtet, diesem das Bild herauszugeben und zu übereignen.

2. Da bei der Stellvertretung i. S. d. §§ 164 ff. die Rechtswirkungen den Geschäftsherrn unmittelbar, d. h. direkt treffen, wird die „echte" Stellvertretung in Abgrenzung zur mittelbaren Stellvertretung auch **unmittelbare** bzw. **direkte** Stellvertretung genannt. Die „unechte" Stellvertretung bezeichnet man dagegen auch als **mittelbare** bzw. **indirekte** Stellvertretung (Med. AT Rn. 883, Musielak Rn. 711).

3. Wichtige **Anwendungsfälle** der mittelbaren Stellvertretung finden sich im Handelsrecht: Bei der *Kommission*, d. h. dem Kauf bzw. Verkauf für einen anderen, (§§ 383 ff. HGB), sowie der *Spedition*, d. h. die Güterversendung für einen anderen, (§§ 407 ff. HGB) handelt es sich beispielsweise um Fälle einer mittelbaren Stellvertretung (Näheres hierzu im Handelsrechts-Band).

II. Die Einschaltung eines Boten

13 Die **Abgrenzung** zwischen Stellvertretung und Botenschaft ist *in zweifacher Weise* vorzunehmen (Pal. Einf. vor § 164 Rn. 11; Musielak Rn. 706 f.):

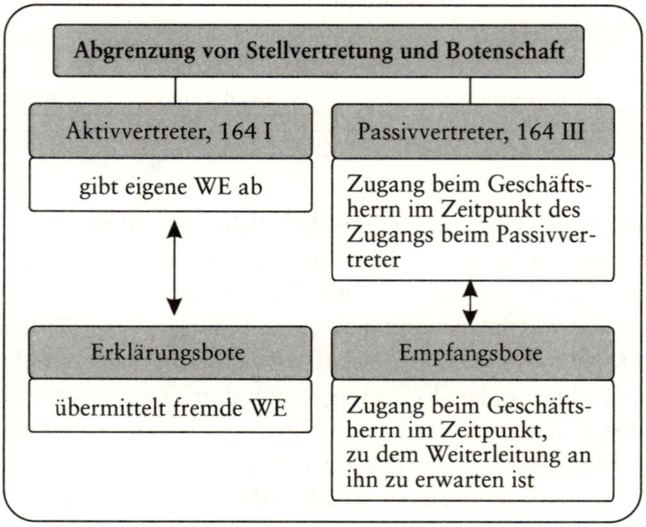

Hinweis: Der Erklärungsbote ist Hilfsperson des *Erklärenden*, der Empfangsbote dagegen Hilfsperson des *Empfängers* (= Adressat) der Willenserklärung.

1. Die Abgrenzung des Aktivvertreters vom Erklärungsboten

14 Der Aktivvertreter i. S. v. § 164 I 1 gibt eine **eigene** Willenserklärung ab. Demgegenüber **übermittelt** der Erklärungsbote lediglich eine **fremde**, vorgefaßte Willenserklärung (die seines Geschäftsherrn). Die Abgrenzung erfolgt danach, ob der Handelnde nach dem äußeren Erscheinungsbild mit *Entscheidungsspielraum* (dann Vertreter) oder ohne (dann Bote) gehandelt hat. Diese Abgrenzung ist in der Klausur beim Prüfungspunkt „Abgabe einer eigenen Willenserklärung" im Rahmen des Prüfungsschemas einer wirksamen Stellvertretung vorzunehmen (Näheres hierzu unten § 2 Rn. 7 ff.).

2. Die Abgrenzung des Passivvertreters vom Empfangsboten

15 Passivvertreter und Empfangsbote sind auf Seiten des Adressaten einer Willenserklärung eingeschaltet. In beiden Fällen nimmt die Hilfsperson eine an den Geschäftsherrn gerichtete Willenserklärung passiv entgegen. Diese Abgrenzung wird v. a. für die Frage nach dem **Zeitpunkt des Zugangs** der Willenserklärung beim Geschäfts-

herrn relevant (BGH NJW-RR 1989, 758; Pal. § 130 Rn. 9; Näheres zur Problematik des Zugangs und zu dieser Abgrenzung unten, § 2 Rn. 12 sowie im BGB-AT Band I § 17 Rn. 5 ff.).

III. Die Einschaltung eines Erfüllungsgehilfen

Die Stellvertretung führt zu einer **Zurechnung von Willenserklärungen**: Dem Ge- 16
schäftsherrn wird die Erklärung seines Vertreters als eigene zugerechnet.

Dagegen geht es bei der Einschaltung eines Erfüllungsgehilfen um die **Zurechnung von schuldhaften Pflichtverletzungen** des Gehilfen: Gem. § 278 haftet der Geschäftsherr, der sich zur Erfüllung seiner Pflichten eines Erfüllungsgehilfen bedient, im Fall einer Pflichtverletzung seines Gehilfen in gleicher Weise, wie wenn er die Gehilfentätigkeit selbst ausgeübt hätte (Näheres hierzu im Schuldrecht-AT Band I § 6 Rn. 9 ff.).

Beispiel: K kauft beim Antiquitätenhändler V eine wertvolle Vitrine. Die Parteien vereinbaren, daß V das Möbelstück dem K am Abend vorbeibringen werde (sog. Bringschuld). Da V hierzu keine Zeit findet, weist er am Abend seinen Angestellten A an, die Vitrine dem K zu bringen. Auf dem Weg dorthin verursacht A schuldhaft einen Unfall, bei dem das Möbelstück zerstört wird. Hier muß sich V das schuldhafte Verhalten seines Erfüllungsgehilfen gem. § 278 zurechnen lassen, so daß er dem K gem. § 325 haftet, wie wenn er den Unfall selbst verursacht hätte.

Abgrenzungen der Stellvertretung				
ohne Stellvertretung	mittelbare Stellvertretung	unmittelbare Stellvertretung	Bote	Erfüllungsgehilfe
eigene WE	eigene WE	eigene WE	**fremde** WE	gar **keine** WE
im eigenen Namen	im eigenen Namen	im **fremden** Namen	im fremden Namen	
für eigene Rechnung	für **fremde** Rechnung	für fremde Rechnung	für fremde Rechnung	

§ 2. Die Voraussetzungen einer wirksamen Stellvertretung

1 Die Willenserklärung eines Vertreters wirkt gem. § 164 I 1 nur dann für und gegen den Geschäftsherrn, wenn folgende Voraussetzungen erfüllt sind (Musielak Rn. 704 ff., Brox AT Rn. 473 ff.):

Prüfungsschema – Voraussetzungen einer wirksamen Stellvertretung

I. Anwendbarkeit der §§ 164 ff.

II. Zulässigkeit der Stellvertretung

III. Abgabe einer eigenen Willenserklärung

IV. im fremden Namen

V. mit Vertretungsmacht

VI. Rechtsfolge: Willenserklärung wirkt für und gegen den Geschäftsherrn

A. Die Anwendbarkeit der §§ 164 ff.

2 **I.** Nach dem Wortlaut des § 164 I und III gelten die §§ 164 ff. *unmittelbar* nur für die Zurechnung von **Willenserklärungen.**

II. Nach h. M. finden die §§ 164 ff. jedoch *analoge Anwendung* auf **geschäftsähnliche Handlungen** (BGH NJW 1995, 45; Pal. Einf. vor § 164 Rn. 3; Musielak Rn. 705; Näheres hierzu im BGB-AT Band I § 9 Rn. 3).

Beispiele: Die Mahnung i. S. v. § 284 I kann durch einen Vertreter des Gläubigers erklärt werden. Ebenso kann sich der Gläubiger bei der Fristsetzung i. S. d. § 326 I 1 vertreten lassen, da in beiden Fällen geschäftsähnliche Handlungen vorliegen, auf die die §§ 164 ff. analoge Anwendung finden.

III. Auf **Realakte** finden die Vorschriften des Stellvertretungsrechts jedoch nach ganz h. M. *keine Anwendung* (Pal. Einf. vor § 164 Rn. 3; Näheres hierzu im BGB-AT Band I § 9 Rn. 4).

Beispiele:

- Ein Fund (§§ 965 ff.) kann nicht in Vertretung für einen anderen erfolgen, da es sich hierbei um einen Realakt handelt, auf den die §§ 164 ff. keine Anwendung finden.
- Ebenso finden die §§ 164 ff. keine Anwendung beim Erwerb des unmittelbaren Besitzes gem. § 854 I bzw. der Übertragung des Besitzes. In diesen Fällen kann sich jedoch bei

Einschaltung einer Hilfsperson eine Fremdwirkung aus § 855 ergeben (Näheres hierzu im Sachenrechts-Band).

Hinweis: Unerlaubte Handlungen sowie Pflichtverletzungen von Hilfspersonen können ebenfalls nicht gem. §§ 164 ff. zugerechnet werden. In diesen Fällen kommt jedoch eine Zurechnung gem. §§ 831, 31, 278 in Betracht.

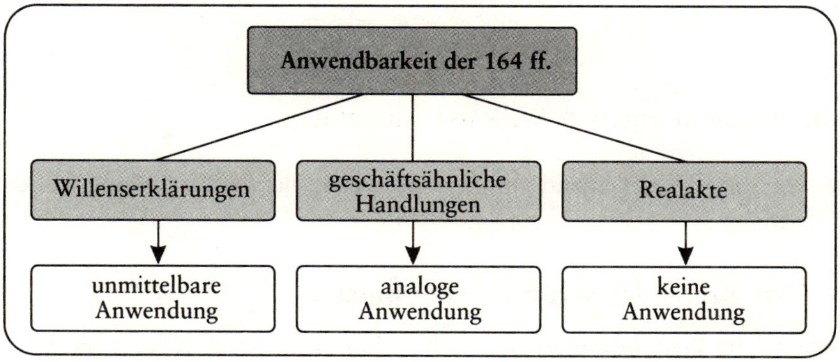

B. Die Zulässigkeit der Stellvertretung

Eine Stellvertretung ist unzulässig, sofern es sich bei dem zu tätigenden Geschäft um 3
ein **höchstpersönliches Rechtsgeschäft** handelt (Pal. Einf. vor § 164 Rn. 4; Brox AT Rn. 473). Hierbei kann sich die Höchstpersönlichkeit des Geschäfts entweder aus dem *Gesetz* oder aber aus einer *Parteivereinbarung* ergeben.

I. Die Höchstpersönlichkeit kraft Gesetzes

Einige Vorschriften des **Familien-** und **Erbrechts** ordnen an, daß eine Partei bestimm- 4
te Willenserklärungen persönlich abgeben muß. In diesen Fällen kann sie sich demnach keines Stellvertreters bedienen.

Beispiele:

- Zur Eheschließung ist gem. § 13 EheG erforderlich, daß die Parteien persönlich und bei gleichzeitiger Anwesenheit das Eheversprechen vor dem Standesbeamten abgeben.
- Der Erblasser kann sein Testament gem. § 2064 nur persönlich errichten.

II. Die gewillkürte Höchstpersönlichkeit

Die Parteien können **vertraglich vereinbaren,** daß eine Stellvertretung ausgeschlossen 5
sein soll (sog. gewillkürte Höchstpersönlichkeit; BGHZ 99, 94; MüKo vor § 164 Rn. 70; Pal. Einf. vor § 164 Rn. 4).

Beispiel: Beauftragt A den Finanzverwalter F mit der persönlichen Verwaltung seines Vermögens, so darf F seine Aufgaben nicht an seine Mitarbeiter delegieren.

III. Rechtsfolge eines Verstoßes

6 Wird in den Fällen der Unzulässigkeit einer Stellvertretung dennoch ein Vertretergeschäft vorgenommen, so ist dieses **unwirksam**. Das Vertretergeschäft kann auch *nicht* nachträglich – wie im Fall des Fehlens der Vertretungsmacht – durch Genehmigung gem. § 177 *geheilt* werden (MüKo vor § 164 Rn. 71; Näheres hierzu unten § 3 Rn. 2 ff.).

C. Abgabe einer eigenen Willenserklärung

Hierbei kommt es entscheidend auf die Abgrenzung der Stellvertretung von der Botenschaft an:

I. Die Abgrenzung des Vertreters vom Boten

7 **1.** Unter diesem Prüfungspunkt ist auf die schon oben dargestellte Abgrenzung des Aktivvertreters vom Erklärungsboten einzugehen (vgl. § 1 Rn. 13 f.). Der Aktiv*vertreter* i. S. v. § 164 I gibt eine **eigene** Willenserklärung ab. Er formuliert die Erklärung selbständig und entscheidet grundsätzlich auch über den Inhalt des Vertretergeschäftes (MüKo vor § 164 Rn. 40; Pal. vor § 164 Rn. 11; zur Ausnahme bei einem sog. Vertreter mit gebundener Marschroute siehe sogleich § 2 Rn. 9).

8 **2.** Dagegen **übermittelt** der (Erklärungs-) *Bote* lediglich eine **fremde**, vom Geschäftsherrn vorformulierte Willenserklärung. Sein Handeln ist nicht rechtsgeschäftlicher, sondern tatsächlicher Natur. Der Bote vermittelt nur das Wirksamwerden einer bereits vom Geschäftsherrn abgegebenen Willenserklärung, indem er ihren Zugang bewirkt (MüKo vor § 164 Rn. 40; Pal. vor § 164 Rn. 11).

9 **3.** Ob die Hilfsperson eine eigene Willenserklärung abgegeben hat (dann Vertreter) oder nur eine fremde Willenserklärung übermittelt hat (dann Bote), ist nach ganz h. M. im Wege der Auslegung gem. §§ 133, 157 aus *Sicht des Erklärungsempfängers* vorzunehmen. Maßgebend ist hiernach v. a., wieviel **Entscheidungsspielraum** der Hilfsperson **nach dem äußeren Erscheinungsbild**, d. h. gemessen an ihrem Auftreten im Außenverhältnis, eingeräumt worden ist (BGHZ 12, 334; MüKo vor § 164 Rn. 43 f.; Pal. vor § 164 Rn. 11; Larenz AT § 30 I c).

a) Tritt die Hilfsperson im Außenverhältnis so auf, daß der Geschäftsgegner den Eindruck bekommen muß, sie gebe eine eigene, selbständig formulierte Willenserklärung ab, so ist sie als Vertreter zu qualifizieren, selbst wenn ihr diese Willenserklärung im Innenverhältnis in allen Einzelheiten vom Geschäftsherrn vorgegeben war (sog. **Vertreter mit gebundener Marschroute**).

b) Erweckt die Hilfsperson beim Geschäftsgegner hingegen den Eindruck, sie habe bzgl. einer bereits vorformulierten Erklärung eine **bloße Übermittlungsfunktion**, so ist sie als Bote zu behandeln, auch wenn sie vom Geschäftsherrn als Vertreter eingesetzt wurde.

c) Es kommt somit **nicht** darauf an, wie die Hilfsperson nach den Vorgaben des Geschäftsherrn (nach dem sog. Innenverhältnis) *hätte auftreten sollen*, **sondern** allein darauf, wie sie gegenüber dem Geschäftsgegner (im sog. Außenverhältnis) *tatsächlich aufgetreten ist.*

Beispiele:

- Kommt der sechsjährige B zum Zeitungskiosk und erklärt dem Verkäufer, „mein Vater läßt Ihnen ausrichten, daß er ‚Die Zeit' haben möchte", so handelt es sich bei dem Sohn aus Sicht des Verkäufers um einen Boten. Dieser hat nämlich nach seinem äußeren Auftreten erkennbar keinen Entscheidungsspielraum, sondern bloße Übermittlungsfunktion hinsichtlich des vom Vater vorgefaßten Kaufangebots.
- Der Einkaufsleiter eines Unternehmens, der im Außenverhältnis gegenüber seinem Vertragspartner zu erkennen gibt, daß er den Einkauf für das Unternehmen in eigener Verantwortung zu regeln hat, ist dagegen als Vertreter des Unternehmensinhabers zu qualifizieren, da er nach seinem äußeren Auftreten Entscheidungsspielraum hat.

Hinweis: Im Einzelfall können auch das *jugendliche Alter* bzw. die *untergeordnete soziale Stellung* der Hilfsperson für eine bloße **Botenstellung** sprechen (Müko vor § 164 Rn. 46).

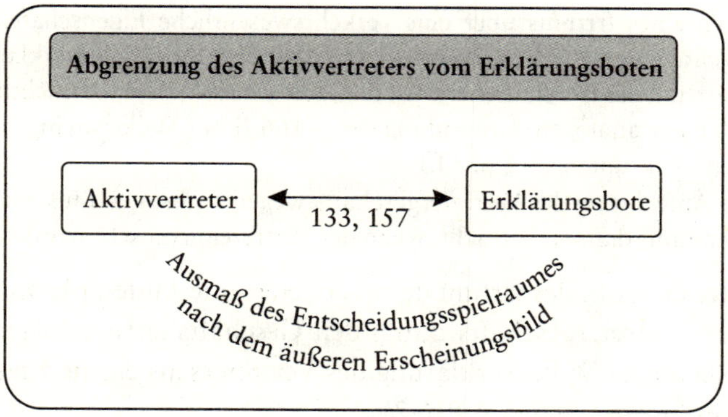

II. Rechtliche Bedeutung der Abgrenzung

Die Abgrenzung der Stellvertretung von der Botenschaft ist insbesondere für folgende Bereiche von Bedeutung:

1. Geschäftsfähigkeit

a) Da der Vertreter eine eigene Willenserklärung abgibt, d. h. rechtsgeschäftlich handelt, muß er gem. § 165 zumindest **beschränkt geschäftsfähig** sein. Ist er dagegen geschäftsunfähig, so ist seine Willenserklärung gem. §§ 104, 105 I nichtig, so daß auch keine Zurechnung im Verhältnis zum Geschäftsherrn in Betracht kommt. 10

b) Dagegen sind beim Boten **keine** Anforderungen hinsichtlich seiner **Geschäftsfähigkeit** zu stellen, da dieser rein tatsächlich, nicht aber rechtsgeschäftlich tätig wird. Somit kann auch ein nach § 104 Geschäftsunfähiger als Bote eingesetzt werden.

Hinweis: Während für die Qualifizierung einer Hilfsperson als **Erklärungs**bote keine besonderen Voraussetzungen vorliegen müssen, ist für die Einordnung als **Empfangs**bote erforderlich, daß die Hilfsperson – unabhängig von der Geschäftsfähigkeit – tatsächlich *ermächtigt ist* bzw. nach der Verkehrsanschauung als *ermächtigt gilt*, Erklärungen für den Empfänger entgegenzunehmen und hierzu *bereit* und *geeignet* ist (Näheres hierzu im BGB-AT Band I § 17 Rn. 8).

2. Willensmängel bzw. Kenntnis oder Kennenmüssen bestimmter Umstände

11 a) Nach dem **Repräsentationsprinzip** ist neben dem Geschäftsgegner allein der Vertreter an dem Vertretergeschäft beteiligt. Er allein handelt rechtsgeschäftlich, den Geschäftsherrn treffen nur die Rechtswirkungen des Geschäfts (siehe oben § 1 Rn. 8).

aa) Daher sind bei der Stellvertretung gem. *§ 166 I* grundsätzlich nur die **Willensmängel** (§§ 116 – 123; Näheres hierzu unten § 4 Rn. 2 ff.) **des Vertreters**, nicht aber die des Geschäftsherrn beachtlich.

Beispiele:

- ❑ Der Geschäftsherr kann das Vertretergeschäft grundsätzlich nur dann gem. § 119 II wegen eines Irrtums über eine verkehrswesentliche Eigenschaft der Kaufsache anfechten, wenn sich der Vertreter bei Abgabe seiner Willenserklärung geirrt hat. Ein Irrtum des Geschäftsherrn ist dagegen grundsätzlich unbeachtlich. (Zur Frage nach einer analogen Anwendung des § 166 II auf Willensmängel des Geschäftsherrn, siehe unten § 4 Rn. 3 f.)
- ❑ Eine Anfechtung des Vertretergeschäfts wegen arglistiger Täuschung gem § 123 I kommt nur dann in Betracht, wenn der **Vertreter** getäuscht worden ist.

Beachte: Obwohl der Irrtum dem Vertreter unterlaufen ist, muß die Anfechtung des Vertretergeschäfts durch den Geschäftsherrn erfolgen, da ihm die irrtumsbedingte Willenserklärung des Vertreters als eigene zugerechnet wird (Näheres hierzu unten § 4 Rn. 2).

bb) Ist bei einem Rechtsgeschäft die **Kenntnis** bzw. das **Kennenmüssen** bestimmter Umstände von Bedeutung, so kommt es gem. *§ 166 I* grundsätzlich nur darauf an, ob der *Vertreter* die Umstände kannte bzw. kennen mußte.

Beispiele:

- ❑ D verkauft dem G, der bei Abschluß des Kaufvertrages von V vertreten wird, eine mangelhafte Sache. Der Haftungsausschluß des § 460 (bitte lesen!) greift dann, wenn V selbst Kenntnis von der Mangelhaftigkeit hatte.
- ❑ Für die Frage der Gutgläubigkeit im Rahmen eines Eigentumserwerbs des Geschäftsherrn gem. § 932 ist die Person des Vertreters maßgeblich. Deshalb muß sich der Geschäftsherr eine eventuelle Bösgläubigkeit seines Vertreters zurechnen lassen, mit der Folge, daß er selbst als bösgläubig zu behandeln ist und ein gutgläubiger Erwerb ausscheidet.

b) Da der **Bote** nur eine fremde, vorgefaßte Erklärung übermittelt, kommt es hinsichtlich Willensmängel oder der Kenntnis bzw. des Kennenmüssens bestimmter Umstände grundsätzlich **allein** auf die **Person des Geschäftsherrn** an. Eine Ausnahme besteht insoweit nur bei ***unbewußten Übermittlungsfehlern*** des Boten, die dem Geschäftsherrn gem. § 120 (bitte lesen!) wie eigene zugerechnet werden.

3. Zeitpunkt des Zugangs

Beim Empfang einer Willenserklärung kann die eingeschaltete Hilfsperson des Emp- 12
fängers entweder **(Empfangs-) Vertreter** i. S. d. § 164 III oder **(Empfangs-) Bote** sein. Die Abgrenzung ist insbesondere für den *Zeitpunkt des Zugangs* beim Empfänger von Bedeutung, da ab diesem Zeitpunkt das Übermittlungsrisiko auf den Empfänger übergeht (Pal. § 130 Rn. 8 f.; B/A AT S. 160 f.; Näheres hierzu im BGB-AT Band I § 17 Rn. 5 ff.).

- ❑ Geht die Erklärung einem *Empfangsvertreter* zu, so wirkt der Zugang gem. § 164 III i. V. m. I sofort und **unmittelbar für und gegen den Geschäftsherrn.** Wird die Erklärung dem Geschäftsherrn gar nicht oder verfälscht mitgeteilt, so ist das belanglos, da er sie so gegen sich gelten lassen muß, wie sie seinem Vertreter mitgeteilt worden ist.
- ❑ Ist ein *Empfangsbote* eingeschaltet worden, so geht die Erklärung dem Empfänger erst zu, wenn **mit der Weiterleitung** durch den Boten unter normalen Umständen **zu rechnen ist.** Wird ihm die Erklärung gar nicht, verspätet oder verfälscht übermittelt, so fällt das in seinen Risikobereich.

Abgrenzung des Vertreters vom Boten

	Stellvertreter	Bote
Geschäftsfähigkeit	muß zumindest beschränkt geschäftsfähig sein	kann geschäftsunfähig sein
Willensmängel/ Kenntnis/Kennenmüssen best. Umstände	grds. allein seine Person maßgeblich	grds. allein Person des Geschäftsherrn maßgeblich
Zugangszeitpunkt beim Geschäftsherrn	zum Zeitpunkt des Zugangs beim Vertreter	zum Zeitpunkt, zu dem Weiterleitung an Geschäftsherrn zu erwarten

III. Handeln der Hilfsperson (Bote oder Vertreter) in Abweichung vom Innenverhältnis

13 **1.** Im Normalfall handelt die Hilfsperson im Rahmen der ihr erteilten Vertretungs- bzw. Botenmacht und tritt in der vom Geschäftsherrn vorgegebenen Funktion (als Bote bzw. Vertreter) auf.

2. Problematisch ist jedoch der Fall, daß die Hilfsperson im Außenverhältnis (gegenüber dem Geschäftsgegner) **anders** handelt, **als** ihr vom Geschäftsherrn **vorgegeben** wurde. Man unterscheidet hierbei zwei Fallgruppen (MüKo vor § 164 Rn. 47 ff.):

- ❑ Die Hilfsperson weicht von den Vorgaben des Geschäftsherrn im Innenverhältnis ab, bewegt sich hierbei aber **im Rahmen** der vom Geschäftsherrn erteilten **Boten- bzw. Vertretungsmacht.**
- ❑ Die Hilfsperson handelt abweichend von den Vorgaben des Geschäftsherrn und überschreitet dabei auch noch ihre Rechtsmacht, d. h. handelt **ohne Boten-bzw. Vertretungsmacht.**

Hinweis: Lesen Sie vorab bitte die Vorschriften der §§ 177–179 sowie § 120!

a) Abweichendes Auftreten im Rahmen der Boten- bzw. Vetretungsmacht

14 Handelt die Hilfsperson zwar in einer anderen Funktion als ihr vom Geschäftsherrn zugeteilt worden ist (statt als Bote tritt sie als Vertreter auf oder umgekehrt), bewegt sie sich dabei aber *in den Grenzen ihrer Rechtsmacht*, so erfolgt grundsätzlich eine **Zurechnung an den Geschäftsherrn:**

aa) Tritt eine als **Bote** eingesetzte Hilfsperson (bewußt oder unbewußt) **als Vertreter** auf, handelt sie aber im Rahmen der ihr erteilten Botenmacht, so wird die Willenserklärung des vermeintlichen Vertreters *dem Geschäftsherrn zugerechnet*, d. h. er ist an das Rechtsgeschäft mit dem Geschäftsgegner gebunden. Die Hilfsperson wird demnach so behandelt, als sei sie tatsächlich Vertreter. Die erteilte Botenmacht deckt dabei zugleich auch die Vertretungsmacht, so daß es einer besonderen Genehmigung gem. § 177 nicht bedarf (Müko vor § 164 Rn. 47 a; Soergel vor § 164 Rn. 52; Larenz AT § 30 I 3 c).

Argument: Dem Geschäftsherrn ist es regelmäßig gleichgültig, ob das von ihm gewünschte Rechtsgeschäft mit dem Geschäftsgegner durch bloße Übermittlung oder durch Vornahme eines Vertretergeschäfts zustande gekommen ist.

Beispiel: B soll für G ein Schreiben an D übermitteln, welches das Vertragsangebot „Ich verkaufe Dir meine Rollerblades für DM 200,–" beinhaltet. Anstatt den Brief auszuhändigen, erklärt B dem D, er verkaufe als Vertreter des G dessen Rollerblades für DM 200,–.

15 **bb)** Tritt ein **Vertreter als Bote** auf und handelt er im Rahmen der ihm erteilten Vertretungsmacht, so ist der *Geschäftsherr* ebenfalls gegenüber dem Geschäftsgegner *gebunden*, obwohl in diesem Fall weder der Geschäftsherr noch die Hilfsperson eine Willenserklärung abgegeben haben (der Geschäftsherr nicht, weil er die Formulierung der Willenserklärung dem Vertreter

überlassen wollte und die Hilfsperson nicht, weil sie gerade keine eigene Erklärung abgegeben, sondern eine vermeintliche Erklärung des Geschäftsherrn übermittelt hat; Erman vor § 164 Rn. 24; Müko vor § 164 Rn. 49; Flume § 43, 4).

Argument: Wenn dem Geschäftsherrn gem. § 120 sogar eine vom Boten unbewußt selbst **völlig** verfälschte Willenserklärung, die so nicht abgegeben wurde, zugerechnet wird, so ist ihm erst recht eine Willenserklärung zuzurechnen, die zwar noch nicht abgegeben wurde, aber inhaltlich mit seinem in der Vollmacht ausgedrückten Willen voll übereinstimmt. Im übrigen ist es dem Geschäftsherrn in der Regel gleichgültig, wie die Hilfsperson im Außenverhältnis auftritt, solange sie im Rahmen der erteilten Vertretungsmacht handelt.

Beispiel: Rechtsanwalt G beauftragt seine Sekretärin V mit dem Kauf der neuen Ergänzungslieferung für seinen „Schönfelder" und erteilt ihr hierzu Vertretungsmacht. V geht daraufhin in die mit G in ständiger Geschäftsbeziehung stehende Buchhandlung und erklärt, sie solle von G ausrichten, daß er die neueste Ergänzungslieferung für seinen „Schönfelder" brauche.

Merke also: Solange sich die Hilfsperson im Rahmen ihrer Rechtsmacht bewegt, findet grundsätzlich eine Zurechnung an den Geschäftsherrn statt.

b) Abweichendes Auftreten ohne Boten- bzw. Vertretungsmacht

Handelt die Hilfsperson in einer anderen Funktion als ihr vom Geschäftsherrn **16**
zugeteilt worden ist und *überschreitet sie zudem ihre Rechtsmacht*, so wird ihre Willenserklärung dem Geschäftsherrn grundsätzlich **nicht zugerechnet**, d. h. dieser ist gegenüber dem Geschäftsgegner nicht gebunden:

aa) Tritt eine als **Bote** eingesetzte Hilfsperson im Außenverhältnis **als Vertreter** auf und **weicht** sie zudem (bewußt oder unbewußt) von der ihr erteilten Botenmacht **ab**, so besteht die gleiche Situation wie bei einem *Vertreter ohne Vertretungsmacht*. Es sind daher die Regelungen der *§§ 177 – 179* heranzuziehen. Daneben kommt eine *Haftung des Geschäftsherrn* gegenüber dem Geschäftsgegner *aus c.i.c.* i. V. m. § 276 oder § 278 in Betracht (Müko vor § 164 Rn. 50; Soergel vor § 164 Rn. 52; Med. BR Rn. 78; Näheres zu den §§ 177 ff. unten § 3).

Beispielsfall: B soll einen Brief des G, in dem dieser dem D den Verkauf seines gebrauchten Notebooks für DM 1.800,– anbietet, an D übermitteln. B, dem der Preis zu hoch gegriffen erscheint, übergibt nicht den Brief, sondern erklärt dem D, er verkaufe im Namen des G dessen Computer für DM 1.500,–. D erklärt sich mit dem Kauf einverstanden.

Hier handelt der als Bote eingesetzte B als Vertreter, wobei er zusätzlich auch noch seine Botenmacht überschreitet. Somit finden die §§ 177 – 179 Anwendung: Das Vertretergeschäft ist demnach gem. § 177 I schwebend unwirksam und hängt von der Genehmigung des G ab. Verweigert G die Genehmigung, so ist das Vertretergeschäft endgültig unwirksam; B haftet dem D persönlich gem. § 179 auf Erfüllung des Vertrages bzw. Schadensersatz. Daneben kann D den G u. U. auf Schadensersatz nach den Grundsätzen der c.i.c. in Anspruch nehmen, sofern dieser selbst schuldhaft (gem. § 276) oder unter Zurechnung des Verschuldens des B (gem. § 278) eine vorvertragliche Pflicht verletzt hat.

17 bb) Tritt ein **Vertreter** im Außenverhältnis **als Bote** auf und *weicht* er dabei **bewußt** von der ihm erteilten Vertretungsmacht *ab*, so werden nach h. M. die *§§ 177 – 179 entsprechend* angewendet. Gleiches gilt auch für den Fall, daß eine Beauftragung der als Bote auftretenden Hilfsperson ganz fehlt (sog. *Pseudobote*; Müko vor § 164 Rn. 51; Pal. § 178 Rn. 2; Staud. Vorb. zu § 164 Rn. 81).

Argument: Der Schutzzweck der §§ 177 ff., wonach der Geschäftsherr grundsätzlich durch einen Vertreter ohne Vertretungsmacht nicht verpflichtet werden kann, dennoch aber die Möglichkeit hat, das Vertretergeschäft durch Genehmigung an sich zu ziehen, paßt auch auf diese Fälle. Im übrigen findet die Vorschrift des § 120 keine Anwendung, da hiervon nur die Fälle einer unbewußten Falschübermittlung umfaßt sind.

Beispielsfall: G gibt dem V den Auftrag, eine alte Schreibmaschine für ihn auf dem Flohmarkt zu verkaufen. Er erteilt ihm Vertretungsmacht für den Mindestkaufpreis von DM 100,– und erklärt ihm, daß er die Maschine auf keinen Fall günstiger hergeben möchte. V, dem dieser Auftrag lästig ist, gibt sich als Bote aus und erklärt dem ersten Kaufinteressent D, das Angebot seines Auftraggebers laute auf DM 50,–. D erklärt sich mit dem Kauf sofort einverstanden.

Hier tritt der als Vertreter eingesetzte V als Bote auf, wobei er zudem bewußt seine Rechtsmacht überschreitet. Da das Verhalten des V vergleichbar ist mit dem eines Vertreters ohne Vertretungsmacht, werden nach h. M. die §§ 177 ff. entsprechend herangezogen. Somit ist das Vertretergeschäft schwebend unwirksam und kann nachträglich von G genehmigt werden. Verweigert G die Genehmigung, so ist das Vertretergeschäft endgültig unwirksam; V haftet dem D gem. § 179 I persönlich auf Erfüllung des Vertrages bzw. Schadensersatz (Näheres zu den §§ 177 ff. unten § 3).

18 cc) Handelt ein Vertreter **als Bote** und weicht er **unbewußt** von der ihm erteilten Vertretungsmacht ab, so findet nach h. M. *§ 120 entsprechende Anwendung*. Hiernach wird die Willenserklärung der Hilfsperson dem Geschäftsherrn ausnahmsweise zugerechnet. Der Geschäftsherr kann diese Willenserklärung seinerseits anfechten, macht sich dann aber u. U. gem. § 122 schadensersatzpflichtig (Soergel vor § 164 Rn. 52; Med. BR Rn. 80).

Argument: § 120 regelt unmittelbar den Fall, daß eine als Bote eingesetzte Hilfsperson unbewußt eine unrichtige Willenserklärung übermittelt. Dieser

Fall ist vergleichbar mit der Situation, daß eine ursprünglich als Vertreter eingesetzte Hilfsperson als Bote auftritt und hierbei unbewußt eine unrichtige, d. h. von den Vorgaben des Geschäftsherrn abweichende Willenserklärung übermittelt.

Beispielsfall: G bittet V ihm beim Verkauf seines alten Cabrios behilflich zu sein. V erhält daraufhin Vertretungsmacht bis zu einem Mindestkaufpreis i. H. v. DM 15.000,–. Daraufhin begibt sich V zu D, gibt sich als Bote des G aus und erklärt, G wolle das Auto für DM 13.000,– verkaufen. Hierbei geht er irrig davon aus, daß der von G vorgegebene Mindestkaufpreis DM 10.000,– betragen würde. D ist sofort mit dem Geschäft einverstanden.

Hier findet nach h. M. § 120 Anwendung, d. h. G ist zunächst an den Kaufvertrag gebunden. Er kann ihn aber durch Anfechtung beseitigen, was jedoch eine Schadensersatzhaftung nach § 122 zur Folge hat.

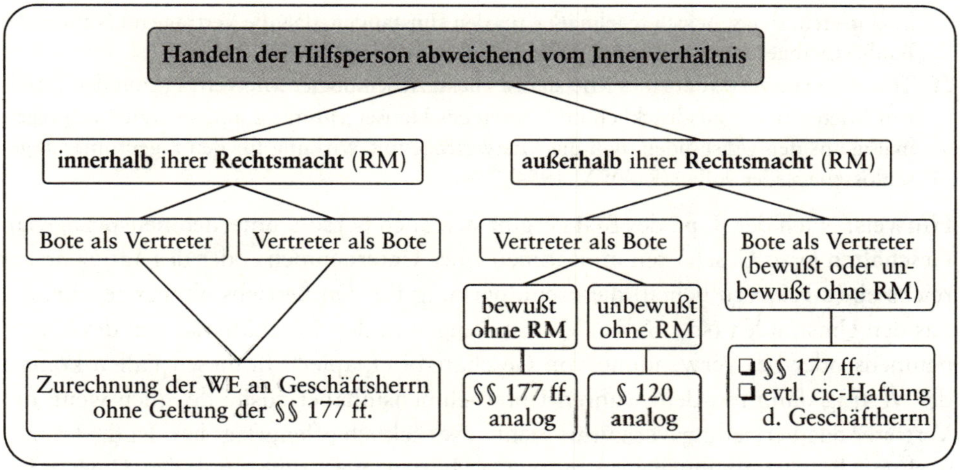

D. Handeln in fremden Namen

I. Grundsatz

1. Gem. § 164 I, II muß der Vertreter erkennbar *in fremden Namen* auftreten, d. h. die Vertretung muß offenkundig sein (sog. **Offenkundigkeitsprinzip**). Das Offenkundigkeitsprinzip *dient* vor allem dem *Schutz des Geschäftsgegners*: Dieser muß erfahren, daß nicht der Vertreter, sondern eine andere Person – der Geschäftsherr – sein Vertragspartner werden soll. Der Geschäftsgegner hat nämlich regelmäßig ein Interesse daran, sich über die persönliche Vertrauenswürdigkeit und die Zahlungsfähigkeit seines Vertragspartners ein Bild zu machen. Daneben bezweckt das Offenkundigkeitsprinzip durch die Klarstellung der Rechtsverhältnisse auch den *Schutz des Rechtsverkehrs* im allgemeinen (MüKo § 164 Rn. 14, Köhler AT § 18 II 2). 19

20 **2.** Gem. § 164 I 2 kann sich die Offenkundigkeit entweder

- ❑ aufgrund **ausdrücklicher Erklärung** oder
- ❑ aus den **Umständen** ergeben. Hierzu ist ausreichend, daß der Geschäftgegner unter Berücksichtigung aller Gegebenheiten des Einzelfalls erkennen kann, daß hinter dem Vertreter noch eine andere Person steht, die von den Rechtsfolgen betroffen sein soll. Hierbei sind insbesondere das frühere Verhalten des Vertreters, die berufliche Stellung der Beteiligten, Zeit und Ort der Erklärung sowie die erkennbare Interessenlage von Bedeutung (BGH NJW 1980, 2192; Pal. § 164 Rn. 4; Brox AT Rn. 481).

Beispiele:

- ❑ Schließt V mit D einen Kaufvertrag über ein Faxgerät zum Preis von DM 650,– und erklärt er hierbei, daß er das Gerät als Vertreter des G für diesen erwerben möchte, so ergibt sich die Offenkundigkeit aufgrund ausdrücklicher Erklärung des Vertreters.
- ❑ Beauftragt ein Architekt im Zusammenhang mit der Erstellung eines Bauwerks Bauunternehmer, Handwerker und Statiker, ohne jeweils ausdrücklich im Namen des Bauherrn aufzutreten, so ergibt sich regelmäßig aus den Umständen, daß die Verträge im Namen des Bauherrn abgeschlossen werden sollen (BGH Rspr BauR 2.13 BL 30).
- ❑ Tritt der Hausverwalter eines Mietshauses beim Abschluß der Mietverträge mit den einzelnen Mietern nicht ausdrücklich im Namen des Hauseigentümers auf, so ergibt sich regelmäßig aus den Umständen, daß die Mietverträge mit Wirkung für den Eigentümer abgeschlossen werden sollen (KG WM 1984, 254).

Hinweis: Nach der Rspr. des BGH ergibt sich auch bei sog. **unternehmensbezogenen Geschäften** (also Geschäften im Rahmen eines Unternehmens oder des Tätigkeitsbereichs eines Freiberuflichen) die Fremdwirkung für den Betriebsinhaber regelmäßig aus den Umständen (so z. B. bei Verhandlungen in den Geschäftsräumen des Unternehmens oder bei Verwendung von Geschäftsbriefpapier). In diesen Fällen kommt der Vertrag dann mit dem wahren Unternehmensinhaber zustande, auch wenn der Vertreter das Vertretungsverhältnis nicht ausdrücklich offengelegt hat. Ist die Fremdwirkung bei unternehmensbezogenen Geschäften nicht schon aus den Umständen ersichtlich, dann wirkt das Geschäft nach h. M. dennoch für und gegen den wahren Betriebsinhaber, da insoweit eine Ausnahme vom Offenkundigkeitsprinzip anerkannt ist (Näheres hierzu unten § 2 Rn. 23 ff.).

21 **3.** Der Name des Geschäftsherrn muß nicht ausdrücklich genannt werden. Vielmehr ist ausreichend, daß die Person des Geschäftsherrn **bestimmbar** ist. Dabei muß die Bestimmbarkeit nicht schon zum Zeitpunkt der Vornahme des Vertretergeschäftes gegeben sein, sondern es *genügt*, wenn zu diesem Zeitpunkt feststeht, *durch wen* die noch ausstehende *Bestimmung* der Person des Geschäftsherrn erfolgen soll. Das Vertretergeschäft wird dann *erst mit der Benennung* des Geschäftsherrn (ex nunc, d. h. ohne Rückwirkung) *wirksam*. In diesen Fällen spricht man vom sog. **offenen Geschäft für den, den es angeht**, bei dem zwar der Vertreter zu erkennen gibt, daß er nicht für sich selbst handelt, aber nicht den Namen des Geschäftsherrn nennt (BGH NJW 1989, 166; MüKo § 164 Rn. 18 ff.; Musielak Rn. 710; zum sog. verdeckten Geschäft für den, den es angeht – siehe unten § 2 Rn. 24 ff.).

Beispielsfall: Bauunternehmer V kauft von D ein Grundstück für einen Käufer, den er noch nachträglich benennen will. Nach einem Monat findet V einen Interessenten für das Kaufobjekt, den G. Daraufhin benennt er gegenüber D den G als Käufer. D fordert nun von G Bezahlung des Kaufpreises. Zu Recht?

Der Anspruch des D gegen G aus § 433 II ist entstanden, wenn zwischen ihnen ein wirksamer Kaufvertrag geschlossen worden ist. G hat sich nicht selbst mit D geeinigt, doch würde die Einigung zwischen V und D unmittelbar für und gegen G wirken, wenn die Voraussetzungen einer wirksamen Stellvertretung gem. §§ 164 ff. vorliegen. Problematisch ist insoweit, ob das Offenkundigkeitsprinzip gewahrt ist, da V nicht im Namen des G aufgetreten ist. Hierbei ist jedoch ausreichend, daß V zum Zeitpunkt der Vornahme des Vertretergeschäfts erkennbar zum Ausdruck gebracht hat, daß die Folgen des Rechtsgeschäfts eine noch zu benennende andere Person treffen sollten. Zusätzlich wurde zu diesem Zeitpunkt zwischen D und V auch vereinbart, daß die nachträgliche Bestimmung des Käufers durch V erfolgen sollte. Durch die nachträgliche Benennung wurde der Geschäftsherr endgültig festgelegt. Somit ist das Offenkundigkeitsprinzip gewahrt, d. h. V hat seine Willenserklärung im fremden Namen abgegeben. Fraglich ist jedoch, ob V mit Vertretungsmacht gehandelt hat, da zum Zeitpunkt der Vornahme des Vertretergeschäfts keine diesbezügliche Ermächtigung des G vorgelegen hat. G hat dem V jedoch nachträglich Vertretungsmacht erteilt, als er sich dazu bereit erklärt hat, in den Kaufvertrag einzusteigen. Somit liegen die Voraussetzungen einer wirksamen Stellvertretung vor. Der Kaufvertrag zwischen G und D ist demnach mit der Benennung des D ex nunc zustandegekommen. Da Wirksamkeitshindernisse, Erlöschensgründe und Einreden nicht ersichtlich sind, kann D von G gem. § 433 II Bezahlung des Kaufpreises fordern.

4. Sind die *Anforderungen an die Offenkundigkeit* des Vertreterhandelns *nicht* 22
gewahrt, so wirkt das Vertretergeschäft gem. **§ 164 II für und gegen den Vertreter** selbst. Hierbei schließt § 164 II eine Anfechtung durch den Vertreter gem. § 119 I mit der Begründung, er habe nicht für sich, sondern für den Geschäftsherrn handeln wollen, aus (vgl. die schwer verständliche Formulierung in § 164 II!). Es liegt in diesen Fällen somit ein **unanfechtbares Eigengeschäft** des Vertreters vor.

Merke also: Bringt der Vertreter weder ausdrücklich noch aus den Umständen zum Ausdruck, daß das Rechtsgeschäft für den Geschäftsherrn wirken soll, so treffen ihn die Rechtswirkungen persönlich.

Hinweis: Tritt der Vertreter im Außenverhältnis im fremden Namen auf, will er in Wirklichkeit aber für sich selbst abschließen, so wirkt das Rechtsgeschäft trotzdem für und gegen den Geschäftsherrn, da der innere Wille des Vertreters insoweit unbeachtlich ist (vgl. auch § 116).

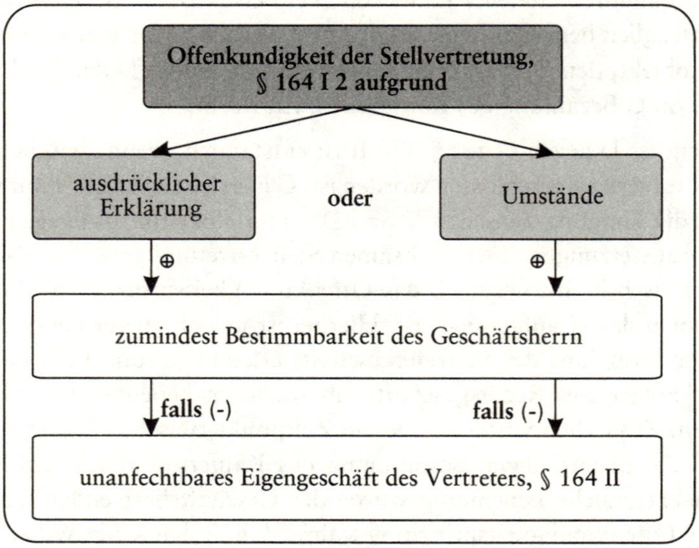

II. Die Ausnahmen vom Offenkundigkeitsprinzip

23 Eine wirksame Stellvertretung kann aber ausnahmsweise auch dann vorliegen, wenn der Vertreter die Fremdbezogenheit seiner Willenserklärung nicht zum Ausdruck gebracht hat. Dies ist der Fall, wenn die Interessen des Geschäftsherrn eine derartige Offenlegung nicht erfordern, so daß § 164 I, II *teleologisch reduziert* werden kann (Näheres zur teleologischen Reduktion im BGB-AT Band I § 18 Rn. 10). Hierbei sind drei Fallgruppen anerkannt:

- ❑ Verdecktes Geschäft für den, den es angeht;
- ❑ Geschäft mit dem Inhaber eines Gewerbebetriebs;
- ❑ Handeln unter fremdem Namen, sofern Identitätstäuschung

1. Das verdeckte Geschäft für den, den es angeht

24 In Abgrenzung zum „offenen Geschäft für den, den es angeht" (vgl. oben § 2 Rn. 21), bei dem zwar die Fremdbezogenheit des Vertreterhandelns, nicht jedoch die Person des Geschäftsherrn zum Ausdruck gebracht wird, gibt der Vertreter beim „verdeckten Geschäft für den, den es angeht", *nicht* einmal *zu erkennen*, *daß* er *für einen anderen* handeln will. Dennoch kommt der Vertrag in diesen Fällen mit demjenigen zustande, „den es angeht", d. h. mit dem Geschäftsherrn und nicht mit dem Vertreter. Hierzu müssen folgende **Voraussetzungen** erfüllt sein (MüKo § 164 Rn. 42 ff.; Pal. § 164 Rn. 8):

25 a) Dem Geschäftsgegner muß **gleichgültig** sein, **wer** sein **Geschäftspartner** ist. Dies ist typischerweise bei *„Bargeschäften des täglichen Lebens"* der Fall, bei denen die gekaufte Ware sogleich bezahlt und übereignet wird. Hat der Vertreter den Kaufpreis bezahlt, so hat der Geschäftsgegner nur noch ein Interesse daran, seine eigene Leistungspflicht (die Übereignung und Übergabe der Ware) zu erfüllen.

Wer dabei das Eigentum an dieser Leistung erwirbt (das ist der unerkannt gebliebene Geschäftsherr), ist für ihn grundsätzlich nicht von Bedeutung.

Beispiel: Soll V für ihre kranke Nachbarin beim Bäcker drei Brötchen kaufen, so wird die Nachbarin auch dann Vertragspartnerin des Bäckereiinhabers, wenn V diesem gegenüber so auftritt, als wolle sie die Brötchen für sich selbst erwerben. Dem Geschäftsinhaber ist es nämlich gleichgültig, ob V selbst oder die Nachbarin sein Vertragspartner ist, wenn er den geschuldeten Kaufpreis sofort erhalten und die Ware sogleich übereignet hat.

b) Der Vertreter muß aber mit **Fremdwirkungswillen** handeln, d. h. er muß den Willen haben, für denjenigen tätig zu werden, den das Vertretergeschäft angeht. Hierbei genügt nach h. M. nicht der rein innere Wille, sondern der Wille muß **nach außen** dokumentiert werden, so daß er für einen mit den Verhältnissen vertrauten Dritten **objektiv erkennbar** wird (MüKo § 164 Rn. 50; Staud. vor § 164 Rn. 53). **26**

Beispiele: Erkennbarkeit des Fremdwirkungswillens ist gegeben, wenn der Vertreter die Sache mit Mitteln des Geschäftsherrn erwirbt oder er sich beim Auftreten im Außenverhältnis an die Absprachen aus dem Innenverhältnis mit dem Geschäftsherrn hält.

c) Nach h. M. bezieht sich die Fremdwirkung beim verdeckten Geschäft für den, den es angeht, nicht nur auf das Erfüllungsgeschäft, sondern **auch** auf das zugrundeliegende **Verpflichtungsgeschäft** (BGH WM 1973, 869; MüKo § 164 Rn. 49; Med. BR Rn. 90). **27**

Beispiel: Im obigen Beispiel (unter a)) wird die Nachbarin trotz fehlender Offenlegung der Fremdwirkung nicht nur hinsichtlich des Übereignungsgeschäfts nach § 929 Vertragspartnerin, sondern auch hinsichtlich des Kaufvertrags nach § 433.

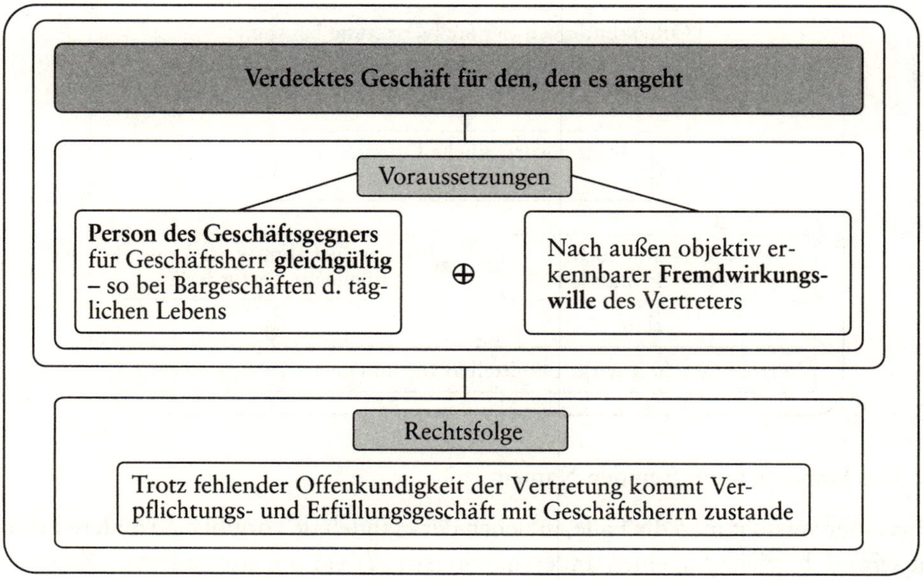

2. Die Geschäfte mit dem Inhaber eines Gewerbebetriebs

28 Bei sog. **unternehmensbezogenen** Geschäften (d. h. Geschäften im Rahmen eines Unternehmens oder des Tätigkeitsbereichs eines Freiberuflichen), wird der *wahre Geschäftsinhaber* auch dann *Vertragspartei*, wenn der Geschäftsgegner den Vertreter mangels Offenlegung der Fremdwirkung für den Geschäftsinhaber hält oder sonst *unzutreffende Vorstellungen über* die konkrete *Person des Geschäftsinhabers* hat. Voraussetzung ist insoweit nur, daß der Vertreter nicht für sich privat, sondern für ein bestimmtes Unternehmen abschließen wollte (st. Rspr., vgl. u. a. BGH NJW 1992, 1380; MüKo § 164 Rn. 23).

Argument: In diesen Fällen geht der Wille der Beteiligten im Zweifel dahin, daß der Betriebsinhaber Vertragspartei werden soll. Im übrigen wird es für den Geschäftsgegner regelmäßig von Vorteil sein, daß der Vertrag mit dem Betriebsinhaber und nicht mit dem Vertreter zustandekommt, so daß der mit dem Offenkundigkeitsprinzip bezweckte Schutz des Geschäftsgegners entbehrlich ist.

Beispiel: G, Inhaber eines Elektrogeschäfts, wird gegenüber einem Kunden D auch dann berechtigt und verpflichtet, wenn dieser den Angestellten V, der die Vertragsverhandlungen über den Kauf eines Fernsehgerätes geführt hatte, irrtümlicherweise für den Geschäftsinhaber gehalten hat. Stellt D einen Mangel an dem Gerät fest, so kann er seine Gewährleistungsrechte aus §§ 480, 459 ff. gegenüber seinem Vertragspartner G geltend machen.

Beachte: Bei unternehmensbezogenen Geschäften wird sich die Fremdwirkung für den Betriebsinhaber regelmäßig schon aus den Umständen ergeben (§ 164 I 2 F 2), so daß dann keine Ausnahme vom Offenkundigkeitsprinzip vorliegt (siehe oben § 2 Rn. 20).

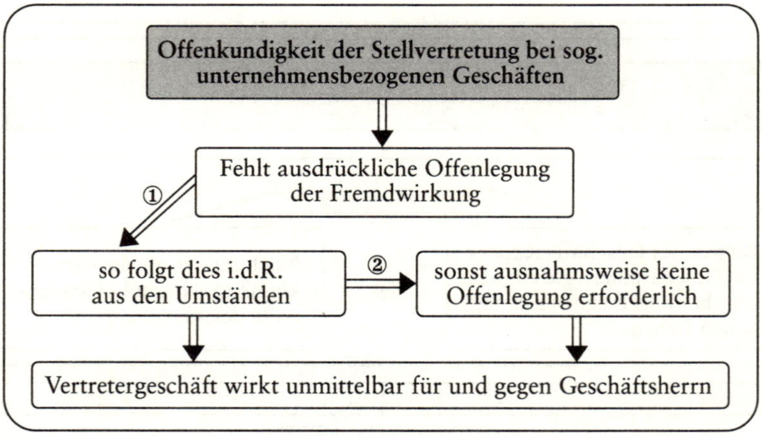

3. Das Handeln unter fremden Namen

29 Hierunter versteht man die Fälle, in denen der Handelnde **vorgibt** eine **andere Person zu sein**, d. h. nicht *für* einen anderen, sondern *als* ein anderer auftritt. Ob es sich hierbei um ein Eigengeschäft des Handelnden oder ein Geschäft des Namensträgers handelt, hängt davon ab, *wie* der *Geschäftsgegner* dieses Verhalten *verstehen durfte*. Die Vorstellungen des Handelnden sind dagegen ohne Bedeutung. Beim Handeln

unter fremden Namen unterscheidet man die folgenden beiden Fallgruppen (BGH NJW 1963, 148; MüKo § 164 Rn. 37; Larenz AT § 30 II b):

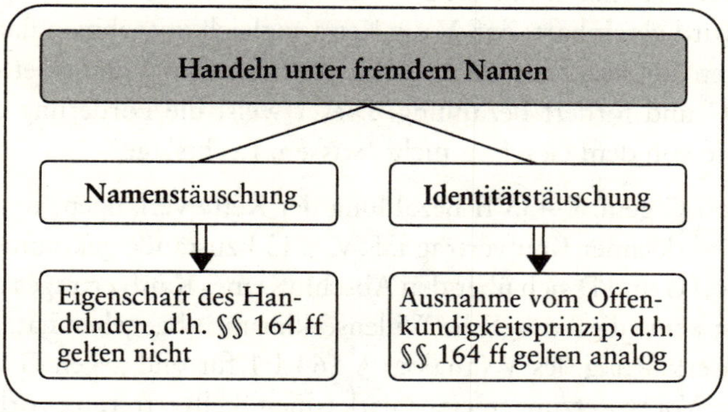

a) Die sog. Namenstäuschung bzw. das Handeln unter falscher Namensangabe

Tritt der Handelnde unter einem *Allerwelts- oder frei erfundenen Namen* auf, mit 30
dem der Geschäftsgegner keine bestimmte Identität verbindet, liegt ein **Eigengeschäft des Handelnden** vor, d. h. der Vertrag kommt mit ihm selbst zustande. Der Name spielt für den Geschäftsgegner in diesen Fällen keine Rolle, da er den Vertrag auch dann geschlossen hätte, wenn der Vertragspartner unter seinem richtigen Namen aufgetreten wäre (MüKo § 164 Rn. 38; Pal. § 164 Rn. 12; Musielak Rn. 712).

Beispiel: Herr Huber möchte mit seiner Sekretärin ein romantisches Wochenende verbringen. Um unerkannt zu bleiben tritt er gegenüber dem Hotelbesitzer unter dem Namen Meier auf. Hier verbindet der Hotelbesitzer mit dem Namen Meier keine bestimmte Person, vielmehr möchte er den Beherbergungsvertrag mit Herrn Huber abschließen, so daß der Vertrag mit Herrn Huber zustandekommt.

b) Die sog. Identitätstäuschung

Tritt der Handelnde dagegen unter einem Namen auf, mit dem der Geschäftsgegner 31
eine *bestimmte Identität verbindet* und davon ausgeht, daß der Vertrag mit dieser Person zustandekommt, so finden nach h. M. die Vorschriften des Stellvertretungsrechts, d. h. die **§§ 164 ff. analoge Anwendung**. Dies bedeutet, daß der wahre Namensträger als Geschäftsherr und der Handelnde als Vertreter zu qualifizieren sind und das Handeln unter fremden Namen in diesem Fall – in Ausnahme vom Offenkundigkeitsprinzip – dem Handeln in fremden Namen gleichgestellt wird. Demnach wird der wahre Namensträger aus dem Vertretergeschäft berechtigt und verpflichtet, wenn der Handelnde Vertretungsmacht hatte (was regelmäßig nicht der sein Fall sein wird). Andernfalls kommen die §§ 177 ff. zur analogen Anwendung, was zur Folge hat, daß der Namensträger (der Geschäftsherr) das Vertretergeschäft durch Genehmigung an sich ziehen kann. Tut er das nicht, so haftet der Vertreter ohne Vertretungsmacht dem Geschäftsgegner persönlich analog § 179 I auf Erfüllung bzw. Schadensersatz (MüKo § 164 Rn. 39; Pal. § 164 Rn. 11; Musielak Rn. 712; Näheres zur Problematik des Vertreters ohne Vertretungsmacht siehe unten § 3).

Beispielsfall: V will seiner Freundin beim Juwelier D eine wertvolle Halskette kaufen. Da er sie aber nicht bezahlen kann, gibt er sich als G, einen dem D dem Namen nach bekannten und sehr wohlhabenden Geschäftsmann, aus. Zwischen V und D wird vereinbart, daß V die Kette sogleich mitnehmen darf, sie aber erst am nächsten Tag bezahlen muß. Am darauffolgenden Tag meldet sich D bei dem „echten" G und fordert Bezahlung. Dieser weist die Forderung empört zurück und möchte von dem Geschäft nichts wissen. Rechtslage?

D kann von G gem. § 433 II Bezahlung der Kette verlangen, wenn zwischen G und D ein wirksamer Kaufvertrag i. S. v. § 433 zustande gekommen ist. Fraglich ist schon, ob G und D sich über den Abschluß eines Kaufvertrages geeinigt haben, da G selbst keine diesbezügliche Willenserklärung abgegeben hat. Jedoch könnte die Willenserklärung des V (analog) § 164 I 1 für und gegen G wirken. Hierzu müßten die Voraussetzungen einer wirksamen Stellvertretung vorliegen. Zum einen ist fraglich, ob das Offenkundigkeitsprinzip gewahrt ist, da V nicht im Namen des G, sondern unter dem Namen des G aufgetreten ist. Da D mit dem Namen „G" eine bestimmte Identität verband, die für ihn bei Vertragsschluß von Bedeutung war, liegt ein Fall der sog. Identitätstäuschung vor. Auf diese Fallgruppe finden die §§ 164 ff. analoge Anwendung, so daß das Handeln unter fremden Namen dem Handeln in fremden Namen gleichzustellen ist. Zum anderen ist fraglich, ob V mit Vertretungsmacht gehandelt hat: Dies ist zu verneinen, so daß die §§ 177 ff. zur analogen Anwendung kommen. Da G eine nachträgliche Genehmigung des zunächst analog § 177 schwebend unwirksamen Vertretergeschäfts konkludent verweigert hat, ist das Vertretergeschäft endgültig unwirksam. Somit besteht kein Anspruch des D gegen G aus § 433 II. D kann jedoch analog § 179 I von V nach seiner Wahl entweder Erfüllung des Vertrages oder Schadensersatz fordern.

Fall 1: „Selbständigkeit unerwünscht"

Franz Froll aus Detmold, der seit Jahren medizinische Geräte nach Griechenland exportiert, steht mit der Chirurgie & Technik AG seit längerer Zeit in Geschäftsbeziehung. Eines Tages erhält er von der AG eine Drucksache, in der ein neu entwickeltes Lasergerät zu einem besonders günstigen Preis angeboten wird. Da Froll ein lukratives Geschäft wittert, vereinbart er sofort ein Treffen mit einem Geschäftspartner in Athen, und trifft mit der letzten Maschine noch am selben Tag dort ein.

Zuvor setzte er jedoch noch ein Bestellschreiben an die Chirurgie & Technik AG über 30 der angebotenen Lasergeräte auf. Dieses Schreiben händigte er seinem Angestellten und Handlungsbevollmächtigten August Axt mit der Bitte aus, es zunächst zurückzuhalten, da er erst das Ergebnis der Verhandlungen in Athen abwarten wolle. Sobald er ihm aus Athen „grünes Licht" geben werde, solle dieser das Schreiben in Frolls Namen unterschreiben und absenden.

In den folgenden zwei Tagen erhielt Axt keine Nachricht aus Athen. Am Abend des zweiten Tages erzählte er seinem Fußballfreund Rudi Rat, der selbst mit medizinischen Geräten handelte, von dem Angebot der Chirurgie & Technik AG. Rat überzeugte Axt davon, daß es sich um ein äußerst günstiges Angebot handelte und er – unabhängig von einer Meldung aus Athen – sofort bestellen sollte. Axt unterzeichnete daraufhin am nächsten Morgen das Schreiben mit der Unterschrift des Froll und sandte es ab. Zwei Tage später ging die Auftragsbestätigung der Chirurgie & Technik AG ein.

Als Froll nach seiner Rückkehr von dem eigenmächtigen Handeln des Axt erfuhr, war er alles andere als begeistert, da seine Verhandlungen in Athen wider Erwarten erfolglos geblieben waren.

Zwei Wochen nach Lieferung der Geräte verlangt die Chirurgie & Technik AG von Froll Bezahlung. Zu Recht?

Anspruch der C-AG gegen F auf Zahlung gem. § 433 II:

Der vertragliche Anspruch besteht, wenn er wirksam *entstanden* ist, *nicht* wieder *erloschen* ist und seiner Durchsetzung *keine Einreden* entgegenstehen.

(A) **Entstanden**

Der Anspruch aus § 433 II ist entstanden, wenn zwischen der C-AG und F eine **Einigung** besteht und **keine Wirksamkeitshindernisse** vorhanden sind.

(I) **Einigung i.S.v. § 433**

Es müßten zwei sich deckende Willenserklärungen, nämlich **Angebot** und **Annahme**, vorliegen. Fraglich ist hier schon, welche Äußerungen der C-AG oder des F als Willenserklärungen eingestuft werden können. In diesem Zusammenhang ist insbesondere auf den **Rechtsbindungswillen** einzugehen.

Hinweis: *Der vorliegende Fall knüpft damit eng an Probleme an, die bereits im Band I des BGB AT behandelt wurden (siehe insbesondere § 13 Rn. 3 ff. und § 16 Rn. 8 ff.).*

(1) **Angebot der C-AG:** 32

Das Werbeschreiben der C-AG könnte ein **Angebot** i.S.v. *§ 145* darstellen.

Fraglich ist jedoch, ob in einer solchen Werbedrucksache ein entsprechender **Rechtsbindungswille** enthalten ist. Dies ist durch *Auslegung gem. §§ 133, 157* zu ermitteln. Danach ist i.d.R. bei Werbedrucksachen, Zeitungsinseraten, Schaufensterauslagen etc. davon auszugehen, daß es sich lediglich um eine unverbindliche Mitteilung, und zwar um eine Aufforderung zu einem Angebot (*„invitatio ad offerendum“*) handelt (Näheres hierzu im BGB-AT Band I § 13 Rn. 4 ff.).

In dem Schreiben der C-AG liegt somit noch kein Angebot.

33 (2) **Angebot des F:**

Ein Angebot könnte jedoch in dem Bestellschreiben des F liegen.

(a) Das Schreiben enthält unproblematisch alle **Tatbestandsmerkmale einer Willenserklärung.**

(b) Eine Willenserklärung kann jedoch erst mit ihrer **Abgabe** wirksam werden. Die Abgabe ist gesetzlich nicht definiert. Nach h.M. liegt eine Abgabe vor, wenn der Erklärende *alles seinerseits Erforderliche* getan hat, damit die Willenserklärung wirksam werden kann. Bei **empfangsbedürftigen** Willenserklärungen (eine solche ist das Vertragsangebot nämlich) muß der Erklärende

- ❑ die Erklärung **willentlich** in Richtung auf den Empfänger in den Rechtsverkehr entäußern,
- ❑ so daß unter normalen Umständen mit dem **Zugang zu rechnen** ist.

(c) Im vorliegenden Fall ist fraglich, ob das Schreiben mit dem Willen des F in den Rechtsverkehr gelangt ist. Zwar hat F die fixierte Erklärung dem A willentlich überlassen. Allerdings hatte er ihm auch den klaren Auftrag erteilt, das Schreiben erst *nach ausdrücklicher Anweisung* abzusenden. F mußte daher nach der Überlassung nicht mit dem Zugang der Erklärung rechnen.

34 (d) Es könnte sich aber um eine sog. **abhandengekommene Willenserklärung** handeln, deren rechtliche Behandlung umstritten ist.

(aa) Nach e. A. ist wie in den Fällen des **fehlenden Erklärungsbewußtseins** zu verfahren (mit der Folge, daß die Erklärung analog § 119 I F 2 angefochten werden kann).

(bb) Nach h. M. liegt in diesen Fällen jedoch **keine Abgabe** und somit auch *keine wirksame Willenserklärung* vor, da es an einer willentlichen Entäußerung gerade fehlt (allerdings haftet derjenige, dem die Erklärung abhandengekommen ist, ggf. analog § 122 bzw. aus cic).

Somit **fehlt** es an einer Abgabe der Erklärung durch F. Ein wirksames Angebot des F liegt nicht vor.

(3) **Angebot des A:**

A könnte gem. § 164 I ein Angebot **mit Wirkung für und gegen F** abgegeben haben, als er das Schreiben an die C-AG abschickte. Dann müßten die Voraussetzungen der §§ 164 ff. vorliegen:

(a) **Anwendbarkeit** der §§ 164 ff.:

Da es vorliegend um die Zurechnung einer Willenserklärung geht, sind die Stellvertretungsvorschriften anwendbar.

(b) **Zulässigkeit** der Stellvertretung:
Die Stellvertretung ist auch zulässig, da kein höchstpersönliches Rechtsgeschäft gegeben ist.

(c) Abgabe einer **eigenen Willenserklärung**: 35
Der Vertreter muß gem. § 164 I eine **„eigene"** Willenserklärung abgeben. Dies unterscheidet ihn vom Boten, der nur eine **„fertige"** fremde Willenserklärung überbringt.

Fraglich ist, ob A hier nicht nur als Bote gehandelt hat, da er ja letztlich nur eine in allen Einzelheiten vorgefertigte Erklärung überbracht hat.

(aa) Die **Abgrenzung** zwischen Botenschaft und Stellvertretung erfolgt nach ganz h. M. im Wege der *Auslegung gem. §§ 133, 157* aus **Sicht eines objektiven Empfängers**. Maßgeblich ist, wie die Hilfsperson nach außen aufgetreten ist:

- ❑ Hat sie erkennbar *mit Entscheidungsspielraum* gehandelt, so liegt **Vertretung** vor.
- ❑ Handelte sie dagegen erkennbar als *bloßer Übermittler*, so ist sie als **Bote** zu behandeln.

Soweit für den Empfänger keine Anhaltspunkte für eine bloße Botenschaft vorliegen, liegt Vertretung vor, und zwar selbst dann, wenn im Innenverhältnis die Willenserklärung in allen Einzelheiten vorgegeben war (sog. *Vertreter mit gebundener Marschroute*).

(bb) **Hier** bestanden für die C-AG keinerlei Anhaltspunkte für eine Botenstellung des A. Die Vorformulierung des Schreibens hindert die Annahme von Stellvertretung – wie gezeigt – nicht. A hat sich insoweit die Erklärung des F **„zu eigen"** gemacht. Zwar ist auch die Stellvertretung für die C-AG nicht erkennbar. Dies ist jedoch ein Problem der Offenkundigkeit der Vertretung (dazu gleich) und unabhängig davon, ob A eine eigene Willenserklärung abgegeben hat.

Somit hat A eine eigene Willenserklärung abgegeben.

(d) **im fremden Namen:** 36

(aa) **Grds.** muß der Vertreter im fremden Namen handeln, *§ 164 I*, d. h. die Vertretung muß für den Geschäftsgegner **offenkundig** sein. Ist dies nicht der Fall, gilt das Rechtsgeschäft gem. *§ 164 II* als unanfechtbares Eigengeschäft des Handelnden. **Zweck** des Offenkundigkeitsprinzips ist vor allem der *Schutz des Geschäftsgegners*, der wissen soll, mit wem er einen Vertrag schließt.

(bb) Die Offenkundigkeit der Vertretung kann sich ergeben

- ❑ aus **ausdrücklicher Erklärung** oder
- ❑ aus **den Umständen,** § 164 I 2.

Hier hat A weder ausdrücklich die Vertretung offengelegt noch ist diese aus den Umständen ersichtlich.

(cc) Fraglich ist aber, ob im vorliegenden Fall nicht eine **Ausnahme** vom Offenkundigkeitsprinzip eingreift. Als solche sind zu nennen:

- ❑ das **verdeckte Geschäft für den, den es angeht;**
- ❑ das **Geschäft mit dem Inhaber eines Gewerbebetriebes;**
- ❑ das **sog. Handeln unter fremden Namen** (im Fall der Identitätstäuschung).

(dd) **Hier** kommt die letzte Fallgruppe in Betracht. A hat sich die Willenserklärung des F zu eigen gemacht, ohne dies nach außen offenzulegen, er hat also letztlich *vorgegeben, eine andere Person zu sein.* Für die C-AG war dabei nicht ersichtlich, daß neben F auch noch weitere Personen am Geschäft beteiligt sind. Fraglich ist in diesen Fällen, ob **Stellvertretung** für den wahren Namensinhaber (hier: F) **oder** ein **unanfechtbares Eigengeschäft** mit dem Namensverwender (hier: A) vorliegt.

Nach **h.M.** ist dabei durch *Auslegung gem. §§ 133, 157* aus der Sicht des Geschäftsgegners zu differenzieren:

- ❑ Kommt es dem Geschäftsgegner primär auf die **Person des Handelnden** (hier: A) an, während ihm der verwendete Name gleichgültig ist, dann liegt ein Eigengeschäft des Handelnden vor (sog. *„Namenstäuschung"*).
- ❑ Ist dagegen gerade die **hinter dem verwendeten Namen stehende Person** für den Geschäftsgegner entscheidend, so gelten nach h.M. die §§ 164 ff. analog (sog. *„Identitätstäuschung"*): Das Geschäft kommt mit dem Namensträger zustande, sofern der Handelnde Vertretungsmacht hatte oder der Vertretene gem. § 177 I genehmigt.
- ❑ **Hier** kam es der C-AG erkennbar darauf an, mit dem Namensträger F zu kontrahieren. Dafür sprechen die langen Geschäftsbeziehungen, aber auch der Umstand des günstigen Angebotes. Dies wird in aller Regel einer unbekannten Person nicht offeriert werden. Es handelt sich also um eine Identitätstäuschung, bei der die **§§ 164 ff. analoge** Anwendung finden, auch wenn die Stellvertretung nicht offengelegt wurde. Ob freilich die Willenserklärung gem. § 164 I für und gegen F wirkt, hängt davon ab, ob A mit Vertretungsmacht handelte.

(e) **mit Vertretungsmacht:**

***Hinweis:** Die folgenden Probleme der Prüfung der Vertretungsmacht werden ausführlich unten, § 2 Rn. 37 ff., dargestellt. Hier erfolgt daher nur eine kurze, summarische Prüfung zur Vervollständigung des Falles.*

Bei der Vertretungsmacht ist grds. zwischen **Bestand** und **Umfang** zu unterscheiden.

(aa) **Bestand:**

F hat dem A hier bei dessen Anstellung als Handlungsbevollmächtigter eine rechtsgeschäftliche Vollmacht gem. § 167 I erteilt.

(bb) **Umfang:**

Der Umfang einer Handlungsvollmacht richtet sich nach § 54 HGB. Danach ist A im Außenverhältnis befugt, alle Rechtsgeschäfte und Handlungen vorzunehmen, die der Betrieb eines derartigen Handelsgeschäftes oder die Vornahme derartiger Geschäfte **gewöhnlich** mit sich bringt. Die Bestellung der Lasergeräte ist damit von der Vollmacht des A umfaßt. Die entgegenstehende Weisung im Innenverhältnis braucht die C-AG gem. **§ 54 III HGB** im Außenverhältnis nicht gegen sich gelten lassen, da sie diese weder kannte noch kennen mußte (vgl. § 122 II).

A handelte somit auch mit Vertretungsmacht. Er hat ein Vertragsangebot mit Wirkung für und gegen F abgegeben, das die C-AG in Form der Auftragsbestätigung angenommen hat.

(II) Wirksamkeitshindernisse sind nicht ersichtlich.

Somit liegt eine wirksame Einigung zwischen F und der C-AG vor.

(B) **Erlöschensgründe** bzw.

(C) **Einreden** sind nicht ersichtlich.

Ergebnis: Die C-AG hat gegen F einen Anspruch auf Bezahlung der Geräte gem. § 433 II.

III. Zusammenfassende Graphik

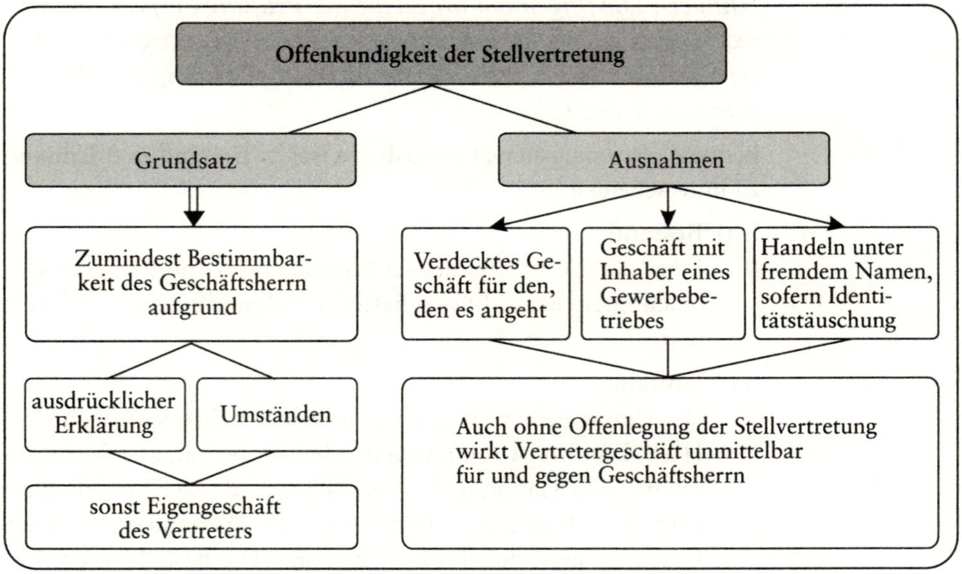

E. Handeln mit Vertretungsmacht

Das Vertretergeschäft wirkt nur dann für und gegen den Geschäftsherrn, wenn der Vertreter mit Vertretungsmacht gehandelt hat. Die Vertretungsmacht läßt sich in folgender Weise **definieren** (Musielak Rn. 713):

Vertretungsmacht ist die Befugnis, einen anderen wirksam zu vertreten und für ihn mit verbindlicher Wirkung Willenserklärungen abzugeben oder entgegenzunehmen.

I. Klausuraufbau

37 Bei dem Prüfungspunkt „Handeln mit Vertretungsmacht“ ist immer **in zwei Stufen** vorzugehen:

- ❑ Zuerst ist nach dem **Bestand** der Vertretungsmacht zur Zeit der Vornahme des Vertretergeschäfts zu fragen.

  Beachte: Bei dem Bestand einer rechtsgeschäftlichen Vertretungsmacht, der sog. **Vollmacht**, ist nochmals zwischen der *wirksamen Erteilung* und dem *Erlöschen* der Vollmacht zu unterscheiden.

- ❑ Kann der Bestand der Vertretungsmacht bejaht werden, so ist anschließend zu prüfen, ob das betreffende Vertretergeschäft vom **Umfang** der Vertretungsmacht gedeckt ist.

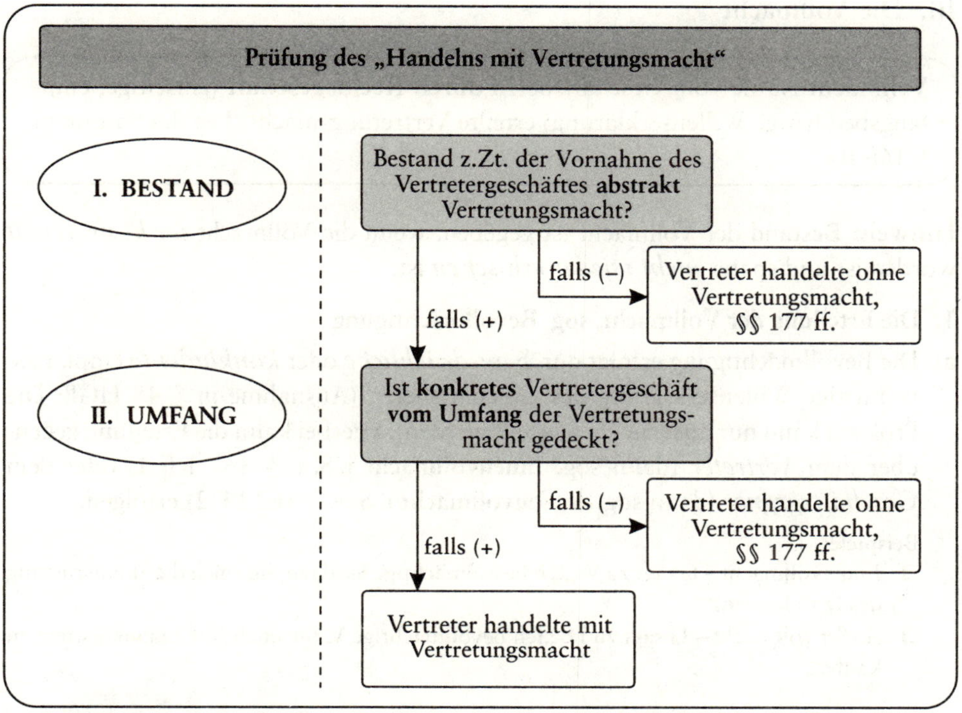

Merke also: Zwischen **Bestand** und **Umfang** der Vertretungsmacht ist streng zu trennen!

II. Überblick über die Arten der Vertretungsmacht

Man unterscheidet vier **Arten** der Vertretungsmacht: 38

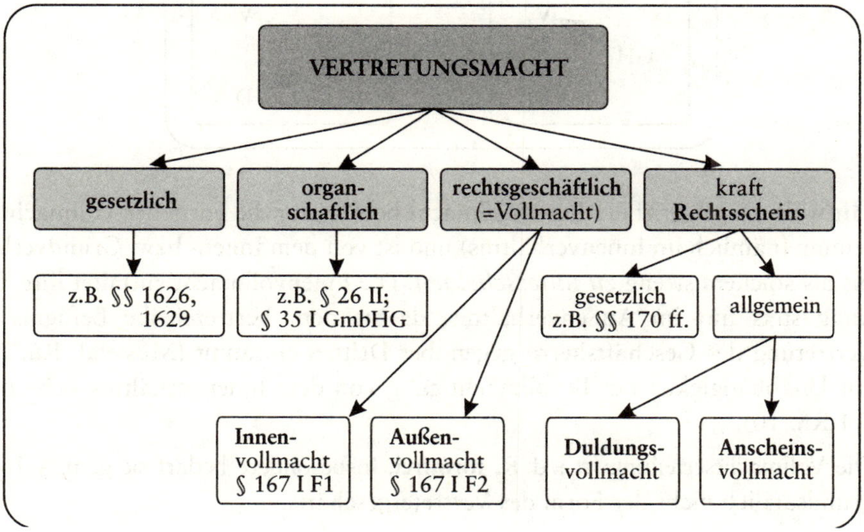

39 III. Die Vollmacht

Vollmacht ist die vom Geschäftsherrn **durch Rechtsgeschäft** (einseitige, empfangsbedürftige Willenserklärung) erteilte Vertretungsmacht (Legaldefinition in § 166 II).

Hinweis: Bestand der Vollmacht ist gegeben, wenn die Vollmacht *wirksam erteilt* worden ist und später *nicht wieder erloschen* ist.

1. Die Erteilung der Vollmacht, sog. Bevollmächtigung

40 **a)** Die Bevollmächtigung erfolgt durch *ausdrückliche* oder *konkludente* empfangsbedürftige Willenserklärung des Geschäftsherrn (Ausnahme in § 48 HGB: Die Prokura kann nur ausdrücklich erteilt werden). Hierbei kann die Erteilung gegenüber dem *Vertreter* (dann sog. **Innenvollmacht** i. S. v. § 167 I F 1) oder dem *Geschäftsgegner* (dann sog. **Außenvollmacht** i. S. v. § 167 I F 2) erfolgen.

Beispiele:

- *Innen*vollmacht – G sagt zu V: „Ich bevollmächtige Sie dazu, für mich die Skiausrüstung des D zu kaufen."
- *Außen*vollmacht – G sagt zu D: „Ich bevollmächtige V, für mich Ihre Skiausrüstung zu kaufen."

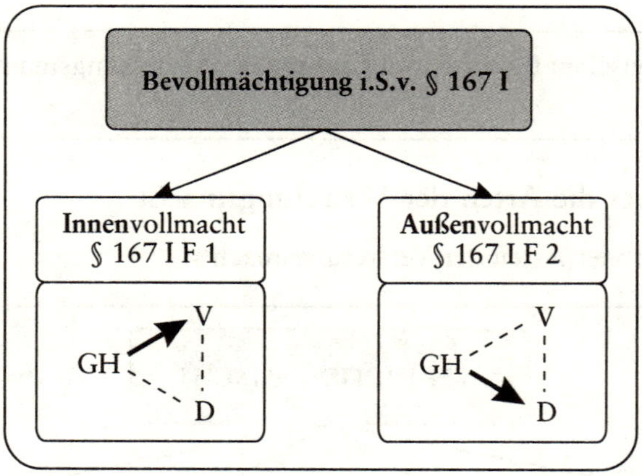

Hinweis: Der Begriff der **Innenvollmacht** betrifft nur die Form der Vollmachtserteilung (nämlich im Innenverhältnis) und ist von dem **Innen- bzw. Grundverhältnis** als solchem streng *zu unterscheiden.* Die Innenvollmacht entfaltet ihre Wirkung stets nur im Außenverhältnis, da sie dem Vertreter die Befugnis zur Vertretung des Geschäftsherrn gegenüber Dritten einräumt (Musielak Rn. 716; zur Unabhängigkeit der Bevollmächtigung von dem Innenverhältnis siehe oben § 1 Rn. 10)

41 **b)** Die Vollmachtserteilung ist i. d. R. **formfrei.** Insbesondere bedarf sie gem. § 167 II grundsätzlich nicht der Form des Vertretergeschäfts.

Eine **Formbedürftigkeit** der Bevollmächtigung kann sich ausnahmsweise *in drei Fällen* ergeben:

- wenn die Parteien die Formbedürftigkeit **rechtsgeschäftlich vereinbart** haben,
- wenn die Formbedürftigkeit ausnahmsweise **gesetzlich ausdrücklich vorgeschrieben** ist,

  Beispiel: Will der Erbe sich bei der Ausschlagung der Erbschaft vertreten lassen, so bedarf der Vertreter gem. § 1945 III 1 einer öffentlich beglaubigten Vollmacht.

- wenn die formlose Bevollmächtigung **mit dem Zweck** einer das Vertretergeschäft betreffenden Formvorschrift **unvereinbar** ist, so daß § 167 II insoweit teleologisch reduziert werden muß (Näheres zur teleologischen Reduktion im BGB-AT Band I § 18 Rn. 8 u. 10). Dies ist dann der Fall, wenn zwei **Voraussetzungen** erfüllt sind (MüKo § 167 Rn. 17; Staud. § 167 Rn. 20):

- Zum einen muß die (das Vertretergeschäft) betreffende Formvorschrift eine **Warnfunktion** haben (Näheres zu den Funktionen von Formvorschriften unten Kap. 4 § 9 Rn. 2 ff.)
- Zum anderen muß der Geschäftsherr durch die formlose Bevollmächtigung **bereits in gleicher Weise gebunden** sein, *wie durch* den Abschluß des formbedürftigen *Vertretergeschäfts* selbst.

Wichtigster praktischer Anwendungsbereich sind die Fälle einer *Vollmachtserteilung zum Abschluß eines* **Grundstückskaufvertrages.** Nach h. M. bedarf die Bevollmächtigung selbst auch der Form des § 313 (notarielle Beurkundung), wenn ansonsten die Warnfunktion des § 313 im Verhältnis zum Geschäftsherrn leerlau-

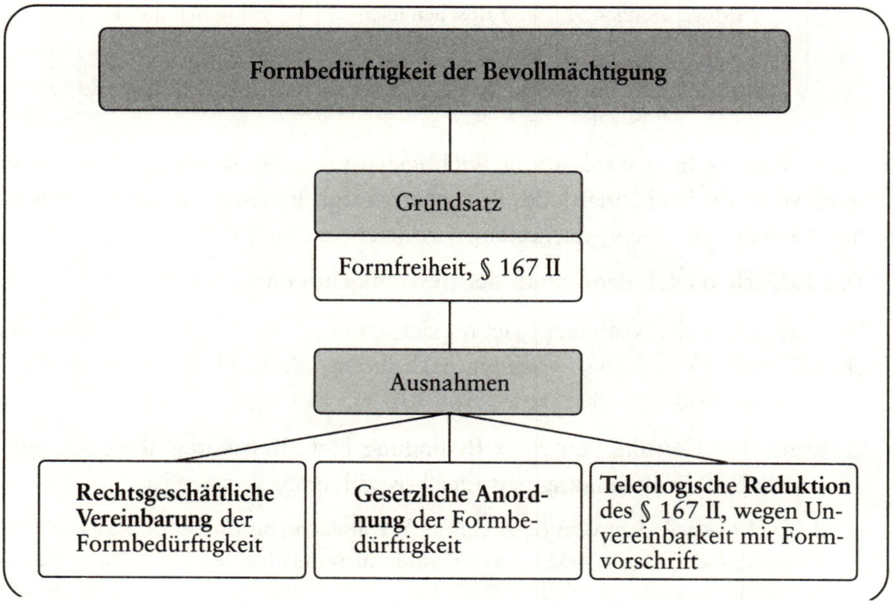

fen würde (MüKo § 167 Rn. 17 ff.; Pal. § 313 Rn. 20 f.; Med. AT Rn. 929; Näheres hierzu unten Kap. 4 § 11 Rn. 17).

Beispiel: G erteilt seinem Vertreter V eine *unwiderrufliche* Vollmacht zum Kauf eines bestimmten Grundstücks. Da diese Bevollmächtigung bereits eine bindende Verpflichtung des Geschäftsherrn zum Erwerb des Grundstücks begründet, bedarf sie nach h. M. der notariellen Beurkundung, da ansonsten die Warnfunktion des § 313 gegenüber dem Geschäftsherrn nicht zum Tragen kommen würde (RGZ 110, 320; BGH LM § 167 Nr. 18).

42 c) Die Vollmacht ist von dem zugrunde liegenden Innen- bzw. Grundverhältnis zu unterscheiden und ist in ihrem Bestand und Umfang hiervon grundsätzlich unabhängig, sog. **Abstraktionsprinzip** (Pal. § 167 Rn. 4; Staud. § 167 Rn. 2). Daher kann die Vollmacht auch isoliert, d. h. ohne wirksames Grundverhältnis bestehen (sog. **isolierte Vollmacht**).

Beispiel: Beauftragt und bevollmächtigt G den 16-jährigen V zum Verkauf eines Pkws, so ist dieser Auftrag ohne Mitwirkung der Eltern gem. §§ 107, 108 schwebend unwirksam. Dagegen ist die Bevollmächtigung des beschränkt geschäftsfähigen V als lediglich rechtlich vorteilhaftes Rechtsgeschäft gem. §§ 165 , 131 II, 107 F 1 wirksam (Näheres zum Minderjährigenrecht unten Kap. 3 § 7).

2. Das Erlöschen der Vollmacht

43 Über den Wortlaut des zu eng gefaßten § 168 hinaus kommen insbesondere folgende **Erlöschenstatbestände** in Betracht:

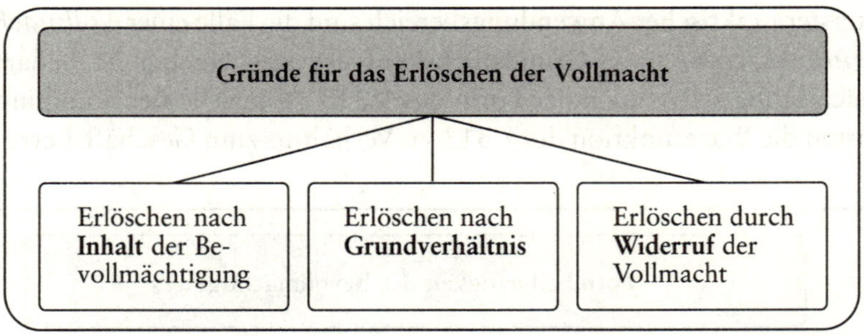

Hinweis: Im Anschluß wird auf die wichtigsten Erlöschenstatbestände näher eingegangen, wobei die Problematik des Erlöschens aufgrund einer Anfechtung aus didaktischen Gründen gesondert dargestellt wird (siehe unten § 4 Rn. 8 ff.).

a) Das Erlöschen nach dem Inhalt der Bevollmächtigung

44 Das Erlöschen der Vollmacht richtet sich entgegen dem insoweit mißverständlichen Wortlaut des § 168 **vorrangig nach ihrem Inhalt.** Hiernach kann eine Vollmacht insbesondere enden (Pal. § 168 Rn. 1),

- ❑ wenn ihre Geltung von einer **Bedingung** bzw. **Befristung** abhängig gemacht wurde und die Bedingung bzw. der Fristablauf eingetreten ist.

Beispiel: G erteilt dem Vermögensberater V Vollmacht, bis zum Ende des Monats für ihn ein geeignetes Anlageobjekt zu erwerben. In diesem Fall endet die Vollmacht des V mit Ablauf des Monats.

- ❑ wenn sie für die **Vornahme eines bestimmten Rechtsgeschäfts** erteilt worden ist. In diesem Fall erlischt die Vollmacht durch Zweckerreichung, sobald das Rechtsgeschäft *getätigt* worden bzw. *endgültig gescheitert* ist.

  Beispiel: V hat von G Vollmacht zum Kauf einer bestimmten Jugendstillampe vom Antiquitätenhändler D erteilt bekommen. Die Vollmacht endet, wenn die Lampe noch vor Abschluß des Vertretergeschäfts irreparabel kaputt geht.

b) Das Erlöschen nach dem Grundverhältnis, § 168 S. 1

Gem. § 168 S. 1 richtet sich das Erlöschen der Vollmacht auch **nach dem zugrundeliegenden Rechtsverhältnis**. *Erlischt* demnach dieses sog. *Grundverhältnis* (z. B. der Auftrag oder der Geschäftsbesorgungsvertrag) wegen eines allgemeinen schuldrechtlichen Erlöschensgrundes wie z. B. Kündigung, Rücktritt oder Zeitablauf, so hat dies *auch* ein *Erlöschen der Vollmacht* zur Folge. § 168 S. 1 begründet somit eine Abhängigkeit der Vollmacht vom Grundverhältnis, d. h. eine *Durchbrechung des Abstraktionsprinzips.* 45

Von Bedeutung ist in diesem Zusammenhang die Frage, **wie** sich der **Tod** bzw. die **Geschäftsunfähigkeit** des Vollmachtgebers (= Geschäftsherr) oder des Bevollmächtigten (= Vertreter) auf die Vollmacht auswirkt.

aa) Durch den **Tod** (bzw. Eintritt der Geschäftsunfähigkeit) **des Vollmachtgebers** erlischt das der Vollmacht zugrundeliegende Grundverhältnis regelmäßig nicht. Dies folgt für Auftrags- und Geschäftsbesorgungsverhältnisse aus den gesetzlichen Auslegungsregeln der §§ 168 S. 1, 673 S. 1, 675 (bitte lesen!). In diesen Fällen besteht sog. *Vollmacht über den Tod hinaus* (Näheres hierzu unten § 2 Rn. 53). Nach dem Tod des Vollmachtgebers vertritt der Bevollmächtigte dessen Erben mit Wirkung für und gegen den Nachlaß (MüKo § 168 Rn. 17 ff.; Brox AT Rn. 509).

Beachte: Die Vollmacht kann vom Vollmachtgeber auch als sog. *Vollmacht auf den Todesfall* erteilt werden. Sie wird zu Lebzeiten des Vollmachtgebers erteilt und wird erst mit seinem Tod wirksam (MüKo § 168 Rn. 23; Näheres hierzu unten § 2 Rn. 53).

bb) **Stirbt** dagegen der **Bevollmächtigte**, so erlischt gem. § 673 S. 1 (i. V. m. § 675) im Zweifel der Auftrag (bzw. der Geschäftsbesorgungsvertrag) und somit gem. § 168 S. 1 auch die Vollmacht. Daher geht die Vertretungsmacht im Zweifel nicht auf die Erben des Vertreters über.

Ebenso führt der Eintritt der **Geschäftsunfähigkeit des Bevollmächtigten** zum Erlöschen der Vollmacht, da im Umkehrschluß zu § 165 (bitte lesen!) ersichtlich ist, daß ein Geschäftsunfähiger nicht Vertreter sein kann.

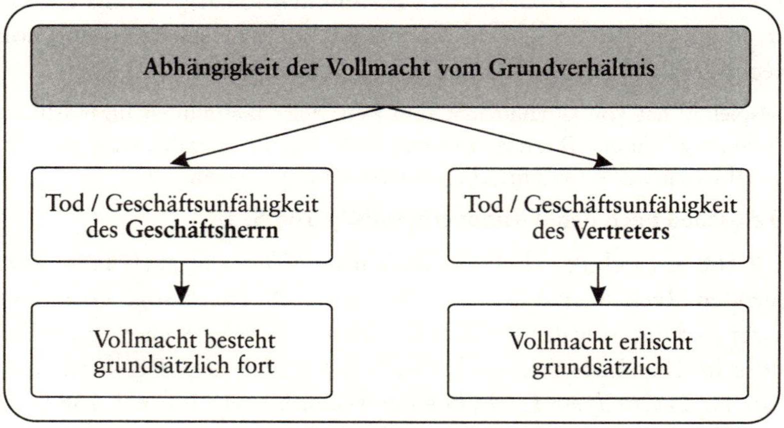

c) Das Erlöschen durch Widerruf der Vollmacht, § 168 S. 2

46 Gem. § 168 S. 2 kann die Vollmacht grundsätzlich vom Vollmachtgeber widerrufen werden. Dies gilt auch dann, wenn das Grundverhältnis fortbesteht. Der Widerruf erfolgt gem. §§ 168 S. 3, 167 I *durch einseitige, empfangsbedürftige Willenserklärung* des Vollmachtgebers. Hierbei kann der Widerruf *unabhängig* davon, ob die Vollmacht als Innen- oder Außenvollmacht erteilt wurde, entweder **gegenüber** dem **Vertreter oder** gegenüber dem **Geschäftsgegner** erklärt werden (MüKo § 168 Rn. 29).

Beispielsfall: G möchte das Segelboot, das von D in einer Zeitungsanzeige zum Kauf angeboten wurde, erwerben. Er teilt dem D mit, daß er seinen Vertreter V vorbeischicken werde, um das Boot für ihn zu kaufen. Dabei habe V einen Verhandlungsspielraum bis zu DM 20.000,–. Kurz bevor G den V losschickt, kommen ihm Bedenken hinsichtlich der Höhe des Kaufpreises. Deshalb erklärt er dem V, sein Verhandlungsspielraum belaufe sich nur auf DM 19.000,–. V schließt kurze Zeit später im Namen des G den Kaufvertrag mit D zu einem Preis i. H. v. DM 19.500,– ab. Kann D von G Zahlung des Kaufpreises verlangen?

D kann von G gem. § 433 II Bezahlung der DM 19.500,– verlangen, wenn zwischen ihnen ein wirksamer Kaufvertrag zustandegekommen ist. G hat sich selbst nicht mit D geeinigt, aber die Einigung zwischen V und D würde unmittelbar für und gegen G wirken, wenn die Voraussetzungen einer wirksamen Stellvertretung gem. §§ 164 ff. vorliegen. Anwendbarkeit der §§ 164 ff. sowie Zulässigkeit der Stellvertretung sind unproblematisch. V hat auch eine eigene Willenserklärung abgegeben und im fremden Namen gehandelt. Fraglich ist aber, ob V Vertretungsmacht hatte: Ursprünglich wurde dem V Vertretungsmacht in Form einer Außenvollmacht bis zu einem Kaufpreis i. H. v. DM 20.000,– erteilt. Diese Vertretungsmacht könnte jedoch durch Widerruf gem. § 168 S. 2 wieder erloschen sein: Zwar liegt kein ausdrücklicher Widerruf vor, doch wurde der Widerruf der Außenvollmacht von G konkludent erklärt, als er dem V eine Innenvollmacht für einen Kaufpreis bis max. DM 19.000,– erteilt hat. Fraglich ist aber, ob G die Außenvollmacht im Innenverhältnis, also gegenüber V, wirksam widerrufen konnte. Gem. § 168 S. 3 i. V. m. § 167 I kann der Geschäftsherr den Widerruf generell nach seiner Wahl entweder gegenüber dem Geschäftsgegner oder gegenüber dem Vertreter erklären, ohne daß es darauf ankommt, wem gegenüber die Vollmacht erklärt worden war. Die Vollmacht muß also *nicht in der Weise* widerrufen werden, wie sie erteilt worden ist, so daß die Außenvollmacht auch im Innenverhältnis widerrufen werden konnte (häufige Fehlerquelle im Examen!). Somit hatte V an sich nur Vertretungsmacht für einen Kaufpreis i. H. v. DM 19.000,–. Die widerrufene Außenvollmacht könnte jedoch *gem. § 170 aus Rechtsscheinsgründen fortwirken* (Näheres hierzu unten § 2 Rn. 60): Die Vollmacht wurde gegenüber D erteilt, G hat dem D den Widerruf nicht angezeigt und D ist gem. § 173 auch gutgläubig. Somit wirkt die widerrufene Außenvollmacht gem. §§ 170, 173 fort. Das Vertretergeschäft (Kaufpreis i. H. v. DM 19.500,–) war auch vom Umfang der Rechtsscheinsvollmacht (DM 20.000,–) gedeckt. Somit liegen die Voraussetzungen einer wirksamen Stellvertretung vor, so daß der Kaufvertrag zwischen G und D zustandegekommen ist. Da Wirksamkeitshindernisse, Erlöschensgründe und Einreden nicht ersichtlich sind, kann D von G Bezahlung der DM 19.500,– verlangen.

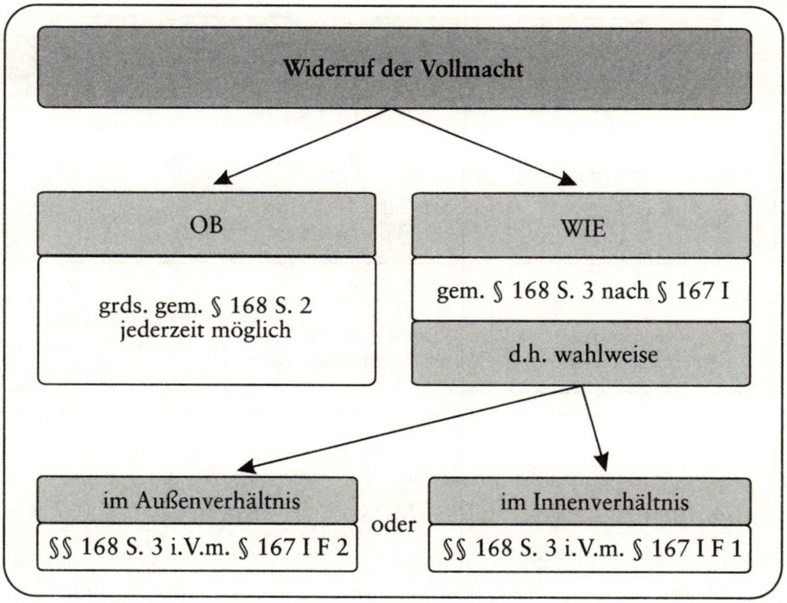

Hinweis: Die Widerrufsmöglichkeit kann aus Gründen der Privatautonomie *durch Parteivereinbarung ausgeschlossen* werden (sog. unwiderrufliche Vollmacht). Nach h. M. kann aber auch die unwiderrufliche Vollmacht nach dem Rechtsgedanken der §§ 626, 723 (bitte lesen!) **aus wichtigem Grund** widerrufen werden (so z. B. bei einer schwerwiegenden Pflichtverletzung des Vertreters, die das Vertrauensverhältnis zwischen Geschäftsherrn und Vertreter nachhaltig stört; BGH WM 1985, 646; MüKo § 168 Rn. 39; Pal. § 168 Rn. 6).

3. Der Umfang der Vollmacht

47 a) Der Umfang der Vollmacht richtet sich grundsätzlich **nach** dem konkreten **Inhalt der Bevollmächtigung**, d. h. der Umfang wird vom Vollmachtgeber (Geschäftsherrn) bestimmt (**Ausnahme:** Bei der Prokura, § 49 HGB, und der Handlungsvollmacht, § 54 HGB, ist der Umfang der Vollmacht aus Verkehrsschutzgründen ausnahmsweise gesetzlich festgesetzt; Näheres hierzu unten § 2 Rn. 49). Ist der Umfang der Vollmacht zweifelhaft, so ist die Vollmacht *gem. §§ 133, 157 auszulegen*. Hierbei ist darauf abzustellen, wie der *Erklärungsempfänger* das Verhalten des Vollmachtgebers verstehen durfte. Danach gilt (BGH NJW 1991, 3141; Pal. § 167 Rn. 5):

- ❑ Bei der **Innenvollmacht** ist auf die Verständnismöglichkeit des *Vertreters* abzustellen.
- ❑ Bei der **Außenvollmacht** und der **nach außen kundgegebenen Vollmacht** sind die Verständnismöglichkeiten des *Geschäftsgegners* maßgeblich.

48 b) **Entsprechend** dem jeweiligen **Umfang** der Vollmacht unterscheidet man folgende *Erscheinungsformen* der Vollmacht (Pal. § 167 Rn. 6 f.):

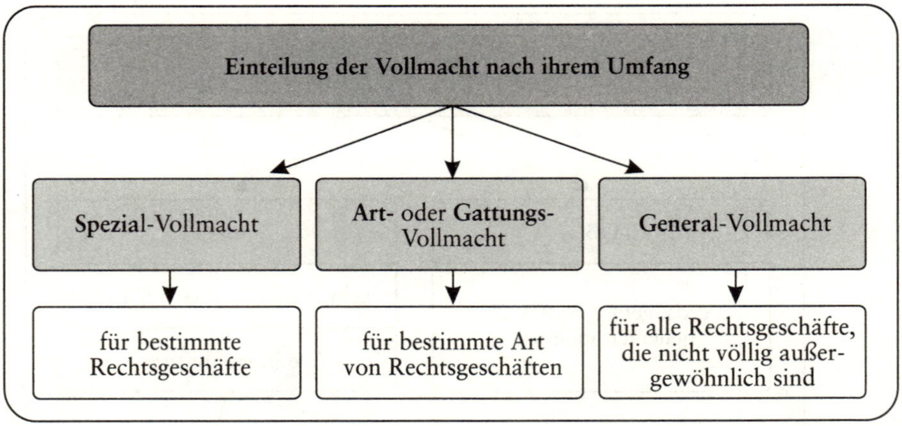

aa) Die **Spezialvollmacht** ermächtigt den Vertreter zur Vornahme eines ganz *bestimmten Rechtsgeschäftes* (MüKo § 167 Rn. 67; Pal. § 167 Rn. 6).

Beispiel: Beauftragt und bevollmächtigt G den V zum Kauf eines neuen Faxgerätes, so hat V Spezialvollmacht für den Kaufvertrag über das Faxgerät. Andere Rechtsgeschäfte sind hiervon nicht gedeckt.

bb) Die **Art-** oder **Gattungsvollmacht** ermächtigt zu einer *bestimmten Art von Rechtsgeschäften*. Hierbei kann die Vollmacht an eine bestimmte Funktion des Vertreters anknüpfen oder wiederkehrende gleichartige Geschäfte betreffen (MüKo § 167 Rn. 67; Pal. § 167 Rn. 6).

Beispiele:

- ❑ Ein Hausverwalter hat aufgrund seiner Funktion Vollmacht hinsichtlich der mit der Verwaltung des Gebäudes im Zusammenhang stehenden Rechtsgeschäfte.
- ❑ Wird eine Bankvollmacht erteilt, so betrifft die Vollmacht einen wiederkehrenden gleichartigen Aufgabenbereich, nämlich Verfügungen über ein vorhandenes Guthaben sowie Kontoüberziehungen im Rahmen des Üblichen.

cc) Die **Generalvollmacht** verschafft dem Vertreter grundsätzlich *unbeschränkte Vertretungsmacht in allen Angelegenheiten* des Geschäftsherrn. Jedoch können sich aufgrund einer Auslegung gem. §§ 133, 157 Beschränkungen ergeben. So sind regelmäßig völlig außergewöhnliche Rechtsgeschäfte, die den Geschäftsherrn erkennbar und eindeutig schädigen, von der Vollmacht nicht mehr gedeckt (MüKo § 167 Rn. 68; Pal. § 167 Rn. 7).

Beispiel: Die Prokura (§ 49 HGB) stellt eine kaufmännische Generalvollmacht dar, da sie grundsätzlich zu allen Rechtsgeschäften ermächtigt, die der Betrieb eines Handelsgewerbes mit sich bringt. Über die gesetzlich geregelte Beschränkung in § 49 II HGB (grundsätzlich keine Befugnis zur Veräußerung und Belastung von Grundstücken) hinaus ist anerkannt, daß Prokura nicht das Handelsgeschäft einstellen oder veräußern darf, da es sich insoweit nicht mehr um ein übliches Geschäft im Rahmen des Betriebs eines Handelsgewerbes handelt (BGH BB 1965, 1373).

Hinweis: Die allgemeinen Einschränkungen der Vollmacht werden gesondert unten § 2 Rn. 69 ff. dargestellt, da sich diese Beschränkungen nicht nur auf die Vollmacht, sondern auf alle Arten der Vertretungsmacht beziehen.

c) Die handelsrechtlichen Vollmachten

Zu beachten ist, daß es sich bei den handelsrechtlichen Vollmachten, nämlich der **49**
Prokura (§§ 48 ff. HGB) und der Handlungsvollmacht (§§ 54 ff. HGB), *nicht* um Fälle einer *gesetzlichen Vertretungsmacht* handelt (hierzu unten § 2 Rn. 54), sondern lediglich um **gesetzliche Bestimmungen des Umfangs** der Vertretungsmacht. Der Bestand der Vertretungsmacht bemißt sich in diesen Fällen mangels vorrangiger Sondervorschriften des HGB nach den allgemeinen Regeln des BGB, d. h. nach den §§ 167 ff.

Beispielsfall: Der bei G, Inhaber eines Elektogeschäfts, als Handlungsbevollmächtigter angestellte V bestellt beim Großhändler D im Namen des G ohne Rücksprache mit ihm 10 Fernsehgeräte. Ist zwischen G und D ein wirksamer Kaufvertrag zustandegekommen?

Hierzu müßten sich G und V wirksam i. S. v. § 433 geeinigt haben. G selbst hat kein Angebot zum Abschluß eines Kaufvertrages abgegeben. Jedoch würde die Erklärung des V gem. § 164 I 1 für und gegen G wirken, sofern die Voraussetzungen einer wirksamen Stellvertretung vorliegen. Problematisch ist insoweit nur, ob V mit Vertretungsmacht gehandelt hat. Der Bestand der Vertretungsmacht ergibt sich vorliegend aus § 167 I, da G mit Anstellung des V, diesem konkludent Vollmacht erteilt hat. Der Umfang der Vollmacht folgt aus § 54 HGB: G betreibt ein Elektrogeschäft und ist somit Mußkaufmann i. S. v. § 1 I, II Nr. 1 HGB. Der in diesem Geschäft als

Handlungsbevollmächtigter angestellte V hat somit gem. § 54 HGB Vollmacht für alle Geschäfte und Rechtshandlungen, die der Betrieb eines Elektrogeschäftes mit sich bringt, d. h. für alle branchenüblichen Tätigkeiten (Beschränkungen i. S. v. § 54 II, III sind hier nicht einschlägig). Da der Ankauf von 10 Fernsehgeräten ein branchenübliches Geschäft darstellt, war das von V getätigte Vetretergeschäft vom Umfang der Vertretungsmacht gedeckt. Die Voraussetzungen einer wirksamen Stellvertretung liegen somit vor. Da keine Wirksamkeitshindernisse ersichtlich sind, ist zwischen G und D ein wirksamer Kaufvertrag zustandegekommen.

Merke: §§ 48 ff. und 54 ff. HGB enthalten nur Regelungen bzgl. Umfang von Prokura und Handlungsvollmacht. Der Bestand richtet sich dagegen nach den §§ 167 ff.

Hinweis: Kommentieren Sie sich – sofern mit Ihrer Prüfungsordnung vereinbar – die §§ 167 ff. BGB sowohl neben § 48 HGB als auch neben § 54 HGB.

4. Besondere Arten der Vollmacht

50 Nach dem jeweiligen **Inhalt** der Vollmacht unterscheidet man u. a. folgende besondere Arten (Pal. § 167 Rn. 11 ff.):

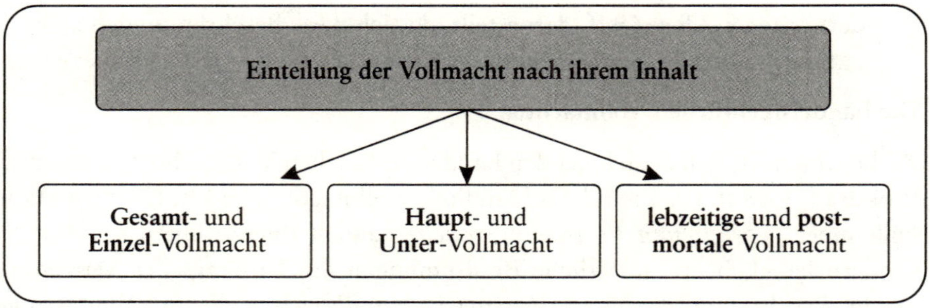

a) Die Gesamt- und Einzelvollmacht

Wird die Vertretungsmacht mehreren Personen erteilt, so kann dies in der Weise geschehen, daß entweder **jeder für sich allein** zur Vertretung berechtigt ist (dann sog. *Einzelvollmacht*) oder mehrere Vertreter **nur gemeinschaftlich** zur Vertretung berechtigt sind (dann sog. *Gesamtvollmacht*; MüKo § 164 Rn. 76 ff.; Pal. § 167 Rn. 13).

Beispiel: Die Prokura kann gem. § 48 II HGB in Form einer Gesamtprokura erteilt werden, so daß mehrere Personen nur gemeinschaftlich den Aufgabenbereich des Prokuristen wahrnehmen können.

b) Die Haupt- und Untervollmacht

aa) Während die **Hauptvollmacht** immer **vom Geschäftsherrn** selbst erteilt wird, erfolgt die Erteilung der **Untervollmacht durch** einen **Vertreter** (den sog. Hauptvertreter) an einen weiteren Vertreter (den sog. Untervertreter).

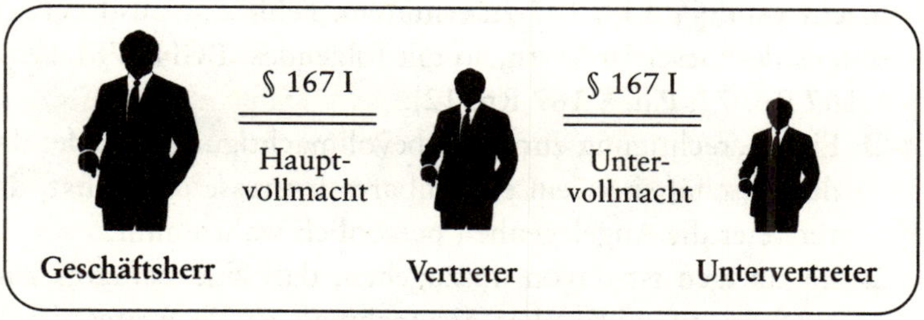

Beispiel: G erteilt dem V (= Hauptvertreter) Prokura (= Hauptvollmacht). V beauftragt und bevollmächtigt (= Erteilung einer Untervollmacht) seinerseits den U (Untervertreter) mit dem Erwerb eines Kopiergerätes für das Handelsgeschäft des G.

bb) Man unterscheidet **zwei Arten** der Untervollmacht (MüKo § 167 Rn. 71 ff.; Pal. § 167 Rn. 12): 51

- Der Hauptvertreter erteilt dem Untervertreter **im Namen des Geschäftsherrn** Untervollmacht.
  Nach einhelliger Ansicht wirkt in diesen Fällen das vom Untervertreter getätigte Rechtsgeschäft unmittelbar für und gegen den Geschäftsherrn, wenn eine *wirksame Hauptvollmacht* vorlag, diese *Hauptvollmacht zur Unterbevollmächtigung ermächtigte* und die *Untervollmacht* ihrerseits *wirksam* erteilt worden ist.
- Der Hauptvertreter bevollmächtigt den Untervertreter **im eigenen Namen** und aus eigenem Recht zu seinem Vertreter (sog. *Vertreter des Vertreters*).
  Strittig ist, ob diese Form der Untervertretung zulässig ist, mit der Folge, daß die Rechtswirkungen des Handelns des Untervertreters **unmittelbar den Geschäftsherrn** treffen.
  – Die **Rspr. bejaht** die **Zulässigkeit** einer solchen Konstruktion der Untervertretung (BGH NJW 1977, 1535).
    Argument: Die Rechtswirkungen des vom Untervertreter getätigten Rechtsgeschäfts gehen in diesem Fall „gleichsam gemäß den beiden Vollmachtsverhältnissen durch den Hauptvertreter hindurch“.
  – Die h. L. **lehnt** eine solche Form der Untervertretung **ab** (MüKo § 167 Rn. 73 f.; Pal. § 167 Rn. 12).
    Argument: Der Hauptvertreter hat aus eigenem Recht nicht die Befugnis, eine Vollmacht zu erteilen, die nicht ihn, sondern den Geschäftsherrn bindet. Diese Befugnis kann er nur von dem Geschäftsherrn, d. h. aus der ihm selbst erteilten Vertretungsmacht ableiten. Diese Vertretungsmacht ermächtigt ihn aber nur unter den Voraussetzungen des § 164 I – d. h. insbesondere unter Beachtung des Offenkundigkeitsprinzips – Rechtswirkungen für und gegen den Geschäftsherrn herbeizuführen.

cc) **Ob** und bejahendenfalls **in welchem Umfang** der Hauptvertreter zur Erteilung einer Untervollmacht berechtigt ist, ist durch **Auslegung** der Hauptvoll- 52 macht gem. §§ 133, 157 zu ermitteln. Fehlt eine ausdrückliche Gestattung seitens des Geschäftsherrn, so gilt folgendes (BGH WM 1959, 377; MüKo § 167 Rn. 77; Pal. § 167 Rn. 12):

- ❑ Eine Berechtigung zur Unterbevollmächtigung scheidet dann aus, wenn der Geschäftsherr ein erkennbares Interesse daran hat, daß der Hauptvertreter die Angelegenheit **persönlich** wahrnimmt.
- ❑ Im übrigen ist davon auszugehen, daß eine Befugnis zur Unterbevollmächtigung umso eher anzunehmen ist, je **weiter** die Vollmacht des Hauptvertreters reicht.
- ❑ Dabei kann der Umfang der Untervollmacht in jedem Fall **nicht weiter** gehen **als** der Umfang der **Hauptvollmacht** reicht.

dd) **Merke:** Die **Untervollmacht** ist **nur wirksam**, wenn:

- ❑ die **Hauptvollmacht wirksam erteilt** worden ist,
- ❑ der Hauptvertreter **zur Unterbevollmächtigung befugt** war und
- ❑ die **Untervollmacht** ihrerseits **wirksam erteilt** worden ist.

d) **Hinweis:** Von besonderer **Examensrelevanz** ist die Frage, welche Rechtsfolgen sich bei Mängeln der Haupt- oder Untervollmacht ergeben, insbesondere *inwieweit* der *Untervertreter nach § 179 haftet.* Diese Problematik wird aus didaktischen Gründen erst im Zusammenhang mit der Haftung des Vertreters ohne Vertretungsmacht dargestellt (unten § 4 Rn. 18 ff.).

e) **Die lebzeitige und postmortale Vollmacht**

53 Während die lebzeitige Vollmacht nur **zu Lebzeiten** des Geschäftsherrn Geltung hat, wird die postmortale Vollmacht (auch) für die Zeit **nach dem Tod** des Geschäftsherrn erteilt. Die postmortale Vollmacht kann entweder als sog. Vollmacht *auf den Todesfall* oder als sog. Vollmacht *über den Tod hinaus* in Erscheinung treten. Während bei der Vollmacht auf den Todesfall die Vollmacht erst mit dem Tod des Geschäftsherrn wirksam wird, wirkt bei einer Vollmacht über den Tod hinaus eine bereits zu Lebzeiten wirksame Vollmacht nach dem Tod des Vollmachtgebers fort. Der Vertreter muß nach dem Tod des Vollmachtgebers im Namen der Erben auftreten, wobei das Vertretergeschäft nur für und gegen den Nachlaß wirkt. Die Erben können die postmortale Vollmacht grundsätzlich widerrufen. Eine Ausnahme besteht jedoch dann, wenn die Vollmacht vom Geschäftsherrn als unwiderruflich erteilt worden ist. In diesen Fällen kommt allenfalls ein Widerruf der Erben aus wichtigem Grund analog §§ 626, 723 in Betracht (MüKo § 168 Rn. 23 ff.; Pal. Einf. vor § 2197 Rn. 16 ff.; siehe auch oben § 2 Rn. 46).

Hinweis: Nach h. M. findet die **erbrechtliche Formvorschrift des § 2301** auf eine postmortale Vollmacht zum Abschluß unentgeltlicher Rechtsgeschäfte zu Lasten des Nachlasses keine entsprechende Anwendung, so daß die postmortale Vollmacht formlos erteilt werden kann (Näheres hierzu im Erbrechts-Band).

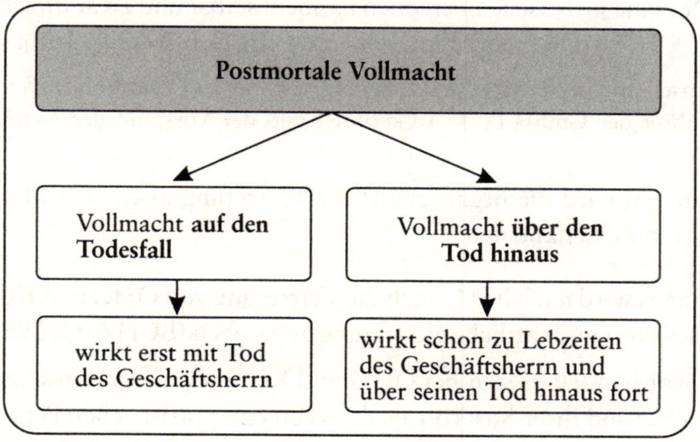

IV. Die gesetzliche Vertretungsmacht

Personen, die **geschäftsunfähig** oder nur **beschränkt geschäftsfähig** sind bzw. ihre 54
Angelegenheiten **nicht selbständig erledigen können,** bedürfen eines sog. gesetzlichen Vertreters. Die Rechtsstellung des gesetzlichen Vertreters gründet sich entweder unmittelbar auf eine *gesetzliche Vorschrift* oder auf einen – auf der Grundlage einer gesetzlichen Regelung – ergangenen *Staatsakt* (MüKo vor § 164 Rn. 5; Pal. Einf. vor § 164 Rn. 5).

Beispiele:

- ❑ Eltern leiten ihre Stellung als gesetzliche Vertreter ihrer minderjährigen Kinder unmittelbar aus dem Gesetz ab (vgl. §§ 1626 II, 1629).
- ❑ Die Bestellung zum gesetzlichen Vertreter in Form eines Vormunds, Betreuers oder Pflegers erfolgt entweder durch das Vormundschaftsgericht (vgl. z. B. §§ 1774, 1897, 1909) oder durch das Nachlaßgericht (vgl. § 1960).

Hinweis: Auf den examensrelevantesten Fall einer gesetzlichen Vertretung, die Vertretung Minderjähriger durch ihre Eltern, wird bei der Erörterung des Minderjährigenrechts näher eingegangen (unten § 7). Beachten Sie dabei, daß sich die im Zusammenhang mit der Vollmacht dargestellten Probleme bei der gesetzlichen Vertretungsmacht grundsätzlich nicht stellen, da das **Gesetz** selbst die *Voraussetzungen* für den Bestand und den Umfang der gesetzlichen Vertretungsmacht regelt (Med. AT Rn. 952).

V. Die organschaftliche Vertretungsmacht

1. Die **juristischen Personen** des privaten und öffentlichen Rechts sind selbst hand- 55
lungsunfähig und bedürfen daher einer Vertretung durch ihre Organe. Hierbei ist die organschaftliche Vertretung mit der gesetzlichen Vertretung verwandt. Ein Unterschied ist jedoch darin zu sehen, daß das Handeln der Organe *nicht fremdbezogen* ist. Dies bedeutet, daß die Organe *nicht für und anstatt* der juristischen Personen

handeln, sondern die juristischen Personen handeln *selbst* und zwar *durch* ihre Organe (MüKo vor § 164 Rn. 6 f.; Pal. Einf. vor § 164 Rn. 5; B/A AT S. 168).

Beispiele: Organschaftliche Vertreter sind z. B. der Vorstand des rechtsfähigen Vereins (§ 26 II), der Geschäftsführer der GmbH (§ 35 I GmbHG) und der Vorstand der Aktiengesellschaft (§ 78 I AktG).

Hinweis: Zum Teil wird die organschaftliche Vertretung auch als Unterfall der gesetzlichen Vertretung behandelt.

2. Darüberhinaus wird nach h. M. auch die Vertretung von **OHG** und **KG** durch ihre Gesellschafter als organschaftliche Vertretung angesehen (BGHZ 36, 295).

Argument: Zwar handelt es sich bei OHG und KG um keine juristischen Personen, doch sind sie aufgrund ihrer Struktur nach außen einer juristischen Person gleichzustellen.

Hinweis: Die Problematik der organschaftlichen Vertretungsmacht wird v. a. im Gesellschaftsrecht relevant und ist daher näher im Gesellschaftsrechts-Band dargestellt.

VI. Die Rechtsscheinsvollmachten

1. Allgemeines

a) Der Begriff des Rechtsscheins

56 Unter einem Rechtsschein versteht man den *Anschein für das Bestehen eines Rechts*, das *in Wirklichkeit nicht besteht.* Löst der Rechtsschein bei einer Person den Glauben an das tatsächliche Bestehen dieses Rechts aus, so wird dieser gute Glaube regelmäßig von der Rechtsordnung **geschützt**: Der Gutgläubige wird so behandelt, *als würde* das Recht *tatsächlich bestehen.*

Die Problematik des Gutglaubensschutzes spielt im Zivilrecht eine bedeutende Rolle und ist daher auch von großer **Examensrelevanz.**

Beispiele:

- ❑ Der gutgläubige Erwerb beweglicher Sachen gem. §§ 932 ff. oder Grundstücke gem. § 892 beruht auf dem Gedanken, daß derjenige, der aufgrund eines bestimmten Rechtsscheins an das Eigentum seines Vertragspartners glauben durfte, so behandelt wird, als sei dieser – entgegen der wahren Rechtslage – tatsächlich Eigentümer.
- ❑ Tritt jemand im Rechtsverkehr als Erbe auf, ohne Erbe zu sein, und ist er durch einen Erbschein legitimiert, so kann gem. § 2366 jeder gutgläubige Dritte, der keine Kenntnis von der Unrichtigkeit des Erbscheins hat, Gegenstände aus dem Nachlaß in gleicher Weise erwerben, als würde sie der wahre Erbe veräußern.

b) Allgemeine Vorraussetzungen eines Gutglaubensschutzes

57 Ein Schutz des guten Glaubens aufgrund eines bestimmten Rechtsscheins kommt generell nur dann in Betracht, wenn folgende **Voraussetzungen** erfüllt sind (B/A AT S. 175):

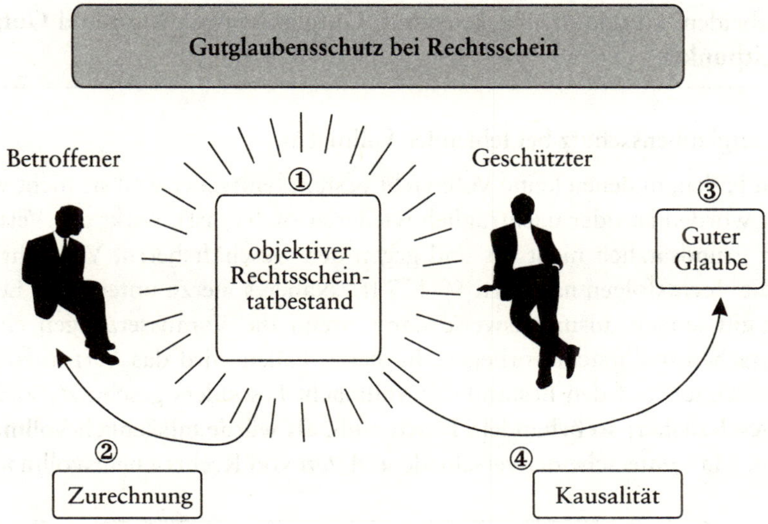

Erläuterungen zu den Voraussetzungen:

① **Objektiver Rechtsscheinstatbestand:** Es müssen Umstände vorliegen, die einen Rechtsschein erzeugen.
② **Zurechenbarkeit des Rechtsscheins:** Derjenige, zu dessen Lasten der Gutglaubensschutz geht, muß den Rechtsschein zurechenbar *veranlaßt* haben.
③ + ④ **Schutzwürdigkeit des Dritten:** Das Vertrauen des begünstigten Dritten muß schutzwürdigkeit sein, d.h. er muß *gutgläubig* sein und der Rechtsschein muß für den Abschluß des Rechtsgeschäftes *kausal* geworden sein.

Faktoren der Gutgläubigkeitsprüfung

Gutglaubensgegenstand	**Gutglaubensmaßstab**	**Gutglaubenszeitpunkt**
Bezugspunkt des guten Glaubens	Grad des guten Glaubens	Zeitpunkt, bis zu dem guter Glaube mindestens vorliegen muß
Veranschaulichung am Beispiel des gutgläubigen Erwerbs gem. § 932		
Eigentum des Veräußerers	Erst die grob fahrlässige Unkenntnis nimmt guten Glauben	Bis zur Vollendung des Erwerbstatbestandes, d.h. i.d.R. bis zur Übergabe

Merke: Bei der Prüfung der Gutgläubigkeit sind regelmäßig drei Faktoren zu unterscheiden: **Gutglaubensgegenstand, Gutglaubensmaßstab** und **Gutglaubenszeitpunkt.**

c) Der Gutglaubensschutz bei fehlender Vollmacht

58 In den Fällen, in denen keine Vollmacht besteht (entweder weil sie nicht wirksam erteilt worden ist oder nachträglich wieder erloschen ist), wirkt das Vertretergeschäft grundsätzlich nicht für und gegen den Geschäftsherrn. Vielmehr richten sich die Rechtsfolgen nach den §§ 177 ff. (Näheres hierzu unten § 3). Etwas anderes gilt jedoch ausnahmsweise dann, wenn die Voraussetzungen einer sog. Rechtsscheinsvollmacht vorliegen. In diesen Fällen wird das Vertrauen des Geschäftsgegners auf den Bestand der Vollmacht besonders geschützt, so daß **sich** der **Geschäftsherr so behandeln lassen muß, als würde** tatsächlich **Vollmacht bestehen.** Man unterscheidet verschiedene *Arten* von Rechtsscheinsvollmachten:

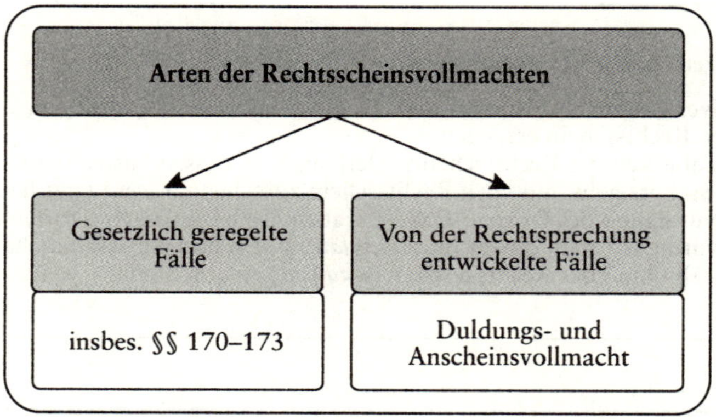

Beachte: Darüberhinaus ist das Vertrauen auf den Bestand einer Vertretungsmacht u. a. auch über die §§ 15 II, 56 III HGB geschützt (Einzelheiten hierzu im Handelsrechts-Band).

2. Die Rechtsscheinsvollmachten der §§ 170–173

59 a) Rechtsnatur der §§ 170–173

Die §§ 170–173 schützen den Geschäftsgegner, der auf den Fortbestand einer in Wirklichkeit nicht mehr bestehenden Vollmacht vertraut hat und dessen Vertrauen schutzwürdig ist. Nach h. M. handelt es sich hierbei um **gesetzlich** geregelte Fälle einer **Rechtsscheinsvollmacht,** da die Rechtswirkungen unabhängig von einem darauf gerichteten, rechtsgeschäftlichen Willen des Geschäftsherrn eintreten (MüKo § 170 Rn. 1; Pal. § 173 Rn. 1 – eine Mindermeinung sieht in den §§ 170 ff. Fälle einer rechtsgeschäftlichen Bevollmächtigung, Flume AT §§ 49, 2; 51, 9; Med. BR Rn. 97).

b) Anwendungsbereich der §§ 170–173 60

aa) Nach ihrem Wortlaut schützen die §§ 170–173 nur den guten Glauben an den **Fortbestand** einer einmal *wirksam erteilten Vollmacht.*

Beispiel: G erklärt dem D, er werde am nächsten Morgen seinen Angestellten V vorbeischicken. Dieser sei ermächtigt, den gebrauchten Anrufbeantworter des D zu kaufen. Noch bevor er den V losschicken will, entscheidet sich G jedoch für ein ungebrauchtes Gerät und widerruft gegenüber V die Vollmacht. Hier wurde ursprünglich wirksam Vollmacht in Form einer Außenvollmacht gegenüber D erteilt (§ 167 I F 2). Durch den Widerruf im Innenverhältnis gem. §§ 168 S. 3, 167 I ist die Vollmacht nachträglich wieder erloschen. Gem. §§ 170, 173 wird D jedoch in seinem guten Glauben an den Fortbestand der ursprünglich wirksam erteilten Vollmacht geschützt, d. h. ihm gegenüber gilt die Vollmacht als fortbestehend.

bb) Darüberhinaus finden die **§§ 170–173 analoge Anwendung**, wenn die Vollmacht *von Anfang an* nicht bestanden hat (BGH NJW-RR 1986, 467; Pal. § 173 Rn. 1).

Hinweis: Die analoge Anwendung der §§ 170–173 ist insbesondere dann von Bedeutung, wenn eine wirksam erteilte Vollmacht vom Geschäftsherrn nachträglich **angefochten** wird, so daß die Vollmacht gem. § 142 rückwirkend erlischt.

Beispiel: G teilt dem D mit, daß er dem V Innenvollmacht erteilt hat (§ 171 I). Danach ficht er die Vollmacht wirksam gegenüber V an, so daß diese gem. § 142 I rückwirkend wegfällt (d. h. in der Weise, als ob die Vollmacht nie erteilt worden wäre; Näheres hierzu unten § 4). Geht D nach wie vor von der Wirksamkeit der Vollmacht aus, da er von der Anfechtung keine Kenntnis erlangt hat, und schließt er in diesem Vertrauen mit dem Vertreter das Vertretergeschäft ab, so wirkt die Vollmacht als Rechtsscheinsvollmacht analog §§ 171 II, 173 zugunsten des D fort.

c) Voraussetzungen der §§ 170–173

Ein Schutz des Geschäftsgegners nach den §§ 170–173 findet nur dann statt, 61
wenn die (allgemeinen) Voraussetzungen eines Gutglaubensschutzes vorliegen (siehe oben § 2 Rn. 57):

aa) Objektiver Rechtsscheinstatbestand

Der Gesetzgeber stellt in den §§ 170, 171 und 172 jeweils unterschiedliche Anforderungen an das Vorliegen des objektiven Rechtsscheinstatbestandes (Pal. § 173 Rn. 3 ff.):

- ❑ Im Fall des **§ 170** muß der Geschäftsherr gegenüber dem Geschäftsgegner eine *Außenvollmacht* gem. § 167 I F 2 erteilt haben.
- ❑ **§ 171** fordert eine *besondere Mitteilung* oder *öffentliche Bekanntmachung* einer (angeblichen) *Innenvollmacht*, wobei die Mitteilung und die Bekanntmachung geschäftsähnliche Handlungen darstellen.
- ❑ Im Fall des **§ 172** muß dem Geschäftsgegner eine vom Geschäftsherrn freiwillig ausgehändigte, echte *Vollmachtsurkunde* vorgelegt worden sein.

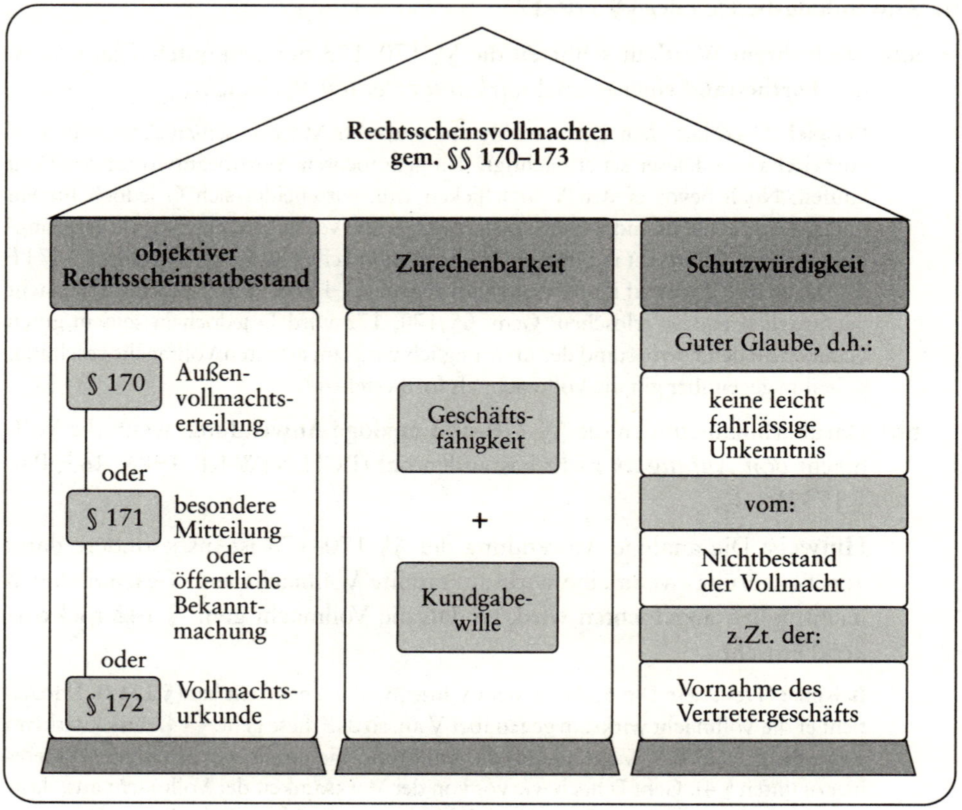

bb) Zurechenbarkeit des Rechtsscheins

Der Rechtsschein kann dem Geschäftsherrn nur dann zugerechnet werden, wenn dieser bei der Vornahme des Kundgabeaktes **geschäftsfähig** gewesen ist **und mit Kundgabewillen** gehandelt hat (MüKo § 171 Rn. 10).

cc) Schutzwürdigkeit des Geschäftsgegners

Gem. § 173 ist das Vertrauen des Geschäftsgegners nur dann schutzwürdig, wenn dieser gutgläubig ist. Hierbei ist wiederum zu unterscheiden zwischen Gutglaubensgegenstand, -maßstab und -zeitpunkt.

- ❑ **Gutglaubensgegenstand:** Der Geschäftsgegner muß an den *(Fort-)* **Bestand der Vollmacht** glauben.
- ❑ **Gutglaubensmaßstab:** Gem. § 173 findet kein Gutglaubensschutz statt, wenn der Geschäftsgegner das Erlöschen bzw. das Nichtentstehen der Vollmacht bei Abschluß des Vertretergeschäftes **kennt bzw. kennen muß** (Beachte: Kennenmüssen bedeutet nach der Legaldefinition des § 122 II: *auf leichter Fahrlässigkeit beruhende Unkenntnis*). Dem Geschäftsgegner schadet insoweit also schon seine leicht fahrlässige Unkenntnis vom Nichtbestand der Vollmacht.

Hinweis: Beim gutgläubigen Erwerb beweglicher Sachen schadet dagegen nur die grobfahrlässige Unkenntnis des Erwerbers vom fehlenden Eigentum des Veräußerers, vgl. § 932 II – bitte lesen!

❑ **Gutglaubenszeitpunkt:** Der Geschäftsgegner muß **zum Zeitpunkt der Vornahme** des Vertretergeschäfts gutgläubig sein. Erfährt er vom Fehlen der Vollmacht, nachdem der Abschluß des Vertretergeschäftes vollendet ist, so steht diese Kenntnis dem Gutglaubensschutz nach den §§ 170–173 nicht mehr entgegen.

Hinweis: Die Problematik der Anfechtung der Rechtsscheinsvollmacht wird unten, § 4 Rn. 12, dargestellt.

3. Die Duldungs- und Anscheinsvollmacht

a) Allgemeines

Da sich der gesetzliche Vertrauensschutz als unzureichend erwies, hat die Rechtsprechung auf der Grundlage der §§ 170–173; 242; § 56 HGB die Grundsätze der Duldungs- und Anscheinsvollmacht entwickelt. Duldungs- und Anscheinsvollmacht lassen sich in folgender Weise definieren:

❑ Bei der **Duldungsvollmacht** läßt der Geschäftsherr es *wissentlich* geschehen, 62
daß ein anderer für ihn als Vertreter auftritt, ohne von ihm hierzu ermächtigt worden zu sein. Der Geschäftsgegner darf nach Treu und Glauben dieses *Dulden* dahin verstehen, daß der vermeintliche Vertreter tatsächlich bevollmächtigt ist (BGH LM § 167 Nr. 4, 13; MüKo § 167 Rn. 36; Pal. § 173 Rn. 10).

Beispiel: Der in der Firma des G angestellte V ist dazu bevollmächtigt, den Kontakt zu potentiellen Kunden herzustellen, um sie anschließend an seinen Kollegen K weiterzuleiten. K seinerseits ist für den Abschluß der Verträge zwischen G und den Kunden zuständig. Seit geraumer Zeit begnügt sich V nicht mehr mit der bloßen Acquisition, sondern schließt auch die jeweiligen Verträge selbst ab. G beobachtet dieses Verhalten des V schon seit längerer Zeit, unternimmt aber nichts dagegen.
In diesem Fall kann ein Stammkunde D, der mit V im Vertrauen auf Bestand und Umfang seiner Vollmacht einen Vertrag geschlossen hat, von G gem. § 164 I 1 Erfüllung verlangen, da dieser durch sein Dulden den Rechtsschein des Bestehens einer Vollmacht des V für den Abschluß der Verträge veranlaßt hat.

❑ Bei der **Anscheinsvollmacht** kennt der Geschäftsherr dagegen das Handeln 63
seines angeblichen Vertreters nicht. Er *hätte* es aber bei pflichtgemäßer Sorgfalt *erkennen und verhindern können*. Der Geschäftsgegner darf auch in diesem Fall nach Treu und Glauben davon ausgehen, daß der Geschäftsherr dieses Handeln duldet und billigt (BGH NJW 1981, 1728; MüKo § 167 Rn. 43; Pal. § 173 Rn. 13).

Beispiel: Wie oben, nur hat G von dem Verhalten des V keine Kenntnis erlangt, da er sich mehr seinem Freizeitvergnügen als seinem Betrieb gewidmet hat. Er hätte den Abschluß der Verträge seitens V jedoch erkennen und verhindern können. Hier kann D wiederum darauf vertrauen, daß V mit Vertretungsmacht gehandelt hat, so daß der Vertrag gem. § 164 I 1 für und gegen G wirkt.

b) Die dogmatische Einordnung

Die dogmatische Begründung der überwiegend auch vom Schriftum anerkannten Duldungs- und Anscheinsvollmacht ist umstritten.

64 **aa) Duldungsvollmacht**

- Nach einer *Mindermeinung* handelt es sich im Fall der Duldungsvollmacht um eine **konkludent erteilte Außenvollmacht.**

  Argument: Zwar fehlt dem Geschäftsherrn der Bevollmächtigungswille, doch kann er sich hierauf gem. § 242 nicht berufen, da er insoweit durch sein Verhalten nach außen etwas anderes zum Ausdruck gebracht hat (sog. Verbot des „venire contra factum proprium" als Ausfluß des § 242; Pal. § 173 Rn. 10; Flume AT II § 49, 3, 4; Med. BR Rn. 101).

- Nach *h. M.* stellt die Duldungsvollmacht ein Fall einer **Rechtsscheinsvollmacht** dar, so daß sie die gleiche Wirkung wie eine wirklich erteilte Vollmacht hat.

  Argument: Das bloße Unterlassen (Dulden) kann zwar häufig, aber nicht generell als echteWillenserklärung (Bevollmächtigung) gewertet werden (BGH LM § 167 Nr. 15; MüKo § 167 Rn. 31; Soergel § 167 Rn. 17).

  Hinweis: Der Streit um die dogmatische Begründung der Duldungsvollmacht wird insbesondere bei der Frage nach der **Anfechtbarkeit** der Duldungsvollmacht relevant. Geht man von der Rechtsnatur einer Rechtsscheinsvollmacht aus, so scheidet prinzipiell die Anfechtung der Duldungsvollmacht aus.

65 **bb) Anscheinsvollmacht**

- Eine *Mindermeinung* lehnt die Rechtsfigur der Anscheinsvollmacht ab, so daß der Geschäftsherr in diesen Fällen mangels Vertretungsmacht nicht gem. § 164 I 1 gebunden wird. Da sich der Geschäftsherr jedoch fahrlässig verhalten hat, haftet er dem vermeintlichen Geschäftsgegner auf **Schadensersatz** nach den Grundsätzen der **c.i.c.** (Flume AT II § 49, 4; Med. AT Rn. 969 ff.; Larenz AT § 33 I a).

  Argument: Eine bloße Nachlässigkeit (die des Geschäftsherrn) kann nach dem Grundsatz der Privatautonomie (Näheres hierzu im BGB-AT Band I) nicht zum Zustandekommen eines Vertrages führen.

- Die *h. M.* erkennt hingegen die Rechtsfigur der Anscheinsvollmacht als **Rechtsscheinsvollmacht** an. Der Geschäftsherr muß sich den schuldhaft verursachten Rechtsschein in gleicher Weise zurechnen lassen, als hätte er tatsächlich Vollmacht erteilt (BGH LM § 167 Nr. 4, 8, 17; Pal. § 173 Rn. 13; B/A AT S. 178).

  Argument: Die Grundsätze der Anscheinsvollmacht sind zwischenzeitlich als Richterrecht gewohnheitsrechtlich anerkannt. Im übrigen kann auch in anderen Fällen fahrlässiges Unterlassen zum Vertragsschluß führen, so z. B. im Fall der §§ 170–173 oder im Fall des Schweigens auf ein kaufmännisches Bestätigungsschreiben (Näheres hierzu im BGB-AT Band I § 25 Rn. 13 ff.).

c) Die Voraussetzungen der Duldungsvollmacht

Nach h. M. müssen folgende **drei Voraussetzungen** erfüllt sein, damit das Verhal- 66
ten des Geschäftsherrn die Wirkung einer echten Bevollmächtigung hat (BGH LM § 164 Nr. 4, 9, 34; MüKo § 167 Rn. 36, 40; Pal. § 173 Rn. 11):

aa) Objektiver Rechtsscheinstatbestand

Jemand tritt **während** eines **gewissen Zeitraums** und **wiederholt** für den Geschäftsherrn als Vertreter auf, ohne hierzu befugt zu sein. (Nach a. A. reicht schon ein einmaliges Gewährenlassen seitens des Geschäftsherrn, da es sich um einen Fall von bewußtem Dulden handelt; Pal. § 173 Rn. 11.)

bb) Zurechenbarkeit des Rechtsscheinstatbestandes

Ein Gutglaubensschutz zugunsten des Geschäftsgegners findet nur statt, wenn der Rechtsschein dem Geschäftsherrn zugerechnet weden kann. Hierzu müssen zwei Voraussetzungen gegeben sein:

- ❑ Der Geschäftsherr **kennt** dieses Verhalten, **schreitet** jedoch **nicht** dagegen **ein**, obwohl ihm das möglich ist (d. h. er duldet das Verhalten des Vertreters).
- ❑ Die Zurechenbarkeit setzt weiterhin voraus, daß der Geschäftsherr **voll geschäftsfähig** ist.

  Argument: Rechtsschein und guter Glaube können nur die fehlende Bevollmächtigung, nicht aber deren persönliche Wirksamkeitsvoraussetzungen – die Geschäftsfähigkeit des Geschäftsherrn – ersetzen.

cc) Schutzwürdigkeit des Geschäftsgegners

Der Geschäftgegner muß in seinem Vertrauen auf den Bestand der Vollmacht schutzwürdig sein. Hierbei müssen zwei Voraussetzungen erfüllt sein:

- ❑ Der Rechtsschein muß **kausal** für das Handeln des Geschäftsgegners (den Abschluß des Vertretergeschäfts) geworden sein. Der Geschäftsgegner muß daher **Kenntnis** vom objektiven Rechtsscheinstatbestand haben, wobei ausreicht, daß ihm Dritte ihre Überzeugung vom Bestehen einer Vollmacht mitgeteilt haben.
- ❑ Darüberhinaus muß der Geschäftsgegner **analog § 173 redlich** sein, d. h. er darf weder Kenntnis noch leicht fahrlässige Unkenntnis vom Fehlen der Vollmacht haben.

d) Die Voraussetzungen der Anscheinsvollmacht 67

Nach h. M. müssen folgende Voraussetzungen erfüllt sein, damit eine Anscheinsvollmacht – mit Wirkung einer tatsächlich erteilten Vollmacht – vorliegt (MüKo § 167 Rn. 46 ff.; Pal. § 173 Rn. 14):

aa) **Objektiver Rechtsscheinstatbestand**

Wie auch bei der Duldungsvollmacht ist erforderlich, daß jemand **wiederholt** und **während** eines **gewissen Zeitraums** für den Geschäftsherrn als Vertreter aufgetreten ist, ohne hierzu befugt zu sein.

bb) **Zurechenbarkeit des Rechtsscheinstatbestandes**

Der objektive Rechtsscheinstatbestand kann dem Geschäftsherrn nur unter zwei Voraussetzungen zugerechnet werden:

- ❑ Der Geschäftsherr kennt dieses Auftreten des Vertreters zwar nicht, **hätte** es aber bei pflichtgemäßer Sorgfalt **erkennen und verhindern können.**
- ❑ Der Geschäftsherr muß – wie auch im Fall der Duldungsvollmacht – **geschäftsfähig** sein.

cc) **Schutzwürdigkeit des Geschäftsgegners**

Der Gutglaubensschutz findet nur statt, wenn auf Seiten des Geschäftsgegners folgende zwei Voraussetzungen erfüllt sind:

- ❑ Es ist wiederum die **Kausalität** des Rechtsscheins für das Handeln des Geschäftsgegners erforderlich. Der Geschäftsgegner muß daher **Kenntnis** vom Rechtsscheinstatbestand haben, wobei auch hier die Kenntniserlangung durch Dritte genügt.
- ❑ Daneben ist ebenfalls die **Redlichkeit** des Geschäftsgegners **analog § 173** erforderlich.

68 e) **Vergleichende Übersicht**

	Duldungsvollmacht	Anscheinsvollmacht
Objektiver Rechtsscheinstatbestand	Wiederholtes Auftreten als Vertreter während eines gewissen Zeitraumes	
Zurechenbarkeit des Rechtsscheinstatbestandes	Kenntnis und Duldung seitens des geschäftsfähigen Geschäftsherrn	Kenntnismöglichkeit und Verhinderungsmöglichkeit seitens des geschäftsfähigen Geschäftsherrn
Schutzwürdigkeit des Geschäftsgegners	Kausalität des Rechtsscheins und Redlichkeit analog § 173	

Hinweis: Verdeutlichen Sie sich, daß die Voraussetzungen von Duldungs- und Anscheinsvollmacht außer im Prüfungspunkt „Zurechenbarkeit des Rechtsscheinstatbestandes“ in vollem Umfang übereinstimmen, was Ihnen das Erlernen um vieles erleichtert.

VII. Allgemeine Grenzen der Vertretungsmacht

1. Allgemeines

Die Vertretungsmacht räumt dem Vertreter die Rechtsmacht ein, bestimmte Rechts- 69
geschäfte mit Wirkung für und gegen den Geschäftsherrn abzuschließen. Dies birgt die *Gefahr* in sich, daß der Vertreter diese Macht *zum eigenen Vorteil ausnutzt.* Gleichzeitig hat der Geschäftsherr oft nur eingeschränkte Kontrollmöglichkeiten. Aus diesen Gründen ist eine Einschränkung der Vertretungsmacht in den Fällen erforderlich, in denen die Gefahr des Mißbrauchs *besonders groß* ist. Bei den Grenzen der Vertretungsmacht unterscheidet man zum einen **allgemeine Einschränkungen** (§ 181 bzw. die Grundsätze vom Mißbrauch der Vertretungsmacht), die für jede Art der Vertretungsmacht gelten. Zum anderen gibt es gesetzlich geregelte Fälle von **speziellen Einschränkungen** der Vertretungsmacht, die nur auf eine bestimmte Art von Vertretungsmacht zugeschnitten sind (Med. AT Rn. 953).

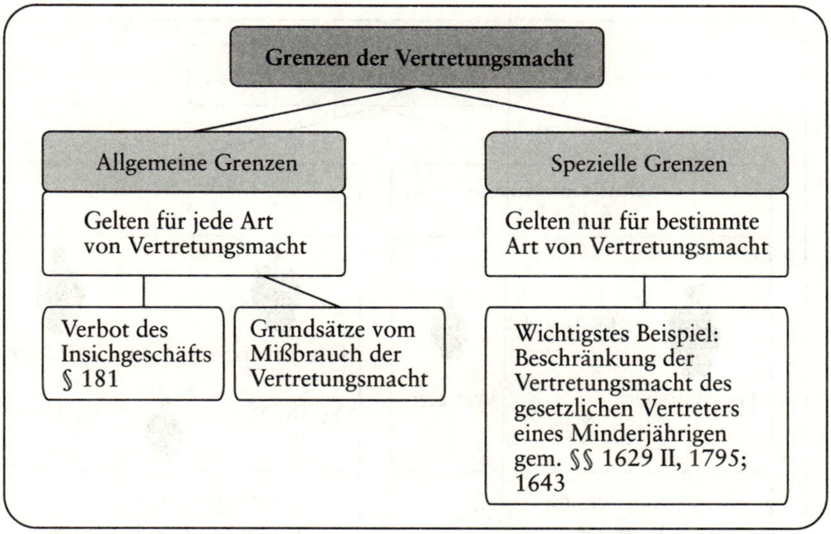

Hinweis: Im folgenden wird nur auf die allgemeinen Einschränkungen der Vertretungsmacht eingegangen, da die examensrelevanten Fälle der speziellen Einschränkungen das Minderjährigenrecht betreffen und daher in diesem Zusammenhang dargestellt werden.

2. Das Insichgeschäft gem. § 181

a) Allgemeines

Eine allgemeine Einschränkung der Vertretungsmacht sieht § 181 vor. Hiernach 70
kann ein Vertreter grundsätzlich **keine** sog. **Insichgeschäfte** vornehmen, d. h. Rechtsgeschäfte, die der Vertreter *mit sich selbst vornimmt.*

Der **Grund** für diese Regelung ist darin zu sehen, daß die Mitwirkung derselben Person auf beiden Seiten des Rechtsgeschäfts (d. h. eine sog. Personenidentität), die Gefahr einer *Interessenkollision* und damit einer *Schädigung der Vermögensinteressen* des bzw. eines der *Geschäftsherrn* in sich birgt. Hierbei knüpft § 181 rein formal an das Vorliegen einer solchen Personenidentität an, ohne daß die „Interessenkollision" zum Tatbestandsmerkmal erhoben wird (BGHZ 50, 11; Pal. § 181 Rn. 2).

b) Die Voraussetzungen des § 181

71 Eine Einschränkung der Vertretungsmacht findet gem. § 181 nur dann statt, wenn folgende Voraussetzungen erfüllt sind (Pal. § 181 Rn. 3 ff.):

aa) Es muß ein **Vertreter** tätig werden. Hierbei kann es sich um einen rechtsgeschäftlichen, gesetzlichen oder organschaftlichen Vertreter handeln.

bb) Der Vertreter muß ein **Insichgeschäft** vornehmen, d. h. er muß *auf beiden Seiten* des Rechtsgeschäfts tätig sein. Hierbei nennt der Gesetzgeber in § 181 *zwei Formen* des Insichgeschäfts:

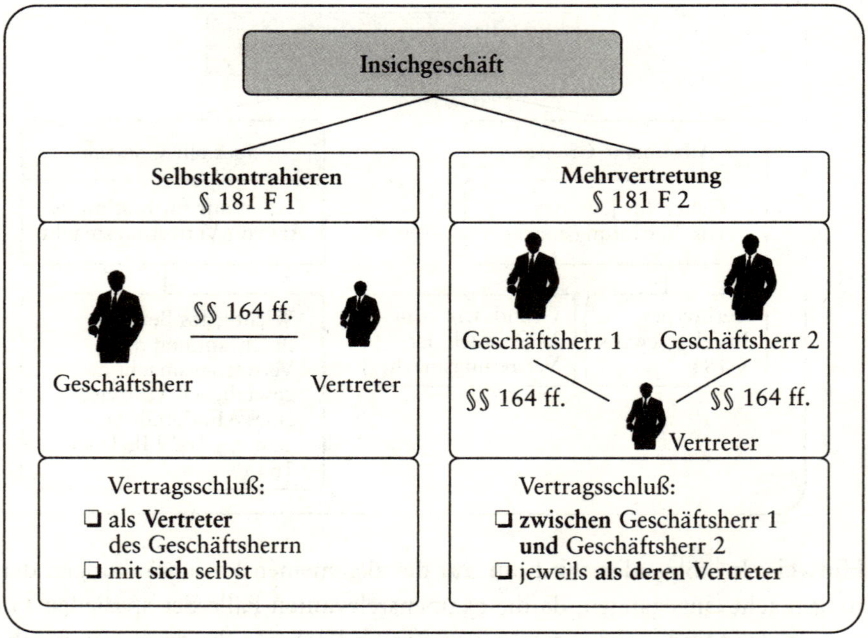

72 ❑ Beim **Selbstkontrahieren** nimmt der Vertreter im Namen des Geschäftsherrn mit sich selbst im eigenen Namen ein Rechtsgeschäft vor.

Beispiele:

❑ Die Eltern verkaufen im Namen ihres minderjährigen Kindes ein ihm gehörendes Grundstück an sich selbst.

❑ V kündigt im Namen des G gegenüber sich selbst.

73 ❑ Bei der **Mehrvertretung** vertritt der Vertreter mehrere Personen gleichzeitig und nimmt zwischen ihnen ein Rechtsgeschäft vor.

Beispiele:

- ❑ V verkauft als Vertreter das Bild von G 1 an den von ihm ebenfalls vertretenen G 2.
- ❑ Die Eltern verschenken ein Grundstück ihres einen Kindes an ihr anderes Kind, wobei sie beide Kinder gleichzeitig gesetzlich vertreten.

cc) Es darf **kein** Fall eines ausnahmsweise **zulässigen Insichgeschäftes** vorliegen. § 181 nennt zwei Fälle, in denen der Vertreter ein Insichgeschäft ausnahmsweise wirksam vornehmen kann:

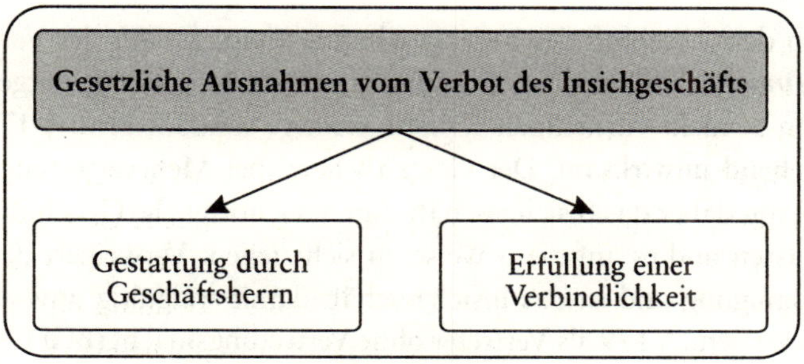

❑ **Gestattung des Insichgeschäfts**

Die Gestattung des Insichgeschäfts erfolgt – von wenigen bedeutungslosen Fällen einer gesetzlichen Gestattung abgesehen (vgl. z. B. § 1009 II; § 125 II HGB) – grundsätzlich durch **Rechtsgeschäft**. Sie kann schon *in der Vollmacht* enthalten sein („Ich bevollmächtige Sie unter Ausschluß der Beschränkungen des § 181 ...") oder durch eine *gesonderte, empfangsbedürftige Willenserklärung* erfolgen („Ich befreie Sie vom Verbot des § 181."). Zuständig zur rechtsgeschäftlichen Gestattung ist der Geschäftsherr bzw. bei einer Mehrvertretung beide Geschäftsherrn (Pal. § 181 Rn. 17 f.). 74

❑ **Erfüllung einer Verbindlichkeit** 75

Die Beschränkungen des § 181 greifen auch dann nicht, wenn das Insichgeschäft ausschließlich dazu dient, eine Verbindlichkeit, d. h. eine rechtliche Verpflichtung zu erfüllen. Diese Ausnahme gilt sowohl für die Erfüllung von Verbindlichkeiten des *Geschäftsherrn gegenüber* dem *Vertreter*, wie auch *umgekehrt*. Darüberhinaus fällt bei einer Mehrvertretung auch die Erfüllung von Verpflichtungen des einen *Geschäftsherrn gegenüber* dem *anderen Geschäftsherrn* unter diese Ausnahmeregelung. Die Verbindlichkeit muß *wirksam*, *fällig* und *einredefrei* sein.

Beispiel: G hat von seinem Prokuristen V eine Sache gekauft. V erfüllt die Verbindlichkeit des G aus § 433 II, indem er den entsprechenden Geldbetrag aus der Kasse des G nimmt und das Geld als Vertreter des G an sich selbst übereignet. V konnte das Insichgeschäft (Übereignung gem. § 929 S. 1) wirksam vornehmen, weil es dazu diente, die wirksam bestehende, fällige und einredefreie Verbindlichkeit des V aus § 433 II zu erfüllen.

Hinweis: Der **Grund** für diese beiden Ausnahmen ist darin zu sehen, daß der *Geschäftsherr* in diesen Fällen *nicht schutzbedürftig* ist: In der Gestattung des Insichgeschäfts ist ein Verzicht auf den Schutz des § 181 zu sehen. In der Alternative „Erfüllung einer Verbindlichkeit" geht es nur noch um den bloßen Vollzug einer bereits wirksam bestehenden Verpflichtung des Geschäftsherrn, womit naturgemäß keine Benachteiligung der Interessen des Geschäftsherrn verbunden ist.

76 **c) Die Rechtsfolgen des § 181**

Durch den Abschluß des Insichgeschäftes *überschreitet* der Vertreter seine *Vertretungsmacht.* Daher ist das (mehrseitige) Rechtsgeschäft entgegen dem Wortlaut („kann ... nicht vornehmen") *nicht nichtig*, sondern gem. **§ 177** (bitte lesen!) nur **schwebend unwirksam.** Der Geschäftsherr (bei Mehrvertretung: die Geschäftsherren) kann daher das Insichgeschäft durch nachträgliche Genehmigung wirksam werden lassen und es auf diese Weise an sich ziehen. Verweigert der Geschäftsherr die Genehmigung und ist das Insichgeschäft damit endgültig unwirksam, so haftet der Vertreter gem. § 179 als Vertreter ohne Vertretungsmacht (BGH NJW-RR 1994, 291; Pal. § 181 Rn. 15; Musielak § 18 VI 4; bei **einseitigen** Rechtsgeschäften gilt § 180, Näheres hierzu unten § 3 Rn. 5 f.

Argument: § 181 bezweckt den Schutz des Geschäftsherrn. Daher soll dieser entscheiden können, ob er das Insichgeschäft gegen sich gelten lassen will oder nicht.

Hinweis: Kommentieren Sie sich – sofern mit der für Sie geltenden Prüfungsordnung vereinbar – die §§ 177 ff. neben § 181.

77 **d) Die teleologischen Korrekturen des § 181**

Die Beschränkung der Vertretungsmacht durch § 181 beruht auf dem Gedanken, daß Rechtsgeschäfte, bei denen eine Personenidentität gegeben ist, generell eine Interessenkollision und somit eine Gefahr der Benachteiligung des (bzw. bei einer Mehrvertretung einer der) Geschäftsherrn mit sich bringen. § 181 knüpft dabei als **formale Ordnungsvorschrift** nur an das Vorliegen einer *Personenidentität* an,

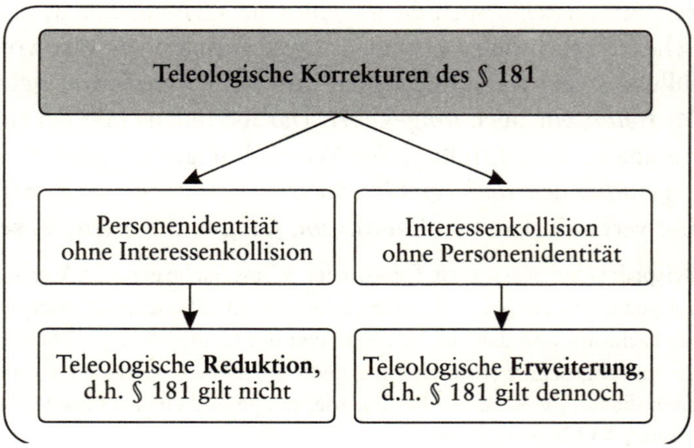

ohne daß die Interessenkollision zum Tatbestandsmerkmal erhoben wird. Diese Formalisierung kann in zwei Fällen zu unangemessenen Ergebnissen führen, weshalb nach h. M. eine sog. **teleologische Korrektur** des § 181 vorzunehmen ist (Näheres zur teleologischen Korrektur im BGB-AT Band I, § 18 Rn. 10).

aa) Personenidentität ohne Interessenkollision

In Fällen, in denen zwar das formale Kriterium einer Personenidentität erfüllt ist, aber die Gefahr einer Interessenkollision und somit einer Benachteiligung des (bzw. eines der) Geschäftsherrn abstrakt-generell nicht eintreten kann, trifft § 181 von seinem Normzweck her (Vermeidung einer Benachteiligung des bzw. eines der Geschäftsherrn) nicht zu. Die Vorschrift ist dann nach h. M. **teleologisch zu reduzieren**, d. h. aus ihrem Normzweck heraus nicht anzuwenden. Ein solcher Fall ist v. a. dann gegeben, wenn das Vertretergeschäft für den Geschäftsherrn nach dem Rechtsgedanken des *§ 107 lediglich rechtlich vorteilhaft* ist, d. h. weder eine vorhandene Rechtsposition des Geschäftsherrn schmälert, noch unmittelbar eine persönliche Verpflichtung für ihn begründet (BGH NJW 1989, 2543; Pal. § 181 Rn. 9; § 107 Rn. 2; Med. AT Rn. 961; Näheres hierzu im Minderjährigenrecht, unten § 7 Rn. 17 ff.). 78

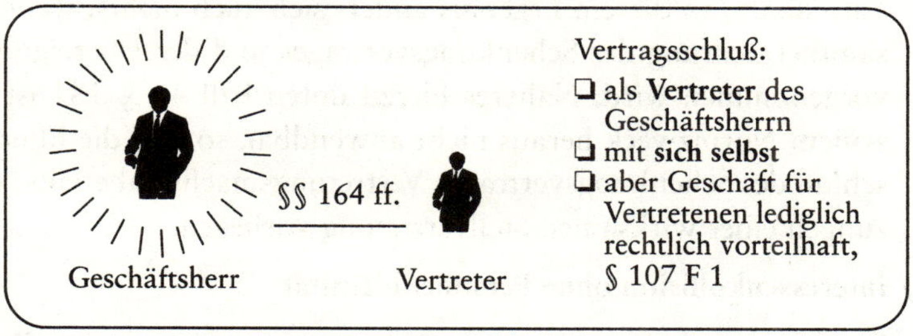

Beispielsfall: M und V wollen ihrer zweijährigen Tochter T eine Puppe schenken. Kann der Schenkungsvertrag auch ohne Mitwirkung eines Pflegers wirksam zustandekommen?

Da T gem. §§ 104 Nr. 1, 105 I geschäftsunfähig ist, kann sie selbst keine wirksame Willenserklärung abgeben und bedarf daher für jede Art von rechtsgeschäftlichem Handeln der Vertretung ihrer Eltern (gesetzliche Vertreter). Somit kann der Schenkungsvertrag gem. § 516 zwischen T und ihren Eltern nur dann zustandekommen, wenn die Voraussetzungen einer wirksamen Stellvertretung gem. §§ 164 ff. vorliegen: Die Voraussetzungen „Anwendbarkeit der §§ 164 ff.“, „Zulässigkeit der Stellvertretung“, „Abgabe einer eigenen Willenserklärung“ „im fremden Namen“ sind unproblematisch. Fraglich ist jedoch, ob die Eltern für den Abschluß des Schenkungsvertrages (gesetzliche) Vertretungsmacht haben. Der Bestand der Vertretungsmacht ergibt sich aus § 1629, wonach die Eltern Gesamtvertretungsmacht haben. Der Abschluß des Schenkungsvertrages muß jedoch auch vom Umfang der Vertretungsmacht gedeckt sein. Hier könnte die Vertretungsmacht gem. §§ 1629 II 1, 1795 II, 181 beschränkt sein, wonach die Eltern grundsätzlich keine Insichgeschäfte zu Lasten ihrer Kinder vornehmen können, sondern insoweit der Mitwirkung eines Pflegers bedürfen. Es müßten die Voraussetzungen des § 181 vorliegen: Es handelt sich um ein Insichgeschäft, da die Eltern sowohl als Schenker als auch als Vertreter der Beschenkten, d. h. auf beiden Seiten des Schenkungsvertrages tätig werden. Es liegt auch kein ausnahmsweise zulässiges Insichgeschäft vor: Eine Gestattung muß im Fall der Vertretung von Minderjährigen durch einen hierfür bestellten Pfleger erfolgen (§ 1909), was hier nicht der Fall ist. Ebenso liegt in dem Abschluß des Schenkungsvertrages nicht die bloße Erfüllung einer Verbindlichkeit, sondern vielmehr die Begründung einer Verbindlichkeit (der Eltern). Somit liegen die Voraussetzungen des § 181 an sich vor, mit der Folge, daß M und V in ihrer Vertretungsmacht beschränkt sind und der Schenkungsvertrag daher schwebend unwirksam ist. Es könnte jedoch eine Einschränkung des § 181 im Wege einer teleologischen Reduktion vorzunehmen sein, wenn der Schenkungsvertrag für T lediglich rechtlich vorteilhaft i. S. d. § 107 ist. Da vorliegend durch den Schenkungsvertrag unmittelbar keine persönlichen Pflichten begründet und auch vorhandene Rechte nicht aufgehoben bzw. gemindert werden, ist das Insichgeschäft lediglich rechtlich vorteilhaft (an diesem Ergebnis ändert sich auch nichts, wenn eine sog. Gesamtbetrachtung des Schenkungsvertrages und der Übereignung der Puppe vorgenommen wird; Näheres hierzu unten Fall 4). § 181 ist demnach aus seinem Normzweck heraus nicht anwendbar, so daß die Eltern für den Abschluß des Schenkungsvertrages Vertretungsmacht haben und die Voraussetzungen einer wirksamen Stellvertretung vorliegen.

bb) Interessenkollision ohne Personenidentität

79 Ist das formale Kriterium der Personenidentität nicht erfüllt, so ist § 181 nach seinem Wortlaut nicht einschlägig, selbst wenn die Gefahr einer Interessenkollision besteht. Nach h. M. findet § 181 trotz fehlender Personenidentität jedoch **analoge Anwendung** (teleologische Erweiterung), wenn die *Gefahr einer Interessenkollision* besteht und der Vertreter *selbst als Partei beteiligt* ist. Hierbei sind v. a. zwei Fallgruppen von Bedeutung (MüKo § 181 Rn. 21 ff.; Med. AT Rn. 962):

80 ❑ Der Vertreter nimmt das Rechtsgeschäft mit einem von ihm **für** den **Geschäftsherrn** bestellten **Untervertreter** vor.

Beispiel: V ist Prokurist des G. Da er Waren des G günstig erwerben und das Verbot des § 181 umgehen will, bestellt er den U zum Untervertreter **des G.** Anschließend schließt er mit U, der als Vertreter des G handelt, den Kaufvertrag über die Waren. In diesem Fall liegt formal betrachtet keine Personenidentität beim Abschluß des Kaufvertrages vor. Dennoch besteht die Gefahr einer Interessenkollision und damit einer Benachteiligung der Vermögensinteressen des G. Denn V ist als Vollmachtsgeber der Untervollmacht mittelbar auch auf der anderen Seite des Rechtsgeschäftes (auf Seiten des Geschäfsherrn G) beteiligt und hat auch typischerweise die Möglichkeit, auf die Sachentscheidung des von ihm bestellten Untervertreters

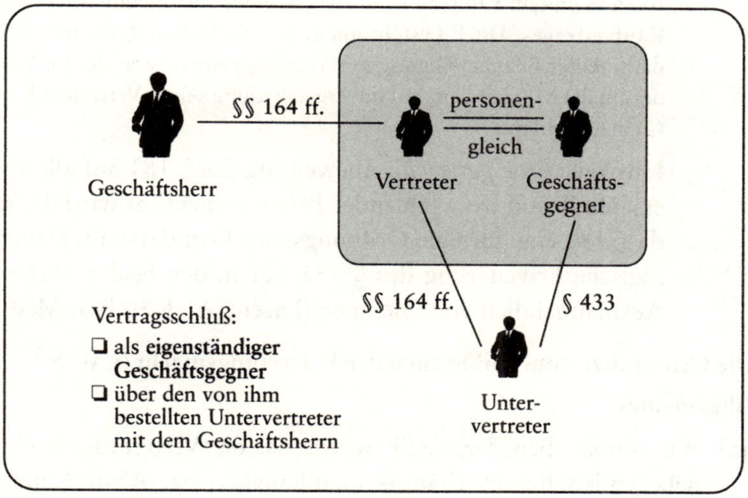

einzuwirken. Daher muß § 181 analog angewendet werden. Somit war die Vertretungsmacht des V bei Abschluß des Kaufvertrages beschränkt, so daß der Vertrag analog § 177 schwebend unwirksam ist, d. h. in seiner Wirksamkeit von der Genehmigung des G abhängt.

- Der Vertreter setzt **für sich** einen **Vertreter** ein und nimmt das Rechtsgeschäft als Vertreter des Geschäftsherrn mit seinem Vertreter vor. **81**

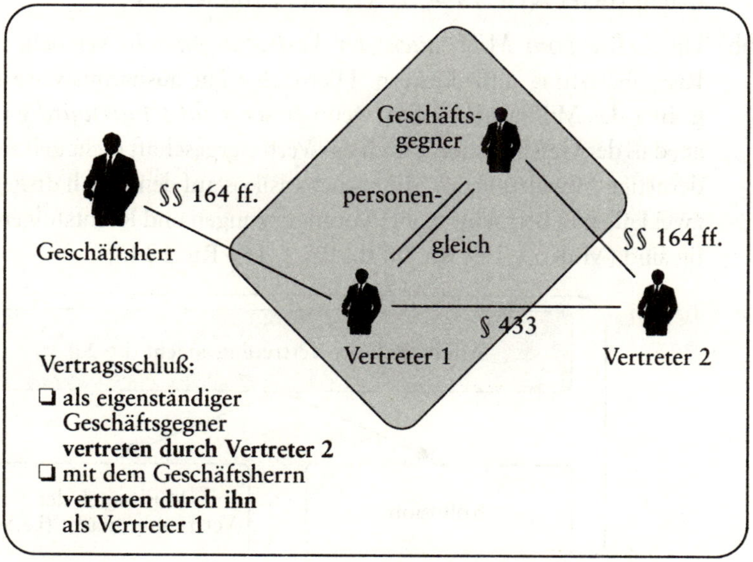

Beispiel: V ist Vertreter des G und möchte dessen Münzsammlung zu einem günstigen Preis erwerben. Um die Einschränkungen des § 181 zu umgehen, bestellt er den X zu **seinem** Vertreter. Anschließend schließt er im Namen des G mit X, der im Namen des V auftritt, den Kaufvertrag.

Auch in diesem Fall fehlt es formal an einer Personenidentität beim Abschluß des Kaufvertrages. Doch besteht auch hier die Gefahr einer Interessenkollision und damit einer Benachteiligung der Vermögensinteressen des G. V hat nämlich wiederum die Möglichkeit, auf die Entscheidung seines Vertreters X zum Nachteil des G einzuwirken.

Hinweis: Eine *generelle* Ausweitung des § 181 auf alle Fälle einer Interessenkollision trotz fehlender Personenidentität wird dagegen abgelehnt, da § 181 eine **formale Ordnungsvorschrift** darstellt. Damit ist eine teleologische Erweiterung des § 181 nur in den beiden soeben dargestellten Ausnahmefällen vorzunehmen (Larenz AT § 30 II a; Med. AT Rn. 963).

3. Die Grundsätze vom Mißbrauch der Vertretungsmacht (i. w. S.)

82 **a) Allgemeines**

aa) Wie schon oben dargestellt wurde, ist die Vertretungsmacht vom zugrundeliegenden Innenverhältnis unabhängig (sog. **Abstraktionsprinzip**). Dies bedeutet v. a., daß Beschränkungen der Vertretungsmacht seitens des Geschäftsherrn im Innenverhältnis auf den Umfang der Vertretungsmacht im Außenverhältnis keine Auswirkungen haben. Demnach ist der Geschäftsherr an das Vertretergeschäft grundsätzlich auch dann gebunden, wenn der Vertreter sich zwar den internen Vorgaben aus dem Innenverhältnis widersetzt, sich aber noch im Rahmen seiner Vertretungsmacht bewegt. Der Geschäftsherr trägt damit grundsätzlich das Risiko eines Mißbrauchs der Vertretungsmacht (BGH NJW 1994, 2083; Pal. § 164 Rn. 13).

bb) Die *Lehre vom Mißbrauch der Vertretungsmacht* versucht diese einseitige Risikobelastung aufzulockern. Hiernach trägt **ausnahmsweise** der **Geschäftsgegner** das **Mißbrauchsrisiko**, wenn dieser *nicht schutzwürdig* ist, mit der Folge, daß der Geschäftsherr durch das Vertretergeschäft nicht gebunden wird. Eine derartige Abwälzung des Mißbrauchsrisikos auf den Geschäftsgegner kommt in zwei Fällen in Betracht, wobei Voraussetzungen und Rechtsfolgen zum Teil strittig sind (MüKo § 164 Rn. 98 ff.; Pal. § 164 Rn. 13 f.):

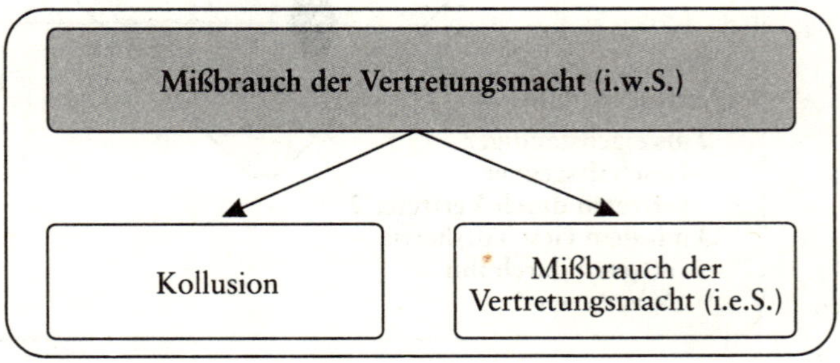

Hinweis: Die Bezeichnung Mißbrauch der Vertretungsmacht wird irreführenderweise sowohl für den Oberbegriff, als auch für einen der beiden Unterfälle herangezogen. Daher empfiehlt es sich von Mißbrauch der Vertretungsmacht „i. w. S.“ und Mißbrauch der Vertretungsmacht „i. e. S.“ zu sprechen.

b) Die Kollusion

Eine sog. Kollusion ist unumstritten dann gegeben, wenn der Vertreter und der Geschäftsgegner **bewußt zum Nachteil des Geschäftsherrn zusammenwirken.** In diesen Fällen ist das Vertretergeschäft nach einhelliger Meinung *gem. § 138 I nichtig*, so daß der Geschäftsherr hieraus nicht gebunden ist. Entsteht dem Geschäftsherrn ein Schaden, so haften ihm Vertreter und Geschäftsgegner gesamtschuldnerisch auf *Schadensersatz gem. §§ 826, 840* (RGZ 130, 142; MüKo § 164 Rn. 99; Med. AT Rn. 966). 83

Beispielsfall: G betreibt einen Gebrauchtwagenhandel. Sein Angestellter V, der für den Verkauf zuständig ist, verkauft im Namen des G dessen alten Fiat-Spider zu ungewöhnlich günstigen Konditionen an seinen Freund D. Dabei wollten V und D einverständlich den G durch Abschluß des Vertrages schädigen.

Der Kaufvertrag zwischen G und D, bei dessen Abschluß V als Vertreter des G aufgetreten ist, ist gem. § 138 I wegen Kollusion nichtig. Entsteht dem G dadurch ein Schaden, so kann er gem. § 826 von D und V Schadensersatz verlangen, wobei beide gem. § 840 i. V. m. §§ 421 ff. als sog. Gesamtschuldner haften (Näheres hierzu im Deliktsrechts-Band).

c) Der Mißbrauch der Vertretungsmacht i. e. S.

Dagegen ist streitig, unter welchen Voraussetzungen ein sog. Mißbrauch der Vertretungsmacht i. e. S. vorliegt und welche Rechtsfolgen sich hieraus ergeben (MüKo § 164 Rn. 100 ff.; Pal. § 164 Rn. 13 f.).

aa) Voraussetzungen

❑ **auf Seiten des Vertreters** 84

- Unstreitig muß ein **objektiv pflichtwidriges Verhalten** des Vertreters gegeben sein.
- Darüberhinaus muß *nach Ansicht des BGH* und eines *Teils der Lit.* bei einer gesetzlich **unbeschränkbaren** Vertretungsmacht des Handelsrechts (d. h. im Fall von §§ 49, 126 HGB, § 37 II GmbHG; bitte lesen!) zusätzlich ein **bewußtes** (d. h. vorsätzliches) **Handeln** des Vertreters zum Nachteil des Geschäftsherrn vorliegen (BGH NJW 1968, 1379; WM 1981, 66; Pal. § 164 Rn. 14; Musielak § 18 VI 3).

  Argument: Eine gesetzlich unbeschränkbare Vertretungsmacht bezweckt einen erhöhten Schutz des Geschäftsgegners, so daß ihm dieser Schutz nach den Grundsätzen des Mißbrauchs der Vertretungsmacht i. e. S. auch nur unter strengeren Voraussetzungen wieder entzogen werden kann.

❑ **auf Seiten des Geschäftsgegners** 85

Besonders umstritten ist die Frage, welche Tatbestandsvoraussetzungen in der Person des Geschäftsgegners erfüllt sein müssen:

- *Unstreitig* ist insoweit nur, daß dem Geschäftsgegner **positive Kenntnis** vom Mißbrauch der Vertretungsmacht schadet.
- Nach Ansicht des *BGH* reicht auch die schuldhafte Unkenntnis des Geschäftsgegners vom Mißbrauch, wenn der Vertreter **in ersichtlich verdächtiger Weise** von seiner Vertretungsmacht Gebrauch macht, so daß sich dem Geschäftsgegner die Notwendigkeit einer **Rückfrage geradezu aufdrängt** (st. Rspr. seit BGH NJW 1966, 1911). Diese Formulierungen deuten auf das Erfordernis einer *grob fahrlässigen Unkenntnis* hin (MüKo § 164 Rn. 104 a; Soergel § 177 Rn. 18).
- Nach überwiegender Ansicht in der *Literatur* reicht dagegen die sog. **objektive Evidenz** (d. h. Erkennbarkeit) des Mißbrauchs aus (Flume AT II § 45 II 3; Larenz AT § 30 II a; Med. AT Rn. 967).

Hinweis: Im Ergebnis unterscheiden sich beide Ansichten von BGH und Literatur kaum voneinander. Die Ansicht der Literatur ist für den Geschäftsherrn insoweit von Vorteil, als er im Prozeß nur beweisen muß, daß der Mißbrauch – rein objektiv betrachtet – evident war. Er braucht hingegen nicht nachzuweisen, daß der Geschäftsgegner den Mißbrauch – subjektiv – erkannt bzw. infolge grob fahrlässiger Unkenntnis nicht erkannt hat.

Voraussetzungen eines Mißbrauchs der Vertretungsmacht i.e.S.

	auf Seiten des **Vertreters**	auf Seiten des **Geschäftsgegners**
nach BGH	Objektiv pflichtwidriges Verhalten + Bewußtes Handeln zum Nachteil des Geschäftsherrn bei gesetzlich unbeschränkbarer VM	Kenntnis vom Mißbrauch bzw. Schuldhafte Unkenntnis, sofern sich Rückfrage aufgedrängt hat
nach h.Lit.	Objektiv pflichtwidriges Verhalten	Kenntnis vom Mißbrauch bzw. Objektive Evidenz des Mißbrauchs

Merke: Ein Mißbrauch der Vertretungsmacht kommt immer nur dann in Betracht, wenn die Rechtsmacht im Innenverhältnis (das sog. rechtliche Dürfen) in ihrem Umfang hinter der Rechtsmacht im Außenverhältnis (dem sog. rechtlichen Können) zurückbleibt. Beim *Mißbrauch der Vertretungsmacht* hält sich der Vertreter also objektiv **im Rahmen** seines rechtlichen Könnens. Er mißachtet jedoch die ihm vom Geschäftsherrn im Innenverhältnis gezogenen Grenzen, d. h. er überschreitet sein rechtliches Dürfen. Bewegt sich der Vertreter dagegen **außerhalb** seines **rechtlichen Könnens,** so liegt kein Mißbrauch einer (im Außenverhältnis) bestehenden Vertretungsmacht vor, sondern der Vertreter handelt *ohne Vertretungsmacht*, so daß die §§ 177 ff. Anwendung finden.

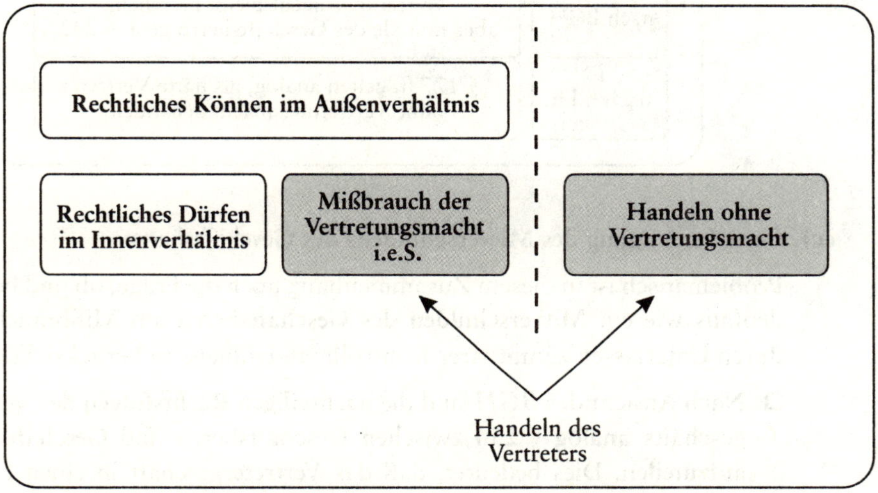

bb) Rechtsfolgen 86

Liegen die Voraussetzungen für einen Mißbrauch der Vertretungsmacht i. e. S. vor, so besteht Einigkeit darüber, daß der **Geschäftsherr** aus dem Vertretergeschäft **nicht gebunden** wird. Umstritten ist insoweit nur die *dogmatische Begründung*:

- ❑ Nach Ansicht des BGH *bleibt* die *Vertretungsmacht* des Vertreters zwar *bestehen*, dem Geschäftsherrn steht jedoch gegen den Erfüllungsanspruch des Geschäftsgegners aus dem Vertretergeschäft die **Einrede der unzulässigen Rechtsausübung nach § 242** zu (BGH NJW 1968, 1379; WM 1980, 954).

  Argument: Der Mißbrauch der Vertretungsmacht ist als Fall eines Rechtsmißbrauchs nach § 242 zu qualifizieren.

- ❑ Nach der *h.L.* gelten dagegen die **§§ 177 ff. analog,** so daß der Vertreter so behandelt wird, als hätte er ohne Vertretungsmacht gehandelt. Der Geschäftsherr kann demnach das Vertretergeschäft durch Genehmigung an sich ziehen. Verweigert er die Genehmigung, so haftet der Vertreter selbst analog § 179 auf Erfüllung bzw. Schadensersatz.

  Argument: Ist der Geschäftsgegner nicht schutzwürdig, bedarf das Abstraktionsprinzip einer Einschränkung. Demnach gelten die Beschränkungen der Vertretungsmacht im Innenverhältnis ausnahmsweise auch im Außenverhältnis gegenüber dem Geschäftsgegner.

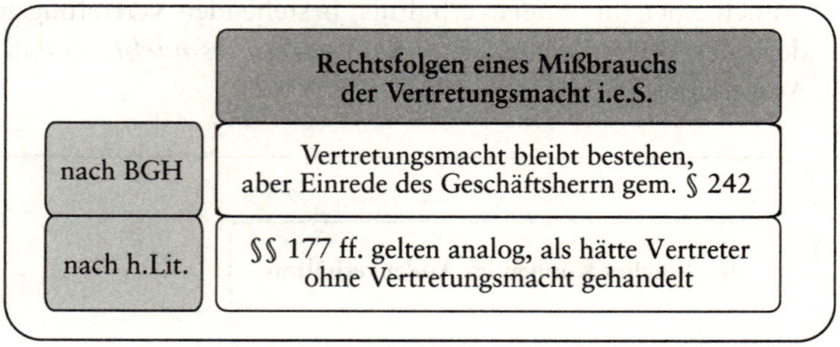

87 **cc) Berücksichtigung des Mitverschuldens des Geschäftsherrn**

Problematisch ist in diesem Zusammenhang noch die Frage, ob und bejahendenfalls wie ein **Mitverschulden des Geschäftsherrn** am Mißbrauch (z. B. durch Unterlassen zumutbarer Kontrollmaßnahmen) zu berücksichtigen ist:

- Nach Ansicht des *BGH* sind die **nachteiligen Rechtsfolgen** des Vertretergeschäfts **analog § 254** zwischen Geschäftsherrn und Geschäftsgegner **aufzuteilen**. Dies bedeutet, daß das Vertretergeschäft in einen gültigen Teil (in Höhe des Mitverschuldensanteils des Geschäftsherrn) und in einen ungültigen Teil (in Höhe des Mitverschuldensanteils des Geschäfsgegners) aufzuspalten ist, so daß Ansprüche aus dem Vertretergeschäft zu einem bestimmten Bruchteil entstehen können.

  Kritik: Funktion des § 254 ist die Minderung von Schadensersatzansprüchen, nicht jedoch die teilweise Begründung eines (gem. § 242) an sich ausgeschlossenen Erfüllungsanspruchs. Im übrigen paßt diese Konstruktion nicht bei Ansprüchen auf eine unteilbare Leistung (z. B. Anspruch aus § 433 I 1 auf Übereignung und Übergabe einer bestimmten Sache).

- Nach *h.L.* bleibt es dabei, daß das Vertretergeschäft im Falle eines Mißbrauchs der Vertretungsmacht auch bei einem Mitverschulden des Geschäftsherrn insgesamt ungültig ist. Dem Geschäfts**gegner** steht jedoch gegen den Geschäftsherrn ein **Schadensersatzanspruch aus c.i.c.** zu. Dabei muß sich der Geschäftsgegner seinen Verschuldensanteil *gem. § 254* anspruchsmindernd anrechnen lassen (MüKo § 164 Rn. 107; Pröls JuS 1985, 578).

  Hinweis: Im Rahmen dieses Anspruchs aus c.i.c. muß sich der Geschäftsherr das Verschulden seines Vertreters gem. § 278 als eigenes Verschulden zurechnen lassen.

d) Fall 2: „Der unzuverlässige Prokurist"

V ist in der Firma des G als Prokurist angestellt. Aufgrund einer Änderung der internen Geschäftsverteilung ist er nur noch für den Verkauf der hergestellten Waren zuständig. V ist wegen dieser Beschränkung sehr verärgert. Um seinem Chef eins „auszuwischen", kauft er von D im Namen des G zu einem weit überhöhten Preis Rohstoffe an. D hatte zwar von der internen Umstrukturierung in der Firma des G und der Beschränkung der Kompetenzen des Prokuristen gehört, kannte aber den genauen Inhalt dieser Beschränkung nicht. Kurze Zeit nach Abschluß des Vertrages mit V wendet sich D an G und verlangt Bezahlung des Kaufpreises. G ist empört und wendet ein, V habe für den Vertragsschluß keine Vertretungsmacht. Im übrigen wolle er mit dem Geschäft auch nichts zu tun haben. Kann D von G Bezahlung verlangen?

Anspruch des D gegen G auf Bezahlung des Kaufpreises gem. § 433 II

Der vertragliche Erfüllungsanspruch besteht, wenn der Anspruch wirksam *entstanden* ist, *nicht* wieder *erloschen* ist und seiner Durchsetzung *keine Einreden* entgegenstehen.

(A) **Entstanden**

Der Anspruch aus § 433 II ist entstanden, wenn zwischen G und D eine wirksame Einigung i. S. d. § 433 vorliegt. G selbst hat sich nicht mit D geeinigt , doch könnte die Einigung zwischen V und D unmittelbar für und gegen G wirken. Hierzu müßten die Voraussetzungen einer wirksamen Stellvertretung gem. §§ 164 ff. gegeben sein:

(I) Die §§ 164 ff. sind **anwendbar**, da es vorliegend um die Zurechnung einer Willenserklärung geht.

(II) Eine Stellvertretung war **zulässig**, da kein höchstpersönliches Rechtsgeschäft, sondern der Abschluß eines Kaufvertrages betroffen war.

(III) V hat eine **eigene Willenserklärung** abgegeben und nicht nur eine fremde Erklärung des G an D übermittelt, da er erkennbar mit Entscheidungsspielraum aufgetreten ist.

(IV) V hat die Erklärung **im fremden Namen**, nämlich im Namen des Geschäftsherrn G, abgegeben.

(V) Fraglich ist, ob V **mit Vertretungsmacht** gehandelt hat: 88

(1) **Bestand** der Vertretungsmacht ist gegeben, da dem V *konkludent* mit der Anstellung als Prokurist *Vollmacht* i. S. v. § 167 I F 1 erteilt worden ist.

(2) Fraglich ist, ob der Abschluß des Kaufvertrages auch vom **Umfang** der Vertretungsmacht gedeckt ist:

(a) Dem V wurde wirksam Prokura erteilt, so daß er gem. *§ 49 I HGB* Vertretungsmacht für solche Geschäfte hat, „die der Betrieb eines

Handelsgewerbes mit sich bringt". Da der Einkauf von Rohstoffen zum Betrieb eines Handelsgewerbes gehört, hatte V für den Abschluß des Kaufvertrages (im Außenverhältnis) **Vertretungsmacht.**

(b) Jedoch könnte die Beschränkung durch die Geschäftsverteilung Auswirkungen auf das Außenverhältnis haben. Dem steht *§ 50 I HGB* entgegen, wonach es sich bei der Prokura um eine **gesetzlich unbeschränkbare Vertretungsmacht** handelt. Beschränkungen wirken daher allein im Innenverhältnis, nicht jedoch gegenüber dem Geschäftsgegner.

(c) Eine Einschränkung der Vertretungsmacht könnte sich nach den **Grundsätzen vom Mißbrauch der Vertretungsmacht** (i. w. S.) ergeben:

(aa) Vorliegend **geht** das *rechtliche Können* (Außenverhältnis – unbeschränkbare Prokura) *über* das *rechtliche Dürfen* (Innenverhältnis – Beschränkung aufgrund der Geschäftsverteilung) **hinaus.** V hat sein rechtliches Dürfen im Rahmen des rechtlichen Könnens überschritten und somit seine Vollmacht mißbraucht.

(bb) **Grundsätzlich** trägt der *Geschäftsherr* das *Risiko eines solchen Mißbrauchs*, d. h. er wird aus dem Vertretergeschäft gebunden.

(cc) **Ausnahmsweise** ist dieses Risiko vom *Geschäftsgegner* zu tragen, sofern dieser *nicht schutzwürdig* ist. Seine Schutzwürdigkeit fehlt im Falle einer **Kollusion** oder bei einem **Mißbrauch der Vertretungsmacht i. e. S.**

(dd) Ein Fall der **Kollusion** liegt nicht vor, da V und D nicht bewußt zum Nachteil des G zusammengewirkt haben, denn D hatte *keine positive Kenntnis* von den Beschränkungen der Vertretungsmacht im Innenverhältnis.

89 (ee) Es könnten jedoch die Voraussetzungen eines **Mißbrauchs der Vertretungsmacht** (i. e. S.) gegeben sein:

- V hat **objektiv pflichtwidrig gehandelt,** da er nach der internen Geschäftsverteilung nicht für den Einkauf zuständig war.
- Da es sich bei der Prokura um eine gesetzlich unbeschränkbare Vertretungsmacht handelt, ist nach Ansicht des BGH zusätzlich ein **bewußtes Handeln** des V zum Nachteil des G erforderlich. Vorliegend hat V sein rechtliches Dürfen vorsätzlich und somit bewußt überschritten, um den G zu schädigen.

- ❑ D hatte zwar keine Kenntnis vom Mißbrauch der Vertretungsmacht, da er den Inhalt der Beschränkung im Innenverhältnis nicht kannte. Da er jedoch wußte, daß die Kompetenzen des V beschnitten worden waren, **drängte sich** ihm die Notwendigkeit einer **Rückfrage geradezu auf**. Diese Informationspflicht hat D verletzt. Insofern liegen nach Ansicht des BGH die Voraussetzungen in der Person des Geschäftsgegners vor. Nach der h.Lit. muß der Mißbrauch **objektiv evident**, d. h. offenkundig sein. Ob dies der Fall ist, kann vorliegend nicht abschließend geklärt werden.

- ❑ Somit liegen (zumindest wenn man der Ansicht des BGH folgt) die Voraussetzungen eines Mißbrauchs der Vertretungsmacht vor, so daß der **Geschäftsherr** aus dem Vertretergeschäft **nicht gebunden** ist. Strittig ist, wie dieses Ergebnis *dogmatisch begründet* werden kann:
  - Nach der *h.Lit.* sind die **§§ 177 ff. analog** heranzuziehen, so daß das Vertretergeschäft zunächst schwebend unwirksam ist. Genehmigt der Geschäftsherr das Vertretergeschäft, so wird es rückwirkend wirksam. Verweigert der Geschäftsherr die Genehmigung, so wird das Vertretergeschäft endgültig unwirksam. Der Vertreter haftet dann dem Geschäftsgegner analog § 179.
  - Nach Ansicht des *BGH* läßt dagegen der Mißbrauch den Umfang der Vertretungsmacht (im Außenverhältnis) unberührt. Dem Geschäftsherrn steht jedoch gegen den Erfüllungsanspruch des Geschäftsgegners die **Einrede der unzulässigen Rechtsausübung gem. § 242** zu.

- ❑ Folgt man der **h.Lit.**, so ist der zunächst schwebend un- 90
wirksame Kaufvertrag mit der (konkludenten) Verweigerung der Genehmigung seitens G analog § 177 endgültig unwirksam geworden. Somit ist der Anspruch des D gegen G schon nicht entstanden.

  Hinweis: *Die Ansicht der h.Lit. führt dazu, daß die Anspruchsprüfung an dieser Stelle „(A) Anspruch entstanden" beendet ist.*

- ❑ Nach Ansicht des **BGH** liegen dagegen die Voraussetzungen einer wirksamen Stellvertretung vor: V hat aufgrund der Unbeschränkbarkeit seiner Prokura im Außenverhältnis trotz der Beschränkung im Innenverhältnis Vertretungsmacht für den Vertragsschluß mit D gehabt.

  Hinweis: *Der Mißbrauch der Vertretungsmacht wirkt*

sich nach dieser Ansicht vielmehr erst unter dem Prüfungspunkt „(C) Keine Einreden“ aus.

Somit wirkt die Willenserklärung des V gem. § 164 I 1 für und gegen G. Demnach haben sich G und D i. S. v. § 433 geeinigt. Da keine Wirksamkeitshindernisse ersichtlich sind, ist der Anspruch des D entstanden.

Hinweis: *Die Ansicht des BGH führt dazu, daß die Anspruchsprüfung mit dem Prüfungspunkt „(B) Anspruch nicht erloschen“ fortzusetzen ist.*

(B) Nicht erloschen

Vorliegend sind keine Anhaltspunkte für ein Erlöschen des Anspruchs des D ersichtlich.

Hinweis: *Der Erfüllungsanspruch aus dem Vertretergeschäft erlischt z. B., wenn das Vertretergeschäft nachträglich angefochten wird; Näheres hierzu unten § 4.*

(C) Keine Einreden

Dem G steht nach Ansicht des BGH im Fall eines Mißbrauchs der Vertretungsmacht gegen den – zwar entstandenen und nicht erloschenen – Anspruch des Geschäftsgegners die Einrede der unzulässigen Rechtsausübung gem. § 242 zu, wonach er die Erfüllung des Kaufvertrages auf Dauer verweigern kann.

(D) Ergebnis: Der Anspruch des D gegen G aus § 433 II besteht nicht. Nach h.Lit. ist der Anspruch mangels Vertretungsmacht des V schon gar nicht entstanden, nach Ansicht des BGH besteht eine Einrede aus § 242.

(E) Übersicht zur Fallösung

Anspruch des D gegen G auf Bezahlung gem. § 433 II

Lösung nach BGH	Lösung nach h.Lit.
A) **Entstanden** (+), wenn wirksame Vertretung des G seitens V ❏ (P) Vertretungsmacht des V (+), da bei Mißbrauch i.e.S. Vertretungsmacht bestehen bleibt ❏ Somit wirksame Vertretung und Anspruch des D entstanden B) **Nicht erloschen** (+) C) **Keine Einreden** (–), da Einrede der unzulässigen Rechtsausübung gem. § 242 des G gegenüber D **Ergebnis:** Kein Anspruch des D gegen G	A) **Entstanden** (+), wenn wirksame Vertretung des G seitens V ❏ (P) **Vertretungsmacht** des V (–), da bei Mißbrauch der Vertretungsmacht i.e.S. die **§§ 177 analog** gelten ❏ Anspruch des D gem. § 433 II somit schon nicht entstanden **Ergebnis:** Kein Anspruch des D gegen G

F. Vorlage einer Originalvollmachtsurkunde, § 174

Bei **einseitigen Rechtsgeschäften** und **rechtsgeschäftlichen Handlungen** des Vertreters ist zusätzlich neben den unter A. – E. dargestellten Voraussetzungen gem. § 174 die Vorlage einer Originalvollmachtsurkunde erforderlich. Wird die Urkunde dem Geschäftsgegner nicht vorgelegt, so kann dieser das Rechtsgeschäft zurückweisen mit der Folge, daß das Rechtsgeschäft unwirksam ist. Eine solche Zurückweisung des Rechtsgeschäftes ist jedoch dann ausgeschlossen, wenn der Geschäftsherr dem Geschäftsgegner die Bevollmächtigung mitgeteilt hat, § 174 S. 2. 91

G. Die Rechtsfolgen einer wirksamen Stellvertretung

Liegen die Voraussetzungen einer wirksamen Stellvertretung vor, so treffen die Rechtsfolgen des Vertretergeschäfts **allein und unmittelbar** den Geschäftsherrn. Dies bedeutet zum einen, daß gem. § 164 I 1 eine *vom Vertreter abgegebene Willenserklärung* die Wirkung hat, als hätte der Geschäftsherr die Erklärung selbst abgegeben. Zum anderen löst der *Zugang einer Willenserklärung* des Geschäftsgegners *beim Vertreter* gem. § 164 III die gleichen Folgen aus wie ein Zugang der Erklärung beim Geschäftsherrn persönlich. 92

Merke also: Bei einer wirksamen Stellvertretung wirkt eine Abgabe bzw. ein Zugang der Willenserklärung **beim Vertreter wie** eine Abgabe bzw. ein Zugang **beim Geschäftsherrn.**

H. Die Eigenhaftung des Vertreters mit Vertretungsmacht

I. Allgemeines 93

1. Wird der Geschäftsgegner aufgrund einer *schuldhaften Pflichtverletzung des Vertreters* bei der Vertragsanbahnung geschädigt, so **haftet** ihm **grundsätzlich nur** der **Geschäftsherr** – als Partner des intendierten (= angebahnten) Vertrages – auf Schadensersatz aus c.i.c. Hierbei muß sich der Geschäftsherr das Verschulden seines Vertreters gem. § 278 zurechnen lassen. Eine Haftung des Vertreters scheidet dagegen grundsätzlich aus, da das für einen Anspruch aus c.i.c. erforderliche vorvertragliche Vertrauensverhältnis regelmäßig nur zwischen den Parteien des angebahnten Vertrages, d. h. zwischen dem Geschäftsgegner und dem Geschäftsherrn zustandekommt (BGHZ 88, 68; Pal. § 276 Rn. 93).

2. Nach h.L. und st. Rspr. des BGH kommt in zwei Fällen jedoch **ausnahmsweise** eine **Eigenhaftung des Vertreters** aus c.i.c. in Betracht, die *neben* die Haftung des

Geschäftsherrn tritt (BGH NJW 1992, 605; MüKo § 164 Rn. 11; Pal. § 276 Rn. 93; vgl. hierzu auch im Band Schuldrecht AT I § 23 Rn. 12 ff.):

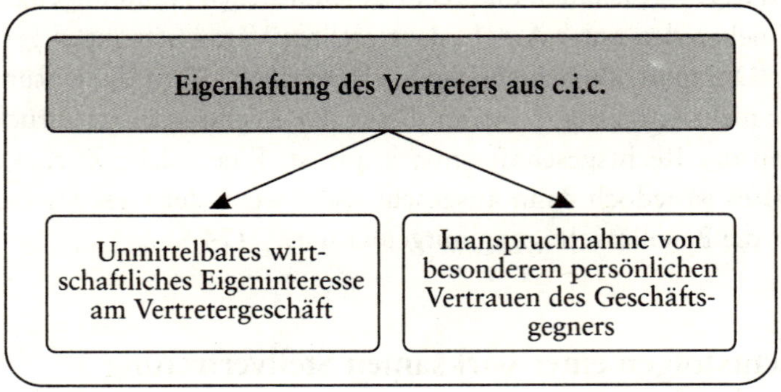

In diesen beiden Fallgruppen kommt das erforderliche **vorvertragliche Vertrauensverhältnis** ausnahmsweise auch zwischen dem **Geschäftsgegner** und dem **Vertreter** zustande. Hierbei sind an das Vorliegen dieser Voraussetzungen *strenge Anforderungen* zu stellen (vgl. BGH NJW-RR 1992, 605).

94 II. Unmittelbares wirtschaftliches Eigeninteresse des Vertreters

Zum einen kommt eine Eigenhaftung des Vertreters dann in Betracht, wenn dieser unmittelbar ein eigenes wirtschaftliches Interesse an dem Vertretergeschäft hat. Hierzu muß der Vertreter – wirtschaftlich betrachtet – gleichsam in eigener Sache, d. h. als **„Quasi-Partei"** tätig werden.

Beispiel: Der Gebrauchtwagenhändler, der einen in Zahlung genommenen Pkw im Namen des Kunden verkauft, haftet als „Quasi-Verkäufer" dem Käufer persönlich aus c.i.c., sofern diesem aufgrund einer vorvertraglichen Pflichtverletzung des Vertreters ein Schaden entstanden ist.

Hinweis: Ein **bloß mittelbares Interesse** des Vertreters an dem Vertragsschluß, wie z. B. die Aussicht auf eine Provision bzw. ein Entgelt von seiten des Geschäftsherrn, *reicht* dagegen zur Begründung eines vorvertraglichen Vertrauensverhältnisses zum Vertreter und somit seiner Eigenhaftung *nicht aus* (BGH NJW-RR 1991, 1242; 1992, 605).

III. Inanspruchnahme von besonderem persönlichen Vertrauen

Zum anderen kommt eine Eigenhaftung des Vertreters aus c.i.c. dann in Betracht, wenn er bei den Vertragsverhandlungen in besonderem Maße persönliches Vertrauen des Geschäftsgegners in Anspruch genommen und dadurch die Verhandlungen beeinflußt hat. Hierbei muß der Vertreter eine über das normale Verhandlungsvertrauen hinausgehende **persönliche Gewähr für** die **Seriosität** und die **Erfüllung** des Vertrages **übernommen** haben (BGH NJW-RR 1991, 1242; Pal. § 276 Rn. 96).

Beispiele:

- ❑ Der BGH hat die Inanspruchnahme von besonderem persönlichen Vertrauen im Einzelfall bejaht bei Vertragsverhandlungen des Vertreters mit einem Verwandten (BGHZ 87, 33) oder mit dem Partner einer nichtehelichen Lebensgemeinschaft (BGH NJW-RR 1991, 290).
- ❑ Ein derartiges qualifiziertes Vertrauen wird auch dann in Anspruch genommen, wenn der Vertreter gegenüber dem Geschäftsgegner erklärt, er „verbürge" sich für die Seriosität des Geschäfts (OLG Hamm WM 1993, 241).

Dagegen **reicht** der Hinweis des Vertreters auf seine besondere Sachkunde (BGH NJW 1990, 506), das Auftreten als ausgewiesener Fachmann (BGH ZIP 1993, 1787) oder eine langdauernde Geschäftsbeziehung (BGH NJW-RR 1992, 605) regelmäßig *nicht* zur Begründung eines derartigen qualifizierten Vertrauens und somit einer c.i.c.-Haftung aus.

§ 3. Der Vertreter ohne Vertretungsmacht

A. Allgemeines

Handelt ein Vertreter ohne Vertretungsmacht, so spricht man von einem **falsus procurator**. Welche Rechtsfolgen das Handeln eines falsus procurators auslöst, ist in den §§ 177 ff. geregelt. 1

Hinweis: Das Fehlen der Vertretungsmacht kann **verschiedene Gründe** haben: Der Vertreter handelt z. B. ohne Vertretungsmacht, wenn *von Anfang an keine* oder *keine wirksame Vollmacht* erteilt worden ist, eine wirksam erteilte Vollmacht *nachträglich wieder erloschen* ist oder der Vertreter die *Grenzen* einer vorhandenen Vertretungsmacht *überschreitet*.

B. Die Folgen für das Vertretergeschäft

Hat der Vertreter ohne Vertretungsmacht gehandelt, so wirkt das Vertretergeschäft grundsätzlich **nicht für und gegen den Geschäftsherrn**. Hinsichtlich der weiteren Rechtsfolgen ist zwischen *Verträgen* und *einseitigen Rechtsgeschäften* zu unterscheiden: 2

I. Die Rechtslage bei Verträgen

Hat der falsus procurator einen Vertrag geschlossen, so ist dieser grundsätzlich (ohne zeitliche Begrenzung) gem. § 177 I **schwebend unwirksam**. Dieser Schwebezustand kann sowohl durch den Geschäftsherrn als auch durch den Geschäftsgegner beseitigt werden:

1. Beseitigung des Schwebezustands durch den Geschäftsherrn

3 Gem. § 177 I hat der **Geschäftsherr** das **Recht**, den schwebend unwirksamen Vertrag **zu genehmigen** mit der Folge, daß dieser wirksam wird. Auf diese Weise kann er das Vertretergeschäft an sich ziehen, falls es für ihn von Interesse ist. Bei der Genehmigung handelt es sich um eine *einseitige, empfangsbedürftige* Willenserklärung, auf die die *§§ 182 ff. anzuwenden* sind. Gem. § 182 I kann die Genehmigung sowohl gegenüber dem Vertreter als auch gegenüber dem Geschäftsgegner erklärt werden. Sie ist gem. § 182 II auch dann *nicht formbedürftig*, wenn für das Vertretergeschäft eine besondere Form eingehalten werden muß.

Beispiel: V gibt im Namen des G gegenüber D ein notariell beurkundetes Schenkungsversprechen (vgl. § 518 I 1) ab, ohne hierzu bevollmächtigt zu sein. G kann den zunächst schwebend unwirksamen Schenkungsvertrag gem. §§ 177 I, 182 II formlos genehmigen.

- ❑ **Genehmigt** der Geschäftherr das Vertretergeschäft (gegenüber dem falsus procurator oder dem Geschäftsgegner), so wird der Vertrag gem. §§ 177 I, 184 I *rückwirkend* (d. h. auf den Zeitpunkt des Vertragsschlusses bezogen) *wirksam.* Dies hat zur Folge, daß der Geschäftsherr durch das Vertretergeschäft in gleicher Weise berechtigt und verpflichtet wird, wie wenn der Vertreter von Anfang an mit Vertretungsmacht gehandelt hätte.
- ❑ **Verweigert** der Geschäftsherr die Genehmigung (gegenüber dem falsus procurator oder dem Geschäftsgegner), so ist der Vertrag *endgültig unwirksam* mit der Folge, daß der Vertreter dem Geschäftsgegner nach § 179 haftet.

2. Beseitigung des Schwebezustands durch den Geschäftsgegner

4 Da der Schwebezustand ohne zeitliche Begrenzung solange fortwirken würde, bis der Geschäftsherr die Genehmigung entweder erteilt oder verweigert hat, steht dem **Geschäftsgegner** ebenfalls das **Recht** zu, den **Schwebezustand zu beseitigen.** Ansonsten wäre er in seinem Interesse an rascher Klarheit über das Schicksal des Vertretergeschäfts unerträglich beeinträchtigt. Hierbei stehen dem Geschäftsgegner zur Beseitigung des Schwebezustandes ebenfalls *zwei Wege* offen:

- ❑ Er kann den Vertrag **gem. § 178 widerrufen** mit der Folge, daß dieser endgültig unwirksam wird. Hierbei kann der Widerruf – formlos – sowohl *gegenüber* dem *Geschäftsherrn* als auch *gegenüber* dem *Vertreter* erklärt werden. Das Widerrufsrecht endet mit Genehmigung des Vertretergeschäfts durch den Geschäftsherrn. Ein Widerruf ist ausgeschlossen, wenn der Geschäftsgegner den Mangel der Vertretungsmacht bei Abschluß des Vertretergeschäfts gekannt hat.
- ❑ Der Geschäftsgegner kann aber auch den Schwebezustand dadurch beseitigen, daß er den **Geschäftsherrn** gem. § 177 II **zur Genehmigung auffordert.** Der Geschäftsherr kann dann die Genehmigung oder das Versagen der Genehmigung nur noch dem Geschäftsgegner gegenüber erklären. Eine zuvor gegenüber dem Vertreter abgegebene Erklärung dieses Inhalts wird unwirksam. Zeigt der Geschäftsherr trotz der Aufforderung des Geschäftsgegners keine Reaktion, so gilt sein Schweigen nach zwei Wochen kraft gesetzlicher Fiktion als Ablehnung. Das Vertretergeschäft wird dann endgültig unwirksam.

II. Die Rechtslage bei einseitigen Rechtsgeschäften

1. Tätigt der Vertreter ohne Vertretungsmacht ein **einseitiges Rechtsgeschäft,** so ist dieses grundsätzlich gem. **§ 180 S. 1** unzulässig, d. h. nicht schwebend unwirksam, sondern **nichtig.** Der Geschäftsherr kann ein derartiges Vertretergeschäft nicht genehmigen. Vielmehr muß das Rechtsgeschäft neu vorgenommen werden. Hierdurch soll im Interesse des Geschäftsgegners, der – anders als bei einem Vertrag – an dem Vertretergeschäft nur passiv als Erklärungsempfänger beteiligt ist, ein Schwebezustand und damit eine unklare Rechtslage vermieden werden. 5

Beispiel: Eine von einem falsus procurator im Namen des Geschäftsherrn vorgenommene Auslobung (§ 657) ist nichtig.

2. Handelt es sich um ein **empfangsbedürftiges** einseitiges Rechtsgeschäft (Regelfall!), so finden in drei Fällen die *§§ 177–179 ausnahmsweise entsprechende Anwendung,* d. h. das Rechtsgeschäft ist nur schwebend unwirksam und kann daher vom Geschäftsherrn gem. § 177 I genehmigt werden: 6

- ❑ Der Geschäftsgegner ist damit **einverstanden,** daß der Vertreter ohne Vertretungsmacht handelt (§ 180 S. 2).

  Beispiel: G hat dem D sein Auto vermietet. Kurze Zeit später erklärt V im Namen des G gegenüber D die Kündigung des Mietvertrages (einseitig empfangsbedürftiges Rechtsgeschäft), ohne hierzu bevollmächtigt zu sein. D weiß von der fehlenden Bevollmächtigung, ist aber mit der Kündigung einverstanden, da er das Auto ohnehin nicht mehr benötigt. Hier finden gem. § 180 S. 2 die §§ 177–179 entsprechende Anwendung, so daß G die zunächst schwebend unwirksame Kündigung genehmigen kann.

- ❑ Der Geschäftsgegner **beanstandet** die vom Vertreter behauptete Vertretungsmacht **nicht** (§ 180 S. 2).

  Hinweis: „Beanstanden" bedeutet – wie im Fall des § 174 – ein *unverzügliches* (vgl. § 121) *Zurückweisen* des Vertretergeschäfts.

- ❑ Der Geschäftsgegner **nimmt** das einseitige, empfangsbedürftige Rechtsgeschäft gegenüber einem Empfangsvertreter ohne Vertretungsmacht **vor** (passive Stellvertretung i. S. v. § 164 III), wobei der *Vertreter* damit *einverstanden* ist (§ 180 S. 3).

  Beispiel: G und D haben einen Werkvertrag (§ 631) über die Reparatur der Armbanduhr des G geschlossen. Da D sich bei Abschluß des Vertrages geirrt hat, möchte er seine Willenserklärung anfechten. Er gibt die Anfechtungserklärung gegenüber dem von D hierzu nicht bevollmächtigten Vertreter V ab, der damit einverstanden ist. Da gem. § 180 S. 3 die §§ 177–179 entsprechende Anwendung finden, ist die Anfechtungserklärung zunächst schwebend unwirksam und kann durch Genehmigung des G rückwirkend (§ 184 I) wirksam werden.

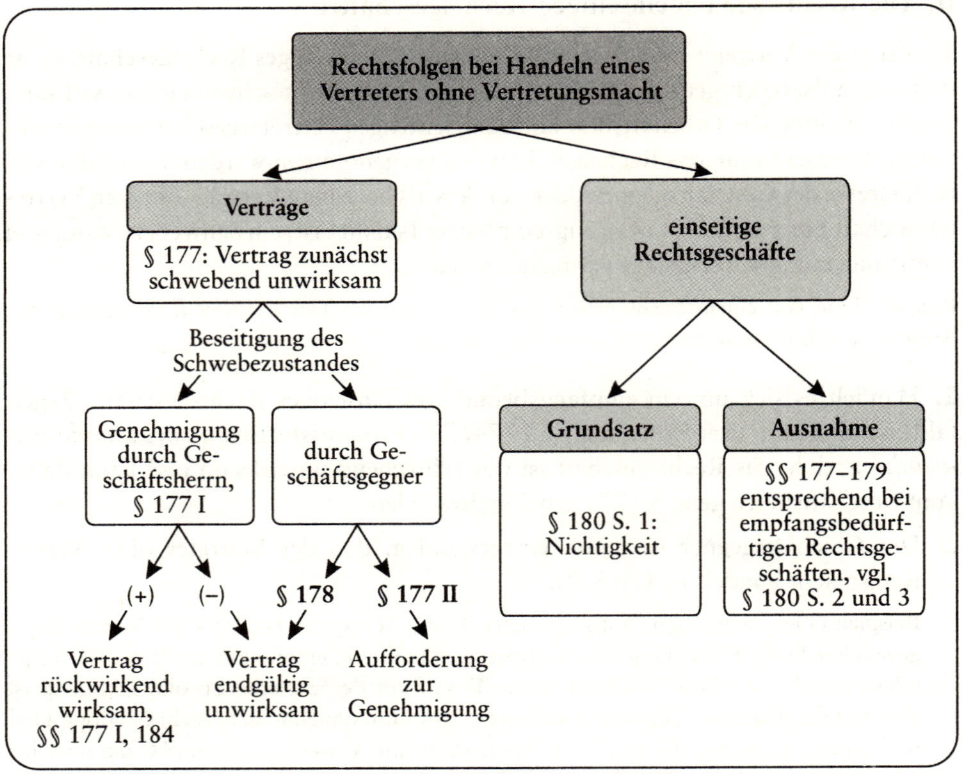

C. Die Haftung des Vertreters ohne Vertretungsmacht, § 179

7 I. Allgemeines

Ist das Vertretergeschäft mangels nachträglicher Genehmigung des Geschäftsherrn endgültig unwirksam, so scheiden vertragliche Erfüllungsansprüche des Geschäftsgegners gegen den Geschäftsherrn aus. Für diesen Fall sieht **§ 179** eine **gesetzliche Garantiehaftung des Vertreters** vor, der folgender Gedanke zugrunde liegt: Tritt der Vertreter gegenüber dem Geschäftsgegner mit der Behauptung auf, er handele mit Vertretungsmacht, so *erweckt* er *beim Geschäftsgegner Vertrauen* in den Bestand der Vertretungsmacht. Der Geschäftsgegner geht davon aus, daß die Rechtswirkungen des Vertretergeschäftes unmittelbar den Geschäftsherrn treffen werden. Dieses Vertrauen wird *enttäuscht*, wenn der Vertreter keine Vertretungsmacht hatte und der Geschäftsherr das Vertretergeschäft auch nicht nachträglich genehmigt. In diesem Fall wird der Geschäftsgegner jedoch insoweit geschützt, als ihm nunmehr der Vertreter selbst gem. § 179 haften muß. Hierbei richtet sich der Haftungsumfang danach, ob der Vertreter *Kenntnis von der fehlenden Vertretungsmacht* hatte (dann § 179 I: Haftung auf das Erfüllungsinteresse) *oder nicht* (dann § 179 II: Haftung für den Vertrauensschaden).

II. Prüfungsschema zur Haftung aus § 179 I bzw. II 8

Prüfung eines Anspruchs gem. § 179 I bzw. II

1. **Anwendbarkeit des § 179.**
2. **Abschluß eines Vertrages,** dessen Unwirksamkeit ausschließlich auf der fehlenden Vertretungsmacht beruht, bzw. § 180 S. 2, 3.
3. Vertragsschluß **durch** einen **Vertreter.**
4. Vertreter handelte **ohne Vertretungsmacht.**
5. **Verweigerung der Genehmigung** durch Geschäftsherrn bzw. **Fiktion** gem. § 177 II.
6. **Kein Ausschluß der Haftung** gem. § 179 III.
7. Bzgl. der **Rechtsfolge** ist zu unterscheiden:
   - ❑ Bei **Kenntnis** des Vertreters vom Mangel der Vertretungsmacht: Wahlrecht zwischen Erfüllung und Schadensersatz wegen Nichterfüllung.
   - ❑ Bei **fehlender Kenntnis** des Vertreters vom Mangel der Vertretungsmacht: Schadensersatz i.H.d. negativen Interesses.
8. **Verjährung:** Entsprechende Anwendung der Frist, die für Vertretergeschäft gelten würde.

III. Erläuterungen zu den einzelnen Prüfungspunkten

1. Die Anwendbarkeit des § 179 9

§ 179 ist ausnahmsweise nicht anwendbar, wenn **Sonderregelungen** vorrangig sind. Sonderregelungen finden sich für die Vertretung eines nicht rechtsfähigen Vereins in § 54 S. 2, einer GmbH in § 11 II GmbHG und einer Aktiengesellschaft in § 41 AktG (MüKo § 179 Rn. 11).

2. Abschluß eines Vertrages bzw. § 180 S. 2, 3 10

a) § 179 findet gem. § 180 S. 1 grundsätzlich keine Anwendung auf einseitige Rechtsgeschäfte. Daher muß es sich bei dem Vertretergeschäft entweder um einen **Vertrag** (gleich welcher Art) handeln oder ein **Fall des § 180 S.** 2, 3 vorliegen.

b) Darüberhinaus darf das Vertretergeschäft **nur wegen des Fehlens der Vertretungsmacht,** also nicht aus anderen Gründen **unwirksam** sein (Pal. § 179 Rn. 1; Staud. § 179 Rn. 9).

Argument: § 179 schützt nur das Vertrauen auf den Bestand der Vertretungsmacht, nicht jedoch vor anderen Unwirksamkeitsgründen, wie §§ 125, 134, 138.

Beispiel: V schließt mündlich im Namen des G ohne Vertretungsmacht mit D einen Kaufvertrag über ein Grundstück des G. Grundstücksgeschäfte bedürfen gem. § 313 S. 1 der notariellen Beurkundung, so daß der Vertrag gem. § 125 S. 1 nichtig ist. D kann gegen V nicht gem. § 179 I vorgehen, da der Kaufvertrag nicht nur wegen der fehlenden Vertretungsmacht, sondern auch wegen eines anderen Mangels (§ 125 S. 1) unwirksam ist.

11 **3. Handeln eines Vertreters**

§ 179 setzt voraus, daß der Handelnde als Vertreter aufgetreten ist. Darüberhinaus findet § 179 **analoge Anwendung** auf das Handeln eines Boten ohne Botenmacht, Organe einer juristischen Person sowie Testamentsvollstrecker und Konkursverwalter (Pal. § 179 Rn. 2; §§ 177, 178 Rn. 2).

Argument: Für diese Personen fehlt eine gesetzliche Regelung. Da die Interessenlage mit der der Stellvertretung vergleichbar ist, ist eine Analogie geboten.

12 **4. Handeln ohne Vertretungsmacht**

a) Der Vertreter muß **ohne Vertretungsmacht** gehandelt haben, d. h. es darf weder eine rechtsgeschäftlich erteilte, noch eine gesetzliche Vertretungsmacht oder eine Rechtsscheinsvollmacht vorliegen.

b) Strittig ist, ob bei Vorliegen einer **Anscheinsvollmacht** Besonderheiten gelten sollen:

❑ Nach einer Mindermeinung in der Literatur soll der **Geschäftsgegner** in diesem Fall **wählen können**, ob er sich auf die Grundsätze der Anscheinsvollmacht beruft und dann seinen Erfüllungsanspruch aus dem Vertretergeschäft gegenüber dem Geschäftsherrn geltend macht, oder ob er sich nicht darauf beruft und dann den vollmachtlosen Vertreter aus § 179 in Anspruch nimmt (Canaris NJW 1991, 2628; siehe auch unten § 3 Rn. 22).

❑ Dies ist jedoch mit der h. M. **abzulehnen**: Die Anscheinsvollmacht **steht** in ihrer Wirkung einer **wirklich erteilten Vollmacht gleich**. Im übrigen ist kein Grund dafür ersichtlich, den Geschäftsgegner bei einer Anscheinsvollmacht durch Einräumung eines Wahlrechts besser zu stellen, als bei einer wirklich erteilten Vollmacht (BGHZ 86, 275; Köhler AT § 18 VII 2 e).

c) Ein Sonderproblem stellt die **Haftung des Untervertreters** dar. Hier stellt sich die Frage, ob dieser für alle Mängel seiner Untervollmacht gem. § 179 haften soll oder ob insoweit eine Korrektur des § 179 erforderlich ist (Näheres hierzu unten § 3 Rn. 18 ff.).

13 **5. Verweigerung der Genehmigung bzw. Fiktion gem. § 177 II**

Der Anspruch des Geschäftsgegners aus § 179 entsteht erst, wenn der **Schwebezustand** nach § 177 I durch Verweigerung der Genehmigung des Geschäftsherrn bzw. Fiktion gem. § 177 II **beendet** worden ist. Die Unwirksamkeit des Vertretergeschäfts muß also erst objektiv feststehen, bevor eine Haftung des Vertreters aus § 179 in Betracht kommt (MüKo § 179 Rn. 17).

6. Kein Ausschluß der Haftung gem. § 179 III 14

Eine Haftung des Vertreters gem. § 179 ist **in zwei Fällen ausgeschlossen:**

a) Gem. **§ 179 III 1** entfällt die Haftung des Vertreters nach § 179 I bzw. II, wenn der Geschäftsgegner den Mangel der Vertretungsmacht **kannte** oder **kennen mußte**. Kennenmüssen, d. h. leicht fahrlässige Unkenntnis (vgl. die Legaldefinition in § 122 II), ist gegeben, wenn der Geschäftsgegner *trotz konkreter Verdachtsmomente* hinsichtlich des Fehlens der Vertretungsmacht Nachforschungen unterlassen hat. *Darüberhinaus* besteht grundsätzlich *keine Nachforschungs- und Erkundigungspflicht* des Geschäftsgegners (BGH NJW 1990, 387; MüKo § 179 Rn. 36; Köhler AT § 18 VII 2 c).

b) Gem. § 179 III 2 haftet ein **beschränkt geschäftsfähiger** Vertreter (vgl. § 165) nach § 179 I bzw. II nur dann, wenn er **mit Zustimmung seines gesetzlichen Vertreters** gehandelt hat. Hierbei muß sich die Zustimmung nur auf das Vertreterhandeln als solches beziehen. Es ist daher unschädlich, wenn der gesetzliche Vertreter vom Fehlen der Vertretungsmacht keine Kenntnis hatte (Köhler AT § 18 VII 2 c).

Hinweis: In der Regelung des § 179 III 2 kommt der allgemeine Grundsatz des **Vorrangs des Minderjährigenschutzes** vor dem Verkehrsschutz zum Ausdruck (Näheres hierzu unten § 7 Rn. 9).

7. Rechtsfolge

Der Umfang der Haftung richtet sich danach, ob § 179 I oder II einschlägig ist. Insoweit ist **zu unterscheiden:**

a) **Kenntnis des Vertreters vom Mangel der Vertretungsmacht** 15

Weiß der Vertreter, daß er ohne Vertretungsmacht handelt, so haftet er dem Geschäftsgegner gem. § 179 **I**. Hiernach hat der Geschäftsgegner ein **Wahlrecht**, auf das die §§ 263 ff. entsprechend anzuwenden sind (MüKo § 179 Rn. 27; Musielak Rn. 744).

❑ Wählt der Geschäftsherr **Erfüllung** gem. § **179 I F 1**, so schuldet der Vertreter kraft Gesetzes das, was der Geschäftsherr bei Wirksamkeit des Vertretergeschäfts hieraus geschuldet hätte. Der Vertreter wird jedoch *nicht Vertragspartei*, sondern erhält nur tatsächlich *deren Stellung*. Er haftet dem Geschäftsgegner einerseits wie ein Vertragspartner für Unmöglichkeit, Verzug oder pVV. Andererseits stehen ihm gegen den Anspruch des Geschäftsgegners auch alle Rechte eines Vertragspartners zu, d. h. z. B. die Rechte aus §§ 320 ff. oder 459 ff. (MüKo § 179 Rn. 28; Pal. § 179 Rn. 5).

Beispielsfall: G bittet V darum, die gebrauchte Golfausrüstung des D für ihn zu kaufen, wobei er maximal DM 2.000,– als Kaufpreis vereinbaren soll. Darauf schließt V im Namen des G den Kaufvertrag mit D, erklärt sich jedoch – infolge der fehlenden Verhandlungsbereitschaft des D – mit einem Kaufpreis i. H. v. DM 2.200,– einverstanden. Da G die Bezahlung des Kaufpreises verweigert, wendet sich D an V. Zu Recht?

V hat für den Abschluß des Kaufvertrages zu einem Kaufpreis i. H. v. DM 2.200,– keine Vertretungsmacht gehabt und haftet daher wegen seiner Kenntnis dieses Mangels dem D nach § 179 I. Gem. § 179 I F 1 kann D von V somit Zahlung des vereinbarten Kaufpreises i. H. v. DM 2.200,– verlangen, da sich V so behandeln lassen muß, als wäre der Vertrag mit ihm zustande gekommen (dann wäre er gem. § 433 II zur Zahlung von DM 2.000,– verpflichtet). Bei Mangelhaftigkeit der Golfausrüstung kann er seinerseits – bei Vorliegen der übrigen Tatbestandsvoraussetzungen – die Rechte aus den §§ 459 ff. gegenüber D geltend machen.

❑ Der Geschäftsgegner kann aber auch gem. § 179 **I F 2 Schadensersatz wegen Nichterfüllung** (sog. *Erfüllungsschaden* bzw. *positives Interesse*) verlangen. In diesem Fall ist der Geschäftsgegner vom Vertreter durch Geldleistung *so zu stellen*, als hätte der Geschäftsherr (unterstellt, das Vertretergeschäft sei wirksam) *ordnungsgemäß erfüllt*. Der Schaden ist grundsätzlich nach der sog. Differenztheorie zu berechnen. Danach hat der Geschäftsgegner einseitig einen Anspruch auf Zahlung i.H.d. Differenz zwischen dem Wert der aus dem Vertretergeschäft geschuldeten Leistung abzüglich des Wertes der vom Geschäftsgegner geschuldeten Gegenleistung (MüKo § 179 Rn. 32; Pal. § 179 Rn. 6).

Beispiel: V schließt mit D einen Kaufvertrag über einen gebrauchten Pkw (Wert: DM 10.000,–) zum Preis von DM 9.000,–. V tritt dabei im Namen des G auf, wobei er ohne Vertretungsmacht handelt, was er auch weiß. Da G die Genehmigung des Kaufvertrages verweigert, wendet sich D an V und fordert Schadensersatz wegen Nichterfüllung gem. § 179 I F 2. Die Höhe des Anspruchs berechnet sich nach der Differenztheorie: Wert der Leistung (DM 10.000,–) abzüglich Wert der Gegenleistung (DM 9.000,–). D kann somit von V Zahlung von DM 1.000,– verlangen.

16 **b) Fehlende Kenntnis des Vertreters vom Mangel der Vertretungsmacht**

Weiß der Vertreter nicht, daß er ohne Vertretungsmacht handelt, so entfällt die strenge Haftung nach § 179 I, vielmehr haftet er gem. § 179 **II** nur auf **Ersatz des Vertrauensschadens** (sog. *negatives Interesse*). Der Geschäftsgegner ist hiernach wirtschaftlich so zu stellen, wie er stehen würde, wenn er nicht auf die Gültigkeit des Vertretergeschäfts vertraut hätte. Daher sind dem Geschäftsgegner die von ihm anläßlich des Vertragsschlusses getätigten Aufwendungen zu ersetzen. Darüberhinaus umfaßt der Schadensersatzanspruch im Einzelfall auch einen entgangenen Gewinn (§ 252), wenn der Geschäftsgegner im Vertrauen auf die Wirksamkeit des Vertretergeschäfts ein günstiges anderweitiges Angebot ausgeschlagen hat. Der Anspruch auf Ersatz des Vertrauensschadens besteht jedoch gem. § 179 II a.E. nur *bis zur Höhe des Erfüllungsschadens*, da der Geschäftsgegner ansonsten besser stehen würde, als er bei einem Handeln des Vertreters mit Vertretungsmacht gestanden hätte.

Beispielsfall: Auf einer Party beauftragt und ermächtigt G den V dazu, für ihn ein Ferienhaus für den Monat August anzumieten. G befindet sich zu diesem Zeitpunkt im volltrunkenen Zustand, was V jedoch nicht bemerkt. Als V ein passendes Objekt gefunden hat, schließt er mit dem Eigentümer D einen Mietvertrag im Namen des G ab, wobei als Mietzins DM 2.000,– vereinbart werden. Am

1. August wendet sich D an G und verlangt Vertragserfüllung. V will jedoch von dem Vertrag nichts wissen. D wendet sich daraufhin an V und fordert von ihm zum einen Zahlung von DM 10,– Fax-Kosten. Zum anderen verlangt er Zahlung von DM 2.200,–, da er nachweislich nach Abschluß des Vertrages mit V im Vertrauen auf die Wirksamkeit des Vertretergeschäfts einen anderen Interessenten abgewiesen hat, der für die Miete des Hauses DM 2.200,– gezahlt hätte, jetzt aber nicht mehr daran interessiert ist. Sind die Forderungen des D begründet?

D könnte von G gem. § 535 S. 2 Zahlung der DM 2.000,– verlangen, wenn zwischen ihnen ein wirksamer Mietvertrag zustande gekommmen wäre. G selbst hat sich nicht mit D i. S. v. § 535 geeinigt, jedoch könnte die Einigung zwischen V und D gem. § 164 unmittelbar für und gegen G wirken. Dann müßten die Voraussetzungen einer wirksamen Stellvertretung gem. §§ 164 ff. vorliegen: Problematisch ist insoweit nur das Vorliegen einer wirksamen Vollmacht. G war zum Zeitpunkt der Vollmachtserteilung volltrunken, so daß die Bevollmächtigung gem. § 105 II nichtig ist. Somit bestand für den Abschluß des Mietvertrages keine Vollmacht des V. Da auch keine Anhaltspunkte für das Vorliegen einer Rechtsscheinsvollmacht gegeben sind, handelte V als Vertreter ohne Vertretungsmacht, so daß seine Willenserklärung dem G nicht gem. § 164 I 1 zugerechnet werden kann. Da zwischen G und D damit auch kein Mietvertrag zustande gekommen ist, besteht kein Anspruch des D gegen G aus § 535 S. 2.
D könnte jedoch von V gem. § 179 II seinen Vertrauensschaden ersetzt verlangen, wenn V als Vertreter ohne Vertretungsmacht den Mietvertrag geschlossen hat, ohne daß ihm der Mangel seiner Rechtsmacht bewußt gewesen ist. Vorliegend hat V in der irrigen Vorstellung, von G wirksam bevollmächigt zu sein, einen Mietvertrag in dessen Namen mit D geschlossen. Gem. § 179 II ist D demnach so stellen, wie er stehen würde, wenn er nicht auf die Gültigkeit des Vertretergeschäfts vertraut hätte. Der Posten i. H. v. DM 10,– gehört als Aufwendung anläßlich des Vertragsschlusses grundsätzlich zum Vertrauensschaden. Auch der entgangene Gewinn ist gem. § 252 von dem Anspruch aus § 179 II mitumfaßt. Somit würde das negative Interesse DM 2.210,– umfassen. Der Vertrauensschaden ist jedoch durch den Erfüllungsschaden begrenzt: Da D bei Wirksamkeit des Vertretergeschäfts nur DM 2.000,– bekommen hätte (Erfüllungsschaden), kann er auch gem. § 179 II nur DM 2.000,– als Vertrauensschaden geltend machen.

8. Verjährung

Die Verjährung der Ansprüche aus § 179 ist nicht ausdrücklich geregelt, so daß an sich die allgemeine Regelung des § 195 Anwendung finden würde, wonach diese Ansprüche nach 30 Jahren verjähren. Nach h. M. ist jedoch die kürzere Verjährungsfrist, die für den *Erfüllungsanspruch aus dem Vertretergeschäft* gelten würde, auf die Ansprüche aus § 179 **entsprechend anzuwenden** (BGHZ 73, 271; MüKo § 179 Rn. 33; Pal. § 179 Rn. 8). 17

Argument: Ansonsten steht der Geschäftsgegner besser als er bei Wirksamkeit des Vertretergeschäfts stehen würde.

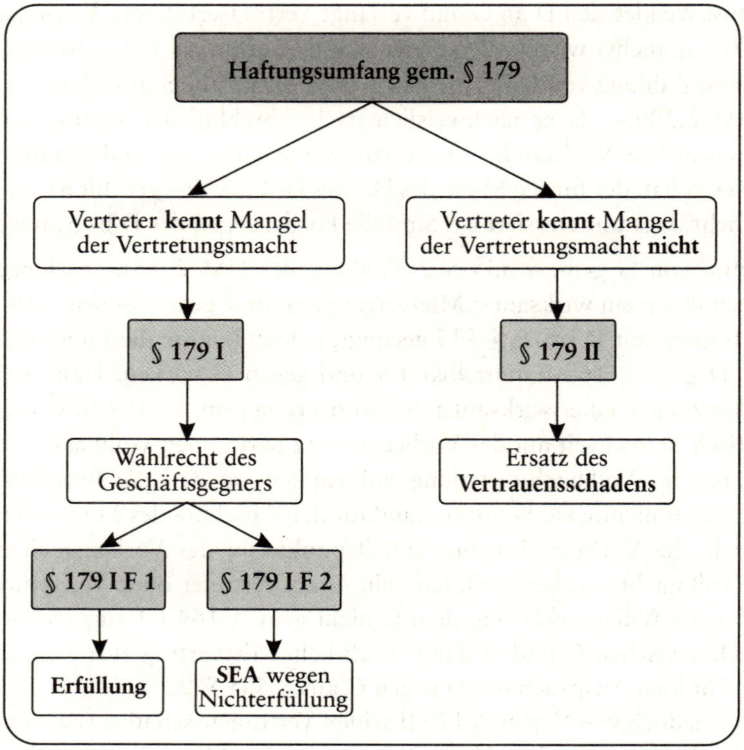

D. Die Haftung gem. § 179 bei Untervertretung

18 **I.** § 179 spielt eine besondere Rolle bei der Einschaltung eines **Untervertreters.** Hierbei stellt sich nämlich die Frage, ob der Untervertreter für sämtliche Mängel der Untervollmacht nach § 179 haften soll oder ob vielmehr eine Korrektur des § 179 vorzunehmen ist, wonach in bestimmten Fällen der Hauptvertreter haften muß.

Hinweis: Lesen Sie bitte noch einmal die Ausführungen zur Haupt- und Untervollmacht durch (siehe oben § 2 Rn. 50 ff.) und vergegenwärtigen Sie sich:

Mängel der Untervollmacht können drei verschiedene Ursachen haben:

- ❑ **Fehlen** einer wirksam erteilten **Hauptvollmacht**
- ❑ **Umfang der Untervollmacht nicht** von Hauptvollmacht **gedeckt**
- ❑ **Fehlen** einer wirksam erteilten **Untervollmacht**

19 **II.** Die Problematik der **Haftung des Haupt- oder Untervertreters nach § 179** ist in folgender Weise zu lösen:

1. Fehlt sowohl eine wirksame **Hauptvollmacht als auch** eine **Untervollmacht** oder **fehlt nur** eine wirksam erteilte **Untervollmacht,** so haftet der *Untervertreter unstreitig nach § 179* (Pal. § 179 Rn. 3; Staud. § 167 Rn. 74; Flume § 49, 5).

2. *Strittig* ist, *welcher* der beiden *Vertreter* dem Geschäftsgegner nach § 179 haftet, wenn die Untervollmacht nur deshalb unwirksam ist, weil **Mängel der Hauptvollmacht** bestehen (d. h. diese nicht wirksam erteilt worden ist oder nicht den Umfang der Untervollmacht deckt):

a) *Nach einer Ansicht* haftet der **Untervertreter generell auch für Mängel der Hauptvollmacht** (MüKo § 167 Rn. 76; Soergel § 167 Rn. 60).

Argument: Das Gesetz fragt nicht nach dem Grund des Fehlens der Vertretungsmacht, sondern läßt den Vertreter für jeden Mangel seiner Vertretungsmacht haften. Im übrigen kann der Untervertreter beim Hauptvertreter Regreß nehmen.

b) *Nach h. M.* ist entsprechend dem **Zweck des § 179** (sog. ratio legis) – gesetzliche Garantiehaftung für in Anspruch genommenes und enttäuschtes Vertrauen – zu **unterscheiden** (BGH NJW 1977, 1535; Pal. § 179 Rn. 3; Larenz AT § 31 I b; Med. AT Rn. 996):

❑ Tritt der Untervertreter gegenüber dem Geschäftsgegner so auf, als sei er vom Geschäftsherrn selbst bevollmächtigt worden (sog. **verdeckte Untervertretung**), so haftet er auch für Mängel der Hauptvertretungsmacht.

Argument: In diesem Fall erweckt er beim Geschäftsgegner das Vertrauen, er könne den Geschäftsherrn unmittelbar rechtsgeschäftlich verpflichten.

❑ Deckt der Untervertreter dagegen die Mehrstufigkeit der Vertretung auf, indem er als „Vertreter des Vertreters“ auftritt (sog. **offengelegte Untervertretung**), so haftet er für Mängel der Hauptvollmacht nicht.

Argument: In diesem Fall nimmt er nur Vertrauen in die ihm selbst erteilte Vollmacht in Anspruch.

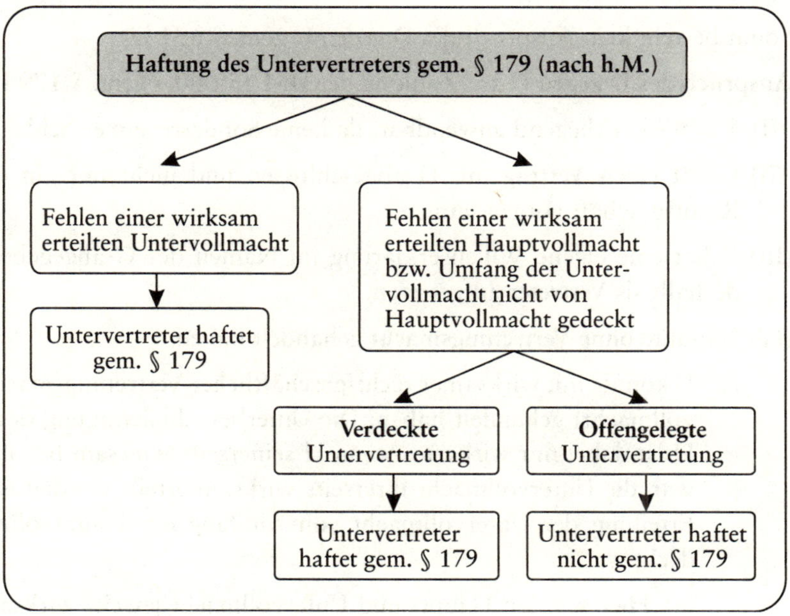

III. Fall 3: „Der nachlässige Geschäftsherr" (nach BGH NJW 1983, 1308)

Dem G aus München gehören mehrere Häuser am Stadtrand von Berlin. Bei der Verwaltung der Gebäude ließ er sich duch H vertreten, der seinerseits den Makler U im Namen des G mit der Hausverwaltung beauftragte.

Im Frühjahr 1997 beauftragte H den U mit der Durchführung von Renovierungsarbeiten an einem der Häuser, ohne hierzu von G seinerseits ermächtigt zu sein, was U wußte. U beauftragte wiederholt den Malermeister D mit umfangreichen Malerarbeiten, wobei er jeweils im Namen des G auftrat.

Nach Durchführung der Arbeiten verlangt D von G Zahlung seines Werklohns i. H. v. DM 15.000,–. G wendet jedoch ein, daß H und somit auch U keinerlei Vertretungsmacht zum Abschluß der Verträge gehabt haben.

Daraufhin will D sein Geld von U gezahlt bekommen. U trägt jedoch vor, er wäre von H ordnungsgemäß ermächtigt worden, so daß sich D an diesen halten müsse. Im übrigen scheide seine Haftung auch deshalb aus, weil G nach Lage der Dinge hätte wissen müssen, daß er sich auch um die längere Zeit andauernden Renovierungsarbeiten gekümmert habe. Hiergegen habe G nichts unternommen. D besteht dennoch auf Bezahlung seitens U. Zu Recht?

(A) Anspruch des D gegen U auf Zahlung des Werklohns i.H.v. DM 15.000,– gem. § 631 I

Der Anspruch ist entstanden, wenn sich D und U wirksam über den Abschluß eines Werkvertrages i. S. d. § 631 geeinigt haben. Vorliegend ist jedoch kein Werkvertrag zwischen D und U zustande gekommen, da U bei den Vertragsverhandlungen nicht im eigenen Namen, sondern im Namen des G aufgetreten ist.

Somit besteht kein Anspruch des D gegen U gem. § 631 I.

(B) Anspruch des D gegen U auf Zahlung der DM 15.000,– gem. § 179 I

(I) § 179 ist vorliegend **anwendbar**, da keine Sonderregeln einschlägig sind.

(II) U hat einen **Vertrag** mit D abgeschlossen und nicht nur ein einseitiges Rechtsgeschäft vorgenommen.

(III) U hat eine eigene Willenserklärung im Namen des G abgegeben und ist deshalb als **Vertreter** aufgetreten.

20 (IV) U müßte **ohne Vertretungsmacht** gehandelt haben:

(1) U könnte mit wirksamer **rechtsgeschäftlicher Vertretungsmacht** (Untervollmacht) gehandelt haben: Die Unterbevollmächtigung des U durch H ist dabei nur wirksam, wenn H seinerseits wirksam bevollmächtigt war, die Untervollmacht ihrerseits wirksam erteilt worden ist und die Erteilung der Untervollmacht vom Umfang der Hauptvollmacht gedeckt war.

(a) Hier wurden Haupt- und Untervollmacht jeweils wirksam erteilt.

Jedoch war die Unterbevollmächtigung nicht vom Umfang der Hauptvollmacht gedeckt, da H selbst nicht zur Durchführung der Renovierungsarbeiten bevollmächtigt war. Somit bestand ein Mangel der Hauptvollmacht, der die Unwirksamkeit der Untervollmacht zur Folge hat.

(b) Fraglich ist, **ob** der Untervertreter **für sämtliche Mängel der Untervollmacht** nach § 179 haften soll. Insoweit ist *zu unterscheiden*:

(aa) Wurde sowohl keine Haupt- als auch keine Untervollmacht oder nur **keine Untervollmacht erteilt**, so haftet der Untervertreter *unstreitig nach § 179.*

(bb) Ist die Unterbevollmächtigung hingegen – wie hier – nur deshalb unwirksam, weil ein **Mangel der Hauptvollmacht** vorliegt, so muß § 179 nach h. M. in folgender Weise *korrigiert* werden:

- Im Fall der **verdeckten** Untervertretung, bei der der Untervertreter wie ein vom Geschäftsherrn selbst Bevollmächtigter auftritt, ist eine Haftung des Untervertreters *auch für Mängel der Hauptvollmacht* gerechtfertigt.

  Argument: In diesem Fall nimmt der Untervertreter nämlich auch Vertrauen des Geschäftsgegners in die Wirksamkeit der Hauptvollmacht in Anspruch.

- Dagegen haftet der Hauptvertreter *nicht für Mängel der Hauptvollmacht*, wenn der Untervertreter die Mehrstufigkeit der Vertretung gegenüber dem Geschäftsgegner **offengelegt** hat.

  Argument: In diesem Fall nimmt der Untervertreter nur Vertrauen in die Wirksamkeit der ihm vom Hauptvertreter erteilten Untervollmacht in Anspruch.

(c) Vorliegend hat U die Mehrstufigkeit der Vertretung **nicht offengelegt**, so daß er auch für die Mängel der Hauptvollmacht nach § 179 haftet.

(2) Jedoch könnte U auf der Grundlage einer wirksamen **Rechtsscheinsvollmacht** gehandelt haben, was zu einem Ausschluß einer Haftung nach § 179 führen könnte: 21

(a) Zwar liegt kein gesetzlich geregelter Fall einer Rechtsscheinsvollmacht vor, jedoch könnten die Grundsätze der **Anscheinsvollmacht** eingreifen. Hierbei handelt es sich nach h. M. um eine Rechtsscheinsvollmacht, die in ihren Wirkungen einer wirklich erteilten Vollmacht gleichsteht. Es müßten deren Voraussetzungen gegeben sein:

(aa) **Objektiver Rechtsscheinstatbestand:** Der Vertreter müßte während einer gewissen Dauer und wiederholt für den Geschäftsherrn aufgetreten sein.
Hier trat U über einen längeren Zeitraum mehrmals als Vertreter des G auf.

(bb) **Zurechenbarkeit des Rechtsscheinstatbestandes:** Zum einen müßte eine Kenntnis- und Verhinderungsmöglichkeit hinsichtlich des Verhaltens des Vertreters für den Geschäftsherrn bestanden haben und zum anderen müßte der Geschäftsherr voll geschäftsfähig gewesen sein.
Vorliegend hätte G das Auftreten des U erkennen und verhindern können, wenn er sich selbst mehr um die Gebäudeverwaltung gekümmert hätte. Ebenso bestehen keine Zweifel hinsichtlich seiner Geschäftsfähigkeit.

(cc) **Schutzwürdigkeit des Geschäftsgegners:** Der Rechtsschein müßte für den Vertragsschluß des Geschäftsgegners kausal geworden sein, d. h. er müßte Kenntnis vom objektiven Rechtsscheinstatbestand gehabt haben und analog § 173 redlich gewesen sein.
Hier trat U mehrfach gegenüber D als Vertreter des G auf. Dieser ging davon aus und durfte auch davon ausgehen, daß U Vertretungsmacht für den Abschluß des Werkvertrages im Namen des G hatte. Damit ist auch die Schutzwürdigkeit des G zu bejahen.

Somit liegen die Voraussetzungen einer Anscheinsvollmacht vor.

22 (b) Fraglich ist jedoch, **ob** bei Vorliegen einer Anscheinsvollmacht eine **Haftung** des Vertreters **nach § 179 ausscheidet.**

(aa) Nach **einer Ansicht** hat der Geschäftsgegner die **Wahl,** sich entweder auf das Bestehen der Anscheinsvollmacht zu berufen und somit den Geschäftsherrn unmittelbar aus dem Vertretergeschäft in Anspruch zu nehmen oder das Fehlen einer „echten" Vollmacht geltend zu machen und folglich gegen den Vertreter aus § 179 vorzugehen (Canaris, Die Vertrauenshaftung im deutschen Privatrecht, 1971, S. 518 f.; Prölss JuS 1985, 577).

Argument: Die Grundsätze der Anscheinshaftung wurden aus Gründen des Vertrauensschutzes zugunsten des Rechtsverkehrs entwickelt. Der Geschäftsgegner kann auf seinen Schutz jedoch auch verzichten.

(bb) Nach **h. M.** steht der durch die Rechtsscheinsvollmachten gewährte Vertrauensschutz nicht zur Disposition des Geschäftsgegners. Dieser muß sich vielmehr an den Geschäftsherrn halten, so daß ein **Anspruch aus § 179 ausgeschlossen** ist (BGH NJW 1983, 1308; MüKo § 167 Rn. 62; Soergel § 179 Rn. 3; Erman § 179 Rn. 3).

Argument: Nach dem Schutzzweck des § 179 soll der Geschäftsgegner sich in den Fällen an den Vertreter halten können, in denen ein Anspruch gegen den Geschäftsherrn wegen eines Mangels der Vertretungsmacht scheitert. Da jedoch eine Vollmacht kraft Rechtsscheins einer rechtsgeschäftlich erteilten Vollmacht gleichsteht und somit der Anspruch gegen den Geschäftsherrn geltend gemacht werden kann, besteht für eine Haftung des Vertreters aus § 179 kein Bedürfnis.

Folgt man der h. M., so muß sich D an G halten und ist die Haftung des U gem. § 179 I ausgeschlossen.

(C) Anspruch des D gegen U auf Schadensersatz nach den Grundsätzen der c.i.c.

(I) Fraglich ist, ob die Grundsätze der c.i.c. **anwendbar** sind: **23**

(1) Geht man mit der Mindermeinung davon aus, daß vorliegend ein **Fall des § 179** gegeben ist, so stellt sich die Frage, ob die Grundsätze der c.i.c. nicht von § 179 verdrängt werden:

(a) Die c.i.c. findet ***neben § 179*** unstreitig Anwendung, soweit es um Schädigungen des Geschäftsgegners geht, die **nicht auf** einem **Mangel der Vertretungsmacht beruhen** (MüKo § 177 Rn. 48).

(b) Dagegen ist ***strittig***, ob die c.i.c. auch dann Anwendung findet, wenn der Schaden des Geschäftsgegners deshalb entstanden ist, weil er **auf** den **Bestand der Vertretungsmacht vertraut** hat.

❑ Nach einer Ansicht hat der Vertreter für den Mangel der Vertretungsmacht nur nach § 179 einzustehen, d. h. eine Haftung aus **c.i.c.** kommt **daneben nicht** in Betracht (Erman § 179 Rn. 22; MüKo § 177 Rn. 48).

Argument: Ansonsten könnte der Haftungsausschluß nach § 179 III 1 umgangen werden.

❑ Nach anderer Ansicht ist die **c.i.c.** in diesen Fällen **neben § 179** uneingeschränkt anwendbar (Flume § 47, 3 a; Soergel § 179 Rn. 19, 23; Staud. § 179 Rn. 20).

Argument: Die Haftung aus § 179 und aus c.i.c. ist sowohl hinsichtlich Voraussetzungen als auch hinsichtlich Rechtsfolgen unterschiedlich: § 179 ersetzt nach Abs. 1 das Erfüllungsinteresse und nach Abs. 2 das negative Interesse begrenzt durch das positive Interesse. Ein eventuelles Mitverschulden des Geschäftsgegners findet allenfalls über § 179 III 1, nicht aber über § 254 Berücksichtigung. Dagegen setzt die Haftung aus c.i.c. Verschulden voraus, ersetzt unbegrenzt das negative Interesse und ermöglicht eine Berücksichtigung eines Mitverschuldens des Geschäftsgegners nach der flexiblen Regelung des § 254.

(2) Folgt man dagegen der **h. M.** und geht man davon aus, daß bei Eingreifen einer Rechtsscheinshaftung kein Fall des § 179 gegeben ist, so stellt sich vorliegend das Problem der Anwendbarkeit der c.i.c. neben § 179 gar nicht.

Hiernach sind die Grundsätze der c.i.c. anwendbar.

(II) Ob zwischen Vertreter und Geschäftsgegner ein **vorvertragliches Vertrauensverhältnis** zustande kommt, hängt davon ab, ob der Vertreter mit oder ohne Vertretungsmacht gehandelt hat.

Während beim Vertreter **ohne Vertretungsmacht** davon auszugehen ist, daß *stets* ein vorvertragliches Vertrauensverhältnis zwischen Geschäftsgegner und *Vertreter* zustande kommt, ist beim Vertreter **mit Vertretungsmacht** zu unterscheiden:

(1) *Grundsätzlich* kommt in diesem Fall ein vorvertragliches Vertrauensverhältnis nur zwischen den Parteien des intendierten Vertrages (Geschäftsherr und Geschäftsgegner) zustande, da regelmäßig nur zwischen diesen Personen Vertrauen gewährt bzw. in Anspruch genommen wird.

(2) *Ausnahmsweise* entsteht ein vorvertragliches Vertrauensverhältnis auch zwischen dem Vertreter und dem Geschäftsgegner, wenn

- ❑ der Vertreter **besonderes persönliches Vertrauen** für sich selbst in Anspruch genommen hat oder
- ❑ ein **unmittelbares eigenes wirtschaftliches Interesse** am Abschluß des Vertretergeschäfts hat (Näheres zu diesen beiden Fallgruppen oben § 2 Rn. 93 ff.).

Vorliegend ist U mit der h. M. als Vertreter mit Vertretungsmacht zu qualifizieren, da er mit Anscheinsvollmacht gehandelt hat. Somit bestand ein vorvertragliches Vertrauensverhältnis zwischen D und U nur dann, wenn er entweder ein besonderes persönliches Vertrauen seitens des D in Anspruch genommen hat oder ein unmittelbares eigenes wirtschaftliches Interesse am Abschluß des Werkvertrages hatte. Hier liegt keine der beiden Fallgruppen vor, so daß kein vorvertragliches Vertrauensverhältnis zwischen D und U zustande gekommen ist.

(III) **Ergebnis:** Somit besteht auch kein Anspruch des D gegen U aus c.i.c.

E. Die Haftung des Geschäftsherrn

Da die §§ 177 ff. keine Regelung hinsichtlich der Haftung des Geschäftsherrn enthalten, sind sie diesbezüglich auch nicht abschließend. Daher finden die allgemeinen Regelungen Anwendung. Hiernach **haftet** ein **Geschäftsherr**, der von einem Vertreter ohne Vertretungsmacht vertreten wurde, dem Geschäftsgegner insbesondere in zwei Fällen nach den Grundsätzen der **c.i.c.**: 25

- ❑ Er haftet zum einen nach den Grundsätzen der c.i.c., wenn er durch eine **eigene vorvertragliche Pflichtverletzung** den Vertrauensschaden des Geschäftsgegners schuldhaft verursacht hat.

  Beispiel: Mangelhafte Auswahl oder Überwachung des Vertreters.

- ❑ Darüberhinaus haftet der Geschäftsherr dem Geschäftsgegner aus c.i.c. i. V. m. § 278 für eine schuldhafte **vorvertragliche Pflichtverletzung des Vertreters**, wenn der Vertreter Erfüllungsgehilfe des Geschäftsherrn ist (was regelmäßig der Fall sein wird; Näheres zur Zurechnungsnorm § 278 im Schuldrecht-AT Band I).

  Beispiel: Mangelhafte Aufklärung des Geschäftsgegners durch den Vertreter bei den Vertragsverhandlungen.

§ 4. Die Anfechtung im Stellvertretungsrecht

A. Allgemeines

Wie schon dargestellt wurde, muß im Stellvertretungsrecht zwischen verschiedenen Rechtsgeschäften unterschieden werden: 1

- ❑ dem **Vertretergeschäft** (das von dem Vertreter im Außenverhältnis vorgenommene Rechtsgeschäft),
- ❑ der **Bevollmächtigung** (die Ermächtigung des Vertreters, für den Geschäftsherrn zu handeln) und
- ❑ dem **Grundgeschäft** (das der Vollmachtserteilung zugrundeliegende Rechtsgeschäft im Innenverhältnis).

Diese Unterscheidung spielt insbesondere für die Anfechtung im Stellvertretungsrecht eine große Rolle. Da für die **Anfechtung des Grundgeschäfts** keine Besonderheiten im Verhältnis zu den allgemeinen Regeln des Anfechtungsrechtes zu beachten sind, kann insoweit auf die Ausführungen in Kapitel 5 verwiesen werden. Dagegen bedarf die **Anfechtung von Vertretergeschäft** und **Bevollmächtigung** einer näheren Betrachtung, da insoweit Abweichungen bestehen.

Hinweis: Falls Sie noch gar keine Kenntnisse vom Anfechtungsrecht haben sollten, empfiehlt es sich, zuerst das Kapitel zur Anfechtung durchzuarbeiten, bevor Sie sich mit der nachfolgenden Darstellung der Anfechtung von Vertretergeschäft und Bevollmächtigung befassen.

B. Die Anfechtung des Vertretergeschäfts

Bei der Anfechtung des Vertretergeschäfts ist *zu unterscheiden* zwischen der Anfechtung durch den **Geschäftsherrn** und der Anfechtung durch den **Geschäftsgegner**.

2 I. Die Anfechtung durch den Geschäftsherrn

1. Gem. § **166 I** kann der Geschäftsherr das Vertretergeschäft grundsätzlich nur dann anfechten, wenn ein **Willensmangel des Vertreters** vorliegt. Willensmängel des Geschäftsherrn sind dagegen grundsätzlich unbeachtlich, da er selbst keine Willenserklärung im Rahmen des Vertretergeschäfts abgegeben hat.

Beispiel: Vertreter V verkauft für den Geschäftsherrn G dessen Diktier-Gerät an D. Wie sich im Nachhinein herausstellt, hat sich V in dem schriftlichen Vertragsangebot verschrieben und statt einem Kaufpreis i. H. v. DM 210,- einen Preis i. H. v. DM 120,- angegeben, zu dem der Vertrag zwischen G und D auch zustande gekommen ist. Hier kann G den Kaufvertrag wegen des Erklärungsirrtums des V gem. § 119 I F 2 anfechten.

> **Merke:** Obwohl der Irrtum in der Person des Vertreters liegt, muß die **Anfechtung vom Geschäftsherrn** erklärt werden, da ihn die Rechtsfolgen der vom Vertreter abgegebenen Willenserklärung treffen.

3 **2.** Fraglich ist, ob **ausnahmsweise** auch **Willensmängel des Geschäftsherrn** zur Anfechtung des Vertretergeschäfts berechtigen können:

a) In Betracht kommt die Vorschrift des § **166 II**, die hinsichtlich der „Kenntnis" bzw. des „Kennenmüssens" bestimmter Umstände (z. B. Bösgläubigkeit i.F.d. §§ 932, 892, 990) **auch** auf die **Person des Geschäftsherrn** abstellt, sofern der Vertreter nach *bestimmten Weisungen* gehandelt hat. In diesen Fällen vollzieht der Vertreter nämlich rein faktisch nur den Willen des Vollmachtgebers, mag er rechtlich auch eine eigene Willenserklärung abgeben.

b) Diese Norm paßt aber nicht unmittelbar, da Willensmängel – anders als im Fall des § 166 I – gerade nicht erwähnt sind. Daher ist zu prüfen, ob § 166 II auf Willensmängel **analog** angewendet werden kann:

- *Nach einer Ansicht* ist § 166 II **auf Willensmängel analog** anzuwenden (MüKo § 166 Rn. 41; Med. AT Rn. 902).

  Argument: Nach dem Grundgedanken des § 166 I und II ist auf diejenige Person abzustellen, auf deren Geschäftswillen die Willenserklärung des Vertreters tatsächlich beruht. Dieser Grundsatz muß auch für Willensmängel gelten.

- *Nach h. M.* ist § 166 II **grundsätzlich nicht analog** anzuwenden (Soergel § 166 Rn. 32; Staud. § 166 Rn. 27). 4

  Argument: § 166 II will verhindern, daß sich ein bösgläubiger Geschäftsherr zu Lasten des Geschäftsgegners hinter der Gutgläubigkeit seines Vertreters versteckt. Daher ist in Abweichung von § 166 I ausnahmsweise die *Kenntnis des Geschäftsgegners* relevant. Normzweck des § 166 II ist somit der **Schutz des Geschäftsgegners.** Daher kann diese Ausnahmevorschrift grundsätzlich nicht zugunsten des Geschäftsherrn analog angewendet werden.

  Beachte: Ausnahmevorschriften sind grundsätzlich nicht analogiefähig (Näheres hierzu im BGB-AT Band I § 18 Rn. 9).

  Eine **Ausnahme** gilt nach h. M. jedoch für den Fall, daß der Geschäftsherr vom Geschäftsgegner **arglistig getäuscht** worden ist und dadurch zu der konkreten Weisung an den Vertreter, das Vertretergeschäft mit einem bestimmten Inhalt abzuschließen, veranlaßt worden ist (BGH NJW 1969, 925; Soergel § 166 Rn. 32).

  Argument: In diesem Fall ist der **Geschäftsgegner nicht schutzwürdig,** so daß eine analoge Anwendung des § 166 II ausnahmsweise gerechtfertigt ist, um dem Geschäftsherrn eine Anfechtung des Vertretergeschäfts gem. § 123 zu ermöglichen.

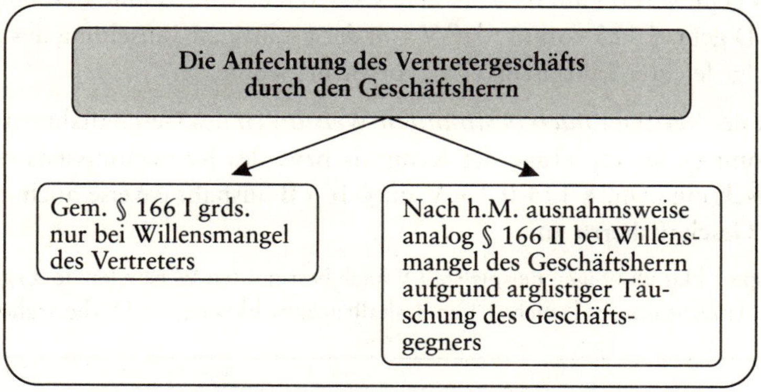

II. Die Anfechtung durch den Geschäftsgegner

Bei Willensmängeln des Geschäftsgegners bestehen insoweit nur Besonderheiten bei einer Anfechtung wegen **arglistiger Täuschung gem. § 123.**

1. Hat der **Vertreter** den **Geschäftsgegner arglistig getäuscht,** so ist diese Täuschung 5
dem Geschäftsherrn zuzurechnen. Eine Anfechtung des Geschäftsgegners gem. § 123 I ist nicht gem. § 123 II eingeschränkt, da es sich bei dem Vertreter um keinen „Dritten" im Sinne dieser Vorschrift handelt. Der Vertreter ist nämlich kein am Rechtsgeschäft Unbeteiligter (vgl. die Erläuterungen zum Begriff des „Dritten" unten § 16 Rn. 40). Somit kann der Geschäftsgegner gem. § 123 I auch dann anfechten, wenn der Geschäftsherr die Täuschung weder kannte noch kennen mußte.

Beispiel: V verkauft im Namen des G dessen gebrauchte Computeranlage an D. Dabei täuscht er den D ohne Wissen des G arglistig über das Alter des Gerätes. In diesem Fall kann D den Kaufvertrag uneingeschränkt gegenüber G gem. § 123 I anfechten.

2. Wurde der **Geschäftsgegner von** einem **Dritten** i. S. d. § 123 II 1 **arglistig getäuscht**, so sind für die Frage der Anfechtung gegenüber dem Geschäftsherrn folgende Besonderheiten zu beachten:

6 ❑ Gem. § 123 II 1 i. V. m. § 166 **I** kommt es grundsätzlich darauf an, ob der **Vertreter** des Geschäftsherrn die Täuschung *kannte oder kennen mußte.*

Beispielsfall: A ist selbständiger Anlageberater. Er führt den Anlageinteressenten D mit dem Bauunternehmer G zusammen. G, der von V vertreten wird, einigt sich mit D über den Kauf einer Wohnung. Hierbei wurde D zuvor arglistig von A über die steuerlichen Abschreibungsmöglichkeiten getäuscht. Kann D den Kaufvertrag aus diesem Grunde anfechten?

Da es sich bei A um einen Dritten i. S. v. § 123 II 1 handelt, kommt es für die Frage der Anfechtungsmöglichkeit des D gem. § 123 auf die Beschränkung des § 123 II 1 an. Hiernach kann D nur dann wegen arglistiger Täuschung anfechten, wenn sein Vertragspartner G die Täuschung kannte bzw. kennen mußte. Da G vorliegend vertreten wurde, kommt es für die Frage der Kenntnis bzw. des Kennenmüssens gem. § 166 I auf die Person des Vertreters V an. Somit setzt eine Anfechtung des D gem. § 123 voraus, daß V von der arglistigen Täuschung des A wußte bzw. infolge leichter Fahrlässigkeit davon nichts wußte.

7 ❑ Hat der Vertreter *nach bestimmten Weisungen* des Geschäftsherrn gehandelt, so kommt es für die Frage der Kenntnis bzw. des Kennenmüssens der arglistigen Täuschung gem. § 123 II 1 i. V. m. § 166 **II** ausnahmsweise auch auf die **Person des Geschäftsherrn** an.

Beispiel: Hat im obigen Beispielsfall V nach bestimmten Weisungen des G gehandelt, so ist eine Anfechtung des D nicht schon deshalb ausgeschlossen, weil V die arglistige Täuschung

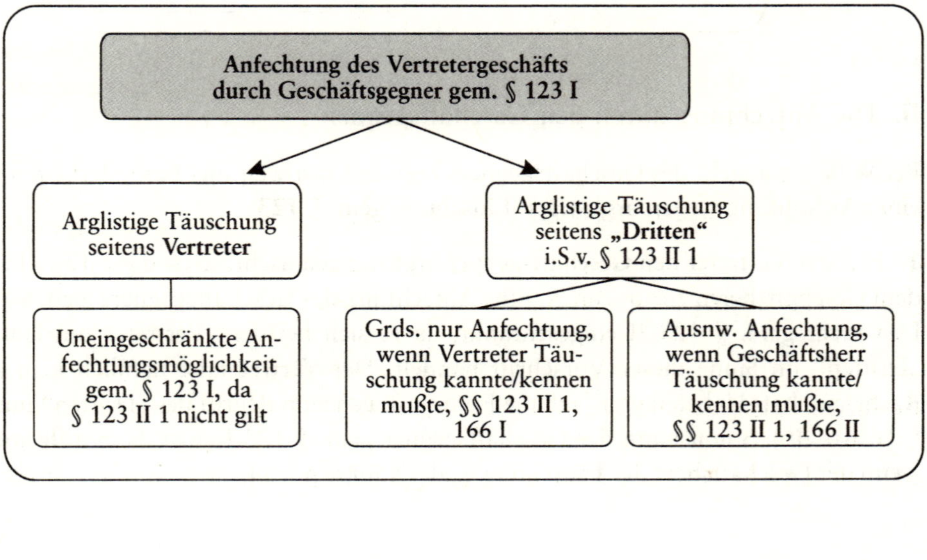

des A weder kannte noch kennen mußte. Vielmehr kommt es gem. § 123 II 1 i. V. m. § 166 II auch darauf an, ob G selbst die Täuschung kannte oder kennen mußte. Ist dies nicht der Fall, so scheidet eine Anfechtung seitens D aus.

C. Die Anfechtung der Bevollmächtigung

Bei der Bevollmächtigung handelt es sich um eine einseitig empfangsbedürftige Willenserklärung. Sofern sich der Geschäftsherr bei der Vollmachtserteilung geirrt hat bzw. er hierbei arglistig getäuscht worden ist, kommt eine Anfechtung nach den allgemeinen Vorschriften (§§ 119 ff.) in Betracht. Insoweit sind jedoch folgende Besonderheiten zu beachten: 8

I. Bei der Frage nach der **Zulässigkeit der Anfechtung** ist zu unterscheiden:

1. Vollmachtsanfechtung vor Gebrauch der Vollmacht

Hat der Vertreter von der Vollmacht noch keinen Gebrauch gemacht, so ist eine Anfechtung seitens des Geschäftsherrn unproblematisch **zulässig** (MüKo § 167 Rn. 81 ff.; Pal. § 167 Rn. 3; Musielak Rn. 725). 9

Hinweis: Da die Vollmachtserteilung grundsätzlich gem. § 168 S. 2 jederzeit widerrufen werden kann, besteht nur insoweit ein Bedürfnis nach einer Anfechtungsmöglichkeit, als die Vollmacht ausnahmsweise *unwiderruflich* ist.

2. Vollmachtsanfechtung nach Gebrauch der Vollmacht

a) Problemstellung

Streitig ist, ob der Geschäftsherr die Vollmacht auch dann noch anfechten kann, wenn der Vertreter von ihr schon Gebrauch gemacht hat. Um diesen Theorienstreit nachvollziehen zu können, müssen Sie sich zunächst die Folgen der Anfechtung einer bereits betätigten Vollmacht vor Augen führen: 10

- ❑ Da die Vollmacht infolge der Anfechtung gem. § 142 I rückwirkend erlischt, hat der Vertreter das Vertretergeschäft folglich **ohne Vertretungsmacht** geschlossen. Er haftet dem Geschäftspartner dann gem. § 179, da in der Anfechtungserklärung des Geschäftsherrn konkludent auch die Verweigerung der Genehmigung nach § 177 zu sehen ist. Da der Vertreter regelmäßig den Mangel der Vertretungsmacht nicht kennt, haftet er dem Geschäftsgegner grundsätzlich nur auf *Ersatz des negativen Interesses aus § 179 II.*
- ❑ Der Vertreter kann vom Geschäftsherrn **gem. § 122** Ersatz seines **Vertrauensschadens** verlangen. Hiernach kann er den an den Geschäftspartner zu leistenden Schadensersatzanspruch aus § 179 geltend machen.
- ❑ Gleichzeitig verliert der Geschäftsgegner durch die Anfechtung der Vollmacht rückwirkend seinen **Erfüllungsanspruch** gegen den Geschäftsherrn: Das ohne Vertretungsmacht getätigte Vertretergeschäft ist endgültig unwirksam, da in

der Anfechtungserklärung des Geschäftsherrn zugleich eine Versagung der Genehmigung nach § 177 I liegt.

Hinweis: Etwas anderes kann sich im Einzelfall aus den Grundsätzen der **Rechtsscheinsvollmacht gem. §§ 170–173** ergeben: Diese Vorschriften schützen nach ihrem Wortlaut zwar nur den guten Glauben an das Fortbestehen einer einmal wirksam erteilten Vollmacht. Nach h. M. finden diese Vorschriften jedoch auch (analoge) Anwendung, wenn die Vollmacht von Anfang an unwirksam war, d. h. z. B. durch Anfechtung gem. § 142 I rückwirkend erloschen ist (BGH NJW-RR 1986, 467; Pal. §§ 170–173 Rn. 1).

Die Anfechtung einer bereits betätigten Vollmacht kann in bestimmten Fallkonstellationen **problematische Auswirkungen** haben:

- Fällt der *Geschäftsherr in Konkurs*, dann muß der Vertreter dennoch dem Geschäftsgegner gem. § 179 Schadensersatz leisten, kann jedoch seinen Anspruch aus § 122 gegen den Geschäftsherrn nicht bzw. nur teilweise realisieren.
- Ist dagegen der *Vertreter vermögenslos*, so trägt der Geschäftsgegner dieses Risiko, da er seinen Anspruch aus § 179 nicht durchsetzen kann.
- In gleicher Weise trägt der Geschäftsgegner das Risiko, daß der *Vertreter in seiner Geschäftsfähigkeit beschränkt* ist und ohne Zustimmung seines gesetzlichen Vertreters gehandelt hat, da dann sein Anpruch aus § 179 I bzw. II gem. § 179 III 2 ausgeschlossen ist.

11 **b) Lösungsansatz**

aa) *Nach einer Ansicht* ist eine Vollmachtsanfechtung **nach Gebrauch der Vollmacht** generell **unzulässig** (Erman § 167 Rn. 27; Prölss JuS 1985, 582).

Argument: Dem schutzwürdigem Interesse des Geschäftsgegners und des Vertreters am Fortbestand der Vollmacht ist Vorrang einzuräumen vor dem Interesse des Geschäftsherrn an der Beseitigung der Vollmacht. Ansonsten kann es im Einzelfall zu einer unbilligen Verteilung des Insolvenzrisikos kommen.

bb) *Nach h. M.* ist dagegen die Anfechtung der Vollmacht auch dann noch **zulässig**, wenn der Vertreter schon von ihr **Gebrauch gemacht** hat (MüKo § 167 Rn. 83; Pal. § 167 Rn. 3).

Argument: Bei der Vollmacht handelt es sich um eine eigene, vom Vertretergeschäft unabhängige Willenserklärung, die somit den allgemeinen Regeln über die Anfechtung unterliegt. Unbilligkeiten lassen sich im Einzelfall zum einen über die Grundsätze der Rechtsscheinshaftung vermeiden. Zum anderen kann auch dadurch ein interessengerechtes Ergebnis erzielt werden, daß dem Geschäftsgegner ein Direktanspruch gegen den Geschäftsherrn analog § 122 eingeräumt wird (Näheres hierzu unten § 4 Rn. 15).

II. Richtiger Anfechtungsgegner

Bei der Frage nach dem richtigen Anfechtungsgegner ist wiederum zwischen einer Vollmacht, von der der Vertreter noch keinen Gebrauch gemacht hat, und einer bereits betätigten Vollmacht zu **unterscheiden:**

1. Noch nicht betätigte Vollmacht

Hat der Vertreter von der Vollmacht noch keinen Gebrauch gemacht, so hat der Geschäftsherr die Anfechtung gem. *§ 143 III 1* gegenüber dem **Empfänger der Vollmachtserklärung** auszusprechen (MüKo § 167 Rn. 82; Musielak Rn. 725). Dies bedeutet: 12

- ❑ Bei der **Innen**vollmacht muß die Anfechtung gegenüber dem **Vertreter** erfolgen.
- ❑ Dagegen ist bei der **Außen**vollmacht der **Geschäftsgegner** richtiger Anfechtungsgegner.

Hinweis: Eine Besonderheit ist zu beachten, wenn neben einer Innenbevollmächtigung **gleichzeitig** die **Voraussetzungen eines Rechtsscheinstatbestandes** nach **§ 171** (öffentliche Bekanntmachung bzw. besondere Mitteilung der Innenbevollmächtigung an den Geschäftsgegner), nach **§ 172** (Aushändigung einer Vollmachtsurkunde) oder einer **Duldungs- bzw. Anscheinsvollmacht** gegeben sind. In diesen Fällen genügt die Anfechtung gegenüber dem Vertreter allein nicht, um *zugleich* den *Rechtsscheinstatbestand zu beseitigen.* Vielmehr ist eine selbständige Beseitigung dieser Vertrauenstatbestände erforderlich, um die Wirksamkeit des Vertretergeschäfts auszuschließen. *Dem Geschäftsgegner* muß demnach die Anfechtung der Innenvollmacht *mitgeteilt werden*, da er ansonsten in seinem Vertrauen auf den Bestand der Vollmacht geschützt wird, d. h. die Anfechtung der Vollmacht ihm gegenüber wirkungslos bleibt (MüKo § 167 Rn. 82, 86; Staud. § 167 Rn. 79).

2. Bereits betätigte Vollmacht

Streitig ist, wem gegenüber die Anfechtung zu erfolgen hat, wenn der Vertreter von der Vollmacht bereits Gebrauch gemacht hat. 13

a) *Nach einer Ansicht* bemißt sich der richtige Anfechtungsgegner nach § 143 **II.** Hiernach muß der Geschäftsherr die Anfechtung generell – also auch im Falle einer Innenvollmacht – **gegenüber** dem **Geschäftsgegner** erklären (Larenz AT § 31 II; Med. BR Rn. 96).

   Argument:
   Im Ergebnis geht es dem Geschäftsherrn darum, die **Folgen des** von seinem Vertreter abgeschlossenen **Vertretergeschäfts zu beseitigen.** Bei einer unmittelbaren Anfechtung des Vertretergeschäfts müßte die Anfechtung gem. § 143 II gegenüber dem Geschäftsgegner erklärt werden. Dies gilt somit auch für den Fall, daß das Vertretergeschäft nur mittelbar im Wege der Anfechtung – durch Anfechtung der Vollmacht – beseitigt werden soll.

b) *Nach wohl h. M.* ist – wie bei der Anfechtung der noch nicht betätigten Vollmacht – § 143 **III 1** heranzuziehen und auf den **Empfänger der Vollmachtserklärung** abzustellen (MüKo § 167 Rn. 85; Pal. § 167 Rn. 3). Dies bedeutet:

- Bei einer **Innen**vollmacht ist der **Vertreter** auch dann richtiger Anfechtungsgegner, wenn er von der Vollmacht bereits Gebrauch gemacht hat.
- Bei einer **Außen**vollmacht muß die Anfechtung dagegen gegenüber dem **Geschäftsgegner** erfolgen.

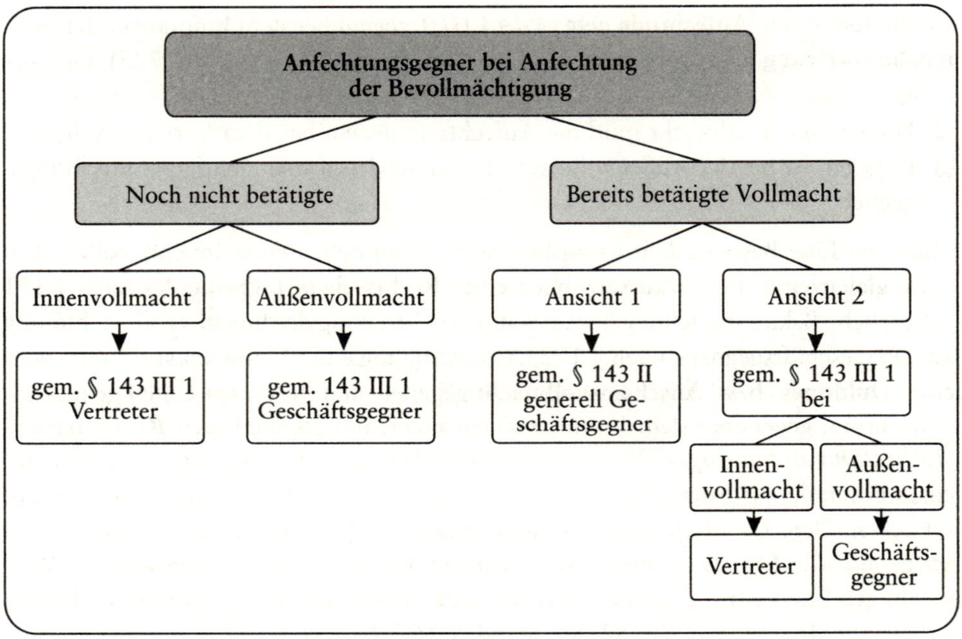

III. Die Schadensersatzansprüche des Geschäftsgegners

1. Schadensersatzanspruch gegen den Vertreter gem. § 179

14 Die Anfechtung der Vollmacht bewirkt, daß der Vertreter gem. § 142 I rückwirkend zu einem Vertreter ohne Vertretungsmacht wird (es sei denn, es liegen ausnahmsweise die Voraussetzungen für eine Rechtsscheinsvollmacht vor; Näheres hierzu oben § 4 Rn. 12 und § 2 Rn. 60). Daher haftet der Vertreter dem Geschäftspartner gem. § 179 auf Schadensersatz. Hierbei kommt regelmäßig nur ein Anspruch auf Ersatz des Vertrauensschadens gem. § 179 II in Betracht, da der Vertreter grundsätzlich keine Kenntnis vom Willensmangel des Geschäftsherrn hat.

Fraglich ist jedoch, ob dieses Ergebnis einer Korrektur bedarf:

- Nach einer Mindermeinung soll die Haftung des Vertreters nach § 179 II *ausgeschlossen* sein, wenn der Mangel der Vertretungsmacht **außerhalb** der **Erkenntnis- und Beurteilungsmöglichkeit** des Vertreters liegt (Soergel § 179 Rn. 18; Flume AT § 47 3 c).

- ❑ Dies ist jedoch mit der h. M. *abzulehnen*, da § 179 II eine **verschuldensunabhängige Haftung** begründet, so daß es auf die Erkennbarkeit des Mangels der Vertretungsmacht gerade nicht ankommt (MüKo § 179 Rn. 3).

2. Schadensersatzanspruch gegen den Geschäftsherrn gem. § 122

Fraglich ist, inwieweit der Geschäftsgegner vom Geschäftsherrn gem. § 122 Schadensersatz verlangen kann. Nach dem Wortlaut des § 122 I hat der Empfänger der angefochtenen Willenserklärung gegen den Anfechtenden einen Anspruch auf Ersatz seines Vertrauensschadens. Daher ist *zu unterscheiden*: 15

a) Lag ursprünglich eine **Außenvollmacht** vor und wurde diese durch Anfechtung des Geschäftsherrn gegenüber dem Geschäftsgegner beseitigt, so kann der Geschäftsgegner vom Geschäftsherrn gem. § 122 Schadensersatz verlangen.

b) Problematisch ist, ob dem Geschäftsgegner auch dann ein Schadensersatzanspruch aus § 122 zusteht, wenn eine **Innenvollmacht** erteilt worden war und diese durch Anfechtung gegenüber dem Vertreter beseitigt worden ist:

- ❑ Nach dem **Wortlaut** des § 122, der einen Schadensersatzanspruch nur für den Empfänger der angefochtenen Erklärung begründet, **scheidet** ein solcher Anspruch **aus.**
- ❑ Ein Teil der Literatur befürwortet dagegen eine **analoge Anwendung des § 122** im Fall der Anfechtung einer Innenvollmacht zugunsten des Geschäftsgegners (MüKo § 167 Rn. 85; Pal. § 167 Rn. 3; Soergel § 166 Rn. 22; vgl. auch oben § 4 Rn. 11).

  Argument:
  Die Anfechtung der Vollmacht stellt **mittelbar** einen **Angriff auf** das **Vertretergeschäft** dar, dessen Rechtswirkungen der Geschäftsherr beseitigen will. Bei einer unmittelbaren Anfechtung des Vertretergeschäfts hätte der Geschäftsgegner jedoch nach dem Wortlaut des § 122 einen Schadensersatzanspruch gegen den Geschäftsherrn. Im übrigen verhindert die analoge Anwendung des § 122, daß der Geschäftsgegner **rechtlos gestellt** ist, für den Fall, daß er seinen Schadensersatzanspruch gegen den Vertreter aus § 179 wegen § 179 III 2 nicht realisieren kann.

3. Gesamtschuldnerische Haftung von Vertreter und Geschäftsherrn

Ist die Haftung des Vertreters gem. § 179 begründet und sind auch die Voraussetzungen einer Haftung des Geschäftsherrn gem. § 122 gegeben, so haften beide dem Geschäftsgegner als Gesamtschuldner i. S. v. §§ 421 ff. (Näheres zur Problematik der Gesamtschuld im Schuldrecht-AT Band II § 25). 16

Zusammenfassung Stellvertretungsrecht

A. Voraussetzungen wirksamer Stellvertretung:

I. **Anwendbarkeit der §§ 164 ff.:** auf Willenserklärungen und geschäftsähnliche Handlungen.

II. **Zulässigkeit der Stellvertretung:** nicht bei höchstpersönlichen Rechtsgeschäften.

III. **Abgabe einer eigenen Willenserklärung:** Abgrenzung vom Boten – entscheidend, ob *nach äußerem Erscheinungsbild* Entscheidungsspielraum oder nicht.

IV. **Handeln in fremden Namen** (Offenkundigkeitsprinzip): sonst unanfechtbares Eigengeschäft des Vertreters, § 164 II. – *Ausnahmen:* Verdecktes Geschäft für den, den es angeht; Geschäft mit dem Inhaber eines Gewerbebetriebs; Handeln unter fremden Namen, sofern Identitätstäuschung.

V. **Handeln mit Vertretungsmacht** (rechtsgeschäftliche, gesetzliche, organschaftliche oder kraft Rechtsscheins):

1. **Bestand** der Vertretungsmacht? – d. h. bei Vollmacht: *wirksame Erteilung* und *kein nachträgliches Erlöschen.*

2. Vertretergeschäft vom **Umfang** der Vertretungsmacht gedeckt? – Beschränkungen der Vertretungsmacht: *allgemeine* Grenzen (§ 181, Grundsätze vom Mißbrauch der Vertretungsmacht i. w. S.) und *spezielle* Grenzen (insbes. §§ 1629 II, 1795, 1643 im Minderjährigenrecht).

VI. **Rechtsfolge:** Gem. § 164 I 1, III wirkt Abgabe und Zugang einer WE beim Vertreter wie Abgabe und Zugang beim Geschäftsherrn.

B. Eigenhaftung des Vertreters mit Vertretungsmacht **aus c.i.c.:** wenn *unmittelbares wirtschaftliches Eigeninteresse* am Vertretergeschäft oder *Inanspruchnahme von besonderem persönlichen Vertrauen.*

C. Die **Haftung des Vertreters** ohne Vertretungsmacht **nach** § 179 = *gesetzliche Garantiehaftung* für in Anspruch genommenes, enttäuschtes Vertrauen.

I. Bei **Kenntnis** des Vertreters vom Mangel der Vertretungsmacht: gem. § 179 I Wahlrecht des Geschäftsgegners zwischen *Erfüllung* und *Schadensersatz wegen Nichterfüllung.*

II. Bei **Unkenntnis** des Vertreters vom Mangel der Vertretungsmacht: Schadensersatz i.H.d. *negativen* Interesses.

III. Bei **Untervertretung:** Untervertreter haftet für alle Mängel der Untervollmacht und bei *verdeckter* Untervertretung auch für Mängel der Hauptvollmacht.

D. Anfechtung bei Stellvertretung:

I. Anfechtung des **Vertretergeschäfts:** Bei Anfechtung durch den Geschäftsherrn sind gem. § 166 I grundsätzlich nur *Willensmängel des Vertreters* relevant.

II. Anfechtung der **Bevollmächtigung:** Nach h. M. auch noch *nach Gebrauchmachung* von Vollmacht zulässig, wobei Anfechtung gem. § 143 III 1 gegenüber *Empfänger* der Vollmachtserklärung ausgesprochen werden muß.

Kontrollfragen und Übungsfälle

Zu § 1

1. Erläutern Sie die Wirkung einer wirksamen Stellvertretung i. S. d. §§ 164 ff. (nur Grundsatz)!
2. Worin unterscheiden sich Aktiv- und Passivvertretung?
3. Nennen Sie die Rechtsbeziehungen im Rahmen einer Stellvertretung und erläutern Sie jeweils kurz den Inhalt des jeweiligen Rechtsgeschäftes!
4. Welches sind die drei tragenden Grundprinzipien der Stellvertretung und was ist ihr Inhalt?
5. Grenzen Sie die Stellvertretung ab:
   - ❑ von der Botenschaft; inwieweit muß unterschieden werden?
   - ❑ von der mittelbaren Stellvertretung;
   - ❑ von der Erfüllungsgehilfenschaft.

Zu § 2

1. Nennen Sie die Voraussetzungen einer wirksamen Stellvertretung!
2. Umreißen Sie den Anwendungsbereich der §§ 164 ff.!
3. Romeo und Julia wollen heiraten. Am Tag der standesamtlichen Trauung befällt Julia jedoch ein leichtes Unwohlsein. Kann sie sich durch ihre Schwester vertreten lassen?
4. Aus wessen Sicht ist die Abgrenzung zwischen Stellvertreter und Erklärungsbote vorzunehmen und was ist das entscheidende Abgrenzungskriterium?
5. Differenzieren Sie zwischen Vertretung und Botenschaft
   - ❑ bei der Zurechnung von Willensmängeln;
   - ❑ beim Zeitpunkt des Zugangs einer Erklärung.
6. A beauftragt den B mit dem Kauf eines neuen Kfz. Er erteilt ihm hierzu Vertretungsmacht.
   - ❑ Variante 1: B geht zu Händler X und erklärt, A wolle sich ein neues Auto kaufen. Er, der B, werde bei diesem Kauf die Übermittlerrolle einnehmen.
   - ❑ Variante 2: B geht zu Händler X und erklärt aus Versehen, A wolle sich einen Gebrauchtwagen kaufen. B werde dabei wieder als Übermittler dienen.

   Rechtliche Beurteilung?

7. Was ist der Zweck des Offenkundigkeitsprinzips und woraus kann sich grds. die Offenkundigkeit der Stellvertretung ergeben?
8. A kauft als Vertreter des B eine Eigentumswohnung von X, ohne daß die Vertretung ausdrücklich offengelegt wird oder sich aus den Umständen ergibt. Rechtsfolge?
9. Nennen Sie die Ausnahmen vom Offenkundigkeitsprinzip!
10. Maunz bittet Larenz, für ihn einen „Schmidt-Bleibtreu/Klein" zu kaufen. Larenz bezahlt beim Buchhändler bar und nimmt den Kommentar mit zu sich nach Hause. Beim Kauf wird die Vertretung nicht offengelegt. Vermieter Kriegnichtgenug macht wegen Mietrückständen des Larenz ein Vermieterpfandrecht geltend. Zu Recht?
11. G ist Geschäftsführer einer GmbH. Er beauftragt den Handwerker H mit Renovierungsarbeiten der Geschäftsräume. H ging bei Vertragsschluß davon aus, daß G Inhaber der Firma sei. Von wem kann H nun seinen Werklohn verlangen?
12. Grenzen Sie voneinander ab:
    - ❑ Namenstäuschung;
    - ❑ Identitätstäuschung.
13. Welche Arten von Vertretungsmacht sind zu unterscheiden?
14. In welchen zwei Schritten prüfen Sie die Vertretungsmacht?
15. Definieren Sie den Begriff Vollmacht und erläutern Sie,
    - ❑ auf welche Arten diese erteilt werden kann;
    - ❑ unter welchen Voraussetzungen sie wieder erlischt.
16. Ist die Vollmachterteilung an die Einhaltung einer bestimmten Form gebunden (Grundsatz und Ausnahmen)?
17. Bzgl. des Umfangs der Vollmacht werden drei Arten unterschieden. Welche?
18. §§ 48 ff. und §§ 54 ff. HGB stellen handelsrechtliche Sondervorschriften für die Vertretungsmacht dar. Handelt es sich dabei um Fälle gesetzlicher Vertretungsmacht?
19. Welche zwei Arten der Untervollmacht sind zu unterscheiden und unter welchen Voraussetzungen ist die Untervertretung wirksam?
20. Wo ist der praktisch wohl wichtigste Fall gesetzlicher Vertretungsmacht geregelt?
21. Erläutern Sie die allgemeinen Voraussetzungen des Gutglaubensschutzes im BGB! Gehen Sie dabei auch kurz auf die Faktoren der Gutgläubigkeitsprüfung ein!
22. Nennen Sie Anwendungsbereich und Voraussetzungen der gesetzlichen Rechtsscheinsvollmachten der §§ 170 – 173!
23. Definieren Sie die Begriffe Duldungs- und Anscheinsvollmacht!
24. Erläutern Sie knapp
    - ❑ die dogmatische Begründung und
    - ❑ die jeweiligen Voraussetzungen

    der Duldungs- sowie der Anscheinsvollmacht!

25. Um den Geschäftsherrn vor allzu großem Schaden aus einer Vertretung zu bewahren, gibt es bestimmte Grenzen der Vertretungsmacht. Welche?
26. Nennen Sie die Voraussetzungen des § 181! Gehen Sie dabei auch auf die benannten Ausnahmen ein!
27. V möchte seinem erst vier Jahre alten Sohn eine Eisenbahn schenken. Bei Abschluß des Schenkungsvertrages vertritt V seinen Sohn. Wirksamer Vertrag?
28. V ist Vertreter des A. Er möchte das Auto des A zu einem sehr günstigen Preis erwerben. Dazu bestellt er den X als seinen Vertreter und schließt mit diesem einen Kaufvertrag, wobei V als Vertreter des A auftritt und der X für V handelt. Wirksamer Vertrag?
29. Was versteht man unter Kollusion?
30. Erläutern Sie Voraussetzungen und Rechtsfolgen des Mißbrauchs der Vertretungsmacht!
31. K beauftragt V: „Kaufe für mich ein Bild für höchstens DM 1.000,- bei H." V erwirbt nun im Namen des K das Bild zum Preis von DM. 1.100,-. Von wem kann Händler H die DM 1.100,- verlangen?
32. Wie läßt sich nach Ansicht der Rspr. ein Mitverschulden des Geschäftsherrn im Rahmen des Mißbrauchs der Vertretungsmacht berücksichtigen?
33. In welchen Fällen haftet neben dem Geschäftsherrn auch der Vertreter mit Vertretungsmacht aus c.i.c.?

Zu § 3

1. B schließt als vorgeblicher Vertreter des A mit X einen Vertrag. Auf welche Weise kann der aus § 177 I resultierende Schwebezustand für den Vertrag beseitigt werden?
2. Nennen Sie die Prüfungsvoraussetzungen eines Anspruchs aus § 179 I bzw. II!
3. Besteht bei Vorliegen einer Anscheinsvollmacht ein Anspruch aus § 179 I gegen den Vertreter?
4. Haftet in folgenden Fällen der Untervertreter nach § 179?
   - ❑ Es fehlt die Untervollmacht, und auch die Hauptvollmacht ist mangelhaft.
   - ❑ Bei einer verdeckten Untervertretung ist die Untervollmacht nicht von der Hauptvollmacht gedeckt.
5. In welchen Fällen haftet neben einem Vertreter ohne Vertretungsmacht auch der Geschäftsherr aus c.i.c.?

Zu § 4

1. Ist eine Anfechtung des Vertretergeschäftes durch den Geschäftsherrn möglich, wenn zwar auf Seiten des Vertreters keine Willensmängel vorliegen, wohl aber beim Geschäftsherrn?
2. Ist der Vertreter „Dritter" i. S. v. § 123 II 1?
3. Angenommen, der Geschäftsgegner G wurde von einem „Dritten" i. S. v. § 123 II 1 getäuscht, der Vertreter kannte die Täuschung aber nicht. Kann G anfechten?
4. Ist die Bevollmächtigung anfechtbar? Unterscheiden Sie bei der Beantwortung nach dem Zeitpunkt der Anfechtung!
5. Wem gegenüber ist die Anfechtung einer Vollmacht zu erklären?
6. Hat der Geschäftsgegner nach erklärter Anfechtung der Bevollmächtigung Schadensersatzansprüche:
   - ❑ gegen den Vertreter?
   - ❑ gegen den Geschäftsherrn?

Kapitel 2. Die Wirksamkeit von Rechtsgeschäften

Literatur: Diederichsen, Die BGB-Klausur, 8.Aufl. 1994; Jahr, Die Einrede des bürgerlichen Rechts, JuS 1964, 125, 218, 293; Medicus, Anspruch und Einrede als Rückgrat einer zivilistischen Lehrmethode, AcP 174, 313; Prütting/Stern/Wiedemann, Die Examensklausur, 1996; P. Schlosser, Selbständige peremptorische Einrede und Gestaltungsrecht im deutschen Zivilrecht, JuS 1966, 257; Tettinger, Einführung in die juristische Arbeitstechnik, 2. Aufl. 1992.

§ 5. Allgemeines

Ein Anspruch auf Erfüllung eines Vertrages kann nur dann entstehen, wenn eine **Einigung** der Vertragsparteien gegeben ist und **keine Wirksamkeitshindernisse** bestehen, d. h. sich die Parteien *wirksam geeinigt* haben. Während die Voraussetzungen einer Einigung bereits im BGB-AT Band I ausführlich erörtert worden sind, werden in diesem Kapitel die Wirksamkeitshindernisse näher untersucht. 1

Wirksamkeitshindernisse werden auch als **rechtshindernde** Einwendungen bezeichnet, da sie die Entstehung eines Anspruchs (Rechts) verhindern. Sie sind zum einen von den sog. **rechtsvernichtenden** Einwendungen und zum anderen von den sog. **rechtshemmenden** Einwendungen *abzugrenzen* (Näheres hierzu im Band BGB-AT I, § 2 Rn 19).

- ❑ *Rechtsvernichtende* Einwendungen werden auch als **Erlöschensgründe** bezeichnet, da sie das Erlöschen eines bereits entstandenen Anspruchs bewirken.
- ❑ *Rechtshemmende* Einwendungen, auch **Einreden** genannt, hemmen dagegen nur die Durchsetzbarkeit eines bereits entstandenen und nicht wieder erloschenenen Anspruch.

Entsprechend dieser spezifischen Wirkung der einzelnen Einwendungen ergibt sich für die Prüfung eines vertraglichen Erfüllungsanspruchs folgendes **Schema:** 2

Prüfung eines vertraglichen Erfüllungsanspruchs

A. Anspruch **entstanden,** wenn:

1. **Einigung** der Parteien.
2. **Keine Wirksamkeitshindernisse,** d. h. keine rechtshindernden Einwendungen (z. B. §§ 104 ff., 125, 134, 138, 306).

B. Anspruch **nicht erloschen,** wenn:
keine Erlöschensgründe, d. h. keine rechtsvernichtende Einwendungen (z. B. §§ 142 I, 275, 362, 389).

C. Keine Einreden, wenn:
keine rechtshemmenden Einwendungen (z. B. §§ 273, 320, 478, 821, 853).

Merke: Während der Richter die rechtshindernden und rechtsvernichtenden **Einwendungen** im Prozeß grundsätzlich von sich aus, d. h. **von Amts wegen** prüft, müsssen die **Einreden** vom Anspruchsgegner (Beklagten) geltend gemacht werden, d. h. er muß sich im Prozeß auf die Einreden **berufen.**

§ 6. Überblick über die Wirksamkeitshindernisse

A. Die Funktion der Wirksamkeitshindernisse

1 **I.** Wie bereits an anderer Stelle dargestellt wurde, ist das deutsche Zivilrecht von dem Grundsatz der sog. **Privatautonomie** geprägt (vgl. BGB-AT Band I § 8). Die Privatautonomie gewährt dem einzelnen die Möglichkeit, seine Rechtsverhältnisse durch Rechtsgeschäfte nach seinem Willen zu gestalten.

Beispiel: Der einzelne hat das Recht zu entscheiden, **ob** er einen bestimmten Vertrag schließen möchte, **mit wem** er diesen Vertrag schließt und **mit welchen Inhalt.**

II. Diese grundsätzliche Freiheit kann jedoch nur im Rahmen der politischen und sozialen Ordnung gewährt werden. Die Rechtsordnung dient nämlich nicht nur der freien Durchsetzung der eigenen Interesssen, sondern auch dem **Schutz der Allgemeinheit** und des **Schwächeren** gegenüber dem Stärkeren (Geißler JuS 1991, S. 617; Medicus JuS 1996, S. 761).

Beispiel: Grundsätzlich kann der Mietzins frei vereinbart werden. Wegen der Bedeutung von Wohnraum für die Bevölkerung bestehen zahlreiche Vorschriften, die die Höhe des Mietzinses begrenzen (vgl. § 302 a StGB, WohnraumbindungsG, MietenüberleitungsG – ohne Examensrelevanz).

Die Wirksamkeitshindernisse haben v. a. die Funktion, der **Schutzbedürftigkeit** der Allgemeinheit und einzelner Schwächerer *ausreichend Rechnung zu tragen*. Wirksamkeitshindernisse ordnen daher die Nichtigkeit solcher Rechtsgeschäfte an, die die Interessen dieser Personen nicht ausreichend beachten.

B. Die Rechtsfolge der Wirksamkeitshindernisse

Wirksamkeitshindernisse ordnen grundsätzlich die **Nichtigkeit** des jeweiligen Rechtsgeschäfts an. Dies bedeutet, daß das Rechtsgeschäft *von Anfang an* und regelmäßig *gegenüber jedermann unwirksam* ist. Aus einem nichtigen Rechtsgeschäft können keine Rechte hergeleitet werden. Wurden auf der Grundlage eines nichtigen Rechtsgeschäfts in Unkenntnis der Nichtigkeit irgendwelche Leistungen gewährt, so sind diese bereicherungsrechtlich gem. *§§ 812 ff.* zurückzugewähren. 2

Beispielsfall: V verkauft dem K unter Ausnutzung dessen wirtschaftlicher Unerfahrenheit ein wertloses Marienbild für Wunderheilungen zu einem vollkommen überhöhten Preis. K bezahlt den Kaufpreis, da er davon ausgeht, daß der Kaufvertrag wirksam ist. Noch bevor ihm das Bild von V übereignet wird, erfährt er von der Nichtigkeit des Vertrages. Daraufhin verlangt er von V Rückzahlung des Kaufpreises. Zu Recht?

K könnte gegen V einen Anspruch aus § 812 I 1 F 1 auf Rückzahlung des Kaufpreises haben: V hat **etwas erlangt** – nämlich Besitz und Eigentum an dem Kaufpreis. Er hat das auch durch **Leistung** des K, d. h. durch bewußte und zweckgerichtete Mehrung fremden Vermögens erlangt. K hat das Vermögen des V nämlich bewußt und zur Erfüllung des vermeintlich wirksamen Kaufvertrages vermehrt. Die Leistung ist auch **ohne Rechtsgrund** erfolgt: Der Kaufvertrag war von Anfang an gem. § 138 II wegen Wuchers nichtig, da V sich unter Ausnutzung der Unerfahrenheit des K eine Leistung (Kaufpreis) versprechen ließ, die mit der Gegenleistung (Bild) in einem auffälligen Mißverhältnis stand. Der Anspruch ist auch **nicht** gem. § 814 **ausgeschlossen,** da K die Nichtigkeit zur Zeit der Leistung nicht gekannt hat. Somit hat K einen Anspruch auf Rückzahlung des Kaufpreises gem. § 812 I 1 F 1 im Umfang des § 818.

C. Die Einteilung der Wirksamkeitshindernisse

Wirksamkeitshindernisse können ihre Grundlage entweder in der **Person** einer Partei (*personenabhängige* Wirksamkeitshindernisse) oder in der **objektiven Rechtsordnung** (*personenunabhängige* Wirksamkeitshindernisse) haben. Hiernach ist folgende Einteilung möglich: 3

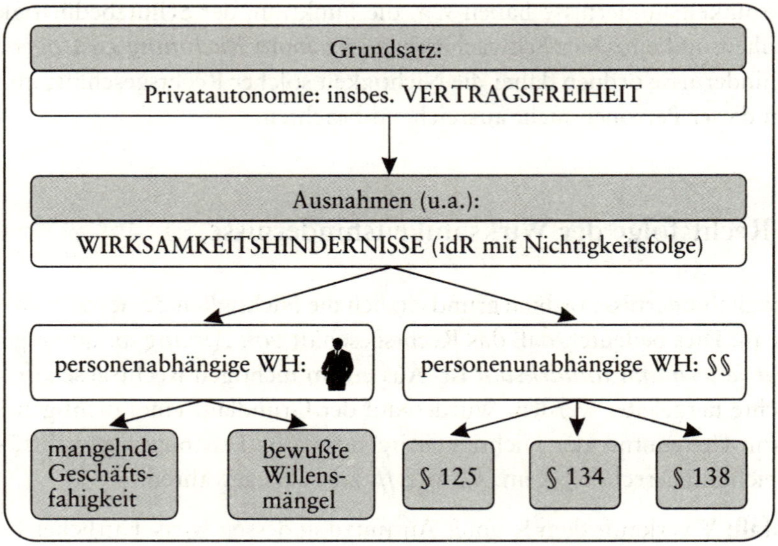

Zusammenfassung
Wirksamkeit von Rechtsgeschäften

A. Begriff und Abgrenzung: Wirksamkeitshindernisse *hindern das Entstehen* eines vertraglichen Erfüllungsanspruchs und werden auch als **rechtshindernde** Einwendungen bezeichnet. Sie sind abzugrenzen von den **rechtsvernichtenden** Einwendungen (= Erlöschensgründe) sowie den **rechtshemmenden** Einwendungen (= Einreden).

B. Funktion: Wirksamkeitshindernisse *beschränken* zum Schutz der Allgemeinheit oder einzelner schutzbedürftiger Personen die *Privatautonomie.*

C. Einteilung: Wirksamkeitshindernisse lassen sich in *personenabhängige* und *personenunabhängige* Wirksamkeitshindernisse einteilen:

I. Personenabhängige Wirksamkeitshindernisse sind
- ❑ *mangelnde Geschäftsfähigkeit* gem. §§ 104 ff.
- ❑ *bewußte Willensmängel* gem. §§ 116 – 118

II. Personenunabhängige Wirkamkeitshindernisse sind:
- ❑ Verstoß gegen ein *Verbotsgesetz* gem. § 134
- ❑ Verstoß gegen die *guten Sitten* gem. § 138
- ❑ Verstoß gegen ein *Formgebot* gem. § 125

Kontrollfragen und Übungsfälle

Zu § 5 und 6

1. Wie prüfen Sie einen vertraglichen Erfüllungsanspruch?
2. Was ist – allgemein – Normzweck und Rechtsfolge von Wirksamkeitshindernissen?
3. Geben Sie einen Überblick über die Wirksamkeitshindernisse!

Kapitel 3. Die personenabhängigen Wirksamkeitshindernisse

Literatur: Aleth, Der Vertragsschluß mit Minderjährigen, JuS 1995, L 9; Beitzke, Mündigkeit und Minderjährigenschutz, AcP 172, 240; Brox, Der Minderjährigenschutz beim Rechtsgeschäft, JA 1989, 441; Coester-Waltjen, Überblick über die Probleme der Geschäftsfähigkeit, Jura 1994, 331; dies., Nicht zustimmungsbedürftige Rechtsgeschäfte beschränkt geschäftfähiger Minderjähriger, Jura 1994, 668; dies., Die fehlerhafte Willenserklärung, Jura 1990, 362; Jerschke, Ist die Schenkung eines vermieteten Grundstücks rechtlich vorteilhaft?, DNotZ 1082, 459; Kallimopoulos, Die Simulation im bürgerlichen Recht, 1966; Köhler, Grundstücksschenkung an Minderjährige – ein „lediglich rechtlicher Vorteil"?, JZ 1983, 225; K.Schreiber, Neutrale Geschäfte Minderjähriger, Jura 1987, 221; Tscherwinka, Die Schmerzerklärung gem. § 118 BGB, NJW 1995, 308; Wilhelm, Aufforderung zur Erklärung über die Genehmigung eines schwebend unwirksamen Geschäfts und Widerruf des Geschäfts, NJW 1992, 1666.

Als wichtigste personenabhängige Wirksamkeitshindernisse sind zu nennen
- ❑ **mangelnde Geschäftsfähigkeit** gem. §§ 104 ff. und
- ❑ **bewußte Willensmängel** gem. §§ 116 ff.

§ 7. Die mangelnde Geschäftsfähigkeit

A. Der Begriff der Geschäftsfähigkeit

I. Die Privatautonomie verleiht dem einzelnen die Befugnis, seine Lebensverhältnis- 1
se durch Abschluß von Rechtsgeschäften eigenverantwortlich zu gestalten (vgl. Band BGB-AT I, § 8 Rn. 1 ff.). Eine derartige Rechtsmacht setzt jedoch ein bestimmtes *Mindestmaß an Einsichts- und Urteilsfähigkeit* voraus. Daher können Rechtsgeschäfte grundsätzlich nur dann wirksam vorgenommen werden, wenn die betreffende Person (volle) Geschäftsfähigkeit besitzt. Geschäftsfähigkeit läßt sich demmnach in folgender Weise **definieren** (Pal. Einf. vor § 104 Rn. 1; Brox AT Rn. 222; Musielak Rn. 253):

> Geschäftsfähigkeit ist die Fähigkeit, **Rechtsgeschäfte selbständig vollwirksam** vorzunehmen.

II. Da unsere Rechtsordnung grundsätzlich die am Rechtsverkehr beteiligten Per- 2
sonen als geschäftsfähig ansieht, regelt das BGB in den §§ 104 ff. nicht die Geschäftsfähigkeit, sondern ihre **Ausnahmen**, d. h. die *Geschäftsunfähigkeit* und die *beschränkte Geschäftsfähigkeit.*

Zur Bestimmung der Geschäftsfähigkeit dienen **zwei Faktoren**: das *Alter* und der *geistige Gesundheitszustand*. Dies bedeutet, daß so lange von der (vollen) Geschäftsfähigkeit auszugehen ist, bis Anhaltspunkte (Lebensalter unter 18 Jahren bzw. bestimmte geistige Störungen, § 104) vorliegen, aus denen sich das Gegenteil ergeben kann. In der Klausur bzw. Hausarbeit ist in gleicher Weise zu verfahren (Med. AT Rn. 536; Musielak Rn. 254).

Merke also: Jeder volljährige Mensch (über 18 Jahren, § 2) ist **geschäftsfähig, sofern** er **nicht** an **bestimmten geistigen Störungen** leidet.

Die Ausnahmen vom Grundsatz der Geschäftsfähigkeit sind dabei :
- ❑ die **Geschäftsunfähigkeit** gem. §§ 104, 105 sowie
- ❑ die **beschränkte Geschäftsfähigkeit** gem. §§ 106–113.

3 **III.** Von besonderer Examensrelevanz ist in diesem Zusammenhang das sog. **Minderjährigenrecht**, das sich v. a. mit der Thematik beschäftigt, inwieweit Personen, die *aufgrund ihres Alters* nicht voll geschäftsfähig sind, wirksam am Rechtsverkehr teilnehmen können (Näheres hierzu unten Rn. 8 ff.). Minderjährigkeit ist als das Gegenteil von Volljährigkeit zu verstehen, d. h. minderjährig sind all die Personen, die das 18. Lebensjahr noch nicht vollendet haben. Hierbei unterscheidet der Gesetzgeber zwischen der Minderjährigkeit *vor* Vollendung des 7. Lebensjahres und derjenigen *nach* Vollendung des 7. Lebensjahres.

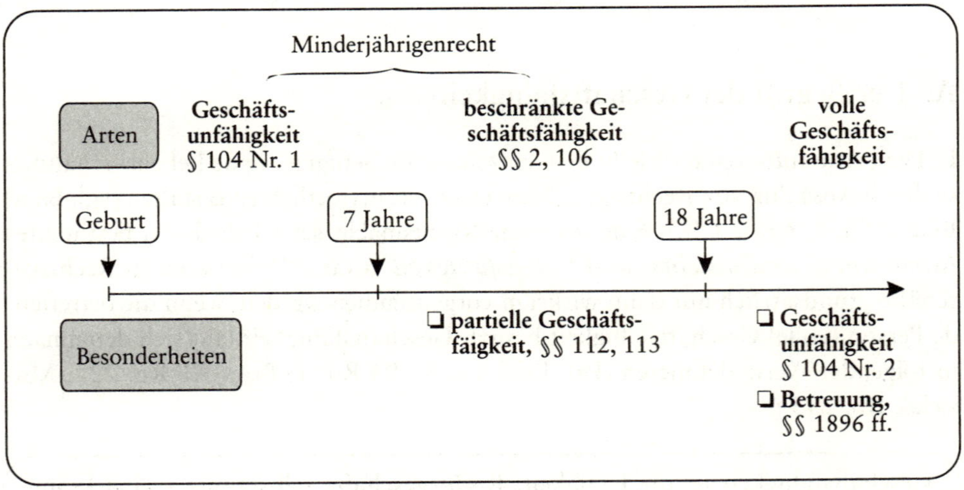

B. Die Geschäftsunfähigkeit

Die Geschäftsunfähigkeit ist in den §§ **104, 105** geregelt.

I. Die Fallgruppen der Geschäftsunfähigkeit 4

1. Gem. § 104 Nr. 1 ist geschäftsunfähig, wer **nicht das 7. Lebensjahr vollendet** hat. Für die Fristberechnung gilt § 187 II 2.

Beispiel: M ist am 11.10.1990 um 9.30 Uhr geboren. Gem. § 187 II 2 wird sie am 11.10.1997 – ihrem 7.Geburtstag – um 0.00 Uhr (also nicht erst um 9.30 Uhr!) beschränkt geschäfsfähig. Bis dahin ist sie gem. § 104 Nr. 1 geschäftsunfähig.

2. Gem. § 104 **Nr. 2** führt eine **dauernde, die freie Willensbestimmung ausschließende Störung der Geistestätigkeit** zur Geschäftsunfähigkeit.

a) Die **freie Willensbestimmung** muß ausgeschlossen sein. Dies ist der Fall, wenn der Betroffene nicht mehr in der Lage ist, seine Entscheidungen von vernünftigen Erwägungen abhängig zu machen (st. Rspr. seit RGZ 130, 71; Pal. § 104 Rn. 5).

b) **Die krankhafte Störung darf nicht** bloß **vorübergehender Natur** sein. Wird die 5
an sich dauerhafte Störung der Geistestätigkeit von „lichten Momenten" (sog. lucida intervalla) unterbrochen, so besteht in diesen Phasen Geschäftsfähigkeit (Pal. § 104 Rn. 4; B/A AT S. 93).
Bei bloß vorübergehenden Störungen wie z. B. Bewußtlosigkeit, Volltrunkenheit liegt dagegen kein Fall des § 104 Nr. 2 vor, d. h. der Betreffende *bleibt geschäftsfähig*. Jedoch ist eine in diesem Zustand abgegebene Willenserklärung **gem. § 105 II nichtig.**

Hinweis: Da in diesen Fällen keine Geschäftsunfähigkeit eintritt, gilt für den Zugang (einer den in seiner Geistestätigkeit vorübergehend Gestörten betreffenden Willenserklärung) **§ 130** und **nicht** – wie im Fall des Zugangs bei einem Geschäftsunfähigen – **§ 131.**

c) Die Geschäftsunfähigkeit i. S. v. § 104 Nr. 2 kann sich auf einen *bestimmten* gegenständlich abgegrenzten *Kreis von Angelegenheiten* beziehen, sog. **partielle Geschäftsunfähigkeit** (st. Rspr. seit RG HRR 34, 42).

Beispiel: Krankhafte Eifersucht kann partielle Geschäftsunfähigkeit für Fragen der Ehe nach sich ziehen (BGHZ 18, 187).

d) Nicht anzuerkennen ist dagegen eine sog. **relative Geschäftsunfähigkeit** hinsichtlich besonders schwierigen Rechtsgeschäften (BGH NJW 1970, 1680; Pal. § 104 Rn. 6; a. A. Flume § 13, 5).

Argument: Müßte die Geschäftsfähigkeit einer Person je nach der Schwierigkeit des einzelnen Geschäfts abgestuft werden, so würde dies zu einer erheblichen **Rechtsunsicherheit** führen.

II. Das Rechtsinstitut der Betreuung

6 **1.** Bis zum Inkrafttreten des Betreuungsgesetzes am 1.1.1992 war in **§ 104 Nr. 3 a.F.** eine Geschäftsunfähigkeit wegen **Entmündigung** aufgrund Geisteskrankheit vorgesehen. Die Entmündigung wurde **vom Rechtsinstitut der Betreuung abgelöst,** welches vorallem eine Verbesserung der Rechtsposition des Betreffenden (Betreuten) bezweckte. Im Gegensatz zur Entmündigung hat die Betreuung als solche *keinen Einfluß auf* die *Geschäftsfähigkeit* des Betreuten. Dieser ist somit nur dann geschäftsunfähig, wenn gleichzeitig die Voraussetzungen des § 104 Nr. 2 vorliegen (Pal. § 1896 Rn. 2).

2. Die Betreuung ist in den **§§ 1896 ff.** geregelt. Wichtigste, examensrelevante Regelungen sind dabei folgende:

a) Gem. **§ 1896** erhält ein Volljähriger, der seine Angelegenheiten auf Grund einer psychischen Krankheit oder einer körperlichen, geistigen oder seelischen Behinderung ganz oder teilweise nicht besorgen kann, vom Vormundschaftsgericht *für einen bestimmten Aufgabenkreis einen Betreuer* zugewiesen. In diesem Aufgabenkreis ist der Betreuer gem. **§ 1902 gesetzlicher Vertreter des Betreuten.**

b) Die Betreuerstellung hat **auf die Geschäftsfähigkeit** des Betreuten **keinen Einfluß,** so daß dieser – sofern nicht gleichzeitig ein Fall des § 104 Nr. 2 vorliegt – *geschäftsfähig bleibt* und daher grundsätzlich *selbständig rechtsgeschäftlich handeln kann.*

c) Eine *Ausnahme* gilt insoweit dann, wenn das Vormundschaftsgericht zum Schutz des Betreuten vor einer erheblichen Gefährdung seiner Person oder seines Vermögens, gem. **§ 1903 I 1** für einen bestimmten Aufgabenkreis einen **Einwilligungsvorbehalt** anordnet. In einem solchen Fall kann der Betreute *nur mit Einwilligung des Betreuers* wirksam rechtsgeschäftlich handeln. Die Stellung des Betreuten ist dann der eines beschränkt Geschäftsfähigen vergleichbar (vgl. die Verweisung in § 1903 I 2 auf §§ 108 ff., 131 II, 206 sowie § 1903 III), so daß insoweit auf die Ausführungen zur beschränkten Geschäftsfähigkeit Bezug genommen werden kann (unten § 7 Rn. 10 ff.).

III. Die Rechtsfolgen der Geschäftsunfähigkeit

7 **1.** Gem. § 105 I ist die Willenserklärung eines Geschäftsunfähigen **nichtig.** Ebenso kann eine empfangsbedürftige Willenserklärung einem Geschäftsunfähigen *gem. § 131 I nicht zugehen.* Der Geschäftsunfähige kann somit nicht am Rechtsverkehr teilnehmen. Vielmehr muß sein *gesetzlicher Vertreter* für ihn handeln (Musielak Rn. 256).

8 **2. Exkurs: Gesetzliche Vertretung Minderjähriger**

a) Gesetzliche Vertreter eines Kindes sind gem. **§§ 1626 ff.** grundsätzlich seine **Eltern** bzw. ausnahmsweise ein Elternteil (so wenn dieser vom anderen Elternteil hierzu bevollmächtigt wurde oder z. B. ein Fall der §§ 1638 III, 1666 III, 1671,

1681 I 1 vorliegt; bitte lesen!). Steht das Kind nicht unter elterlicher Sorge (z. B. weil beide Elternteile tot sind oder ihnen die elterliche Sorge gem. § 1666 entzogen wurde) oder sind die Eltern nicht zur Vertretung des Minderjährigen berechtigt, so wird gem. **§§ 1773 ff.** ein **Vormund** zum gesetzlichen Vertreter bestellt. Sind sowohl die Eltern als auch der Vormund an der Vertretung – rechtlich oder tatsächlich – verhindert, dann wird die gesetzliche Vertretung durch einen **Ergänzungspfleger** wahrgenommen, **§ 1909.**

b) Zum Schutz des Geschäftsunfähigen und beschränkt Geschäftsfähigen hat der Gesetzgeber in bestimmten Fällen eine **Einschränkung** bzw. einen **Ausschluß der Vertretungsmacht** der Eltern bzw. des Vormundes vorgesehen. Von Examensrelevanz sind insoweit folgende Vorschriften:

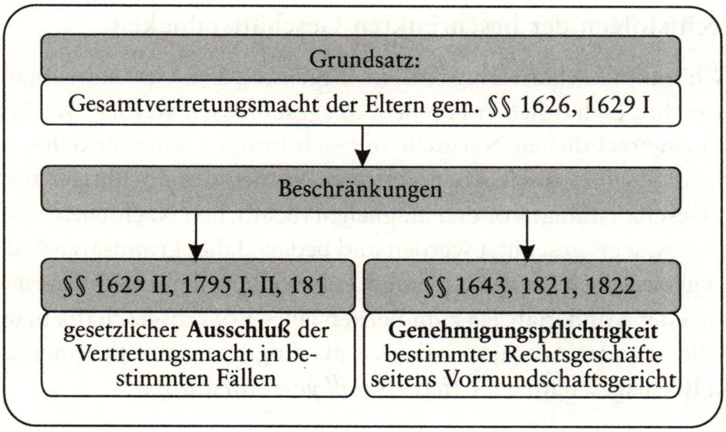

c) Hinweis: Sofern die Wirksamkeit eines solchen Rechtsgeschäfts von der Mitwirkung des gesetzlichen Vertreters abhängt, ist jeweils zu prüfen, ob die betreffende Mitwirkungshandlung des gesetzlichen Vertreters auch **vom Umfang** der gesetzlichen Vertretungsmacht **gedeckt** ist. Fehlt es daran, so ist die Mitwirkungshandlung nicht wirksam und ebensowenig das vom Minderjährigen getätigte Rechtsgeschäft.

3. Die Nichtigkeit einer vom Geschäftsunfähigen abgegebenen Willenserklärung tritt 9
unabhängig davon ein, ob der Geschäftsgegner die Geschäftsunfähigkeit kannte oder erkennen konnte. Der **gute Glauben** des Rechtsverkehrs an das Vorhandensein der Geschäftsfähigkeit wird nämlich vom Gesetz **nicht geschützt.** Vielmehr hat der Gesetzgeber dem Minderjährigenschutz Vorrang vor dem Schutz des gutgläubigen Rechtsverkehrs eingeräumt (BGH ZIP 1988, 831; Pal. Einf. vor § 104 Rn. 3; Musielak Rn. 257).

Merke also: Der **Minderjährigenschutz geht** dem Verkehrsschutz **vor!**

C. Die beschränkte Geschäftsfähigkeit

10 I. Die Fallgruppen der beschränkten Geschäftsfähigkeit

1. Gem. §§ 2, 106 sind Minderjährige **zwischen 7 und 18 Jahren** beschränkt geschäftsfähig. Dies bedeutet, daß eine natürliche Person

- ❑ am 7. Geburtstag um 0.00 Uhr beschränkt geschäftsfähig und
- ❑ am 18. Geburtstag um 0.00 Uhr voll geschäftsfähig wird.

Hinweis: Die Fristberechnung erfolgt nach § 187 II 2 (vgl. hierzu unten § 30).

2. Zur **Gleichstellung eines Betreuten,** für den ein Einwilligungsvorbehalt angeordnet wurde, mit einem beschränkt Geschäftsfähigen, siehe oben § 7 Rn. 6.

11 II. Die Rechtsfolgen der beschränkten Geschäftsfähigkeit

1. Der beschränkt Geschäftsfähige soll im Gegensatz zum Geschäftsunfähigen *nicht völlig* vom rechtsgeschäftlichen Handeln *ausgeschlossen* werden. Rechtsgeschäfte, die für ihn **keine rechtlichen Nachteile** mit sich bringen, kann er daher **selbständig** ohne Mitwirkung seines gesetzlichen Vertreters vornehmen. Im übrigen muß auch der beschränkt Geschäftsfähige vor den möglichen rechtlichen Nachteilen eines rechtsgeschäftlichen Handelns geschützt werden und bedarf daher grundsätzlich der Zustimmung seines gesetzlichen Vertreters. Eine Sonderstellung nehmen insoweit die §§ 112, 113 ein: Wird der Minderjährige zum Betrieb eines Erwerbsgeschäfts bzw. zum Eintritt in ein Dienst- oder Arbeitsverhältnis ermächtigt, so gilt er für einen bestimmten Bereich von Rechtsgeschäften *partiell als voll geschäftsfähig*.

2. Die gesetzlichen Regelungen der §§ 107 – 113 lassen sich demnach *hinsichtlich der Rechtsfolgen* in folgender Weise **einteilen:**

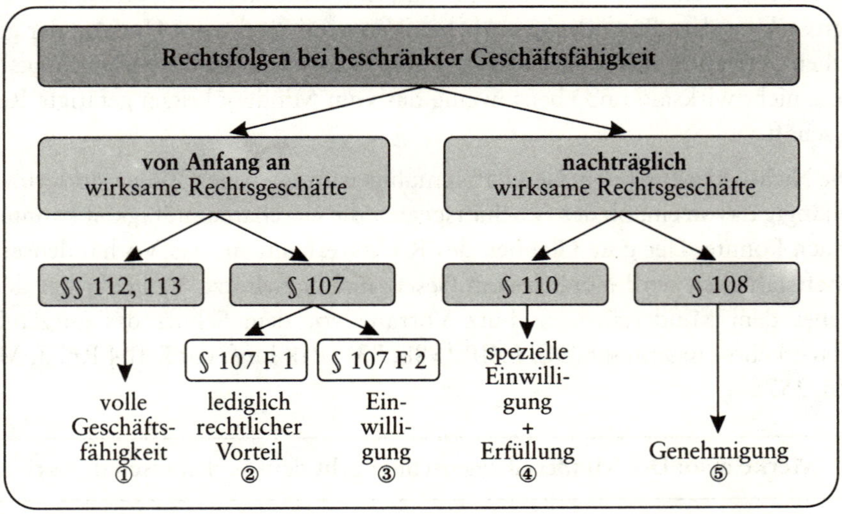

III. Der Prüfungsaufbau

Aus der vorhergehenden Einteilung und Darstellung der verschiedenen Rechtsfolgen der beschränkten Geschäftsfähigkeit ergibt sich folgender Prüfungsaufbau:

Wirksamkeitsprüfung bei Minderjährigkeit

① **Partielle Geschäftsfähigkeit nach §§ 112, 113? – falls (-):**

② **Lediglich rechtliche Vorteilhaftigkeit nach § 107 F 1? – falls (-):**

③ **Einwilligung nach § 107 F 2? – falls (-):**

④ **Spezielle Einwilligung und Erfüllung nach § 110? – falls (-):**

⑤ **Genehmigung nach § 108? – falls (-):**

⑥ **Unwirksamkeit (so auch bei einseitigen Rechtsgeschäften nach § 111).**

IV. Die partielle Geschäftsfähigkeit gem. §§ 112, 113

1. Allgemeines

In den §§ 112, 113 sieht der Gesetzgeber für den gesetzlichen Vertreter die Möglichkeit vor, den Minderjährigen von den Beschränkungen der §§ 107 bis 111 zu befreien. Durch die Erteilung der Ermächtigung zum Betrieb eines Erwerbsgeschäfts mit Genehmigung des Vormundschaftsgerichts (§ 112) bzw. zur Eingehung eines Dienst- oder Arbeitsverhältnisses (§ 113) wird eine **echte Statusveränderung** auf Seiten des Minderjährigen bewirkt: Er wird *für einen bestimmten*, mit der Ermächtigung unmittelbar zusammenhängenden, *Bereich* zur **voll geschäftsfähigen Person.** Innerhalb dieses Bereiches kann er damit *alle Rechtsgeschäfte ohne Mitwirkung seines gesetzlichen Vertreters selbständig vornehmen.* Dies hat zur Folge, daß die Vertretungsmacht des gesetzlichen Vertreters insoweit ruht, der gesetzliche Vertreter die Rechtsgeschäfte somit nicht für den Minderjährigen ausführen kann (MüKo § 112 Rn. 1, 8, § 113 Rn. 1; Med. AT Rn. 583). 12

2. Die Ermächtigung zum selbständigen Betrieb eines Erwerbsgeschäfts, § 112

a) Voraussetzungen 13

Die partielle Geschäftsfähigkeit nach § 112 tritt unter folgenden Voraussetzungen ein (MüKo § 112 Rn. 3 ff.; Pal. § 112 Rn. 2 ff.):

- ❑ Der Begriff des **Erwerbsgeschäfts** ist sehr weit zu verstehen und umfaßt jede selbständige, erlaubte, berufsmäßig ausgeübte und auf Gewinn gerichtete Tätigkeit.
- ❑ Die **Ermächtigung** des gesetzlichen Vertreters (sowie deren Rücknahme gem. § 112 II) ist eine *einseitig empfangsbedürftige, formfeie Willenserklärung*, die erst **mit der Genehmigung des Vormundschaftsgerichts wirksam** wird. Die

Erteilung der Genehmigung steht im Ermessen des Vormundschaftsgerichts und setzt voraus, daß der Minderjährige für die Leitung eines Betriebs ausreichend geeignet ist.

14 b) **Rechtsfolge**

- Grundsätzlich ist der Minderjährige hinsichtlich aller Geschäfte, die der konkrete Geschäftsbetrieb unter Berücksichtigung der Verkehrsanschauung mit sich bringt, **voll geschäftsfähig** (MüKo § 112 Rn. 8 f.; Pal. § 112 Rn. 4; Med. AT Rn. 583 f.).

  Beispiele: Je nach der Art des Betriebes können u. a. der Abschluß von Arbeitsverträgen mit einzustellenden Arbeitnehmern, Kündigungen, Bestellung und Verkauf von Waren erfaßt sein.

- Eine **Ausnahme** gilt gem. § 112 I 2 jedoch bezüglich solcher Rechtsgeschäfte, für die der gesetzliche Vertreter einer Genehmigung des Vormundschaftsgerichtes bedarf. Will der Minderjährige daher ein Rechtsgeschäft i. S. d. §§ 1643, 1821 ff. vornehmen, so bedarf er hierfür jeweils der Zustimmung des gesetzlichen Vertreters sowie des Vormundschaftsgerichts.

  Beispiele: Gem. §§ 1643 I, 1822 Nr. 8, 9 und 11 kann der Minderjährige im Anwendungsbereich des § 112 keinen Kredit selbständig vornehmen, keinen Wechsel selbständig zeichnen sowie keine Prokura selbständig erteilen. Für diese Rechtsgeschäfte benötigt er vielmehr jeweils die Zustimmung seines gesetzlichen Vertreters und des Vormundschaftsgerichts.

3. Die Ermächtigung zur Eingehung eines Dienst- oder Arbeitsverhältnisses, § 113

15 a) **Voraussetzungen**

Bei der Ermächtigung i. S. v. § 113 handelt es sich um eine *einseitig empfangsbedürftige, formfreie Willenserklärung* mit der der gesetzliche Vertreter zum Ausdruck bringen muß, dem Minderjährigen am Arbeitsleben einen gewissen Handlungsspielraum einräumen zu wollen. Sie kann wegen ihrer unmittelbaren statusverändernden Wirkung nur dem *Minderjährigen selbst* gegenüber erklärt werden. Anders als im Fall des § 112 **bedarf** die Ermächtigung **nicht** der **Genehmigung des Vormundschaftsgerichts** und kann daher *auch konkludent* erteilt werden (MüKo § 113 Rn. 3, 4; Pal. § 113 Rn. 1).

Beispiel: Duldet der gesetzliche Vertreter die ihm bekannte Tätigkeit des Minderjährigen in einem bestimmten Betrieb, ohne über einen längeren Zeitraum einzuschreiten, so kann darin eine konkludente Ermächtigung i. S. v. § 113 gesehen werden.

Der gesetzliche Vertreter kann gem. § 113 II die Ermächtigung jederzeit formlos gegenüber dem Minderjährigen widerrufen oder beschränken.

Beispiel: Widerspricht der gesetzliche Vertreter einem vom Minderjährigen beabsichtigten Rechtsgeschäft, so ist darin die konkludente Einschränkung der Ermächtigung zu sehen.

Die Ermächtigung muß sich auf die **entgeltliche Verrichtung von Arbeit oder Diensten** beziehen. In Betracht kommen dabei alle Arten von Dienst- und Arbeitsverträgen sowie Werkverträge. Jedoch fallen *Berufsausbildungsverträge* nicht unter § 113, da insoweit nicht die entgeltliche Leistung von Arbeit und Diensten, sondern der Ausbildungszweck im Vordergrund steht (vgl. § 1 II BerBiG; MüKo § 113 Rn. 7; Pal. § 113 Rn. 2).

b) Rechtsfolge 16

aa) Der Minderjährige erlangt gem. § 113 für sämtliche Rechtsgeschäfte, welche die Eingehung, Erfüllung und Aufhebung des Arbeitsverhältnisses mit sich bringen, **volle Geschäftsfähigkeit:** Als wichtigste Arten von Rechtsgeschäften, die hiervon erfaßt sind, sind folgende zu nennen: Der Minderjährige kann u. a. den Arbeitsvertrag selbständig abschließen und Vereinbarungen über Lohn und sonstige Arbeitsbedingungen treffen, die nicht außergewöhnlich sind. Ebenso kann er den Lohn mit befreiender Wirkung für den Arbeitgeber in Empfang nehmen. In gleicher Weise sind auch ordentliche sowie außerordentliche Kündigungen des Minderjährigen oder des Arbeitgebers hiervon gedeckt. Darüberhinaus erstreckt sich die Ermächtigung u. a. auch auf einen Gewerkschaftsbeitritt, die Eröffnung eines Lohn- und Gehaltskontos, den Kauf von Berufskleidung und Arbeitsmaterial sowie den Abschluß eines Beförderungsvertrages um zur Arbeitsstelle zu gelangen.

Hinweis: Die Verfügung über den empfangenen Lohn steht dagegen grundsätzlich nicht dem Minderjährigen zu, sondern unterfällt gem. § 1626 der Vermögenssorge der Eltern. Eine Ausnahme gilt jedoch für die Fälle, wo der Lohn zur Erfüllung der von § 113 umfaßten Verträge dient (MüKo § 113 Rn. 18).

Beispielsfall: Der 17-jährige M, der von seinen Eltern ermächtigt wurde eine Tätigkeit in der Schreinerei des S anzunehmen, kauft bei V einen Arbeitskittel und bezahlt den Kaufpreis mit seinem Lohn. Sind die Verträge wirksam?

Der Arbeitsvertrag mit S und der Kaufvertrag mit V sind von der Ermächtigung i. S. v. § 113 gedeckt, da diese Verträge die Eingehung sowie die Erfüllung eines Arbeitsverhältnisses betreffen. Fraglich ist, ob auch die Übereignung des Geldes an V, die der Erfüllung des Kaufvertrages dienen sollte, hiervon umfaßt ist. Grundsätzlich kann der Minderjährige nicht über den Lohn verfügen, sondern muß ihn an seine Eltern abliefern, da diesen gem. § 1626 die Verwaltung seines Vermögens obliegt. Da M vorliegend den Lohn jedoch zur Erfüllung eines von § 113 umfaßten Rechtsgeschäftes einsetzte, ist auch diese Verfügung über den Lohn ausnahmsweise von der Ermächtigung nach § 113 umfaßt.

bb) Gem. § 113 I 2 deckt die Ermächtigung solche Rechtsgeschäfte nicht, zu denen der gesetzliche Vertreter der **Genehmigung des Vormundschaftsgerichtes** bedarf. Praktische Bedeutung hat diese Einschränkung jedoch nur in dem seltenen Fall, daß ein Vormund gesetzlicher Vertreter des Minderjährigen ist und der Minderjährige einen Arbeits- bzw. Dienstvertrag schließt, der für ihn längere Zeit als ein Jahr nicht kündbar ist, vgl. § 1822 Nr. 7 (MüKo § 113 Rn. 19).

Hinweis: Liegt eine Ermächtigung i. S. d. §§ 112, 113 vor, so hat das nicht nur die partielle Geschäftsfähigkeit des Minderjährigen zur Folge, sondern der Minderjährige ist auch für alle von der Ermächtigung umfaßten Rechtshandlungen als **prozeßfähig** i. S. v. § 52 ZPO anzusehen. Er kann somit innerhalb diesen Bereichs vor Gericht selbständig als Kläger sowie als Beklagter auftreten. Gleiches gilt für die Zwangsvollstreckung, so daß beispielsweise dem Minderjährigen selbst Vollstreckungstitel wirksam zugestellt werden können und dieser selbständig Vollstreckungsgegenklage gem. § 767 erheben kann. Der gesetzliche Vertreter selbst kann innerhalb dieses Bereichs weder Klage für den Minderjährigen erheben noch in einen laufenden Prozeß des Minderjährigen eingreifen solange er nicht seine Ermächtigung wieder zurückgenommen bzw. eingeschränkt hat (MüKo § 113 Rn. 2; Pal. § 112 Rn. 1).

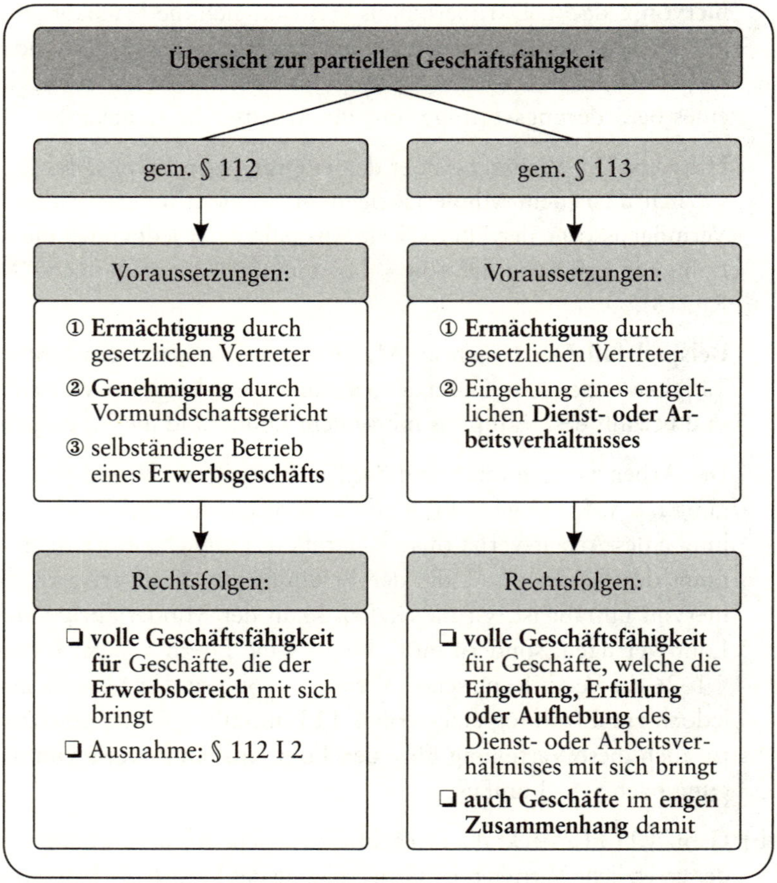

V. Die lediglich rechtlich vorteilhaften Rechtsgeschäfte i. S. v. § 107 F 1

1. Gem. § 107 F 1 bedürfen Willenserklärungen des beschränkt geschäftsfähigen Minderjährigen ausnahmsweise dann keiner Mitwirkung seines gesetzlichen Vertreters, wenn sie **lediglich rechtlich vorteilhaft** sind. Nimmt der Minderjährige ein solches Rechtsgeschäft selbständig vor, so ist dieses von Anfang an rechtswirksam. **17**

Hinweis: Entgegen dem Wortlaut des § 107 F 1 ist **nicht entscheidend**, *ob* die *Willenserklärung* des beschränkt Geschäftsfähigen als solche lediglich rechtlich vorteilhaft ist, *sondern* es kommt auf die rechtliche Vorteilhaftigkeit des mit der Willenserklärung angestrebten *Rechtsgeschäfts* an (Studienkommmentar § 107 Rn. 1 a).

2. Lediglich rechtlich vorteilhaft sind hierbei all die Rechtsgeschäfte, welche die Rechtsstellung des beschränkt Geschäftsfähigen *nur verbessern* bzw. für ihn rechtlich *neutral* sind (MüKo § 107 Rn. 3, 16; Musielak Rn. 261, 266). Der **Begriff** der lediglich rechtlichen Vorteilhaftigkeit läßt sich damit in folgender Weise – negativ – *definieren*:

> Ein Rechtsgeschäft ist dann nicht lediglich rechtlich vorteilhaft, wenn **unmittelbar persönliche Pflichten begründet** oder **vorhandene Rechte aufgehoben** bzw. **gemindert** werden.

a) Entscheidend ist, ob die **unmittelbaren** Folgen des Rechtsgeschäfts rechtlich nachteilhaft sind. Unerheblich sind daher Nachteile, die nur mittelbar durch das Geschäft ausgelöst werden. **18**

Argument: Da praktisch jedes Rechtsgeschäft zu irgendwelchen rechtlichen Nachteilen führen kann, gäbe es keine – gem. § 107 F 1 – zustimmungsfreien Rechtsgeschäfte (Pal. § 107 Rn. 3).

Beispiele:

- ❑ Bekommt der 16-jährige B von seinem Onkel ein Grundstück geschenkt und übereignet, so ist der Schenkungsvertrag nicht deshalb rechtlich nachteilhaft, weil B als Eigentümer des Grundstückes zur *Zahlung von Steuern und Abgaben* verpflichtet ist. Diese Verpflichtung ist nämlich nicht unmittelbare Folge des Schenkungsvertrages, sondern trifft den beschenkten Eigentümer mittelbar kraft öffentlichen Rechts.
- ❑ Trotz einer eventuellen Verpflichtung zur Rückgabe des Schenkungsgegenstandes gem. § 528 oder § 530 ist die Annahme eines Schenkungsangebotes für einen Minderjährigen grundsätzlich lediglich rechtlich vorteilhaft. (Eine Ausnahme besteht nur, wenn das Angebot mit einer Auflage i. S. v. § 525 belastet ist!) Bei der möglichen *Rückgabepflicht* handelt es sich nämlich um einen bloß mittelbaren Nachteil des Schenkungsvertrages.

b) Hierbei ist hinsichtlich der Vorteilhaftigkeit allein auf die **rechtlichen** Folgen des Geschäfts abzustellen, d. h. *auf wirtschaftliche Vorteile kommt es* insoweit *nicht an*. Dies bedeutet, daß der beschränkt geschäftsfähige Minderjährige ein Rechtsgeschäft mit dem ein rechtlicher Nachteil verbunden ist auch dann nicht selbständig vornehmen kann, wenn es für ihn wirtschaftlich noch so günstig ist (BGH LM § 107 Nr. 7, MüKo § 107 Rn. 2; Pal. § 107 Rn. 2). **19**

Beispielsfall: Der 15-jährige K bekommt von dem 19-jährigen V dessen Fahrrad, das einen Wert von DM 300,- hat, für DM 150,- zum Kauf angeboten.

Obwohl der Kaufvertrag für K wirtschaftlich betrachtet sehr vorteilhaft wäre, kann K den Vertrag nicht selbständig gem. § 107 F 1 wirksam abschließen: Mit dem Abschluß des Kaufvertrages i. S. v. § 433 wird nämlich die (rechtlich nachteilhafte) Verpflichtung des K aus § 433 II zur Zahlung des Kaufpreises begründet; der Kaufvertrag ist daher nicht lediglich rechtlich vorteilhaft.

20 c) **Rechtlich neutrale Rechtsgeschäfte**, die für den beschränkt Geschäftsfähigen weder rechtliche Vor- noch Nachteile bringen, sind entgegen dem Wortlaut des § 107 F 1 als lediglich rechtlich vorteilhaft zu behandeln (MüKo § 107 Rn. 16; Pal. § 107 Rn. 7; Musielak Rn. 265, 266).

Argument: Zweck des § 107 ist es, den Minderjährigen vor den rechtlich nachteiligen Folgen seines rechtsgeschäftlichen Verhaltens zu schützen. Bei einem rechtlich neutralen Geschäft ist der beschränkt Geschäftsfähige jedoch nicht schutzbedürftig, so daß § 107 F 1 insoweit einschränkend auszulegen ist.

Beispiele:

- ❑ Der beschränkt geschäftsfähige Minderjährige kann als Vertreter eines Dritten rechtsgeschäftlich handeln, ohne daß eine Zustimmung seines gesetzlichen Vertreters erforderlich wäre (vgl. a. § 165).
- ❑ Ebenso ist eine Verfügung des beschränkt Geschäftsfähigen über eine fremde Sache ohne Mitwirkung des gesetzlichen Vertreters wirksam, sofern sie entweder mit Einwilligung des Berechtigten (§ 185) oder an einen gutgläubigen Erwerber (§§ 932 ff., 892) erfolgt.

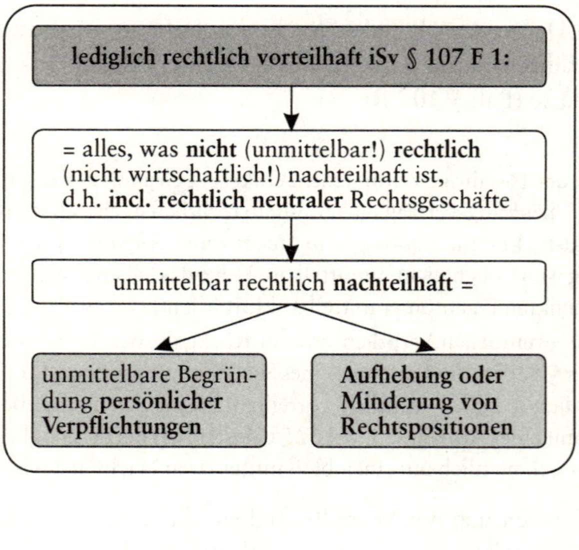

3. Fallgruppen

21 a) Verpflichtungsgeschäfte

aa) **Gegenseitige Verträge**, bei denen der eine Vertragspartner gerade deshalb eine Leistung verspricht, weil auch der andere Teil sich zu einer Leistung verpflichtet, sind immer rechtlich nachteilhaft, da für den beschränkt Geschäftsfähigen unmittelbar eine persönliche Verpflichtung begründet wird (MüKo § 107 Rn. 4; B/A AT S. 97; Brox AT Rn. 236).

Beispiele: Nicht lediglich vorteilhaft sind u. a. Kauf-, Tausch-, und Mietverträge, die der Minderjährige abschließt. Sie bedürfen daher grundsätzlich zur Wirksamkeit der Einwilligung des gesetzlichen Vertreters, § 107 F 2.

bb) **Unvollkommen zweiseitig verpflichtende Verträge**, bei denen für den einen Vertragspartner immer Verpflichtungen entstehen, für den anderen dagegen nur unter bestimmten Voraussetzungen, sind ebenfalls für keinen der Vertragspartner rechtlich vorteilhaft. Der beschränkt Geschäftsfähige wird nämlich bei einem solchen Vertrag entweder mit dem Vertragsschluß schon persönlich verpflichtet oder er kann unter weiteren Voraussetzungen persönlich verpflichtet werden (Brox AT Rn. 237; Musielak Rn. 261).

Beispiele: Bei einem Auftrag (§ 662), Leihvertrag (§ 598) oder Verwahrungsvertrag (§ 688) können für den durch den Vertragsschluß noch nicht unmittelbar Verpflichteten unter bestimmten Voraussetzungen persönliche Pflichten zum Aufwendungsersatz (§§ 670, 693) oder zur Herausgabe (§§ 604, 667, 695) entstehen.

cc) **Einseitig verpflichtende Verträge**, bei denen immer nur ein Vertragsteil verpflichtet wird, sind für den beschränkt Geschäftsfähigen dann grundsätzlich lediglich rechtlich vorteilhaft, wenn er *nicht* der *verpflichtete Vertragsteil* ist (B/A AT S. 97; Brox AT Rn. 238).

Beispiel: Die Annahme eines Schenkungsangebots ist für den beschränkt Geschäftsfähigen grundsätzlich lediglich rechtlich vorteilhaft und somit zustimmungsfrei. Durch den Abschluß des Schenkungsvertrages erhält er nämlich den Übereignungsanspruch hinsichtlich des Schenkungsgegenstandes, ohne seinerseits persönlich verpflichtet zu werden. Der Abschluß eines Schenkungsvertrages ist jedoch dann ausnahmsweise rechtlich nachteilhaft, wenn die Schenkung unter einer Auflage (§ 525) erfolgt, da diese eine persönliche Verpflichtung begründet (BFH NJW 1977, 456; Pal. § 107 Rn. 6; Brox AT Rn. 238).

b) **Verfügungsgeschäfte** 22

aa) Verfügungsgeschäfte sind dann rechtlich nachteilhaft, wenn der beschränkt Geschäftsfähige über eine eigene Rechtsposition verfügt. Dagegen ist ein Verfügung grundsätzlich **lediglich rechtlich vorteilhaft**, wenn sie **zugunsten** des Minderjährigen erfolgt (B/A AT S. 97; Brox AT Rn. 239; zu den Ausnahmefällen bei Belastung des Verfügungsgegenstandes, siehe unten § 7 Rn. 23 ff.).

Beispiele:

- ❑ Übereignet der 8-jährige M seinen Gameboy gem. § 929 S. 1 an seinen Freund F, so ist dieses Rechtsgeschäft rechtlich nachteilhaft, da M durch dieses Rechtsgeschäft unmittelbar sein Eigentum verlieren würde.
- ❑ Bekommt der 15-jährige M von seinem Vater einen CD-Player geschenkt (§§ 516, 518 II) und übereignet (§ 929), so ist die Übereignung lediglich rechtlich vorteilhaft, da hierdurch die Rechtsposition des M lediglich verbessert wird – er wird Eigentümer des Gerätes.

bb) Aufgrund des **Abstraktionsprinzips** ist es insoweit ohne Bedeutung, ob dem Verfügungsgeschäft ein wirksames Verpflichtungsgeschäft zugrunde liegt.

Beispielsfall:

Der 17-jährige M kauft entgegen dem ausdrücklichen Willen seiner Eltern bei V ein Motorrad für DM 1.000,-. Er vereinbart mit V, daß ihm das Fahrzeug sogleich übereignet wird und er es mitnehmen darf, er den Kaufpreis jedoch erst eine Woche später entrichten muß. Nachdem K nicht zahlt, verlangt V Herausgabe des Fahrzeugs. Zu Recht?

Ein Herausgabeanspruch gem. § 985 scheitert am fehlenden Eigentum des V: V hat sein Eigentum durch wirksames Rechtsgeschäft gem. § 929 an M verloren. Die Übereignung ist nämlich auch ohne Einwilligung der Eltern gem. § 107 F 1 wirksam, da sie für M lediglich rechtlich vorteilhaft ist. Hierbei ist wegen des Abstraktionsprinzips unerheblich, daß das zugrundeliegende Kausalgeschäft, der Kaufvertrag, mangels rechtlicher Vorteilhaftigkeit (§ 107 F 1) bzw. Einwilligung der gesetzlichen Vertreter (§ 107 F 2) unwirksam ist.

Es besteht jedoch ein Herausgabeanspruch aus § 812 I 1 F 1: M hat durch Leistung des V (d. h. die bewußte und zweckgerichtete Mehrung fremden Vermögens) ohne Rechtsgrund (der Kaufvertrag ist unwirksam) etwas erlangt (Besitz und Eigentum am Motorrad).

23 cc) **Sonderproblem: Erwerb von belasteten Gegenständen**

Von besonderer Examensrelevanz ist die Frage, **inwieweit** der Erwerb von belasteten Gegenständen für den beschränkt Geschäftsfähigen **rechtlich vorteilhaft** ist. Hierbei unterscheidet man hinsichtlich der Art der Belastung v. a. folgende *Fallgruppen* (Pal. § 107 Rn. 4; B/A AT S. 98 f.; Musielak Rn. 263 ff.):

- ❑ **Dingliche Belastungen** des zugewendeten Gegenstandes.
- ❑ **Öffentliche Lasten und Steuern**, die mit dem Erwerb des Gegenstandes verbunden sind.
- ❑ **Privatrechtliche Verpflichtungen**, die mit dem Erwerb des Gegenstandes verbunden sind.

Hinweis: Regelmäßig liegt in diesen Fällen dem Übereignungsgeschäft ein **Schenkungsvertrag** zugrunde. Dabei ist zu beachten, daß die soeben angesprochenen *Belastungen* nicht an das schuldrechtliche Verpflichtungsgeschäft (i. d. R. Schenkungsvertag) *anknüpfen*, sondern *an* das *dingliche Übereignungsgeschäft*. Dies bedeutet, daß die mit der Belastung verbundene Verpflichtung als Folge des Übereignungsgeschäfts zu werten ist.

24 (1) **Dingliche Belastungen**

Die Übereignung eines **Grundstückes**, das nur *mit dinglichen Rechten belastet* ist, ist grundsätzlich **nicht rechtlich nachteilhaft** (BayObLGZ 79, 53; MüKo § 107 Rn. 10; Pal. § 107 Rn. 4).

Argument: Der minderjährige Erwerber haftet für diese Rechte grundsätzlich nur mit seinem Grundstück. Dagegen wird eine persönliche Verpflichtung nicht begründet. Der Wert des zugewendeten Gegenstandes ist somit von Anfang an durch die Belastung gemindert, während das übrige Vermögen des Minderjährigen durch die dingliche Belastung nicht berührt wird.

Beispiele: Übereignung eines Grundstück an einen Minderjährigen, das mit Grundpfandrechten (wie Hypothek und Grundschuld), Nießbrauch oder Wohnrecht belastet ist.

Eine Besonderheit gilt jedoch, wenn das erworbene Grundstück mit einer **Reallast** belastet ist. In diesem Fall ist die Übereignung an den Minderjährigen **rechtlich nachteilhaft** (MüKo § 107 Rn. 11).

Argument: Die Reallast begründet eine persönliche Leistungsverpflichtung des Grundstückeigentümers, vgl. § 1108.

(2) **Öffentlich-rechtliche Lasten** 25

Die mit dem Erwerb von Grundstückeigentum verbundenen öffentlich-rechtlichen Lasten (Steuern, Abgaben, Gebühren) sind nach h. M. für den minderjährigen Erwerber **nicht rechtlich nachteilhaft** (BayObLG NJW 1968, 941; MüKo § 107 Rn. 7; Pal. § 107 Rn. 4).

Argument: Diese Lasten treffen den Erwerber *nicht unmittelbar* aufgrund des Rechtsgeschäfts, sondern **mittelbar** kraft öffentlichen Rechts. Zudem können diese Belastungen grundsätzlich aus dem erworbenen Gegenstand selbst bestritten werden, so daß regelmäßig keine Gefährdung des sonstigen Vermögens des Minderjährigen besteht.

(3) **Privatrechtliche Verpflichtungen** 26

Sind mit dem Erwerb des Schenkungsgegenstandes bestimmte privatrechtliche Verpflichtungen verbunden, so ist für die Prüfung der lediglich rechtlichen Vorteilhaftigkeit des Erwerbs zwischen folgenden examensrelevanten Fällen zu unterscheiden:

❑ Handelt es sich bei dem zugewendeten Gegenstand um ein **vermietetes bzw. verpachtetes** Grundstück, so ist der Erwerb für den Minderjährigen wegen **§§ 571, 581** unmittelbar rechtlich nachteilhaft (OLG Oldenburg NJW-RR 1988, 839; MüKo § 107 Rn. 18).

  Argument: Gem. §§ 571, 581 tritt der Erwerber unmittelbar mit Erwerb des Grundstücks in den Miet- bzw. Pachtvertrag ein, aus dem er persönlich verpflichtet wird.

❑ Gleiches gilt, wenn der Erwerb des Schenkungsgegenstandes zu einer Haftung wegen **Vermögensübernahme nach § 419** führt (BGH NJW 1970, 752; MüKo § 107 Rn. 18).

Argument: Auch diese Vorschrift knüpft unmittelbar an den rechtsgeschäftlichen Erwerb eine persönliche Haftung des Erwerbers.

27 c) **Erfüllung gegenüber dem beschränkt Geschäftsfähigen**

Steht dem beschränkt Geschäftsfähigen ein Anspruch gegen einen Dritten zu, so stellt sich die Frage, ob der Dritte ohne Mitwirkung des gesetzlichen Vertreters gegenüber seinem Gläubiger erfüllen kann. Hierbei ist folgendes zu beachten: Mit der Leistung erwirbt der beschränkt Geschäftsfähige zwar einerseits den geschuldeten Gegenstand (sofern mit dem Erfüllungsgeschäft keine unmittelbaren Rechtsnachteile verbunden sind und dieses demnach gem. § 107 F 1 wirksam ist). Andererseits führt die Erfüllung gem. § 362 I jedoch zum Erlöschen seines Anspruchs und somit zum Verlust einer Rechtsposition. Fraglich ist daher, wie unter Berücksichtigung der Wertung der §§ 107, 131 (Vorrangiger Schutz des Minderjährigen) eine interessengerechte Lösung gefunden werden kann:

- ❑ Nach einer *Mindermeinung* ist die **Erfüllung** gegenüber dem beschränkt Geschäftsfähigen **ohne Mitwirkung des gesetzlichen Vertreters möglich**, da der hiemit verbundene Anspruchsverlust gleichzeitig durch den Erwerb des Rechts ausgeglichen wird. Somit ist die Erfüllung im Ergebnis nicht nachteilhaft und der Schutz des beschränkt Geschäftsfähigen durch Mitwirkung des gesetzlichen Vertreters nicht erforderlich (van Venrooy BB 1980, 1017).

28 ❑ Nach *h. M.* ist dagegen auf die Wertung der §§ 107, 131 abzustellen, wonach der beschränkt geschäftsfähige Minderjährige sich nur insoweit selbständig am Rechtsverkehr beteiligen kann, als für ihn keine unmittelbaren Rechtsnachteile damit verbunden sind. Daher ist zum Schutz des Minderjährigen **zwischen** der **Übertragung des geschuldeten Gegenstandes** auf der einen Seite und der **Erfüllungswirkung** – d. h. dem Erlöschen des Anspruchs nach § 362 I – auf der anderen Seite **zu unterscheiden:**

  - Die **Übertragung des geschuldeten Gegenstandes** ist grundsätzlich gem. § 107 F 1 **zustimmungsfrei,** so daß der beschränkt Geschäftfähige auch ohne Mitwirkung des gesetzlichen Vertreters Rechtsinhaber werden kann. (Eine Ausnahme gilt nur für die Fälle, bei denen mit dem Erwerb unmittelbar Belastungen verbunden sind, siehe oben § 7 Rn. 23 ff.).

    Beispiel: Die Übereignung des geschuldeten Geldbetrages gem. § 929 ist gem. § 107 F 1 auch ohne Mitwirkung des gesetzlichen Vertreters wirksam.

  - Dagegen tritt nach dem Rechtsgedanken der §§ 107, 131 **Erfüllung des Anspruchs** des beschränkt Geschäftsfähigen nach § 362 I **nur** dann ein, **wenn** der **gesetzliche Vertreter** der Erfüllung **zugestimmt hat.** Somit bleibt der Anspruch des beschränkt Geschäftsfähigen auf die Leistung bestehen, wenn der Schuldner diese ohne Mitwirkung des gesetzlichen Vertreters erbringt.

  Argument: Dem beschränkt Geschäftsfähigen **fehlt** zur Annahme der Leistung mit Erfüllungswirkung die **Empfangszuständigkeit** (MüKo § 107 Rn. 16; Pal. § 107 Rn. 2; Med. BR Rn. 171; Näheres hierzu im Schuldrecht AT Band II).

Beispielsfall: Der 16-jährige M hat gegen K aus einem wirksamen Kaufvertrag eine Forderung auf Zahlung von DM 50,– gem. § 433 II. Ohne Wissen der Eltern des M bezahlt K den Geldbetrag an M. Nachdem M das Geld verloren hat, verlangt er von K erneut Zahlung von DM 50,–. Zu Recht?

M kann von K gem. § 433 II Zahlung von DM 50,– verlangen, wenn der Anspruch entstanden und nicht wieder erloschen ist und wenn keine Einreden bestehen. Der Anspruch ist aufgrund eines wirksamen Kaufvertrages entstanden. Er könnte jedoch infolge Erfüllung gem § 362 I wieder erloschen sein. Problematisch ist insoweit, daß einerseits die Leistung des K an M ohne die Mitwirkung der Eltern des M erfolgt ist und M nicht mehr im Besitz des Geldes ist, andererseits K den geschuldeten Betrag beglichen hat. Fraglich ist, wie eine interessengerechtes Ergebnis erzielt werden kann: Für das Erlöschen der Forderung könnte sprechen, daß der Minderjährige vorliegend durch ein Mitwirkungserfordernis seines gestzlichen Vertreters nicht geschützt werden braucht, da der Nachteil des Erlöschens seiner Forderung gem. § 362 I durch den Eigentumserwerb bzgl. des Geldes gem. § 929 ausgeglichen wird. Dagegen spricht jedoch, daß der Gesetzgeber in den §§ 107, 131 die Wertung zum Ausdruck gebracht hat, daß der beschränkt geschäftsfähige Minderjährige Rechtsgeschäfte nur dann selbständig vornehmen kann, wenn mit ihnen keinerlei rechtlicher Nachteil unmittelbar verbunden ist. Daher ist für die Problematik der Erfüllung gegenüber Minderjährigen in folgender Weise zu differenzieren: Der Erwerb des geschuldeten Gegenstandes, hier der Eigentumserwerb gem. § 929 bzgl. der DM 50,– ist gem. § 107 F 1 auch ohne Zustimmung des gesetzlichen Vertreters wirksam, da der Minderjährige dadurch unmittelbar keinerlei Rechtsnachteilen ausgesetzt wird. Somit ist M Eigentümer der DM 50,– geworden. Dagegen ist der Anspruch aus § 433 II nicht gem. § 362 I erloschen, d. h. es ist keine Erfüllungswirkung eingetreten, da hierzu aufgrund der rechtlichen Nachteilhaftigkeit des Anspruchsverlustes die Mitwirkung des gesetzlichen Vertreters erforderlich gewesen wäre. Dem Minderjährigen fehlt nämlich zur Entgegennahme der Leistung mit Erfüllungswirkung die Empfangszuständigkeit. Diese liegt vielmehr in der Person des gesetzlichen Vertreters. Somit kann M von K nochmals Bezahlung der DM 500,– verlangen.

(**Hinweis:** Dem K steht jedoch seinerseits ein Herausgabeanspruch gegen M bzgl. der ohne Erfüllungswirkung und somit ohne Rechtsgrund geleisteten DM 50,– aus § 812 I 1 F 1 zu mit dem er gegebenenfalls gegen das erneute Zahlungsbegehren des M aufrechnen kann. Hierbei wäre dann zu prüfen, ob M sich auf Entreicherung nach § 818 III berufen kann, da er das Geld verloren hat; Näheres hierzu im Band Bereicherungsrecht.)

d) Ausübung von Gestaltungsrechten 29

Die Ausübung von Gestaltungsrechten ist für den beschränkt geschäftsfähigen Minderjährigen dann lediglich rechtlich vorteilhaft, wenn hierdurch **die Rechtslage ausschließlich zu seinen Gunsten** verändert wird (Erman § 107 Rn. 23; Pal. § 107 Rn. 5).

Beispiel: Mit der Kündigung eines unverzinslichen Darlehens sind keine unmittelbaren Rechtsnachteile verbunden, so daß dieses Gestaltungsrecht ohne Mitwirkung des gesetzlichen Vertreters durch den beschränkt geschäftsfähigen Minderjährigen ausgeübt werden kann.

Fallgruppen rechtlich nachteilhafter Rechtsgeschäfte	
I. VERPFLICHTUNGSGESCHÄFTE	1. **gegenseitige Verträge** ⇒ immer rechtl. nachteilhaft, wegen unmittelbar *persönlicher* Verpflichtung 2. **unvollkommen zweiseitig verpflichtende Verträge** immer rechtl. nachteilhaft, da *persönl.* Verpflichtung mit Vertragsschluß oder u.U. später 3. **einseitig verpflichtende Verträge** ⇒ nur rechtl. nachteilhaft, wenn Mdj. = *verplichteter* Vertragsteil
II. VERFÜGUNGSGESCHÄFTE	1. bei **Verfügung zugunsten** des Mdj.: ⇒ grds. rechtl. vorteilhaft (*unabhängig* von der Wirksamkeit des zugrundeliegenden Verpflichtungsgeschäfts) 2. bei **Erwerb belasteter Grundstücke:** ❑ **bloß dingl. Belastungen** ⇒ grds. rechtl. vorteilhaft, da *nur das Grundstück* haftet (Ausnahme: Reallast) ❑ **bloß öffentl.-rechtl. Lasten** ⇒ grds. rechtl. vorteilhaft, da Belastung *nur mittelbar* kraft öffentlichen Rechts eintritt ❑ **bei privatrechtl. Verpflichtungen** (z.B. gem §§ 571, 581 bzw. § 419) ⇒ rechtl. nachteilhaft wegen *persönl.* Verpflichtung
III. ERFÜLLUNGSWIRKUNG i.S.v. § 362	1. Nach hM **keine Erfüllungswirkung** ggü. Mdj. wegen Wertung der §§ 107, 131 (Mdj. fehlt sog. *Empfangszuständigkeit*) 2. Merke aber: *unabhängig* davon ist das Verfügungsgeschäft, mit dem erfüllt wird, grds. wirksam (s.o. II.1)
IV. AUSÜBUNG von GESTALTUNGSRECHTEN	⇒ rechtl. vorteilhaft, wenn RLage dadurch *ausschließlich zugunsten* des Mdj. verändert wird

30 VI. Die Einwilligung des gesetzlichen Vertreters

Gem. § 107 F 2 bedarf der beschränkt geschäftsfähige Minderjährige für Rechtsgeschäft, die für ihn nicht lediglich rechtlich vorteilhaft sind, jeweils der Einwilligung des gesetzlichen Vertreters, also regelmäßig der Eltern (§§ 1626 ff.), ausnahmsweise des Vormunds (§§ 1773 ff.) oder des Pflegers (§§ 1909 ff.).

Hinweis: Dies gilt – wie gesagt – nicht für die rechtlich nachteilhaften Rechtsgeschäfte, die in den Anwendungsbereich der §§ 112, 113 fallen.

31 1. Begriffsbestimmung

a) Unter Einwilligung versteht der Gesetzgeber die **vorherige Zustimmung,** § 183 I. Darüber hinaus reicht es für § 107 F 2 aus, daß die Einwilligung des gesetzlichen

Vertreters gleichzeitig mit der Willenserklärung des Minderjährigen abgegeben wird (RGZ 130, 127; Pal. § 107 Rn. 8).

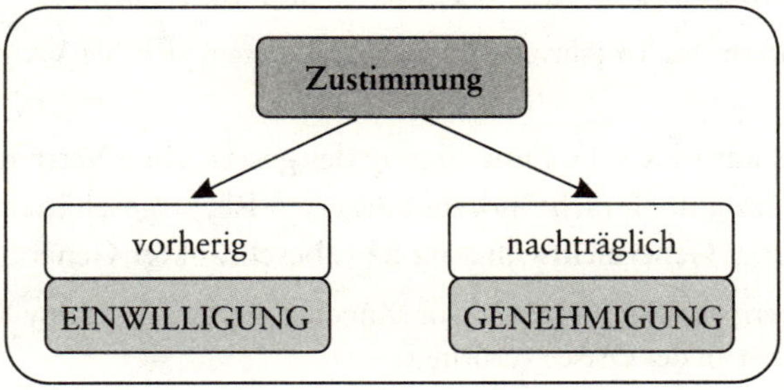

b) Die Einwilligung ist eine einseitige, empfangsbedürftige Willenserklärung, die gem. §§ 182 I, 183 S. 1 **bis zur Vornahme** des Rechtsgeschäfts, auf das sie sich bezieht, grundsätzlich **widerrufen** werden kann. Hierbei kann der gesetzliche Vertreter sowohl die Erteilung der Einwilligung als auch ihren Widerruf sowohl *gegenüber* dem *Minderjährigen* als auch gegenüber dessen *Geschäftspartner* erklären. Darüber bedarf die Einwilligung gem. § 182 II keiner besonderen Form.

Beispielsfall: Bekommt der 15-jährige M von seinen Eltern Geld für den Kauf eines Snowboards beim Sportgeschäftsinhaber V, so liegt darin eine konkludente Erklärung der Einwilligung in den Kaufvertrag gegenüber K. Wenn jedoch die Eltern noch vor Vornahme des Rechtsgeschäft ihre Einwilligung gem. §§ 182, 183 S. 1 wirksam gegenüber V widerrufen haben, fehlt dem K zum Abschluß des für ihn rechtlich nachteilhaften Kaufvertrages (Begründung der Pflichten aus § 433 II) die erforderliche Einwilligung i.S.v. § 107 F 2.

c) Der gesetzliche Vertreter kann die Einwilligung zu einem Rechtsgeschäft des Minderjährigen nur dann rechtswirksam erklären, wenn dieses **vom Umfang** der gesetzlichen Vertretungsmacht **gedeckt** ist (s.o. § 7 Rn. 8). Bedarf der gesetzliche Vertreter zur Vornahme eines bestimmten Rechtsgeschäfts der **Genehmigung des Vormundschaftsgerichts** (vgl. §§ 1643, 1821 f.), so kann er die Einwilligung i. S. v. § 107 F 2 nur dann rechtswirksam erklären, wenn eine entsprechende Genehmigung vorliegt (MüKo § 107 Rn. 22; Pal. § 107 Rn. 10). 32

Beispielsfall: Die 17-jährige M möchte das von ihren Großeltern geerbte Grundstück veräußern um von dem Erlös ihren Führerschein und den Erwerb eines Pkw zu finanzieren. Unter welchen Voraussetzungen ist die Veräußerung des Grundstüccks wirksam?

Würden die Eltern der M als gesetzliche Vetreter das Grundstücksgeschäfts für ihr Kind selbst vornehmen, wäre hierzu gem. §§ 1643, 1821 I Nr. 1 die Genehmigung des Vormundschaftsgerichts erforderlich. Gleiches gilt, wenn M das Geschäft selbst vornimmt: In diesem Fall bedarf sie gem. § 107 F 2 der Einwilligung ihrer Eltern. Diese Einwilligung ist jedoch nur dann rechtswirksam, wenn wiederum die Genehmigung des Vormundschaftsgerichts vorliegt.

33 **2. Der Umfang der Einwilligung**

a) Regelmäßig wird die Einwiligung für ein ganz bestimmtes Rechtsgeschäft des Minderjährigen, d. h. eine sog. **Spezialeinwilligung** erteilt.

Beispiel: Die Eltern des 13-jährigen M gestatten diesem sich bei V ein neues Fahrrad zu kaufen.

b) Darüberhinaus kann sich die Einwilligung des gesetzlichen Vertreters auch auf einen Kreis von vorläufig noch nicht individualisierten Rechtsgeschäften des Minderjährigen beziehen, sog. **Generaleinwilligung** bzw. **beschränkter Generalkonsens.**

Beispiel: Die Eltern der 17-jährigen M aus München erteilen ihre Einwilligung dazu, daß M ihre Sommerferien an der Ostsee verbringt.

Um jedoch einen ausreichenden **Minderjährigenschutz** zu gewährleisten, ist eine solche Generaleinwilligung im Zweifel *eng auszulegen*. Sie kann sich daher grundsätzlich nur auf solche Rechtsgeschäfte erstrecken, die *üblicherweise* mit dem Vorhaben des Minderjährigen verbunden sind (BGH NJW 1977, 622; MüKo § 107 Rn. 24 ff.; Musielak Rn. 274).

Beispiele:

- ❑ Die Einwilligung des gesetzlichen Vertreters zum Fahrzeugkauf erstreckt sich in der Regel zwar auch auf den Abschluß der notwendigen Haftpflichtversicherung, jedoch nicht auf die uneingeschränkte Abwicklung des Versicherungsvertrages (BGH NJW 1967, 1800).
- ❑ Die Einwilligung zum Erwerb des Führerscheins umfaßt grundsätzlich nicht die Erlaubnis zur Anmietung eines Kraftfahrzeuges (BGH NJW 1973, 1790).
- ❑ Die Einwilligung zur Benutzung öffentlicher Verkehrsmittel erstreckt sich im Zweifel nicht auf Schwarzfahrten (AG Wolfsburg NJW-RR 1990, 1142; Harder NJW 1990, 857).

Hiweis: Ein **unbeschränkter Generalkonsens**, der sich auf alle Arten von Rechtsgeschäften des Minderjährigen bezieht ist dagegen **unzulässig**, da der Minderjährige dadurch die Stellung eines Volljährigen erhalten würde, was mit dem Gedanken des Minderjährigenschutzes unvereinbar wäre (B/A AT S. 100).

34 **3. Die Abgrenzung des beschränkten Generalkonsenses von der partiellen Geschäftsfähigkeit gem. §§ 112, 113**

a) Der beschränkte Generalkonsens ist von den Fällen der sog. partiellen Geschäftsfähigkeit i. S. v. §§ 112, 113 abzugrenzen. Beim **beschränkten Generalkonsens** kann der Minderjährige zwar die von der Einwilligung erfaßten Rechtsgeschäfte selbständig gem. § 107 F 2 vornehmen, er *bleibt jedoch* auch für diese Rechtsgeschäfte *beschränkt geschäftsfähig*. Der gesetzliche Vertreter verliert demnach durch Erteilung der Einwilligung sein Recht zur Vertretung nicht, sondern kann seine Einwilligung bis zur Vornahme des Rechtsgeschäfts durch den Minderjährigen gem. § 183 widerrufen und das Rechtsgeschäft selbst für diesen vornehmen (MüKo § 107 Rn. 20).

b) Im Falll der sog. **partiellen Geschäftsfähigkeit** gem. §§ 112, 113 ist der Minderjährige für den von diesen Vorschriften umfaßten Bereich als *voll geschäftsfähig* anzusehen. Dies hat zur Folge, daß der gesetzliche Vertreter Rechtsgeschäfte, die in den Anwendungsbereich der §§ 112, 113 fallen, nicht selbst für den Minderjährigen vornehmen kann, da seine Vertretungsmacht insoweit ruht (MüKo § 112 Rn. 8; Musielak Rn. 277).

Fall 4: „Schenkung mit Folgen“ (Nach BGH NJW 1981, 109)

Werner Wallenstein will seiner 16-jährigen Tochter Irmgard einen 50 %-igen Miteigentumsanteil an einer Eigentumswohnung einräumen. Auf dieses Weise soll verhindert werden, daß das Familieneigentum der Erbschaftssteuer anheim fällt. Wallenstein und Irmgard erklären im notariell beurkundeten Schenkungsvertrag auch die Einigung über den Eigentumsübergang. Antrag und Bewilligung i. S. d. Grundbuchordnung erfolgen ordnungsgemäß.

In der notariellen Urkunde heißt es u. a., die Erwerberin Irmgard trete in die Gemeinschaftsordnung der Wohnanlage ein. In dieser Gemeinschaftsordnung ist unter Ziff. VII vorgesehen, daß die Befugnisse der jeweiligen Wohnungseigentümer zur Aufrechnung und Abtretung gegenüber der Wohnungseigentümergemeinschaft eingeschränkt sind; unter Ziff. XI ist die Verpflichtung der Wohnungseigentümer angeordnet, das Gebäude bei einer bis zu 60 %-igen Zerstörung wiederaufzubauen.

Der Grundbuchbeamte äußert wegen der Minderjährigkeit der Irmgard Bedenken und meint, die Bestellung eines Ergänzungspflegers sei nötig. Wallenstein beauftragt seinen Anwalt, in einem Gutachten zu klären, ob der Grundbuchbeamte die Eintragung auch ohne Ergänzungspfleger vornehmen muß.

Bearbeitervermerk: Das Gutachten des Anwalts ist zu erstellen. Hierbei ist davon auszugehen, daß alle Rechtshandlungen des Werner Wallenstein mit Zustimmung seiner Frau erfolgt sind.

Gutachten des Anwalts:

Der Grundbuchbeamte muß die Eintragung der I als Eigentümerin vornehmen, wenn die **Voraussetzungen der Grundbuchordnung (GBO)** vorliegen. Diese sind (Im Einzelnen dazu im Band Sachenrecht II): 35

Eintragungsvoraussetzungen nach der GBO

I. Antrag (§ 13 GBO)

II. Bewilligung (§§ 19, 20 GBO):

1. Grundsätzlich formeller Konsens (§ 19 GBO).
2. Ausnahmsweise zusätzlich materieller Konsens (§ 20 GBO).

III. Form (§ 29 GBO).

IV. Voreintragung des Bewilligenden (§ 39 GBO).

(A) **Antrag** (§ 13 GBO), **Bewilligung** (§ 19 GBO), **Antrag** (§ 29 GBO) sowie **Voreintragung** des Bewilligenden (§ **39 GBO**) sind vorliegend gegeben.

(B) Grundsätzlich prüft das Grundbuchamt nicht, ob das Recht materiellrechtlich wirksam erworben wurde, sondern ausschließlich das Vorliegen der formellen Eintragungsvoraussetzungen der GBO (d. h. insb. §§ 13, 19, 29, 39). Soll jedoch – wie hier – das **Eigentum** an einem Grundstück bzw. Wohnungseigentum übertragen werden, muß das Grundbuchamt **gem. § 20 GBO ausnahmsweise** prüfen, ob die materiellrechtliche **Auflassung i. S. d. §§ 873, 925 wirksam** ist (sog. **materielles** Konsensprinzip).

(I) Eine **Auflassung** (= dingliche Einigung i. S. d. §§ 873, 925) liegt vor, da Veräußerer und Erwerberin sich über den Eigentumsübergang geeinigt haben und hierbei gleichzeitig vor dem Notar anwesend waren.

36 (II) Fraglich ist die **Wirksamkeit** dieser Einigung im Hinblick auf die **Minderjährigkeit** der I, da sie als 7-jährige gem. **§§ 2, 106 beschränkt geschäftsfähig** ist. Die Wirksamkeit der Einigung hängt damit gem. § 106 von den §§ 107–113 ab:

(1) Es liegt kein Fall der **§§ 112, 113** vor.

(2) Die Einigung i. S. d. § 873 in der Form des § 925 könnte **gem. § 107 F 1 wirksam** sein, wenn sie für I **lediglich rechtlich vorteilhaft** wäre.

(a) Der Erwerb der Eigentumswohnung könnte für I schon allein deshalb rechtlich nachteilig sein, weil mit ihm **Steuern** (z. B. Grundsteuer) **und sonstige öffentlich-rechtliche Lasten** verbunden sind.

Nach **hM** knüpfen diese Nachteile jedoch **nicht** am rechtsgeschäftlichen Erwerbsvorgang **unmittelbar** selbst an, sondern treffen den Erwerber **kraft Gesetzes**. Da sie also nur in **mittelbarem** Zusammenhang mit dem Rechtsgeschäft stehen, bleiben sie bei § 107 F 1 außer Betracht.

(b) Ein rechtlicher Nachteil könnte sich aber aus der Gemeinschaftsordnung ergeben, da I **unmittelbar** durch das dingliche Rechtsgeschäft Mitglied der Eigentümergemeinschaft wird (§ 10 WEG).
Beim **Erwerb von belasteten Gegenständen** ist hinsichtlich der lediglich rechtlichen Vorteilhaftigkeit in folgender Weise zu unterscheiden:

- Stellt die mit dem **Rechtserwerb verbundene Verpflichtung** nur eine **Beschränkung des Rechtsinhalts** dar (z. B. Erwerb eines hypothekenbelasteten Grundstücks), ist das Rechtsgeschäft **rechtlich vorteilhaft**, da diese Verpflichtungen **aus dem Recht selbst** heraus erfüllt werden können.
- Anders jedoch, wenn dem zu erwerbenden Recht **Pflichten innewohnen**, die **selbständig** sind und nicht nur den Rechtsinhalt beschränken (z. B. Erwerb eines vermieteten Grundstücks wegen Eintritt in den Mietvertrag nach § 571). Diese Rechtsge-

schäfte sind **rechtlich nachteilhaft**, da die Verpflichtung nicht aus dem Recht heraus erfüllt werden kann.

(c) I tritt mit Erwerb des Miteigentumsanteils unmittelbar in die Gemeinschaftsordnung ein, die sie über die gesetzlich vorgesehenen Pflichten (§§ 10 ff. WEG) hinaus, zum Wiederaufbau des Hauses verpflichtet. Außerdem werden Aufrechnungs- und Abtretungsmöglichkeiten eingeschränkt. Diese **Verpflichtungen** sind für I **rechtlich nachteilig**, da sie selbständig neben dem Eigentum stehen und nicht nur den Inhalt des Eigentums beschränken.

Somit ist die dingliche Einigung **nicht** lediglich **rechtlich vorteilhaft i.S.v. § 107 F 1.**

(3) Die dingliche Einigung könnte jedoch aufgrund einer **Einwilligung** des gesetzlichen Vertreters nach §§ **107 F 2**, 1626, 1629 I wirksam sein. 37

Hinweis: Grundsätzlich ist **Gesamtvertretung** des Minderjährigen durch beide Elternteile erforderlich, es sei denn, es liegt ein Fall der Passivvertretung vor, vgl. § 1629 I 1 HS 2. Jedoch kann ein Elternteil die Vertretung **alleine** ausüben, wenn er vom anderen Elternteil – wie hier – dazu ermächtigt worden ist; Pal. § 1629 Rn. 8).

(a) Die **Einwilligungserklärung** (§ 183) ist nach §§ 133, 157 konkludent im Abschluß des Schenkungsvertrages (§ 516) zu sehen.

(b) Die Einwilligung ist jedoch **nur wirksam, wenn** sie im Einzelfall **vom Umfang** der Vertretungsmacht des gesetzlichen Vertreters **gedeckt** ist:

(aa) Hier könnte sich eine **Beschränkung** der Vertretungsmacht nach **§ 181 i.V.m. §§ 1629 II, 1795 II** aufgrund eines **unerlaubten** Insichgeschäftes ergeben. Dazu müßten folgende **Voraussetzungen** erfüllt sein:

- ❑ Da W bei der dinglichen Auflassung **auf der einen Seite** des Rechtsgeschäftes als Veräußerer auftritt, und **auf der anderen Seite** des Rechtsgeschäfts als Vertreter der I in ihre Willenserklärung einwilligt, liegt das für § 181 notwendige **formale Kriterium der Personenidentität** vor.
- ❑ Es könnte sich hier aber um ein **erlaubtes** Insichgeschäft handeln, wenn W insoweit in **Erfüllung einer wirksamen Verbindlichkeit** gehandelt hätte (vgl. § 181 HS 2). Als Verbindlichkeit kommt hier ein **Schenkungsvertrag** i. S. v. § 516 zwischen W und I in Betracht, der seinerseits **wirksam** sein müßte:

  W und I haben sich i. S. d. § 516 **geeinigt**. Dabei wurde die Form der §§ 313 S. 1, 518 I beachtet. Da I jedoch minderjährig ist, hängt die Wirksamkeit des Schenkungsvertrages im Übrigen gem. § **106** von den §§ **107–113** ab:

- Der **Schenkungsvertrag** – isoliert betrachtet – ist nach **§ 107 F 1** wirksam, weil die oben festgestellten Rechtsnachteile (Eintritt in die Gemeinschaftsordnung; Einschränkung von Aufrechnungs- und Abtretungsmöglichkeiten) **unmittelbare Folge der dinglichen Eigentumsübertragung sind.** Mit dem Schenkungsvertrag selbst sind dagegen unmittelbar keine rechtlichen Nachteile verbunden (anders bei Schenkung unter Auflage i.S.v. § 525).
  Nach diesem Ergebnis läge eine wirksame Schenkungsverpflichtung des W vor, die dieser ausnahmsweise zulässigerweise durch ein Insichgeschäft erfüllen durfte. Danach wäre auch die Auflassung zwischen I und W wirksam.
- Fraglich ist aber, ob die **aus** dem **Verfügungsgeschäft** (Eigentumsübertragung) **resultierenden Rechtsnachteile** nicht schon **beim Verpflichtungsvertrag** (Schenkungsvertrag) **berücksichtigt** werden müssen.
- Dagegen spricht zunächst jedoch das **Trennungs- und Abstraktionsprinzip**, wonach zwischen **Verpflichtungsgeschäft** (hier § 516) und Verfügungsgeschäft (hier §§ 873, 925) streng zu trennen ist und diese Geschäfte in ihrer **rechtlichen Wirksamkeit unabhängig** voneinander, d. h. abstrakt sind.
- Da jedoch auf diese Weise der gesetzliche Vertreter entgegen der Wertung der §§ 107, 181 zu Lasten des Minderjährigen rechtlich nachteilige Verfügungsgeschäfte vornehmen könnte, ist nach h. M. in Durchbrechung des Trennungs- und Abstraktionsprinzips eine **Gesamtbetrachtung** vorzunehmen (BGH NJW 1981, 109).
  Auf diese Weise sind **rechtliche Nachteile** aus dem **Verfügungsgeschäft** bereits bei der Beurteilung des **Verpflichtungsgeschäftes** zu berücksichtigen, damit dem **vorrangigen Minderjährigenschutz** ausreichend Rechnung getragen wird.

(bb) Diese Gesamtbetrachtung führt hier dazu, daß aufgrund der Wiederaufbauverpflichtung und der Einschränkung der Aufrechnungs- und Abtretungsmöglichkeiten von einem rechtlichen Nachteil der Schenkung auszugehen ist.

Somit liegt kein erlaubtes Insichgeschäft vor, so daß die dingliche Einigung gem. §§ 1629 II, 1795 II, 181, 177 schwebend unwirksam ist und von der Genehmigung des Ergänzungspflegers nach § 1909 abhängt.

Ergebnis: Das Grundbuchamt darf die Eintragung der I als Miteigentümerin gem. § 20 GBO verweigern, da keine wirksame Auflassung i. S. d. § 873 I vorliegt. Gem. § 1909 ist die Bestellung eines Ergänzungspflegers für I erforderlich.

4. Der sog. Taschengeldparagraph, § 110

a) Allgemeines

§ 110 ist von besonderer Klausur- und Examensrelevanz. Nach dieser Vorschrift **wird** ein vom Minderjährigen vorgenommenes Rechtsgeschäft, das dieser ohne ausdrückliche Zustimmung seines gesetzlichen Vertreters getätigt hat, **wirksam, wenn** er die geschuldete Leistung mit Mitteln **erfüllt** hat, die ihm hierzu oder ohne Zweckbindung überlassen worden sind. 38

- ❑ Nach h. M. handelt es sich bei dieser Vorschrift um eine **besondere Form der Einwilligung** i. S. v. § 107 F 2: In der Mittelüberlassung ist eine konkludente Einwilligung des gesetzlichen Vertreters in Rechtsgeschäfte, die seitens des Minderjährigen mit den überlassenen Mitteln erfüllt werden. Die Formulierung „ohne Zustimmung" ist daher als „ohne ausdrückliche Zustimmung" zu verstehen (Pal. § 110 Rn. 1; B/A AT S. 101; Musielak Rn. 275).
- ❑ Der Regelung des § 110 liegt folgender **Normzweck** zugrunde: Einerseits soll der gesetzliche Vertreter die Möglichkeit haben, dem Minderjährigen eine Einführung in das Wirtschaftsleben zu ermöglichen. Andererseits soll der Minderjährige vor einer Schädigung seines Vermögens ausreichend geschützt werden. Daher wird gem. § 110 das vom Minderjährigen getätigte Verpflichtungsgeschäft erst und nur dann wirksam, wenn dieser die geschuldete Leistung *vollständig erfüllt* hat.

b) Voraussetzungen

aa) Der Minderjährige muß die vertragsmäßige Leistung **„bewirkt"** haben. Hierzu ist grundsätzlich erforderlich, daß der Minderjährige die gesamte geschuldete Leistung tatsächlich erbracht hat, d. h. es muß vollständige Erfüllung i. S. v. § 362 I eingetreten sein. Bei Abzahlungsgeschäften muß der Minderjährige daher die letzte Rate geleistet haben, damit das Geschäft gem. § 110 wirksam werden kann. Daneben kommt auch eine Befriedigung des Vertragspartners im Wege von Leistungen an Erfüllungs statt, Hinterlegung bzw. Aufrechnung in Betracht (MüKo § 110 Rn. 7; Pal. § 110 Rn. 4). 39

Hinweis: Beim Lesen des § 110 ist somit gedanklich nach „bewirkt" ein „hat" zu ergänzen.

Beispiel: Kauft der 13-jährige M sich bei V ein neues Rennrad für DM 500,– auf Raten und leistet er von seinem Taschengeld eine Anzahlung i. H. v. DM 100,–, so tritt hierdurch keine Teilwirksamkeit des Kaufvertrages gem. § 110 ein. Der Kaufvertrag wird vielmehr erst dann (rückwirkend) wirksam, wenn M die letzte Rate und somit den Kaufpreis vollständig bezahlt hat.

Sind sowohl die geschuldete Leistung als auch die Gegenleistung teilbar, so kann ausnahmsweise auch eine bloß teilweise Erfüllung durch den Minderjährigen gem. § 110 zu einer **Teilwirksamkeit** des Kausalgeschäfts führen.

Beispielsfall: Der 16-jährige M schließt mit V einen Mietvertrag – befristet auf zwei Jahre – über eine Wohnung, ohne daß seine Eltern dem konkreten Vertrag ausdrücklich zugestimmt haben. Sie hatten dem M jedoch DM 5.000,– zur Verfügung gestellt, damit dieser sich eine eigene Wohnung anmieten und die ersten Monatsmieten zahlen kann. M bezahlt von dem Betrag die Kaution und den Mietszins für die ersten drei Monate. Ist der Vertrag wirksam?

Die Wirksamkeit des Mietvertrages bestimmt sich gem. §§ 2, 106 nach den §§ 107 bis 113, da M zwar das 7. Lebensjahr vollendet hat, jedoch noch nicht volljährig ist. Es liegt kein Fall der §§ 112, 113 vor. Da durch den Abschluß des Vertrages unmittelbar Rechtspflichten für M begründet wurden (z. B. die Pflicht zur Mietzinszahlung aus § 535 S. 2) und das Rechtsgeschäft somit rechtlich nachteilhaft ist, ist gem. § 107 F 2 die Einwilligung der Eltern erforderlich. Eine ausdrückliche Einwilligung liegt nicht vor. Jedoch könnte eine konkludente Einwilligung durch Überlassung der DM 5.000,– und somit ein Anwendungsfall des § 110 gegeben sein: Hierzu müßte M die vertragsmäßige Leistung bewirkt, d. h. vollständig erfüllt haben. Hier hat M die Leistung nur teilweise erbracht, da er nicht den Mietzins für zwei Jahre, sondern nur für drei Monate beglichen hat. Da § 110 grundsätzlich die vollständige Befriedigung des Vertragspartners voraussetzt, führen Teilleistungen regelmäßig nicht zu einer Teilwirksamkeit des Vertrages gem. § 110. Eine Ausnahme gilt nur für den Fall, daß Leistung und Gegenleistung teilbar sind. Dies ist vorliegend der Fall (die Mietzinszahlung stellt die Leistung dar und die Gegenleistung ist in der Gebrauchsüberlassung zu sehen). Da M die teilweise Erfüllung mit Mitteln vorgenommen hat, die ihm von seinen gesetzlichen Vertretern hierzu überlassen worden sind, führt die Bezahlung der drei Monatsmieten rückwirkend zur Teilwirksamkeit des Mietvertrages für den Zeitraum der betreffenden Monate.

40 **bb)** Dem Minderjährigen müssen die an den Vertragspartner geleisteten Mittel zu diesem Zweck oder zur freien Verfügung **überlassen** worden sein:

- Die Mittelüberlassung kann *ausdrücklich* oder *konkludent* erfolgen und zwar *zweckgebunden* oder *zur freien Verfügung* (MüKo § 110 Rn. 10; Pal. § 110 Rn. 2).

  Beispiel: Wird dem Minderjährigen ein Teil seines Arbeitsverdienstes von seinen Eltern belassen, so ist hierin regelmäßig eine konkludente Überlassung von Mitteln zur freien Verfügung zu sehen.

- Werden die Mittel von einem **Dritten** überlassen, so kann das hiermit getätigte Geschäft nur dann gem. § 110 wirksam werden, wenn der gesetzliche Vertreter der Überlassung zugestimmt hat. Ansonsten würde dessen Erziehungsrecht unterlaufen werden (MüKo § 110 Rn. 16; Med. AT Rn. 582).

- Als **Mittel**, die dem Minderjährigen überlassen werden, kommen alle Vermögensgegenstände in Betracht, so daß der für § 110 verwendete Begriff des „Taschengeldparagraphen" zu eng gefaßt ist. Regelmäßig wird es sich bei den überlassenen Mitteln jedoch um Taschengeld oder um das dem Minderjährigen belassene Arbeitseinkommen handeln (Pal. § 110 Rn. 3).

- **Ob** und **inwieweit** die Mittel **zweckgebunden** überlassen wurden, ist im Wege der *Auslegung* gem. §§ 133, 157 zu ermitteln. Auch wenn die Mittel zur freien Verfügung überlassen wurden, ist nicht generell jedes Rechtsgeschäft hiervon gedeckt, sondern im Zweifel nur solche, die mit dem *Erziehungszweck* der Mittelüberlassung im Einklang stehen bzw. sich *im Rahmen des Vernünftigen* halten (RGZ 74, 235; MüKo § 110 Rn. 18; Köhler AT § 17 III 2 b cc).

  Beispiel: Kauft der 10-jährige M von seinem Taschengeld, das ihm zur freien Verfügung überlassen wurde pornographische Literatur, so ist dieses Rechtsgeschäft im Zweifel nicht gem. § 110 wirksam: Trotz der Überlassung des Taschengeldes ohne Zweckbindung, ist nicht davon aus, daß die hierin liegende konkludente Einwilligung der Eltern jede Art von Rechtsgeschäft deckt. Vielmehr sind hiervon im Zweifel nur solche Rechtsgeschäfte erfaßt, die mit dem Errziehungszweck des Taschengeldes im Einklang stehen. Das wird vorliegend abzulehnen sein.

- Erwirbt der Minderjährige mit den überlassenen Mitteln bestimmte Gegenstände (Surrogate), so ist im Wege der Auslegung zu bestimmen, welche **Verwendung der Surrogate** im Einzelfall noch von der in der Überlassung der Mittel liegenden Einwilligung des gesetzlichen Vertreters gedeckt ist. Die Verwendung der Surrogate ist grundsätzlich dann nicht mehr von der Einwilligung umfaßt, wenn der *Wert* der Surrogate den der überlassenen Mitteln *erheblich übersteigt* (RGZ 74, 235; MüKo § 110 Rn. 15). 41

  Beispielsfall: Die 17-jährige M kauft sich von ihrem Taschengeld, das ihr von ihren Eltern zur freien Verfügung überlassen worden ist, auf dem Münchner Oktoberfest ein Los und zieht den Hauptgewinn von DM 10.000,–. Von diesem Geld kauft sie sich ohne Wissen ihrer Eltern einen alten VW-Käfer. Sind die Kaufverträge jeweils wirksam?

  Der Kaufvertrag über das Los ist unproblematisch mit Bezahlung des Kaufpreises rückwirkend gem. § 110 wirksam geworden: M hat den Kaufpreis mit ihrem Taschengeld, das ihr zur freien Verfügung überlassen wurde, vollständig bezahlt. Die Auslegung der konkludenten Einwilligung der Eltern ergibt, daß der Kaufvertrag mitumfaßt ist, da sowohl der Erziehungszweck des Taschengeldes als auch der Rahmen des Vernünftigen gewahrt ist.
  Der Kaufvertrag über den Pkw könnte allenfalls gem. § 110 wirksam

sein, da weder ein Fall der §§ 112, 113 noch des § 107 gegeben ist: M hat die vertragsmäßige Leistung bewirkt, da sie den Kaufpreis vollständig bezahlt hat. Fraglich ist, ob sie die Leistung mit Mittel bewirkt hat, die ihr überlassen worden sind. Hier hat M ein Surrogat zur Bewirkung der Leistung eingesetzt, so daß im Wege der Auslegung zu ermitteln ist, ob eine derartige Verwendung des Surrogats noch von der ursprünglichen, in der Überlassung des Taschengeldes liegenden, Einwilligung gedeckt ist. Dies ist hier zu verneinen, da das Surrogat den Wert des überlassenen Taschengeldes um ein Vielfaches übersteigt.

Somit hängt die Wirksamkeit des Vertrages gem. § 108 von der Genehmigung der gesetzlichen Vertreter ab und ist bis zur Erteilung bzw. Verweigerung der Genehmigung schwebend unwirksam.

c) Rechtsfolge

42 aa) Der **schuldrechtliche Vertrag**, den der Minderjährige ohne ausdrückliche Einwilligung seines gesetzlichen Vertreters geschlossen hat, wird gem. § 110 **erst mit vollständiger Erfüllung** seitens des Minderjährigen **wirksam.** Die Wirksamkeit des Verpflichtungsgeschäft ist damit durch die vollständige Erfüllung seitens des Minderjährigen bedingt (MüKo § 110 Rn. 1; Med. AT Rn. 579).

bb) Hierbei ist zu beachten, daß die Wirksamkeit des schuldrechtliche Vertrages zwar erst zum Zeitpunkt der Erfüllung eintritt, aber **auf** den **Zeitpunkt der Vornahme** des Verpflichtungsgeschäftes **zurückwirkt** (vgl. die Formulierung in § 110: „gilt als von Anfang an wirksam").

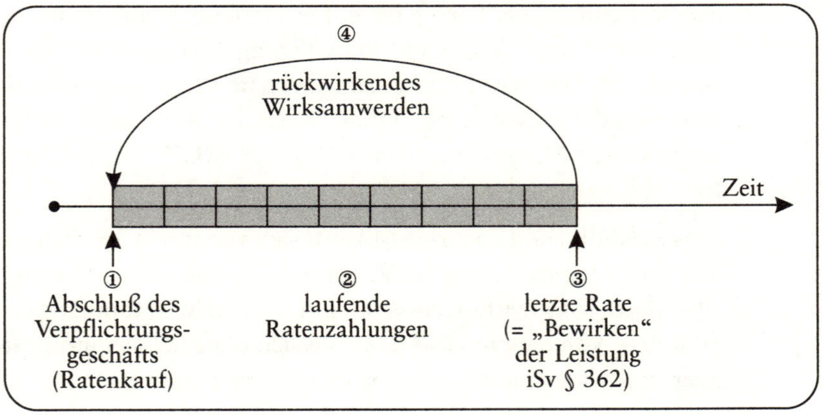

VII. Rechtlich nachteilhaftes Rechtsgeschäft ohne Einwilligung

Tätigt der Minderjährige ein *rechtlich nachteilhaftes* Rechtsgeschäft ohne Einwilligung des gesetzlichen Vertreters, so bemißt sich die Rechtslage nach den *§§ 108, 109* bzw. *§ 111*. Entscheidend ist insoweit, ob es sich bei dem Rechtsgeschäft um einen **Vertrag** (Geltung der §§ 108, 109) oder um ein **einseitiges Rechtsgeschäft** (Geltung des § 111) handelt. 43

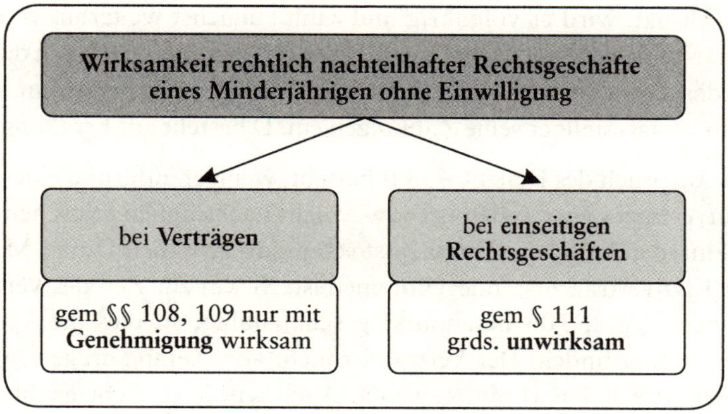

1. Rechtslage bei Verträgen, §§ 108, 109

Schließt der Minderjährige einen rechtlich nachteilhaften Vertrag ohne daß ein Fall der §§ 112, 113, 107 F 1 oder 110 vorliegt, so ist dieses Rechtsgeschäft zunächst **gem. § 108 I schwebend unwirksam.** Dies bedeutet, daß der Vertrag entweder unter bestimmten Voraussetzungen *voll wirksam* oder *endgültig unwirksam* werden kann. Solange diese Voraussetzungen nicht vorliegen besteht der *Schwebezustand* fort. Die Parteien sind dabei zwar grundsätzlich an den Vertrag gebunden, können jedoch aus diesem keine Rechte und Pflichten herleiten (MüKo § 108 Rn. 4). 44

a) Voraussetzungen für das Wirksamwerden des Vertrages

aa) Der zunächst schwebend unwirksame Vertrag wird *rückwirkend voll wirksam*, wenn der **gesetzliche Vertreter** (d. h. grundsätzlich die Eltern) den Vertrag **genehmigt,** §§ 108 I, 184 I. Gem. § 182 I, II kann der gesetzliche Vertreter die Genehmigung *formfrei*, also auch *konkludent*, sowohl gegenüber dem Vertragspartner als auch gegenüber dem Minderjährigen selbst erklären (MüKo § 108 Rn. 6; Pal. § 108 Rn. 2). 45

bb) Wird der **Minderjährige volljährig,** so wird der Vertrag nicht automatisch wirksam, vielmehr hat der zwischenzeitlich voll Geschäftsfähige gem. § 108 III *selbst* zu *entscheiden*, *ob* er den schwebend unwirksamen Vertrag *genehmigen will oder nicht*. Die Zuständigkeit des gesetzlichen Vertreters zur Genehmigung entfällt. Die Genehmigung kann sowohl *ausdrücklich* als auch *konkludent* erfolgen. Eine konkludente Genehmigung kann regelmäßig dann angenommen werden, wenn der zwischenzeitlich voll Geschäftsfähige den Vertrag *fortsetzt*. 46

Hierbei ist jedoch zusätzlich erforderlich, daß er bei Anwendung pflichtgemäßer Sorgfalt *hätte erkennen können*, daß sein Verhalten als Genehmigung gedeutet werden kann (BGHZ 109, 177; Pal. § 108 Rn. 4).

Beispielsfall: Der siebzehnjährige M kauft von seinem volljährigen Freund D ohne Wissen seiner Eltern dessen Musikanlage für DM 500,– ab. Sie vereinbaren, daß M den Kaufpreis in monatlichen Raten i. H. v. DM 50,– mittels seines Taschengeldes leisten solle. Kurz nachdem M die ersten drei Raten bezahlt hat, wird er volljährig und zahlt zunächst weiterhin vereinbarungsgemäß seine Raten. Hierbei ist ihm bewußt, daß sein Verhalten das Wirksamwerden des Vertrages nach sich zieht. Nachdem M insgesamt sechs Raten geleistet hat, stellt er seine Zahlungen ein. D besteht auf Erfüllung. Zu Recht?

Der Anspruch des D aus § 433 II besteht, wenn er aufgrund eines wirksamen Kaufvertrages entstanden ist, sowie nicht nachträglich erloschen ist und keine Einreden bestehen. Fraglich ist schon, ob zwischen D und M ein wirksamer Kaufvertrag zustandegekommen ist: M war zur Zeit des Vertragsschlusses gem. §§ 2, 106 beschränkt geschäftsfähig, so daß die §§ 107 – 113 Anwendung finden. Der Vertrag ist nicht von Anfang an gem. §§ 112, 113 oder § 107 F 1 wirksam gewesen. Auch wurde er nicht nachträglich gem. § 110 wirksam, da M die von ihm geschuldete Leistung nicht vollständig bewirkt hat. Somit war der Vertrag zunächst gem. § 108 I schwebend unwirksam. Da M zwischenzeitlich unbeschränkt geschäftsfähig geworden war, hing die Wirksamkeit des Vertrages gem. §§ 108 III von seiner Genehmigung ab. Da die Genehmigung gem. § 182 II keiner besonderen Form bedarf, kann sie auch konkludent erklärt werden. Indem M die Raten nach Eintritt seiner Volljährigkeit fortgezahlt hat, gab er zuverstehen, daß er am Vertrag festhalten will. Da ihm auch bewußt war, daß sein Verhalten als Genehmigung gedeutet werden konnte, ist in der Weiterzahlung eine konkludente Genehmigung i. S. v. § 108 III zu sehen. Somit ist der Vertrag gem. § 184 I rückwirkend voll wirksam geworden und der Anspruch des D in Höhe von DM 500,– entstanden. Der Anspruch ist nachträglich i. H. v. DM 300,– gem. § 362 I erloschen. Einreden des M sind nicht ersichtlich, so daß D von M Zahlung von DM 200,– verlangen kann.

b) Voraussetzungen für das endgültige Unwirksamwerden

47 aa) Zum einen wird der zunächst schwebend unwirksame Vertrag rückwirkend endgültig unwirksam, wenn der **gesetzliche Vertreter** oder der inzwischen **Volljährige** selbst die **Genehmigung** des Vertrages **verweigert**. Gem. § 183 kann die Verweigerung der Genehmigung wie auch ihre Erteilung vom gesetzlichen Vertreter *nicht widerrufen* werden, da ihre rechtsgestaltende Wirkung nicht mehr rückgängig gemacht werden kann. Aus diesem Grunde kann der Vertrag nach Verweigerung der Genehmigung nicht mehr nachträglich genehmigt werden. Der Vertrag muß in diesem Fall vielmehr neu vorgenommen werden (BGHZ 109, 177; Pal. § 108 Rn. 3; Staud. § 108 Rn. 10).

bb) Zum anderen kann der schwebend unwirksame Vertrag **auf Initiative des Vertragspartners** des Minderjährigen endgültig unwirksam werden: 48

- ❑ Gem. § 108 II kann der Vertragspartner **den gesetzlichen Vertreter** zur Genehmigung des schwebend unwirksamen Vertrages **auffordern**, wobei folgend Rechtswirkungen ausgelöst werden (Pal.§ 108 Rn. 5 ff.):
  - Eine gegenüber dem Minderjährigen bereits ausgesprochene *Genehmigung* oder Verweigerung wird gem. § 108 II 1 HS 2 *rückwirkend unwirksam*, so daß der Schwebezustand des Vertrages wieder hergestellt ist.
  - Der gesetzliche Vertreter kann die Genehmigung nunmehr abweichend von § 182 I nur noch *gegenüber dem Vertragspartner* erklären, § 108 II 1 HS 1.
  - Erklärt der gesetzliche Vertreter die Genehmigung nicht innerhalb einer Frist von 2 Wochen seit Zugang der Aufforderung des Vertragspartners, so *gilt* die Genehmigung kraft gesetzlicher Fiktion gem. § 108 II 2 HS 2 *als verweigert* (Beachte: Das Schweigen hat in diesem Fall also ausnahmsweise Erklärungswirkung, Näheres hierzu im BGB-AT Band I).

Beispielsfall: Wie oben § 7 Rn. 46, jedoch erfahren die Eltern infolge ohrenbetäubenden Lärms aus dem Zimmer ihres Sohnes schnell von dem Kauf. Nach anfänglichem Zögern erklären sie sich mit diesem einverstanden. Der Freund aber wird bzgl. der Wirksamkeit des Vertrages unsicher und fordert die Eltern auf, sich über die Genehmigung zu erklären. Die Eltern halten dies für überflüssig, da sie ihrem Sohn gegenüber ja bereits genehmigt haben, und äußern sich nicht weiter. Wirksamkeit des Vertrages?

Wie oben war der Vertrag zunächst schwebend unwirksam gem. § 108 I. Mit der Genehmigung der Eltern, die sie gegenüber ihrem Sohn erklärt hatten, wurde der Vertrag zunächst rückwirkend voll wirksam, §§ 108 I, 184 I. Mit der Aufforderung des Freundes an die Eltern, sich über die Genehmigung zu erklären, entfiel jedoch die Wirksamkeit der Genehmigung wieder, § 108 II 1 HS 2, der Vertrag war also wieder schwebend unwirksam. Da sich die Eltern im folgenden nicht weiter äußerten, verstrich die 2-Wochen-Frist des § 108 II 2, und die gesetzliche Fiktion der Genehmigungsverweigerung trat ein. Somit ist der Vertrag endgültig unwirksam geworden.

- ❑ Darüberhinaus kann der Vertragspartner den Vertrag bis zur Genehmigung des Vertrages gem. § 109 I mittels einer einseitigen, formfreien empfangsbedürftigen Willenserklärung **widerrufen**, was zu einer endgültigen Unwirksamkeit des Vertrages führt. Hierbei sind folgende Besonderheiten zu beachten (Pal. § 109 Rn. 1 ff.): 49
  - Gem. § 109 I 2 kann der Widerruf abweichend von § 131 II 2 *auch gegenüber* dem *Minderjährigen* erklärt werden.
  - Das Widerrufsrecht ist *nicht* dadurch *ausgeschlossen*, daß der Vertragspartner den gesetzlichen Vertreter gem § 108 II *zur Genehmigung* des Vertrages *aufgefordert* hat.

- Jedoch ist das Widerrufsrecht gem. § 109 II eingeschränkt bzw. ausgeschlossen, wenn der Vertragspartner von der Minderjährigkeit bzw. der fehlenden Einwilligung des gesetzlichen Vertreters in den Vertragsschluß Kenntnis gehabt hat.

Beispielsfall: Wie oben § 7 Rn. 46; der Freund geht zunächst davon aus, daß M voll geschäftsfähig ist. Erst drei Wochen nach dem Kauf erfährt er von der mangelnden Geschäftsfähigkeit und widerruft den Vertrag. Zwischenzeitlich hatten die Eltern des M den Kauf genehmigt. Wirksamkeit des Vertrages?

Der Vertrag war zunächst schwebend unwirksam gem. § 108 I. Mit der Genehmigung durch die Eltern, die sie gegenüber ihrem Sohn erklärt hatten, wurde der Vertrag rückwirkend voll wirksam, §§ 108 I, 184 I. Fraglich ist nur, ob nicht durch den Widerruf des Freundes die Wirksamkeit wieder entfallen ist. Das Widerrufsrecht bemißt sich nach § 109. Ein Ausschluß nach § 109 II liegt nicht vor, da der Freund bei Abschluß des Vertrages von der Geschäftsfähigkeit des M ausging. Das Widerrufsrecht endet jedoch nach dem Wortlaut des § 109 I mit der Genehmigung des Vertrages. Dabei schadet es nicht, wenn die Genehmigung dem Minderjährigen gegenüber erklärt wird (Pal. § 109 Rn. 3). Ein Widerruf ist somit nicht mehr möglich, der Vertrag ist wirksam.

Hinweis: Die soeben dargestellten Regelungen über Aufforderung und Widerruf seitens des Vertragspartners des schwebend unwirksamen Vertrages (vgl. hierzu auch die nachfolgende Grafik) haben sehr viel Ähnlichkeit mit der Problematik eines Vertragsschlusses durch einen falsus procurator im Stellvertretungsrecht, d. h. den §§ 177 ff. In beiden Fällen kann der Vertragspartner nur die endgültige Unwirksamkeit, nicht jedoch die Wirksamkeit des zunächst schwebend unwirksamen Vertrages herbeiführen.

2. Rechtslage bei einseitigen Rechtsgeschäften

Handelt es sich bei dem rechtlich nachteilhaften Geschäft, das der Minderjährige ohne Einwilligung seines gesetzlichen Vertreters abgeschlossen hat, um ein **einseitiges Geschäft**, so bestimmen sich die Rechtsfolgen nach der Vorschrift des **§ 111**. Hiernach ist zwischen nicht empfangsbedürftigen und empfangsbedürftigen Willenserklärungen **zu unterscheiden:**

50 a) Rechtslage bei nicht empfangsbedürftigen Willenserklärungen

Bei den rechtlich eher unbedeutenden Fällen von einseitigen Rechtsgeschäften, die aus einer nicht empfangsbedürftigen Willenserklärung bestehen, ist das Rechtsgeschäft gem. § 111 S. 1 **endgültig unwirksam.** In diesem Fall ist keine rückwirkende Heilung durch Genehmigung möglich, sondern das Rechtsgeschäft muß erneut – diesmal mit Einwilligung des gesetzlichen Vertreters – vorgenommen werden, um Wirksamkeit zu erlangen.

Beispiel: Die minderjährige M hat ihre Armbanduhr verloren. In mehreren Aushängen sagt sie dem Finder einen Finderlohn i. H. v. DM 50,– zu, ohne jedoch für diese Auslobung die Einwilligung ihrer Eltern eingeholt zu haben. Der Finder F kann aus § 657 keinen Anspruch

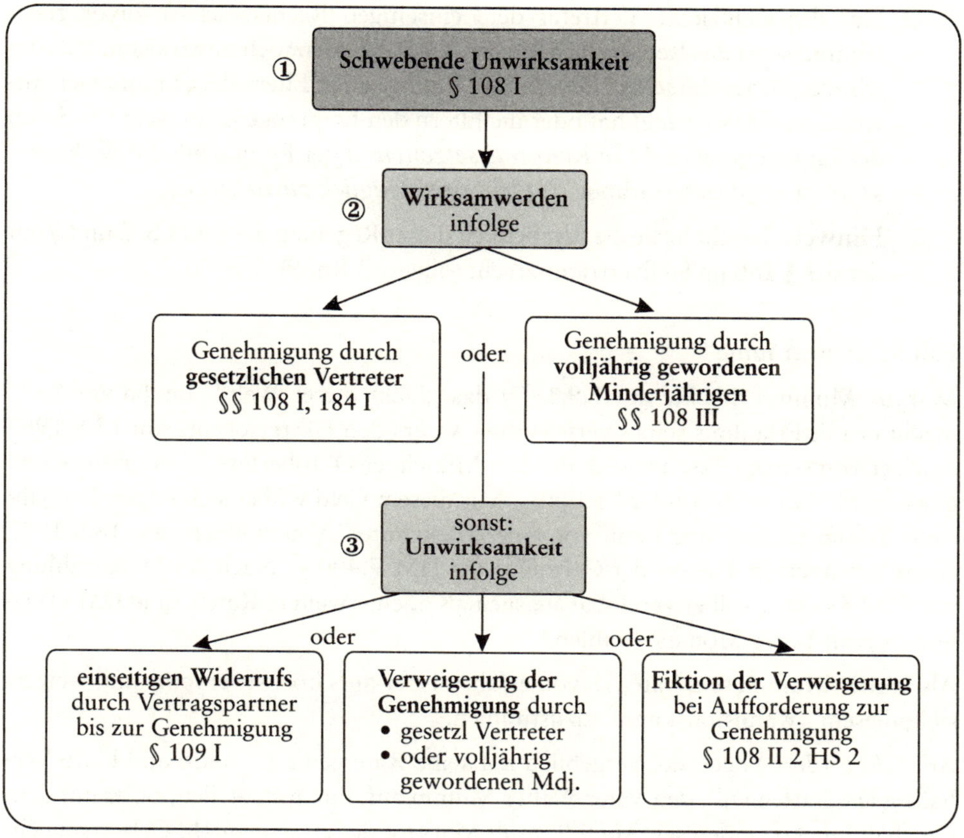

auf den Finderlohn geltend machen, da die Auslobung gem. § 111 S. 1 unwirksam ist. Dies gilt auch dann, wenn die Eltern der M die Auslobung im Nachhinein genehmigen würden. F hat jedoch Anspruch auf den – wohl geringeren – Finderlohn aus § 971, da das gesetzliche Schuldverhältnis der §§ 965 ff. unabhängig von Willenserklärungen und somit Geschäftsfähigkeit der Beteiligten entsteht.

b) Rechtslage bei empfangsbedürftigen Willenserklärungen

Besteht das einseitige Rechtsgeschäft aus einer empfangsbedürftigen Willenser- 51
klärung, so ist in folgender Weise zu differenzieren (Pal. § 111 Rn. 3 f.):

- ❑ **Grundsätzlich** ist das ohne Einwilligung vorgenommene rechtlich nachteilhafte Rechtsgeschäft gem. § 111 S. 1 **unwirksam** und **nicht genehmigungsfähig.**
- ❑ **Kennt** der Erklärungsempfänger jedoch die Minderjährigkeit und ist er mit der Vornahme des Rechtsgeschäfts **einverstanden**, so gilt nach h. M. nicht § 111 S. 1, sondern die *§§ 108, 109 entsprechend*. Der gesetzliche Vertreter des Minderjährigen kann somit das Rechtsgeschäft genehmigen.

  Argument: Der Erklärungsempfänger bedarf in diesem Fall nicht des Schutzes des § 111, da er die rechtliche Unsicherheit, die das Auftreten des Minderjährigen mit sich bringt, bewußt in Kauf genommen hat.

- ❑ Hat der gesetzliche Vertreter dem einseitigen Rechtsgeschäft zuvor **zugestimmt**, so ist das Rechtsgeschäft gem. § 111 S. 2 dennoch **unwirksam**, falls der Minderjährige die *schriftliche Einwilligung* seiner Eltern dem Empfänger entweder *nicht vorgelegt* hat oder die Eltern den Empfänger gem. § 111 S. 3 von der Einwilligung *nicht in Kenntnis setzen, und* der Empfänger die Willenserklärung aus diesem Grunde (!) *nicht unverzüglich zurückweist.*

  Hinweis: Beachten Sie die **Ähnlichkeit** dieser Regelung des § 111 S. 2 und 3 mit der des **§ 180** im Stellvertretungrecht (oben § 3 Rn. 5).

Fall 5: „Autoträume"

Markus Mumm erblickte am 7.9.1979 das „Licht dieser Welt". Im Januar 1997 macht er mit Erlaubnis seines verwitweten Vaters den Führerschein. Am 13.8.1997 kauft er von seinem Taschengeld auf dem Münchner Oktoberfest 5 Lotterielose und gewinnt mit einem davon DM 5.000,–. Mit diesem Geld will er sich seinen langjährigen Traum erfüllen und kauft von einem Bekannten, Volker Vogel, am 18.8.1997 einen gebrauchten Fiat-Spider-Cabriolet für DM 7.400,–. Nach seiner Anzahlung von DM 5.000,–, soll er vereinbarungsgemäß noch 4 weitere Raten zu je DM 600,– jeweils zum 1. des Monats – zahlen.

Als Walter Mumm, sein Vater, davon erfährt, ist er aufs höchste empört und weigert sich, diesem „Wahnsinnskauf" zuzustimmen.

Am 5.9. fordert Vogel, der vergeblich auf seine Rate gewartet hatte und klare Verhältnisse schaffen will, den Vater Walter Mumm auf, ihm mitzuteilen, ob er mit dem Geschäft einverstanden sei. Am 9.9. zahlt Markus, der zu seinem 18. Geburtstag ein größeres Geldgeschenk bekommen hatte, weitere DM 600,– an Vogel.

Am 11.9. erhält Vogel ein Schreiben des Vaters Walter Mumm, in welchem dieser ausdrücklich die Genehmigung des Vertrages verweigert.

Am 15.9. ist Markus wegen zu hoher Ausgaben für eine Autoreparatur „bankrott" und erklärt deswegen dem Vogel, daß der Cabriokauf wegen seiner Minderjährigkeit wohl doch unwirksam sei. Vogel sieht die Rechtslage anders und verlangt Zahlung der restlichen drei Raten. Zu Recht?

Anmerkung: Die Vorschriften des Verbraucherkreditgesetzes sollen hierbei außer Betracht bleiben.

Anspruch des V gegen M auf Kaufpreiszahlung gem. § 433 II

Der vertragliche Anspruch besteht, wenn er *entstanden* ist, *nicht* wieder *erloschen* ist und seiner Durchsetzung *keine Einreden* entgegenstehen.

(A) **Entstanden:**

V könnte aufgrund eines wirksamen Kaufvertrages einen Anspruch gegen M auf Zahlung der noch ausstehenden Kaufpreisraten iHv. DM 1.800,– gem. § 433 II haben.

(I) Einigung

V und M haben sich über den wesentlichen Inhalt eines Kaufvertrages (Parteien, Kaufpreis, Kaufgegenstand) **geeinigt.**

(II) Keine Wirksamkeitshindernisse: 52

Die Einigung könnte gem. **§ 108 I** unwirksam sein, wenn M zur Zeit des Vertragsschlusses **beschränkt geschäftsfähig** war. **Beschränkt geschäftsfähig** ist gem. **§§ 2, 106,** wer das siebte Lebensjahr (7. Geburtstag, 0.00 Uhr; vgl. § 187 II 2), aber noch nicht das achtzehnte (18. Geburtstag, 0.00 Uhr; vgl. § 187 II 2) vollendet hat.

M war am 18.08. noch 17 Jahre alt und folglich gem. § 106 **beschränkt geschäftsfähig,** so daß die **§§ 107–113** Anwendung finden:

(1) Nachdem eine Wirksamkeit des Kaufvertrages nach **§§ 112, 113** ausscheidet, ist zu prüfen, ob ein Fall des **§ 107 F 1** vorliegt. Hiernach müßte der Kaufvertrag mit V **lediglich rechtlich vorteilhaft** sein: 53

(a) Ein Rechtsgeschäft des Minderjährigen ist dann **nicht** lediglich rechtlich vorteilhaft, wenn durch das Geschäft **unmittelbar**
- ❑ persönliche Pflichten **begründet** oder
- ❑ vorhandene Rechte **gemindert** oder **aufgehoben** werden.

Hierbei ist **allein** auf die **rechtlichen unmittelbaren Folgen** des Geschäftes abzustellen, d. h. die **wirtschaftlichen** Auswirkungen sind **unerheblich.**

(b) Der Abschluß des Kaufvertrages war demnach rechtlich **nach**teilhaft, da für M unmittelbar die persönliche Verpflichtung aus § 433 II zur Kaufpreiszahlung begründet wurde.

(2) Der Kaufvertrag könnte jedoch gem. **§ 107 F 2** wirksam sein, wenn der er **mit Einwilligung** (= vorherige Zustimmung, § 183) des gesetzlichen Vertreters vorgenommen worden ist: 54

(a) Die Einwilligung kann entweder für ein **bestimmtes Geschäft** oder in Form eines **beschränkten** Generalkonsenses für einen **abgrenzbaren Geschäftsbereich** erteilt werden und muß darüber hinaus **vom Umfang der Vertretungsmacht** des gesetzlichen Vertreters gedeckt sein.

(b) Vorliegend ist eine **ausdrückliche** Einwilligung des W, der gem. §§ 1626, 1629 I, 1681 I gesetzliche Vertretungsmacht hatte, nicht gegeben.

(c) Ebenso liegen keine Anhaltspunkte dafür vor, im Einverständnis zum Führerscheinerwerb eine **konkludente** Einwilligung in den Autokauf zu sehen.

Somit ist der Kaufvertrag auch nicht nach § 107 F 2 wirksam.

55 (3) Der Kaufvertrag könnte jedoch gem. § 110 (sog. **„Taschengeldparagraph"**) nachträglich wirksam geworden sein:

Diese Regelung ist nach h. M. ein **besonderer Anwendungsfall des** § 107. In der Überlassung der Mittel liegt eine besondere Form einer **konkludenten Einwilligung** des gesetzlichen Vertreters, deren Umfang sich aus der mit der Überlassung der Mittel verbundenen Zweckbestimmung ergibt.

Hiernach müßten folgende **Voraussetzungen** erfüllt sein:

(a) Der Minderjährige muß die vertragsmäßige Leistung **bewirkt** haben:

Hierzu ist grundsätzlich **vollständige Befriedigung** des Vertragspartners durch **Erfüllung** (§ 362) bzw. durch Annahme an Erfüllungs Statt (§ 364 I), Aufrechnung (§ 389) oder Hinterlegung (§ 378) erforderlich. **Teilleistungen** führen nur dann zur Teilwirksamkeit, wenn Leistung und Gegenleistung teilbar sind.

(b) Das Bewirken der Leistung muß ferner mit **Mitteln** geschehen sein, die dem Minderjährigen **überlassen** worden sind:

- ❑ Die Überlassung kann **ausdrücklich** oder **konkludent** erfolgen, also auch durch Belassung des Arbeitsverdienstes.
- ❑ Ob auch Geschäfte mit **Surrogaten**, die der Minderjährige mit den überlassenen Mitteln erworben hat, von § 110 umfaßt sind, ist durch **Auslegung** zu ermitteln. Hierbei ist darauf abzustellen, welche Verwendung **durch** das **Einverständnis** des gesetzlichen Vertreters im Einzelfall noch **gedeckt** ist.

(c) **Vorliegend** ist der Kaufvertrag nicht nach § 110 wirksam geworden, da M die Kaufpreiszahlung noch *nicht vollständig* erbracht hat. Es liegt auch – mangels Teilbarkeit – *keine Teilwirksamkeit* vor. Im übrigen wäre hinsichtlich des Betrages von DM 5.000,– der Kaufpreis *auch nicht mit überlassenen Mitteln i.S.v. § 110 erbracht* worden, da nicht davon auszugehen ist, daß der Kauf mit dem *Surrogat* (Gewinn aus einem gem. § 110 wirksamen Loskauf) noch vom Einverständnis des Vaters gedeckt war.

56 (4) Somit kommt eine Wirksamkeit des Kaufvertrages nur noch nach **§ 108 I** aufgrund einer **Genehmigung** (am 9.9.) in Betracht:

(a) Der Vertrag müßte am 9.9. noch **genehmigungsfähig** gewesen sein, d. h. die Genehmigung dürfte zu diesem Zeitpunkt noch nicht verweigert worden sein oder als verweigert gelten (vgl. § 108 II S. 2 HS 2).

- ❑ W hat die Genehmigung des Kaufvertrages **gegenüber T ausdrücklich** verweigert, so daß der zunächst schwebend unwirksame Vertrag **unwirksam** geworden ist.

- ❑ Doch wurde diese **Verweigerung der Genehmigung** gegenüber M gem. § 108 II 1 HS 2 rückwirkend **unwirksam**, da V den W am 5.9. zur Erklärung über die Genehmigung aufgefordert hat.
- ❑ Auch die **Verweigerung** der Genehmigung **im Schreiben** an V ändert daran nichts, da W aufgrund der mittlerweile eingetretenen Volljährigkeit des M die **Zuständigkeit** zur Entscheidung über die Genehmigung **verloren** hatte.

Somit war der Kaufvertrag am 9.9. noch schwebend unwirksam und damit genehmigungsfähig.

(b) Der Vertrag könnte von M gem. § 108 III, I **ausdrücklich** oder **konkludent genehmigt** worden sein:

- ❑ Mit Eintritt der Volljährigkeit wird der Vertrag **nicht von selbst** wirksam.
- ❑ **Eine ausdrückliche** Genehmigung durch M liegt nicht vor.
- ❑ Doch hat M durch die Bezahlung der Rate am 9.9. **konkludent** zum Ausdruck gebracht, daß er an dem Vertrag festhalten will.

Somit ist der Kaufvertrag durch konkludente Genehmigung vom 9.9. gem. § 108 I i.V.m. III **rückwirkend wirksam** geworden.

Damit ist der Kaufpreiszahlungsanspruch i.H.v. DM 7.400,– entstanden.

(B) **Erlöschen:**

Der Anspruch ist i.H.v. DM 5.600,– durch Erfüllung gem. § 362 I erloschen.

(C) Es bestehen **keine Einreden.**

Ergebnis: V kann von M Zahlung von DM 1.800,– verlangen.

§ 8. Bewußte Willensmängel

A. Allgemeines

Als weitere Fallgruppe der personenabhängigen Wirksamkeitshindernisse sind die sog. bewußten Willensmängel bzw. Willensvorbehalte zu nennen. Bei ihnen besteht die Besonderheit, daß der Erklärende bei der Abgabe seiner Willenserklärung zwar Erklärungsbewußtsein hat, das von ihm **Erklärte** jedoch **nicht gegen sich gelten lassen will.** 1

Hinweis: Wiederholen Sie bitte an dieser Stelle die Tatbestandsvoraussetzungen einer Willenserklärung (vgl. hierzu im Band BGB-AT I §§ 13, 14).

Die gesetzliche Regelung der bewußten Willensmängel findet sich in den §§ **116–118.** Hiernach ist folgende Einteilung vorzunehmen:

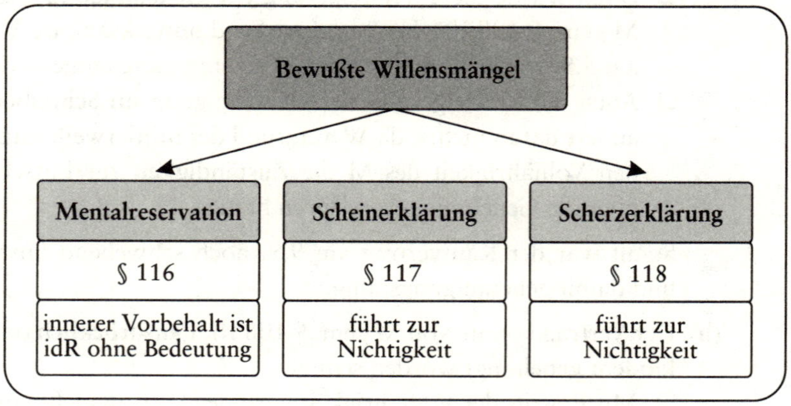

B. Die Mentalreservation gem. § 116

2 Eine sog. **Mentalreservation** bzw. **geheimer Vorbehalt** gem. § 116 S. 1 liegt vor, wenn der Erklärende sich bei der Abgabe seiner Willenserklärung *insgeheim vorbehält*, das *Erklärte nicht zu wollen.*

I. Der Vorbehalt ist dann **geheim**, wenn er demjenigen verheimlicht wird, für den die Willenserklärung bestimmt ist. Bei einer empfangsbedürftigen Willenserklärung muß der Vorbehalt den *Erklärungsempfänger* betreffen. Hierbei ist gleichgültig, auf welchem Motiv der Vorbehalt des Erklärenden beruht (Pal. § 116 Rn. 2; Brox AT Rn. 346):

II. Gem. § 116 S. 1 ist ein solcher geheimer Vorbehalt **unbeachtlich**, d. h. der Erklärende muß seine Erklärung trotz seines Vorbehalts in vollem Umfang *gegen sich gelten lassen.*

Hinweis: Zum gleichen Ergebnis würde man letztlich auch im Wege der Auslegung kommen: Nach der herrschenden objektiv-normativen Auslegung ist bei empfangbedürftigen Willenserklärungen nicht auf den Willen der Erklärenden abzustellen, sondern auf die Sicht eines objektiven Empfängers (vgl. BGB-AT Band I § 19 Rn. 6). Insoweit ist die Regelung des § 116 S. 1 überflüssig.

Beispiel: G verspricht seinem Freund F, der sich in einer finanziellen Notlage befindet, ein Darlehen, da er sich hierzu als Freund moralisch verpflichtet fühlt. Innerlich geht G jedoch davon aus, daß er das Geld an F nie auszahlen werde, weil er fürchtet, das Geld nicht mehr zurück zu bekommen. Gem. § 116 S. 1 ist der geheime Vorbehalt unbeachtlich, so daß sich G an seinem Darlehensversprechen festhalten lassen muß.

III. Dagegen ist die Erklärung **gem. § 116 S. 2 nichtig**, wenn es sich um eine *empfangsbedürftige* Willenserklärung handelt und der Erklärungsempfänger den Vorbehalt *kannte*. In einem solchen Fall ist der Empfänger nämlich *nicht schutzbedürftig*. Hierbei reicht für die Rechtsfolge der Nichtigkeit nicht aus, daß der Erklärungsempfänger den Vorbehalt hätte erkennen können (Pal. § 116 Rn. 4; Musielak Rn. 278).

Beispiel: Wie oben, doch erkennt F, daß G das Versprechen nicht ernst meint. In diesem Fall ist die Erklärung des G gem. § 116 S. 2 nichtig.

C. Die Scheinerklärung gem. § 117

Von weit größerer Bedeutung als der geheime Vorbehalt ist die sog. Scheinerklärung 3
bzw. das Scheingeschäft gem. § 117 I. Eine solche Scheinerklärung liegt vor, wenn der Erklärende eine empfangsbedürftige Willenserklärung **mit Einverständnis** des Erklärungsempfängers nur zum Schein abgibt. Die Parteien *wollen* in diesem Fall zwar den *äußeren Schein* eines Rechtsgeschäfts hervorrufen, *jedoch nicht* die mit dem Geschäft verbundenen *Folgen* eintreten lassen (BGH NJW 1980, 1573; Pal § 117 Rn. 3).

I. Durch das Erfordernis einer **Einigung** zwischen Erklärenden und Erklärungsempfänger über die Abgabe der Willenserklärung nur zum Schein *unterscheidet sich* die Scheinerklärung *vom geheimen Vorbehalt nach § 116 S. 2*. Liegt demnach keine solche Einigung vor, so ist § 116 einschlägig.

II. Während § 116 für alle Arten von Willenserklärung Geltung hat, ist für eine Anwendung von § 117 erforderlich, daß eine **empfangsbedürftige** Willenserklärung betroffen ist, da nur in diesem Fall ein Einverständnis eines Erklärungsempfängers denkbar ist (vgl. auch die Formulierung in § 117 I: „ ...eine Willenserklärung, die einem anderen gegenüber abzugeben ist...“).

III. Der Scheinerklärung muß **kein bestimmtes Motiv** zugrunde liegen. Regelmäßig wollen die Parteien jedoch mittels des Scheingeschäft *über* ein *verdecktes*, ernsthaft gewolltes, Rechtsgeschäft *hinwegtäuschen* (vgl. den nachfolgenden Fall des Schwarzkaufes).

IV. Gem. **§ 117 I** ist die Scheinerklärung gegenüber jedermann **nichtig**. Diese gesetzliche Wertung zugunsten des Erklärenden und zuungunsten des Erklärungsempfängers erklärt sich aus der *mangelnden Schutzbedürftigkeit* eines Empfängers, der sein Einverständnis zur Scheinerklärung erklärt hat.

V. Sofern durch das Scheingeschäft ein anderes, von den Parteien tatsächlich gewolltes Rechtsgeschäft verdeckt wird, finden **gem. § 117 II** die **für** das **verdeckte Rechtsgeschäft geltenden Vorschriften Anwendung.** Danach ist das verdeckte Geschäft gültig, wenn seine Gültigkeitsvoraussetzungen vorliegen (z. B. Beachtung eines evt. Formerfordernisses, kein Verstoß gegen §§ 134, 138). Das verdeckte Rechtsgeschäft ist also nicht deshalb nichtig, weil es verdeckt wurde (BGH NJW 1983, 1844).

4 **VI. Hauptanwendungsfall** des § 117 ist der Fall des sog. **Schwarzkaufs** bei dem die Parteien unter Angabe eines geringeren als des vereinbarten Kaufpreises einen Grunsstückkaufvertrag abschließen. Zur Verabschaulichung soll folgender Fall dienen:

Fall 6: „Der Schwarzkauf"

K und V schließen einen Kaufvertrag über das Hausgrundstück des V zum Preis von DM 1,5 Mio. Um Notargebühren und Grunderwerbssteuern zu sparen, geben sie im notariell beurkundeten Kaufvertrag einverständlich zum Schein einen Kaufpreis von 1,2 Mio an. Die übrigen DM 300.000,– soll K dem V bar innerhalb von zwei Wochen bezahlen. K überweist auf das Konto des V DM 1,2 Mio. Von den übrigen DM 300.000,– will er dagegen nichts wissen. Vielmehr verlangt er von V Übereignung des Grunsstücks. V hat zwischenzeitlich einen anderen Kaufinteressenten, der zur Zahlung eines Kaufpreises i. H. v. DM 1,6 Mio bereit ist. Daher wendet er gegenüber K ein, der Übereignungsanspruch sei mangels wirksamen Kaufvertrages nie entstanden. K beharrt auf der Auflassung des Grundstücks. Zu Recht?

Der **Auflassungsanspruch** des K gegen V aus § 433 I 1 besteht, wenn der Anspruch *entstanden* und *nicht wieder erloschen* ist und *keine Einreden* bestehen.

(A) Der Anspruch aus § 433 I 1 ist **entstanden**, wenn sich die Parteien wirksam i. S. v. § 433 geeinigt haben.

(I) K und V könnten sich über den Kauf des Hausgrundstücks zum Preis von *DM 1,2 Mio* **geeinigt** haben. In dem notariell beurkundeten Kaufvertrag ist eine Einigung dieses Inhalts zu sehen.

(II) Diese Einigung könnte jedoch **gem. § 117 I unwirksam** sein, wenn es sich insoweit um ein *Scheingeschäft* handeln würde.

(1) K und V haben die notariell beurkundeten Erklärungen (Angebot und Annahme) einverständlich jeweils **nur zum Schein abgegeben,** da sie dadurch über den tatsächlich gewollten Kauf zum Preis von DM 1,5 Mio hinwegtäuschen wollten.

(2) Gem. § 117 I sind diese Scheinerklärungen **nichtig,** so daß keine wirksame Einigung zum Preis von DM 1,2 Mio vorliegt.

(III) Die Parteien könnten sich jedoch wirksam über einen Kauf zum Preis von *DM 1,5 Mio* **geeinigt** haben:

(1) Eine solche Einigung ist in der **tatsächlich gewollten**, durch das Scheingeschäft verdeckten Vereinbarung, zu sehen (§ 117 II).

(2) Fraglich ist jedoch, **ob** dieses verdeckte Rechtsgeschäft **wirksam** ist:

(a) Das Rechtsgeschäft ist *nicht* schon *deshalb unwirksam*, *weil* es 5
durch ein anderes Rechtsgeschäft – den Kauf zu DM 1,2 Mio – *verdeckt* wurde. § 117 II ordnet nämlich an, daß das Verdecken durch ein Scheingeschäft nicht zur Nichtigkeit des verdeckten Rechtsgeschäftes führt. Vielmehr finden die **für** das **verdeckte Rechtsgeschäft** geltenden Vorschriften Anwendung:

(b) Da es sich insoweit um ein Kaufvertrag über ein Grundstück handelt, ist die **Formvorschrift des § 313** zu beachten. Vorliegend wurde der Kauf zu 1,5 Mio nicht notariell beurkundet und somit die Anforderungen des § 313 S. 1 nicht erfüllt. Gem. § 125 S. 1 i.V.m. § 313 S. 1 ist der Kaufvertrag damit wegen eines Formmangels nichtig. Eine Heilung des Formmangels gem. § 313 S. 2 kommt nicht in Betracht, da die Auflassung und Eintragung des K als neuen Eigentümer im Grundbuch gem. §§ 873, 925 gerade noch nicht erfolgt ist.

(B) **Ergebnis:** Der Anspruch des K gegen V auf Übereignung des Grundstücks ist mangels wirksamen Kaufvertrages schon nicht entstanden.

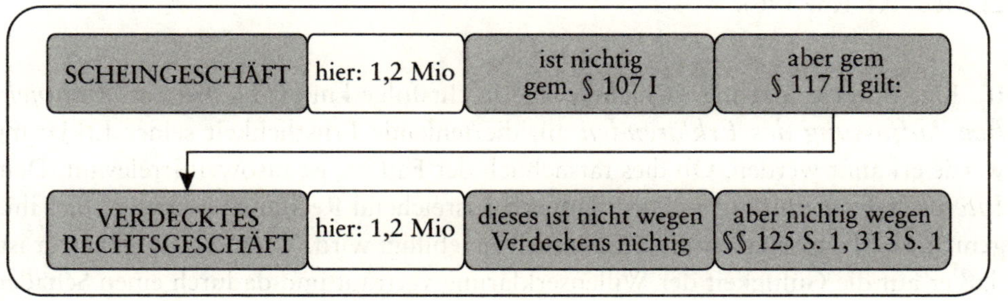

VII. Ein examenstypisches Problem ist die **Abgrenzung** von Scheingeschäften i. S. v. 6
§ 117 zu sog. Treuhandsgeschäften:

1. Bei **Scheingeschäften** sind sich die Parteien einig, daß ihnen zur Erreichung ihres Zweckes der *bloße äußere Schein genügt*, ohne die mit dem Rechtsgeschäft verbundenen Rechtsfolgen eintreten lassen zu wollen (BGH NJW 1980, 1573; Pal. § 117 Rn. 3).

Beispiel: Beim soeben dargestellten Schwarzkauf von Grundstücken genügt den Parteien zur Täuschung über die Höhe des Kaufpreises, daß ein niedrigerer Kaufpreises beurkundet wird, ohne daß sie aber eine Zahlungspflicht in dieser Höhe wirklich wollen.

2. Bei **Treuhandsgeschäften**, bei denen eine Partei tatsächlich mehr Rechtsmacht („in ihre treue Hand") bekommt, als sie im Innenverhältnis haben soll, *benötigen und wollen die Parteien die Rechtsfolgen* des Geschäfts, um ihren Zweck zu erreichen (BGH NJW 1993, 2609; Pal. § 117 Rn. 4).

Beispiel: Übereignet der Ehemann seiner Frau seinen Porsche „zum Schein", um diesen dem Zugriff seiner Gläubiger zu entziehen, so benötigt er wirklich den Eignetumsübergang auf seine Frau (also die Rechtsfolgen der Übereignung) und begnügt sich nicht mit dem bloßen Schein – wie im Fall des § 117.

D. Die Scherzerklärung gem. § 118

7 Eine Scherzerklärung i. S. v. § 118 liegt vor, wenn der Erklärende eine nicht ernstlich gemeinte Willenserklärung **in der Erwartung** abgibt, der *Mangel der Ernstlichkeit werde nicht verkannt* werden.

I. Wie § 116 setzt auch § 118 voraus, daß der Erklärende seine Willenserklärung **nicht ernsthaft will**. Im Gegensatz zu § 116 will der Erklärende im Fall des § 118 seinen Willensvorbehalt *nicht verheimlichen*, sondern er **geht davon aus**, daß der andere die Nichternstlichkeit *erkennen werde*. Jedoch liegt – anders als im Fall des § 117 – *kein Einverständnis* über die mangelnde Ernstlichkeit vor (Pal. § 118 Rn. 2; Med. AT Rn. 596).

II. Eine Scherzerklärung ist **nichtig**. Die Rechtsfolge knüpft hierbei an die *subjektive Auffassung des Erklärenden* an, die fehlende Ernstlichkeit seiner Erklärung werde erkannt werden. Ob dies tatsächlich der Fall ist, ist insoweit irrelevant. Dem *Interesse des Empfängers* wird dadurch ausreichend Rechnung getragen, daß ihm **gem. § 122 I** ein **Schadensersatzanspruch** zugebilligt wird. Voraussetzung hierfür ist, daß er auf die Gültigkeit der Willenserklärung vertraut und dadurch einen Schaden erlitten hat. Der Schadensersatzanspruch ist jedoch gem. § 122 II ausgeschlossen, wenn der Empfänger den Mangel der Ernstlichkeit infolge leichter Fahrlässigkeit nicht erkannt hat (Näheres zur Vorschrift des § 122 im Anfechtungsrecht, vgl. unten § 19 Rn. 5 ff.).

III. § 118 regelt nur die Rechtsfolge eines sog. **guten Scherzes**, bei dem der Erklärende *davon ausgeht*, daß der *Mangel* der Ernstlichkeit *erkannt werde*. Erkennt der Erklärende, daß der Empfänger die Erklärung entgegen seiner Erwartung ernst nimmt, so ist er nach Treu und Glauben dazu berufen, den Empfänger auf die fehlende Ernstlichkeit hinzuweisen. Unterläßt er dies, so liegt ein sog. **böser Scherz** vor, auf den *nicht § 118, sondern § 116 S.1* Anwendung findet. Die Willenserklärung ist hiernach voll gültig. Nur wenn das „Opfer" des bösen Scherzes diesen durchschaut, ist die Willenserklärung gem. § 116 S. 2 unwirksam (Pal. § 118 Rn. 2; Musielak Rn. 282).

E. Zusammenfassende Graphik

Veranschaulichen Sie sich die Problematik zu den §§ 116–118 zusammenfassend anhand folgender Graphik (vgl.a. Musielak Rn. 283):

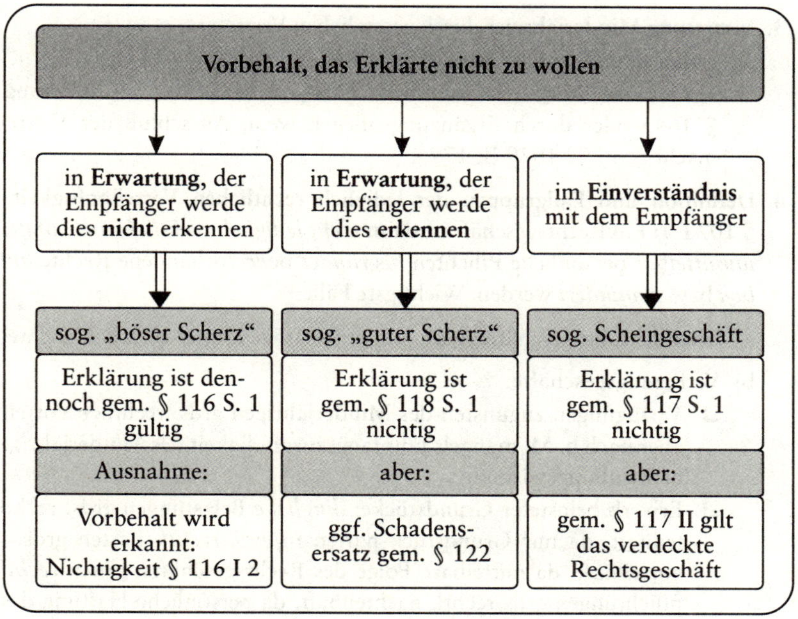

Zusammenfassung
Personenabhängige Wirksamkeitshindernisse

A. Die mangelnde Geschäftsfähigkeit gem. §§ 104 ff.:

I. Definition: Geschäftsfähigkeit ist die Fähigkeit, Rechtsgeschäfte selbständig vollwirksam vorzunehmen.

II. Geschäftsunfähigkeit gem. §§ 104, 105:

1. **Fallgruppen:** Keine Vollendung des 7. Lebensjahrs (§ 104 Nr. 1) oder dauernde, die freie Willensbestimmung ausschließende Geistestätigkeit (§ 104 Nr. 2).

2. **Rechtsfolgen:** Gem. § 105 I ist WE des Geschäftsunfähigen nichtig. Gem. § 131 I muß empfangsbedürftige WE dem gesetzlichen Vertreter zugehen.

III. Beschränkte Geschäftsfähigkeit gem. §§ 2, 106 ff.:

1. **Fallgruppen:** Minderjährige zwischen 7 und 18 Jahren (§§ 2, 106) bzw. weitgehende Gleichstellung eines Betreuten mit Einwilligungsvorbehalt (§ 1903 I 2, III).

Fortsetzung der Zusammenfassung auf der nächsten Seite

Fortsetzung der Zusammenfassung

2. **Rechtsfolgen gem. §§ 107 – 113:**
   - ❑ *von Anfang an* wirksame Rechtsgeschäfte: Fälle der §§ 112, 113, 107 F 1 oder F 2,
   - ❑ *nachträglich* wirksame Rechtsgeschäfte: Fall des § 110 oder § 108.
3. **Vertretung Minderjähriger** durch gesetzlichen Vertreter:
   - ❑ *grundsätzlich* durch Eltern, §§ 1626, 1629 I,
   - ❑ *ausnahmsweise* durch Vormundschaftsgericht, wenn Beschränkung gem. § 1643 oder durch Ergänzungspfleger, wenn Ausschluß der Vertretungsmacht gem. §§ 1629 II, 1795.
4. **Definition und Fallgruppen der lediglich rechtlichen Vorteilhaftigkeit i. S. v. § 107 F 1:** Ein Rechtsgeschäft ist dann *nicht lediglich rechtlich vorteilhaft*, wenn *unmittelbar* persönliche Pflichten *begründet* oder vorhandene Rechte *aufgehoben* bzw. *gemindert* werden. Wichtigste **Fälle:**

   a) **Verpflichtungsgeschäfte:** gegenseitige Verträge immer rechtlich nachteilhaft.

   b) **Verfügungsgeschäfte:**
   - ❑ Verfügungen zugunsten des **Minderjährigen** grds. rechtlich vorteilhaft – aber nach h. M. mangels Empfangszuständigkeit des Minderjährigen keine Erfüllungswirkung.
   - ❑ **Erwerb belasteter Grundstücke:** *dingliche* Belastungen grds. rechtl. vorteilhaft, da nur Grundstück haftet; *öffentl.-rechtl.* Lasten grds. rechtl. vorteilhaft, da mittelbare Folge des Rechtsgeschäfts; *privat-rechtl.* Verpflichtungen grds rechtl. nachteilhaft, da persönliche Haftung des Minderjährigen.

   c) **Ausübung von Gestaltungsrechten:** rechtl. vorteilhaft, wenn Rechtslage ausschließlich *zugunsten* des Minderjährigen verändert wird.

B. Bewußte Willensmängel gem. §§ 116 – 118:

I. **Die Mentalreservation nach § 116 S.1:** unbeachtlich, wenn Erklärender sich insgeheim vorbehält, das Erklärte nicht zu wollen. Gem. § 116 S. 2 ist Erklärung *nichtig*, wenn bei empfangsbedürftiger WE Erklärungsempfänger Vorbehalt kannte.

II. **Scheingeschäft nach § 117 I:** WE *nichtig*, wenn sie mit Einverständnis des Erklärungsempfängers nur zum Schein abgegeben wird. Gem. § 117 II finden die *für* das *verdeckte Rechtsgeschäft* geltenden Vorschriften Anwendung (bei Schwarzkauf insbes. § 313).

III. **Scherzerklärung nach § 118:** WE *nichtig*, wenn nicht ernstlich gemeint und in der Erwartung abgegeben wurde, daß Mangel der Ernstlichkeit nicht verkannt wird. Aber *Ersatz* des *Vertrauensschadens* des Empfängers gem. *§ 122 I*, es sei denn, dieser hat Mangel der Ernstlichkeit infolge leichter Fahrlässigkeit nicht erkannt.

Kontrollfragen und Übungsfälle

Zu § 7

1. Was versteht man unter Geschäftsfähigkeit und was unter Minderjährigkeit?
2. Ist Geschäftsfähigkeit die Regel oder die Ausnahme? Was folgt daraus für die Prüfung in der Klausur?
3. Welche Fallgruppen der Geschäftsunfähigkeit sind zu unterteilen?
4. Was versteht man unter sog. „lucida intervalla" und welche Auswirkungen haben sie auf die Geschäftsfähigkeit?
5. Definieren Sie:
   - ❑ partielle Geschäftsunfähigkeit;
   - ❑ relative Geschäftsunfähigkeit.

   Sind diese Formen der Geschäftsfähigkeit rechtlich anerkannt?
6. Welche Rechtsfolge ergibt sich grds., wenn
   - ❑ ein Geschäftsunfähiger eine Willenserklärung abgibt;
   - ❑ einem Geschäftsunfähigen eine Willenserklärung zugeht.

   Kann diese Rechtsfolge durch guten Glauben überwunden werden?
7. Nach welchen Vorschriften richtet sich die Vertretung Minderjähriger?
8. In welchen wichtigen Fallgruppen ist die gesetzliche Vertretungsmacht der Eltern eingeschränkt?
9. Geben Sie einen kurzen systematischen Überblick über die §§ 107 – 113 !
10. Erläutern Sie Voraussetzungen und Rechtsfolgen der partiellen Geschäftsfähigkeit
    - ❑ gem. § 112;
    - ❑ gem. § 113.
11. Wann ist ein Geschäft lediglich rechtlich vorteilhaft iSv. § 107 F 1 ?
    Worauf ist bei der Beurteilung abzustellen?
12. Beurteilen Sie in folgenden Fällen die Wirksamkeit der Willenserklärung eines Minderjährigen nach § 107 F 1:
    - ❑ Erwerb eines Grundstückes, auf dem eine Hypothek lastet.
    - ❑ Erwerb eines Grundstückes, wobei Grunderwerbssteuer erhoben wird.
    - ❑ Erwerb einer Eigentumswohnung; in der Eigentümersatzung ist eine Wiederaufbauverpflichtung im Fall der Zerstörung des Anwesens enthalten.
13. Kann gegenüber einem Minderjährigen wirksam erfüllt werden?

14. Sind folgende Formen der Einwilligung gem. § 107 F 2 wirksam:
    - ❑ Spezialeinwilligung;
    - ❑ Generalkonsens?
15. Wie ist § 110 (sog. „Taschengeldparagraph") dogmatisch einzuordnen?
16. Nennen Sie Voraussetzungen und Rechtsfolge des § 110 !
17. Werden von § 110 auch sog. Surrogatsgeschäfte erfaßt?
18. Unter welchen Voraussetzungen wird ein zunächst schwebend unwirksamer Vertrag, den der Minderjährige geschlossen hat,
    - ❑ doch noch wirksam?
    - ❑ endgültig unwirksam?
19. Wie verhält es sich mit der Wirksamkeit bei zunächst schwebend unwirksamen einseitigen Rechtsgeschäften?

Zu § 8

1. Was ist gemeinsames Charakteristikum der Regelungen in den §§ 116–118?
2. Was ist eine Mentalreservation? Ist eine Willenserklärung trotz Mentalreservation wirksam?
3. Was ist unter einem Scheingeschäft zu verstehen? Worin unterscheidet es sich von einer Mentalreservation?
4. Welche Rechtsfolgen ordnet § 117 im Fall eines Scheingeschäftes an?
5. Was ist eine Scherzerklärung? Was ist Rechtsfolge einer solchen Erklärung?
6. Erläutern Sie die Wirksamkeit folgender Vorgänge:
   Politiker P erklärt seinen Austritt aus der SPD und den Eintritt in die CSU. Eine Woche später teilt er mit, er habe diese Erklärung nur zum Schein abgegeben, um den politischen Gegner zu täuschen. Ist der Eintritt bzw. Austritt wirksam, wenn
    - ❑ P im Einverständnis mit dem Vorstand der SPD gehandelt hat?
    - ❑ Zwar kein Einverständnis vorlag, der Vorstand der SPD aber erkannte, daß P den Austritt nur zum Schein erklärte?
    - ❑ P zwar erwartete, der Vorstand der SPD werde den Scheincharakter erkennen, dies aber tatsächlich nicht der Fall war?

Kapitel 4. Die personenunabhängigen Wirksamkeitshindernisse

Literatur: Bülow, Grundfragen der Verfügungsverbote, JuS 1994, 1; Canaris, Gesetzliches Verbot und Rechtsgeschäft, 1983; Giesen, Grundsätze der Konfliktlösung bei fehlerhaften Rechtsgeschäften, Jura 1981, 561; 1990,169; Hackl, Die guten Sitten als Kontrollinstrument für Kreditgeschäfte, DB 1985, 1327; H.Honsell, Die Zivilrechtliche Sanktion der Sittenwidrigkeit , JA 1986, 573; Kanzleiter, Der Umfang der Beurkundungsbedürftigkeit bei verbundenen Rechtsgeschäften, DNotZ 1994, 275; Müssigbrodt, Sittenwidrigkeit und Wucher beim Darlehensvertrag, JA 1980, 697; Otte, Die Nichtigkeit letztwilliger Verfügungen wegen Gesetzes- oder Sittenverstoß, JA 1985, 192; M.Wolf, Rechtsgeschäfte im Vorfeld von Grundstücksübertragungen und ihre eingeschränkte Beurkundungsbedürftigkeit, DNotZ 1995, 179.

Dieses Kapitel befaßt sich mit den personenunabhängigen Wirksamkeitshindernissen. Sie richten sich entweder gegen den **Inhalt** des Rechtsgeschäft – so die § 134 und § 138 – oder knüpfen – wie im Fall des § 125 – an die **Form** des Rechtsgeschäfts an.

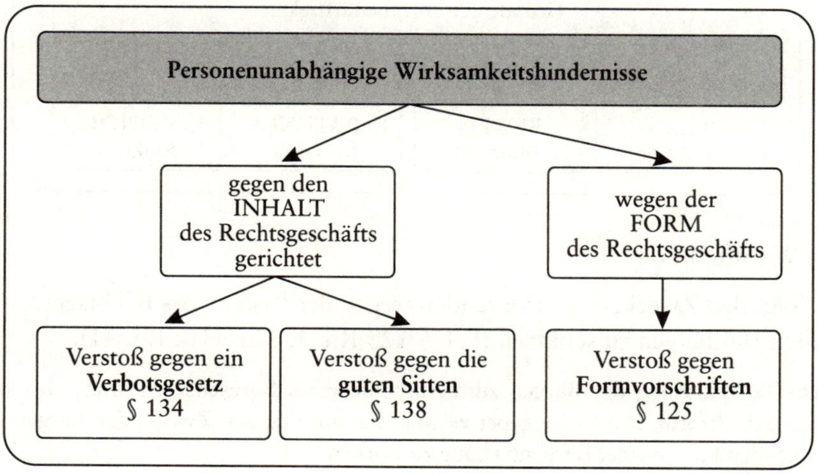

§ 9. Nichtigkeit wegen Formmangels gem. § 125

A. Der Grundsatz der Formfreiheit

Im Privatrecht gilt der Grundsatz der Formfreiheit, d. h. Rechtsgeschäfte sind i. d. R. 1
ohne Beachtung einer besonderen Form (also insbesondere auch mündlich) gültig. Das Gesetz erleichtert damit den Rechtsverkehr und wird den Anforderungen des

modernen, flexiblen Güter-und Leistungsaustausches gerecht (Pal. § 125 Rn. 1; Med. AT Rn. 606).

B. Die Ausnahmen von der Formfreiheit

Von dem Grundsatz der Formfreiheit bestehen zahlreiche Ausnahmen, die bestimmten **Funktionen** dienen. Diese Ausnahmen werden in erster Linie *gesetzlich* begründet, wobei der Gesetzgeber drei verschiedene **Arten der Form** vorgesehen hat. Daneben besteht allerdings für die Parteien auch die Möglichkeit, die Formbedürftigkeit durch *Parteivereinbarung* zu begründen.

I. Die verschiedenen Funktionen eines Formzwangs

2 Ordnet das Gesetz abweichend vom Grundsatz der Formfreiheit eine Formbedürftigkeit an, so dient dies einer oder mehreren der folgenden Funktionen (Pal. § 125 Rn. 1)

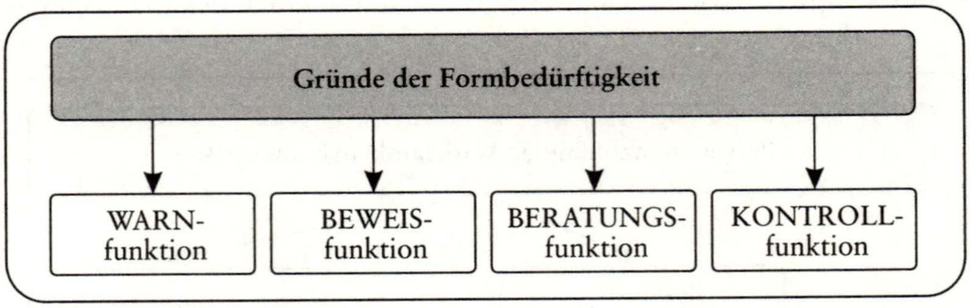

1. Die Warnfunktion

3 Sie verfolgt den Zweck, den Erklärenden wegen der Risiken des Rechtsgeschäfts **vor übereilten Bindungen** zu schützen (Pal. § 125 Rn. 1; Musielak Rn. 41).

Beispiel: Die Erklärung des Bürgen zum Abschluß eines Bürgschaftsvertrages bedarf gem. § 766 der Schriftform. Der Gesetzgeber verfolgt hiermit v. a. den Zweck, den Bürgen vor den weitreichenden Folgen einer Bürgenhaftung zu warnen.

Hinweis: Die Warnfunktion ist der bedeutsamste Formzweck.

2. Die Beweisfunktion

Sie dient dazu, **klarzustellen** und zu dokumentieren, *ob und mit welchem Inhalt* ein Rechtsgeschäft zustandegekommen ist (Pal. § 125 Rn. 1; Musielak Rn. 41).

Beispiel: Gem. § 566 S.1 bedarf ein Mietvertrag der Schriftform. Die schriftliche Festlegung des Inhalts des Vertrages dient in erster Linie dazu, einem Erwerber des Mietobjekts, der gem. § 571 kraft Gesetzes in den Mietvertrag eintritt, Kenntnis über den Inhalt und den Umfang seiner Rechte und Pflichten zu verleihen.

3. Die Beratungsfunktion

Ordnet das Gesetz das Erfordernis der *notariellen Beurkundung* an, so will es damit auch eine **sachkundige Beratung mit Belehrung** der Parteien sicherstellen (Pal. § 125 Rn.1; Musielak Rn. 41). 4

Beispiel: Das Erfordernis einer notariellen Beurkundung eines Ehevertrags gem. § 1410 will sicherstellen, das eine Partei nicht leichtfertig ohne Kenntnis der Konsequenz auf Positionen verzichtet, die ihrer zukünftigen Absicherung dienen soll.

4. Die Kontrollfunktion

In seltenen – meist auch nicht examensrelevanten – Ausnahmefällen (die hier nur vollständigkeitshalber erwähnt sein sollen), verfolgt eine Formvorschrift auch eine Kontrollfunktion. Hierdurch soll eine **Kontrolle und Überwachung durch staatliche Behörden** ermöglicht werden (Pal. § 125 Rn. 1; Musielak Rn. 41). 5

Beispiel: § 34 GWB ordnet für wettbewerbsbeschränkende Abreden die Schriftform an und ermöglicht auf diese Weise eine Überwachung solcher Abreden durch die Kartellbehörden.

II. Die gesetzlichen Arten der Form

Das Gesetz sieht in den §§ 126 ff. folgende **drei verschiedene Arten** der Form vor: 6

Formerfordernisse			
Arten	Schriftform	notarielle Beurkundung	öffentliche Beglaubigung
geregelt in:	§ 126	§ 128 iVm BeurkG	§ 129
insbesondere erforderlich gem.:	§ 766 §§ 780, 781 § 4 VerbrkrG	§ 313 S. 1 § 518 I § 1410 § 2276	§§ 1154, 1155 § 1945

Hinweis: Daneben gibt es im Gesetz noch Fälle, wo eine *besondere*, nicht typisierbare Form gefordert ist. Hier seien u. a. folgende examensrelevante Fälle genannt: §§ 925, 1410, 2276 – gleichzeitig Anwesenheit beider Teile bei der Auflassung, beim Ehevertrag und beim Erbvertrag – sowie § 2247 – eigenhändige Niederschrift eines Testaments.

1. Die Schriftform gem. § 126

Gem. § 126 ist zur Einhaltung der Schriftform erforderlich, daß der Inhalt des gesamten Rechtsgeschäftes in einer Urkunde niedergelegt wird und vom Aussteller eigenhändig unterschrieben wird. 7

a) Hierbei muß die Urkunde **schriftlich** abgefaßt sein, wobei gleichgültig ist, wie sie hergestellt wurde. Sie kann von der Partei oder einem Dritten mit der Hand oder der Maschine geschrieben, gedruckt oder vervielfältigt werden (Pal. § 126 Rn. 2).

b) Die Urkunde muß den **gesamten Inhalt des Rechtsgeschäfts** beinhalten (BGH LM Nr. 7; Pal. § 125 Rn. 3).

c) § 126 fordert eine **eigenhändige Unterschrift** des Ausstellers. Die Unterschrift muß den Text der Urkunde räumlich abschließen, sog. *Abschlußfunktion.* Daher reicht eine Unterzeichnung als Überschrift nicht aus (BGHZ 113, 51 – „Eine Überschrift ist keine Unterschrift"; Pal. § 126 Rn. 5). Nachträge müssen daher grundsätzlich neu unterschrieben werden. Eine Ausnahme gilt nur dann, wenn die nachträgliche Änderung oberhalb der Unterschrift erfolgt und die frühere Unterschrift diese Änderung nach dem Willen der Partei mitumfassen soll (BGH NJW 1994, 2300; Pal. § 126 Rn. 5).

d) Bei einem **Vertrag** ist zur Wahrung der Schriftform gem. § 126 II erforderlich, daß der *gesamte Vertragsinhalt* durch die Unterschrift *beider* Parteien gedeckt ist. Die Unterzeichnung des Angebots durch die eine Partei und der Annahme durch die andere Partei genügt somit nicht (BGH NJW-RR 1994, 281). Dies gilt selbst dann, wenn sich beide Erklärungen auf einem Schriftstück befinden (Pal. § 126 Rn. 12).

e) Gem. § 126 III kann die Schriftform **durch notarielle Beurkundung ersetzt** werden.

f) Als **wichtigste Fälle** in denen ein Rechtsgeschäft der Schriftform bedarf, sind zu nennen: die Bürgschaft gem. § 766, das Schuldanerkenntnis bzw. -versprechen gem. §§ 780, 781, das Kreditgeschäft i. S. d. VerbrKrG gem. § 4 VerbrKrG.

8 **2. Die notarielle Beurkundung gem. § 128**

a) § 128 regelt i.V.m. den Vorschriften des Beurkundungsgesesetzes (BeurkG – Schönfelder Nr. 23) die Anforderung an die notarielle Beurkundung eines **Vertrages**, wobei sich Zuständigkeit und Verfahren aus dem BeurkG ergeben.
§ 128 ist **nicht anwendbar**, wenn nur die Willenserklärung *einer* Partei notariell beurkundet werden muß (Pal. § 128 Rn. 2).

Beispiel: Gem. § 518 bedarf das Schenkungsversprechen, also die Erklärung des Schenkenden, der notariellen Beurkundung. Die Erklärung des Beschenkten ist dagegen formlos gültig. Auf diesen Fall ist § 128 nicht anwendbar, so daß sich die Anforderung an die Form unmittelbar aus dem BeurkG ergeben.

Hinweis: In bestimmten Fällen fordert das Gesetz neben der notariellen Beurkundung auch noch die *gleichzeitige Anwesenheit beider Parteien*, so beim Ehevertrag – § 1410 – und beim Erbvertrag – § 2276.

b) Als **examensrelevantestes Beispiel** ist **§ 313** zu nennen, wonach ein Vertrag, der die Verpflichtung zur Veräußerung oder zum Erwerb eines Grundstücks zum Inhalt hat, der notariellen Beurkundung bedarf (vgl. hierzu unten Fall 6, Rn.31 ff.).

Hinweis: Gem. **§ 127 a** steht beim gerichtlichen Vergleich die Aufnahme der Erklärungen in ein gerichtliches Protokoll der notariellen Beurkundung gleich.

3. Die öffentliche Beglaubigung gem. § 129 9

a) Die öffentliche Beglaubigung ist gem. §§ 39, 40 BeurkG das Zeugnis einer Urkundsperson darüber, daß die Unterschrift oder das Handzeichen in ihrer Gegenwart zu dem angegebenen Zeitpunkt von dem Erklärenden vollzogen oder anerkannt worden ist. Anders als die notarielle Beurkundung bezieht sie sich somit nicht auf den Inhalt der Erklärung, sondern auf die **Echtheit der Unterschrift** bzw. des Handzeichens (Pal. § 129 Rn. 1; Med. AT Rn. 621).

b) Eine Regelung der *Zuständigkeit* und des *Verfahrens* findet sich wie bei der notariellen Beurkundung im **BeurkG.**

c) Als **wichtigste Fälle**, in denen eine öffentliche Beglaubigung erforderlich ist, sind zu nennen: Übertragung einer Briefhypothek gem. §§ 1154 f. sowie die Ausschlagung einer Erbschaft gem. § 1945.

d) Gem. § 129 III kann die öffentliche Beglaubigung durch notarielle Beurkundung bzw. Prozeßvergleich **ersetzt werden.**

III. Die rechtsgeschäftlich begründete Formbedürftigkeit

1. Die Vertragsfreiheit – als Ausfluß des Grundsatzes der Privatautonomie – gestattet den Parteien den Inhalt eines Rechtsgeschäfts in den Grenzen der Rechtsordnung frei zu bestimmen (vgl. auch § 125 S. 2). Daher können sie auch für formfreie Rechtsgeschäfte eine **Formbedürftigkeit vereinbaren** oder für formbedürftige Rechtsgeschäfte eine **strengere** als die gesetzlich vorgesehene **Form** wählen. Hierbei werden sich die Parteien regelmäßig der vom Gesetz vorgesehenen Arten der Form bedienen, können aber *auch gesetzlich nicht vorgesehene* Fälle verwenden (MüKo § 125 Rn. 76). 10

Beispiele:

- ❑ Geschäftsleute vereinbaren häufig die Schriftlichkeit ihrer Kaufverträge. Im BGB ist jedoch das Schriftformerfordernis nur für einen Grundstückskaufvertrag vorgesehen, vgl. § 313 S. 1.
- ❑ Statt der vom Gesetzgeber in § 766 geforderten Schriftlichkeit des Bürgschaftsversprechens können die Parteien auch als „mehr" die notarielle Beurkundung vereinbaren.
- ❑ Die Parteien eines Kaufvertrages vereinbaren, daß im Falle einer Anfechtung des Vertrages diese mittels eingeschriebenen Briefes erklärt werden muß. Nach § 143 handelt es sich bei der Anfechtungserklärung nach der Vorstellung des Gesetzgebers um eine formfreie, empfangsbedürftige Willenserklärung. Die Parteien können jedoch die Formbedürftigkeit rechtsgeschäftlich begründen, mit der Folge, daß die Erklärung bei Nichtbeachtung der Form unwirksam ist.

Hinweis: Wird der Formzwang im Rahmen von Allgemeinen Geschäftsbedingungen begründet, so schließt § 11 Nr. 6 AGBG eine strengere Form als die Schriftform aus. Die Parteien können danach eine notarielle Beurkundung oder öffentliche Beglaubigung nicht zur Wirksamkeitsbedingung ihrer Erklärungen machen.

2. Die rechtsgeschäftlich vereinbarte Form kann *nach dem Willen der Parteien* entweder **konstitutive oder** bloß **deklaratorische Wirkung** haben (MüKo § 125 Rn. 76; Pal. § 125 Rn. 12): 11

a) Die vereinbarte Form hat **konstitutive** Wirkung, wenn ihre Beachtung nach dem Parteiwillen *Wirksamkeitsvoraussetzung des Rechtsgeschäftes* sein soll.

Beispiel: Haben die Parteien vereinbart, daß eine Kündigung mittels eingeschriebenen Brief erfolgen muß, so hat die Schriftform im Zweifel konstitutive Wirkung, die Übermittlungsform „Brief" dagegen bloße Beweisfunktion, d. h. deklaratorische Wirkung (OLG Hamm NJW-RR 1995, 750; Pal. § 125 Rn. 12).

b) Soll die vereinbarte Form dagegen lediglich der *Beweissicherung* oder *Klarstellung* dienen, so hat die Form bloße **deklaratorische** Wirkung für das Rechtsgeschäft.

Beispiel: Die Vereinbarung, daß der Vertrag schriftlich bestätigt werden soll, kann im Handelsverkehr oft nur dem Zweck der Klarstellung dienen und somit bloß deklaratorische Wirkung haben.

Hinweis: Diese unterschiedlichen Wirkungen des rechtsgeschäftlichen Formzwangs entscheiden über die Rechtsfolge bei **Nichtbeachtung** der vereinbarten Form (hierzu unten § 9 Rn. 23).

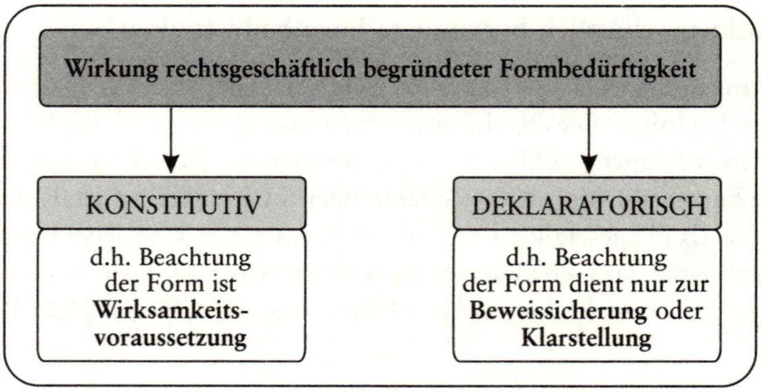

C. Der Umfang des Formzwangs

I. Der Umfang des gesetzlichen Formzwangs

Hinweis: Die Frage, welche Rechtsgeschäfte unmittelbar und mittelbar formbedürftig sind, ist im Einzelnen nicht schwierig zu lernen und doch von besonderer Examensrelvanz!

12 **1. Grundsatz**

Ist nach dem Gesetz für ein Rechtsgeschäft eine bestimmte Form angeordnet, so umfaßt das Formerfordernis grundsätzlich das **gesamte Rechtsgeschäft mit allen wesentlichen Bestandteilen** (BGH NJW 1986, 248; Pal. § 125 Rn. 7; MüKo § 125 Rn. 18). Daher werden beim Vertrag alle Abreden erfaßt, aus denen sich nach dem Willen der Parteien der Vertragsinhalt zusammensetzen soll (BGH WM 1978, 846).

2. Nebenabreden 13

a) Nebenabreden werden dann vom Formzwang erfaßt, wenn sie so **wesentlich** sind, daß sie nach dem Parteiwillen **echter Bestandteil** des formbedürftigen Vertrages werden sollen (BGH NJW 1989, 2050; MüKo § 125 Rn. 19).

Beispiel: Die Zusicherung des Grundstücksertrages beim Grundstückskauf bedarf als echter Vertragsbestandteil der notariellen Beurkundung gem. § 313 S. 1.

b) Nebenabreden, die so **unwesentlich** sind, daß die Parteien **auch ohne sie** den **Vertrag geschlossen** hätten, sind nach dem Rechtsgedanken des § 139 formfrei (BGH NJW 1981, 222; Pal. § 125 Rn. 7).

Beispiel: V vermietet M eine Wohnung, zu der ein kleines Kellerabteil gehört. Nachdem M die Wohnung bezogen hat, bemerkt er, daß ihm der Platz im Keller zu klein ist. Daraufhin erklärt sich V bereit, ihm eine leerstehende Kammer mitzuvermieten. Da V und M den Mietvertrag auch ohne diese Nebenabrede geschlossen hätten, unterliegt sie nicht dem Schriftformgebot des § 566, sondern ist formlos gültig.

3. Verbindung eines formbedürftigen mit einem formfreien Rechtsgeschäft 14

Verbinden die Parteien mehrere Rechtsgeschäfte, von denen eines formbedürftig ist, *rechtlich zu einem Geschäft*, so ist das **Rechtsgeschäft insgesamt fombedürftig** (BGHZ 84, 324; Pal. § 125 Rn.7). Dabei liegt eine derartige rechtliche Einheit nur dann vor, wenn nach dem Willen der Parteien die Geschäfte in einer gegenseitigen Abhängigkeit stehen, d. h. *miteinander stehen und fallen* sollen (BGH NJW-RR 1991, 1032; OLG Köln NJW-RR 1996, 1484).

Beispiel: Bauunternehmer B verkauft dem Käufer K ein unbebautes Grundstück. Gleichzeitig vereinbaren die Parteien auch noch, daß B die Bebauung übernehmen soll, wobei beide Geschäfte nur in der Gesamtheit gelten sollen. Der an sich formfreie Bauvertrag (Werkvertrag i. S. v. § 631) ist mit dem formbedürftigen Grundstückskaufvertrag zu einem rechtlich einheitlichen Geschäft verbunden. Daher unterliegt auch der Werkvertrag dem Erfordernis der notariellen Beurkundung gem. § 313 S. 1.

4. Nachträgliche Änderungen oder Ergänzungen 15

Wollen die Parteien ein formbedürftiges Rechtsgeschäft nachträglich ändern oder ergänzen, so ist *grundsätzlich* auch die **Änderung** bzw. **Ergänzung** selbst **formbedürftig**. War jedoch nur die Erklärung **einer** Partei formbedürftig, so kann deren Verpflichtung *formlos eingeschränkt* werden (BGH NJW 1968, 393; Pal. § 125 Rn. 8).

Beispiele:

- Vereinbaren die Parteien eines notariell beurkundeten Grundstückskaufvertrages nachträglich, daß der Käufer zur Vorauszahlung des Kaufpreises verpflichtet sein soll, so ist diese Änderung ihrerseits gem. § 313 S. 1 formbedürftig.
- Bei einem Bürgschaftsvertrag ist nur die Erklärung des Bürgen gem. § 766 formbedürftig. Wird nachträglich eine Beschränkung des Haftungsumfangs des Bürgen vereinbart, so ist diese Änderung formlos möglich.

16 **5. Aufhebung eines formbedürftigen Rechtsgeschäfts**

a) *Grundsätzlich* ist die Aufhebung eines formbedürftigen Rechstgeschäfts **formlos** gültig.

b) Eine *Ausnahme* gilt jedoch dann, wenn eine Partei durch die Aufhebung eine **bereits gesicherte Rechtsposition verlieren würde** und hiervor durch das Formerfordernis geschützt werden muß (BGHZ 83, 398; Pal. § 313 Rn. 39 f.).

Beispiel: Grundsätzlich ist die Aufhebung eines notariell beurkundeten Grundstückskaufvertrages durch mündliche Erklärung möglich. Wurde der Übereignungsanspruch des Käufers aus § 433 I 1 jedoch durch eine Vormerkung (§ 883) gesichert und hat der Käufer bereits einen Eintragungsantrag gem. § 13 GBO beim Grundbuchamt gestellt, so hat er hierdurch ein sog. Anwartschaftsrecht erlangt (Näheres hierzu im Sachenrecht II). Eine Aufhebung des Kaufvertrages müßte in diesem Fall notariell beurkundet werden, um den Käufer vor dem Verlust seines Anwartschaftsrechtes zu schützen.

Hinweis: Darüberhinaus sieht der Gesetzgeber die Formbedürftigkeit der Aufhebung eines Erbvertrages und eines Erbverzichts vor, vgl. §§ 2290 IV, 2351.

17 **6. Mittelbare Formbedürftigkeit**

Um eine *Umgehung des Formzwanges auszuschalten*, unterliegen Rechtsgeschäfte, die das Ergebnis formbedürftiger Verträge **mittelbar herbeiführen, ebenfalls** der **Formbedürftigkeit.** Insoweit sind folgende Fälle zu unterscheiden:

a) Vorvertrag

Der Vorvertrag bedarf *grundsätzlich* der **Form des Hauptvertrages,** da ansonsten der für den Hauptvertrag geltende Formzwang durch einen formlos bindenden Vorvertrag umgangen würde (BGHZ 61, 48; Pal. § 125 Rn. 9).

Beispiel: Der Vorvertrag zu einem Grundstückskaufvertrag bedarf ebenfalls der notariellen Beurkundung, da ansonsten § 313 S. 1 leerlaufen würde.

b) Vollmachtserteilung

- ❑ *Grundsätzlich* ist die Bevollmächtigung des Stellvertreters **gem. § 167 II formlos gültig.**
- ❑ *Ausnahmsweise* bedarf jedoch die Bevollmächtigung der **Form des Vertretergeschäfts,** wenn der Geschäftsherr durch die Bevollmächtigung rechtlich oder tatsächlich *bereits in gleicher Weise gebunden* ist, *wie durch* die Vornahme des *Vertretergeschäfts selbst.*
  Als wichtigster Fall ist insoweit die Erteilung einer **unwiderruflichen Vollmacht zum Kauf oder Verkauf eines Grundstücks** zu sehen (st. Rspr. seit RGZ 110, 320).

Beispiel: Erteilt der Geschäftsherr seinem Vertreter eine unwiderrufliche Vollmacht zum Erwerb eines Grundstücks, so bedarf die Bevollmächtigung abweichend von § 167 II gem. § 313 S. 1 der notariellen Beurkundung. Die unwiderrufliche Vollmacht begründet nämlich für den Geschäftsherrn bereits eine bindende Verpflichtung zum Erwerb des Grundstücks, da sie dem Vetreter die unwiderrufliche Rechtsmacht zum Abschluß eines Kaufvertrages für und gegen den Geschäftsherrn verleiht. Somit benötigt der Geschäftsherr bei Erteilung der unwiderruflichen Vollmacht den Schutz durch § 313 S. 1 in gleicher Weise, wie beim Abschluß eines Grundstückskaufvertrages selbst.

c) Mittelbares Erzwingen einer formbedürftigen Verpflichtung

Ebenso sind auch solche Geschäfte formbedürftig, die **durch** die **Vereinbarung eines wirtschaftlichen Nachteils** eine *formbedürftige Verpflichtung mittelbar erzwingen* (BGH NJW 1987, 54; Pal. § 313 Rn. 13).

Beispiel: Verträge, in denen sich ein Makler eine Vertragsstrafe oder eine sonstige Vergütung für den Fall versprechen läßt, daß ein Grundstück nicht veräußert oder nicht erworben wird, sind gem. § 313 S. 1 formbedürftig. Durch solche Vereinbarungen wird mittelbar dieselbe Verpflichtung begründet, wie im unmittelbaren Anwendungsfall des § 313.

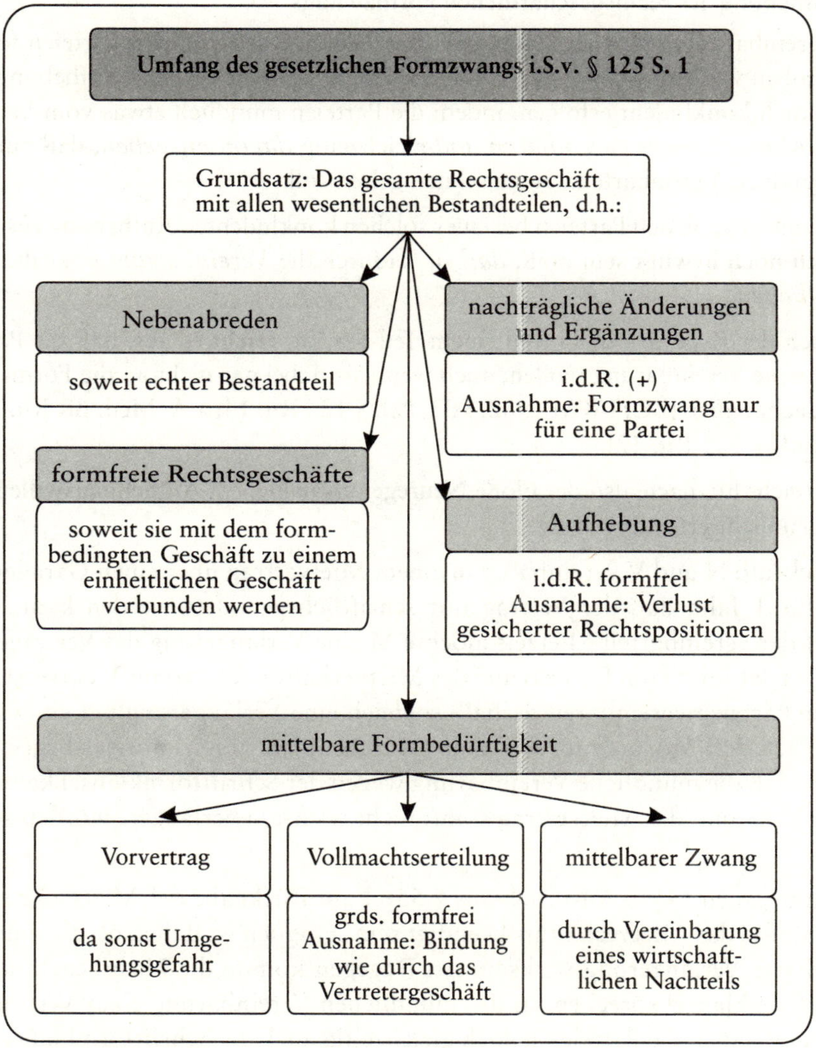

II. Der Umfang des rechtsgeschäftlichen Formzwangs

18 **1. Grundsatz**

a) Der Umfang des rechtsgeschäftlichen Formzwangs richtet sich zunächst nach dem erkennbaren **Parteiwillen.** Durch *Auslegung gem. §§ 133, 157* ist zu ermitteln, wie der Umfang der Vereinbarung nach dem objektiven Empfängerhorizont zu verstehen ist.

b) Läßt sich ein Parteiwille nicht ermitteln, so ist *im Zweifel* davon auszugehen, daß sich das Formerfordernis auf das **Rechtsgeschäft im ganzen, einschließlich aller Nebenabreden** bezieht (Pal. § 125 Rn. 13; Soergel § 125 Rn. 32).

19 **2. Aufhebung des rechtsgeschäftlichen Formzwangs**

Der vereinbarte Formzwang kann grundsätzlich jederzeit von den Parteien **formlos** aufgehoben werden (BGH NJW 1968, 33; Pal. § 125 Rn. 14). Die Aufhebung kann dabei auch **konkludent** erfolgen, indem die Parteien mündlich etwas vom Vertragsinhalt *Abweichendes vereinbaren und* gleichzeitig *davon ausgehen*, daß nunmehr das mündlich Vereinbarte zwischen ihnen gelten soll.

a) Fraglich ist, ob den Parteien bei einer solchen konkludenten Aufhebung zusätzlich **auch noch bewußt** sein muß, *daß* sie dadurch die *Vereinbarung über* die *Form aufheben.*

b) Nach der Rspr. des BGH und einem Teil der Lit. **reicht** es **aus,** daß die Parteien die **neue Vereinbarung wollen,** auch wenn sie dabei gar nicht an die Formklausel gedacht haben (BGH WM 1982, 902; Pal. § 125 Rn. 14; a.A: Med. BR Rn. 187a.; Staud. § 125 Rn. 12).

c) Es reicht hiernach also der bloße **Neuregelungswille,** ein **Aufhebungswille** ist dagegen nicht erforderlich.

Beispielsfall: N und V vereinbaren in einem Mietvertrag über einen Garagenstellplatz für 1 Jahr, daß der Vertrag nur schriftlich geändert werden kann. Nach Ablauf der vereinbarten Mietzeit möchte M eine Verlängerung des Vertrages und bittet V telefonisch um Fortsetzung des Mietverhältnisses, womit V einverstanden ist. Die Parteien vereinbaren deshalb sogleich eine Verlängerung um ein weiteres Jahr. Nach drei Monaten fordert V den Garagenplatz von M mit der Begründung heraus, daß die mündliche Vereinbarung wegen der Schriftformklausel keine Gültigkeit habe und der Mietvertrag somit nicht wirksam verlängert worden sei. Zu Recht?

V könnte gegen M ein Anspruch aus § 556 I auf Rückgabe der Mietsache haben. Dazu müßte das Mietverhältnis beendigt sein. Fraglich ist daher, ob die mündlich vereinbarte Verlängerung wirksam ist. Dagegen könnte die Nichtbeachtung der Schriftformklausel sprechen. In der mündlichen Vereinbarung einer Vertragsverlängerung haben die Parteien jedoch gleichzeitig auch die Schriftformklausel konkludent aufgehoben. Hierbei reichte es nach h. M. nämlich aus, daß die Parteien das abweichend Vereinbarte wirklich gewollt haben. Daß sie dabei an die Aufhebung des Formzwangs nicht gedacht haben, ist unbeachtlich. Mangels Beendigung des Mietvertrages besteht somit kein Herausgabeanspruch aus § 556.

In gleicher Weise scheidet auch ein Herausgabeanspruch aus § 985 aus: V ist zwar Eigentümer des Garagenstallplatzes und B unmittelbarer Besitzer; der wirksam verlängerte Mietvertrag begründet jedoch für M ein Recht zum Besitz i. S. v. § 986 I 1 F 1.

Auch ein Anspruch aus § 812 I 1 F 1 kommt nicht in Betracht, da der wirksam verlängerte Mietvertrag einen Rechtsgrund zum Behaltendürfen des Besitzes darstellt.

Hinweis: Die Ausführungen gelten in gleicher Weise auch für eine nachträgliche **Änderung** oder **Ergänzung** des rechtsgeschäftlichen Formzwangs.

D. Die Rechtsfolgen bei Nichtbeachtung der Form

I. Die Folgen der Nichtbeachtung des gesetzlichen Formzwangs

1. Grundsatz

Gem. § 125 S.1 führt ein Verstoß gegen einen gesetzlichen Formzwang grundsätzlich 20
zur **Nichtigkeit** des Rechtsgeschäft. Dabei gilt § 125 als Regelung des AT für alle übrigen Bücher des BGB, in denen der Gesetzgeber die Fälle des gesetzlichen Formzwangs für bestimmte Rechtsgeschäfte geregelt hat. **§ 125 S.1** beinhaltet somit nur die **Rechtsfolge für alle Verstöße** gegen einen gesetzlichen Formverstoß. Die jeweiligen *Anforderungen an die Form* eines bestimmten Rechtsgeschäftes finden sich dagegen bei den Vorschriften, die sich mit dem konkreten Rechtsgeschäft befassen.

Beispiel: In § 313 S. 1 regelt der Gesetzgeber das Formerfordernis eines Grundstücksgeschäftes. Mißachten die Parteien diesen Formzwang, so ist das Rechtsgeschäft grundsätzlich gem. § 125 S. 1 (i.V.m. § 313 S. 1) nichtig.

Hinweis: Eine Ausnahme dieses Grundsatzes beinhalten die Sonderregelungen **§§ 566 S. 2, § 1154 II; 6 II VerbrKrG** (bitte lesen!). In diesen beiden Fällen führt ein Formverstoß ausnahmsweise nicht zur Nichtigkeit der Vereinbarung, sondern zu einer Inhaltsänderung des Rechtsgeschäfts.

2. Die Heilung von Formverstößen

In einigen Vorschriften hat der Gesetzgeber eine Heilung des Formverstoßes vorge- 21
sehen. Dabei sind als **wichtigste Heilungsvorschriften** die §§ 313 S. 2, 518 II, 766 S. 2 sowie 2301 II zu nennen (bitte lesen!).

a) Voraussetzungen

Voraussetzungen einer Heilung von Formverstößen

1. **Erfüllung der formnichtigen Verpflichtung**
2. **Fortbestehender Parteiwille**
3. **Keine sonstigen Unwirksamkeitsgründe**

❑ **Erfüllung der formbedürftigen Verpflichtung**

Eine Heilung des Formmangels setzt zunächst voraus, daß die formbedürftige Verpflichtung bereits erfüllt wurde.

Beispiel: Gem. § 313 S. 2 wird ein formnichtiger Grundstückskaufvertrag wirksam, wenn der Erwerber als neuer Eigentümer in das Grundbuch eingetragen worden ist, d. h. die Verpflichtung aus dem formnichtigen Kaufvertrag (§ 433 I 1) seitens des Verkäufers erfüllt worden ist.

❑ **Fortbestehender Parteiwille**

Eine Heilung tritt nur dann ein, wenn die Parteien das Rechtsgeschäft im Zeitpunkt der Erfüllung noch wollen (BGH NJW 1978, 1577).

❑ **Keine sonstigen Unwirksamkeitsgründe**

Da die Heilung nur Formmängel betrifft, werden sonstige Unwirksamkeitsgründe von ihrer Wirkung nicht erfaßt.

Beispiel: Verstößt das formnichtige Bürgschaftsversprechen gleichzeitig auch noch gegen die guten Sitten, § 138 I, bewirkt die Erfüllung der Hauptverbindlichkeit gem. § 766 S. 2 zwar eine ex-nunc-Heilung des Formmangels des Bürgschaftsvertrages, jedoch nicht des Sittenverstoßes. Der Bürgschaftsvertrag bleibt somit gem. § 138 I nichtig.

22 **d) Die Rechtsfolgen der Heilung**

Mit Erfüllung der formnichtigen Verpflichtung wird das gesamte Rechtsgeschäft einschließlich aller Nebenabreden wirksam (BGHZ 73, 391). Dabei tritt diese Wirkung erst im Zeitpunkt der Erfüllung für die Zukunft ein (sog. ex-nunc-Hei-

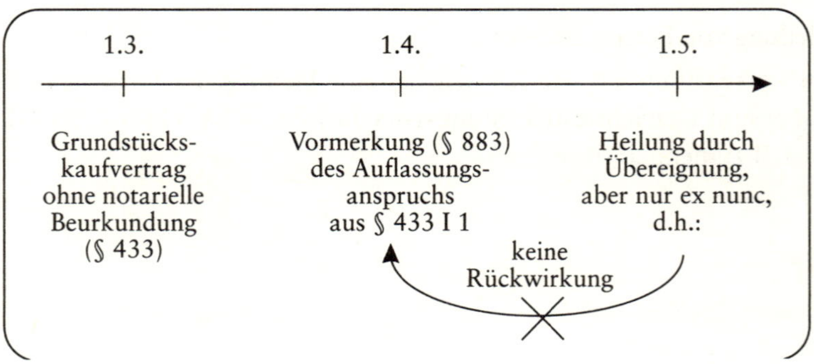

lung). Eine Rückwirkung der Heilung kommt dagegen nicht in Betracht (BGH NJW 1982, 761).

Hinweis: Die im Gesetz vorgesehenen Heilungsvorschriften beinhalten keinen allgemeinen Rechtsgedanken, sondern sind Sondervorschriften und als solche grundsätzlich nicht analogiefähig (MüKo § 125 Rn. 40; Pal. § 125 Rn. 11).

II. Die Nichtbeachtung des rechtsgeschäftlichen Formzwangs 23

Die Rechtsfolgen der Nichtbeachtung einer rechtsgeschäftlich vereinbarten Form bemessen sich vorrangig nach dem durch Auslegung zu ermittelnden **Parteiwillen.** Hiernach gilt (MüKo § 125 Rn. 76; Pal. § 125 Rn. 12; Staud. § 125 Rn. 6):

- ❑ Haben die Parteien die Einhaltung der vereinbarten Form als Wirksamkeitsvoraussetzung ihres Rechtsgeschäfts gewollt (hat also die Form **konstitutive** Wirkung), so führt ein Formverstoß grundsätzlich zur **Nichtigkeit.**
- ❑ Dient die Form dagegen nach dem Willen der Parteien lediglich der Klarstellung oder zu Beweiszwecken, d. h. hat die Form nur eine **deklaratorische** Wirkung, so führt ihre Nichtbeachtung **nicht** zur **Nichtigkeit** des Rechtsgeschäfts.
- ❑ Kann ein entsprechender Parteiwille nicht ermittelt werden, so gilt nach der **Zweifelsregelung des § 125 S. 2,** daß die Parteien eine *konstitutive* Wirkung der Form gewollt haben. Dies bedeutet, daß die Nichtbeachtung des rechtsgeschäftlichen Formzwangs im Zweifel zur **Nichtigkeit** des Geschäfts führt.

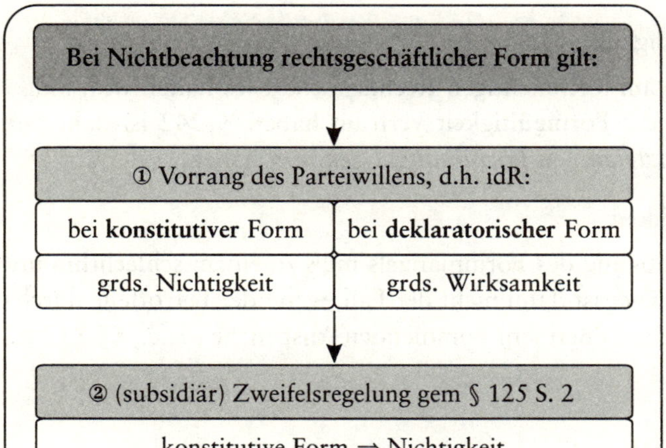

E. Die Überwindung der Formnichtigkeit gem. § 242

I. Allgemeines

In **engen Ausnahmefällen** ist ein formnichtiges Rechtsgeschäft als wirksam zu behandeln, wenn die Nichtigkeitsfolge mit dem Grundsatz von **Treu und Glauben** (§ 242) 24 unvereinbar wäre. Dies ist dann der Fall, wenn die Nichtigkeit für den Betroffenen nicht nur hart, sondern *schlechthin untragbar* ist (st. Rspr. seit BGHZ 29, 10; Pal. § 125 Rn. 16).

II. Voraussetzungen

25 Eine Überwindung der Formnichtigkeit kommt unter folgenden Voraussetzungen in Betracht (Pal. § 125 Rn. 18 ff.):

Voraussetzungen für die Überwindung der Formnichtigkeit gem. § 242

1. **Keine sonstigen Unwirksamkeitsgründe**
2. **Schutzwürdigkeit**
3. **Erforderlichkeit**

1. Keine sonstigen Unwirksamkeitsgründe.

Das formnichtige Rechtsgeschäft muß – abgesehen von dem Formmangel – **im übrigen wirksam** sein.

Beispiel: Ist das formungültige Geschäft gleichzeitig auch noch wegen eines Verstoßes gegen die guten Sitten nichtig, so kommt eine Heilung nicht in Betracht.

2. Schutzwürdigkeit

Die Partei, die am formnichtigen Rechtsgeschäft festhalten will, muß schutzwürdig sein, d. h. **auf** die **Formgültigkeit vertraut** haben. § 242 ist daher *unanwendbar*, wenn *beide Parteien* den *Formmangel gekannt* haben.

3. Erforderlichkeit

Die Berücksichtigung des Formmangels muß zu einem **schlechthin untragbaren Ergebnis** führen. Dies ist dann nicht der Fall, wenn der Betroffene durch die bei einem nichtigen Vertrag in Betracht kommenden Ansprüche (c.i.c., §§ 812 ff.) ausreichend geschützt ist.

III. Fallgruppen

26 Die Formel der Rechtsprechung „nur bei schlechthin untragbaren Ergebnis darf § 125 durch § 242 korrigiert werden", erfordert eine tatbestandliche **Konkretisierung** durch Fallgruppen. Hierbei haben sich insbesondere zwei Fallgruppen herausgebildet (BGH WM 1994, 1950; Pal. § 125 Rn. 21):

27 **1. Arglistige Täuschung über die Formbedürftigkeit**

a) Hat eine Partei den Vertragspartner über die Formbedürftigkeit **arglistig getäuscht**, *um sich* später *auf* den *Formmangel berufen zu können*, ist er daran gem. § 242 gehindert (st Rspr. seit RGZ 82, 305; MüKo § 125 Rn. 62; Pal. § 125 Rn. 22). Der *Getäuschte* hat vielmehr ein *Wahlrecht*, ob er das Geschäft gegen sich gelten lassen möchte oder nicht (Flume AT II § 13 III 4c cc; Med. BR Rn. 182).

b) Hat eine Partei dagegen nur **fahrlässig** den Formmangel veranlaßt, so liegt kein treuwidriges Verhalten vor, wenn sie sich auf den Formmangel beruft. Der anderen Partei kann jedoch ein Anspruch aus **c.i.c.** in Höhe des Erfüllungsinteresse zustehen, wenn der Vertrag *bei Kenntnis des Formmangels wirksam geschlossen* worden wäre (BGH NJW 1967, 812; MüKo § 125 Rn. 48; Pal. § 125 Rn. 22).

c) Haben die Parteien **bewußt** die **Formbedürftigkeit mißachtet**, so sind sie in einem Vertrauen auf die Formgültig nicht schutzwürdig. Daher scheidet eine Anwendung des § 242 in diesen Fällen grundsätzlich aus. Dies gilt nach h. M. *auch dann*, wenn eine Partei die *Erfüllung* des formungültigen Geschäfts unter Hinweis auf ihre berufliche und soziale Stellung *besonders zugesichert* hat (RGZ 117, 124; MüKo § 125 Rn. 60; Pal. § 125 Rn. 19; Med. BR Rn. 181; a. A. BGHZ 48, 309).

Beispielsfall (sog. Edelmannsfall nach RGZ 117, 124):

Der adelige Gutsherr G verspricht seinem Diener D als Belohnung für seine treuen Dienste die Übereignung eines Grundstücks. D will den Vertrag notariell beurkunden lassen, doch G entgegnet entrüstet: Er sei von Adel; bei ihm würden „keine jüdischen Gepflogenheiten" herrschen; sein Edelmannswort genüge. Später verweigert G die Auflassung unter Hinweis auf die Formnichtigkeit gem. § 125 S. 1 i.V.m. §§ 313 S. 1, 518 I 1. Zu Recht?

G kann die Auflassung verweigern, wenn der Schenkungsvertrag unwirksam ist. G und D haben sich zwar über einen Schenkungsvertrag i. S. v. § 516 geeinigt, doch könnte der Vertrag gem. § 125 S. 1 wegen Formmangels nichtig sein. Gem. §§ 518 I 1, 313 S. 1 wäre eine notarielle Beurkundung erforderlich gewesen, die nicht erfolgt ist. Somit ist die Vereinbarung grundsätzlich gem. § 125 S. 1 unwirksam. Eine Überwindung der Formnichtigkeit gem. § 242 kommt vorliegend nicht in Betracht, da es insoweit an der Schutzbedürftigkeit des D fehlt: Wer sein Geschäft bewußt nicht dem Recht, sondern einem Edelmannswort unterstellt, dem hilft das Recht auch nicht. Somit verweigert G die Auflassung zu Recht.

2. Existenzgefährdung 28

Führt die Nichterfüllung oder Rückabwicklung des formnichtigen Vertrages dazu, daß die **Existenz** der Partei, die *gutgläubig auf* die *Wirksamkeit des Rechtsgeschäfts vertraut* hat, **gefährdet** oder **vernichtet** würde, so kann die Formnichtigkeit gem. § 242 überwunden werden (BGH NJW 1985, 1778; MüKo § 125 Rn. 65; Pal. § 125 Rn. 25).

Beispiel (nach BGH NJW 1985, 1778): Bauherr B vertraut auf die formlose Vereinbarung mit der Gemeinde G, wonach er ein bestimmmtes Baugrundstück von dieser zu einem sehr günstigen Preis erwerben könne. In diesem Vertrauen wendet er in einem erheblichen Umfang Planungskosten auf. Die Gemeinde will jedoch von dem Geschäft nichts mehr wissen und beruft sich auf die Formnichtigkeit des Kaufvertrages gem. § 125 S. 1 i.V.m. § 313 S. 1. In diesem Fall wurde der Gemeinde ein Berufen auf den Formmangel gem. § 242 verwehrt, da dies zu einer Existenzvernichtung des B, der auf die Formgültigkeit vertraut hat, geführt hätte.

29 **3. Schwere Treuepflichtverletzungen**

Verletzt eine Partei bei der *Durchführung* eines formnichtigen Vertrages eine ihr, der anderen Partei gegenüber obliegende **Treuepflicht**, so kann die Formnichtigkeit gem. § 242 überwunden werden (BGH NJW 1986, 248 ; Pal. § 125 Rn. 23 f.).

Beispielsfall: K und V schließen einen Kaufvertrag über ein Baugrundstück zum Preis von DM 250.000,--. Kurz bevor die notarielle Beurkundung erfolgt, zahlt K bereits DM 200.000,-- an. In der notariellen Urkunde geben die Parteien den richtigen Kaufpreis an, vermerken jedoch nicht, daß bereits eine Anzahlung erfolgt ist. Einige Zeit später zahlt K die restlichen DM 50.000,-- und bittet um eine Quittung für die bereits vor der Beurkundung geleisten DM 200.000,--. V lehnt dies ab und verlangt Zahlung des angeblich noch ausstehenden Kaufpreises i. H. v. DM 200.000,--. K weigert sich zu zahlen und begehrt Übereignung des Grundstücks. V beruft sich nun auf die Formnichtigkeit, da die Vereinbarung über die Anrechnung der Vorauszahlung nicht gem. § 313 S. 1 mitbeurkundet wurde. Zu Recht?

Der Übereignungsanspruch des K gegen V aus § 433 I 1 setzt den Abschluß eines wirksamen Kaufvertrages voraus. Der Wirksamkeit der Einigung könnte das Wirksamkeitshindernis aus § 125 S. 1 entgegenstehen: Zwar ist eine gem. § 313 S. 1 erforderliche notarielle Beurkundung des Grundstückskaufvertrages erfolgt. Die Parteien hätten jedoch die Nebenabrede über die Anrechnung einer Vorauszahlung mitbeurkunden lassen müssen. Da somit ein Teil des Vertrages gem. § 125 S. 1 nichtig ist, ist gem. § 139 von einer Gesamtnichtigkeit auszugehen, da sie den Vertrag mit einer Zahlungsverpflichtung i. H. v. DM 250.000,-- nach bereits erfolgter Zahlung i. H. v. 200.000,-- nicht geschlossen hätten. Jedoch kommt eine Überwindung der Formnichtigkeit gem. § 242 in Betracht: Der Grundstückskaufvertrag ist nur wegen des Formmangels nichtig, d. h. sonstige Unwirksamkeitsgründe bestehen nicht. K ist schutzwürdig, da er von der Beurkundungspflicht der Nebenabrede nichts wußte. Die Formnichtigkeit führt zu einem schlechthin untragbaren Ergebnis, da das Verhalten des V als schwerer Treueverstoß gegenüber K zu werten ist, so daß seine Berufung auf die Formnichtigkeit mit Treu und Glauben unvereinbar ist. K hat somit aufgrund eines wirksamen Kaufvertrages einen Übereignungsanspruch.

E. Zusammenfassendes Prüfungsschema

Zusammenfassend ist das Wirksamkeitshindernis des § 125 wie folgt zu prüfen: 30

Nichtigkeit wegen Formmangels gem. § 125

I. Formmangel

1. **Formvorschrift** (gesetzlich oder rechtsgeschäftlich):
   a) Art der Form.
   b) Umfang der Form.
2. **Verstoß** gegen die Formvorschrift.

II. Rechtsfolge

1. Keine **spezielle** Regelung.
2. Keine **Heilung** des Formverstoßes (insbes. gem. §§ 313 S. 2, 518 II, 766 S. 2):
   a) Erfüllung der formbedürftigen Verpflichtung.
   b) Fortbestehender Parteiwille.
   c) Keine sonstigen Unwirksamkeitsgründe.
3. **Nichtigkeit** gem. § 125 S.1.

III. Keine Überwindung der Formnichtigkeit gem. § 242

1. Keine sonstigen Unwirksamkeitsgründe.
2. Schutzwürdigkeit
3. Erforderlichkeit

Fall 7: „Vertrauen ehrt ..."

Gabriel Giebel, ein erfolgreicher Schreinermeister, möchte gerne seinen im Bayerischen Wald gelegenen geerbten Bauernhof, an die erfolgreiche Zahnärztin Susanne Sanft verkaufen. Susanne Sanft ist jedoch in Anbetracht des schlechten Zustandes des 1.Stocks des Gebäudes nur dann bereit das Grundstück zu erwerben, falls Giebel bei der diesbezüglichen Renovierung helfen werde, d. h. alle erforderlichen Holzarbeiten hierfür ausführen werde. Nach langen Verhandlungen erklärt sich Giebel dazu für einen Sonderpauschalpreis von DM 3.000,-- bereit, allerdings erst im Sommer bzw. Herbst, wenn er wieder Zeit habe. So kam es am 5.5.1997 zum Abschluß eines schriftlichen Vorvertrages, in dem die Parteien u. a. erklären:

2. *Die Käuferin (Frau Susanne Sanft) übernimmt das oben bezeichnete Grundstück zu einem Preis von DM ...*
3. *Der Abschluß des notariellen Kaufvertrages erfolgt am 1.7.1997.*
9. *Der Verkäufer erklärt sich bereit, zu einem Pauschalpreis von DM 3.000,-- bei der Renovierung des 1. Stockes mitzuwirken. (Es folgt detaillierte Beschreibung der dafür erforderlichen Holzarbeiten.)*

Entsprechend diesen Vereinbarungen schlossen Giebel und Sanft am 1.7. einen notariellen Vertrag über das Grundstück, in dem auch die Auflassung erklärt wurde. Die unter Nr. 9 des Schreibens vom 5.5. formulierte Erklärung ist im notariellen Vertrag jedoch nicht enthalten. Auf eine diesbezügliche Frage der Sanft erklärte Giebel (wovon er selbst überzeugt war), daß dies nicht erforderlich sei, sondern die schriftliche Vereinbarung im Vorvertrag genüge. Sanft ist daraufhin beruhigt, da sie darauf vertraut, daß Giebel schon alles richtig machen werde.

Sommer und Herbst vergehen, ohne daß Giebel tätig wird. Nach mehrmaligen vergeblichen Aufforderungen erklärt Giebel, er habe leider wirklich keine Zeit für die Renovierungsarbeiten. Außerdem habe er zwischenzeitlich erfahren, daß die Vereinbarung ohnehin formunwirksam sei. Susanne Sanft beharrt dagegen auf die Mithilfe des Giebel bei der Renovierung des 1. Stocks ihres Hauses. Zu Recht?

Anspruch der S gegen G auf Ausführung der Holzarbeiten gem. § 631 I

(A) Voraussetzung dafür wäre eine wirksame Einigung über einen Werkvertrag i. S. v. § 631

(I) **Einigung i.S.v. § 631:**

G haben sich im Vertrag vom 5.5. darüber geeinigt, daß G zur Ausführung der Renovierungsholzarbeiten gegen ein Vergütung i. H. v. DM 3.000,-- verpflichtet sein soll. Somit liegt eine Einigung über einen Werkvertrag i. S. v. § 631 vor.

(II) **Keine Wirksamkeitshindernisse:**

Die Einigung könnte gem. § 125 S. 1 iVm. § 313 S. 1 unwirksam sein.

(1) **Formbedürftigkeit** gem. § 313 S. 1:

31 Gem. § 313 S. 1 bedarf ein Grundstückskaufvertrag der notariellen Beurkundung. Nach **h. M.** umfaßt die Formbedürftigkeit alle Vereinbarungen, aus denen sich nach dem Parteiwillen der schuldrechtliche Vertrag zusammensetzt, also den **Kaufvertrag mit allen wesentlichen Bestandteilen.**

Im vorliegenden Fall könnte Ziff. 9 der Vereinbarung vom 5.5. **als Teil des Vorvertrages** formbedürftig sein, aber auch **als Nebenabrede** zum notariell beurkundeten Vertrag vom 1.7.

(a) Formbedürftigkeit des **Vorvertrages:**

(aa) Nach dem **Wortlaut** des § 313 S. 1 ist der Vorvertrag nicht formbedürftig, da sich aus ihm noch keine Erwerbs- oder Verkaufsverpflichtung ergibt. Vielmehr verpflichtet er nur zum Abschluß eines formgültigen Kaufvertrages.

(bb) Nach h. M. gilt § 313 S. 1 nach seinem *Normzweck* aber auch für solche Rechtsgeschäfte, die das Ergebnis des Kaufvertrages **mittelbar** herbeiführen, da ansonsten die Warnfunktion umgangen werden könnte.

(cc) Dazu gehört auch ein Vorvertrag, der zum Abschluß eines formgültigen Grundstückskaufvertrages verpflichtet, denn sonst würde § 313 S. 1 mit seiner Warn- und Beratungsfunktion leerlaufen. Hier verplichtet der Vorvertrag gerade zu einem entsprechenden Abschluß (vgl. Ziff. 3).

Somit wäre bereits der Vorvertrag formbedürftig gewesen.

(b) Formbedürftigkeit der **Nebenabrede:**

Unabhängig von der Tatsache, daß die Vereinbarung der Renovierungsarbeiten des G Teil des Vorvertrages war, könnte sie auch als Nebenabrede des Kaufvertrages vom 1.7. formbedürftig sein.

(aa) Nebenabreden sind nach **h. M.** formbedürftig, wenn sie **echter Bestandteil** des formbedürftigen Kaufvertrages sein sollen und **nicht nur unwesentliche** Nebenabreden darstellen. Entscheidend ist nach dem Rechtsgedanken des § 139, ob die Parteien den Kaufvertrag auch ohne sie geschlossen hätten.

bb) **Hier** hätte S das Grundstück ohne die Verpflichtung des G zur Mitwirkung an der Renovierung nicht erworben. Somit handelt es sich um eine Nebenabrede, die als **echter Bestandteil** formbedürftig gewesen wäre.

Somit war die Renovierungsvereinbarung als solche auch als Nebenabrede zum Kaufvertrag vom 1.7. formbedürftig.

(2) **Nichteinhaltung der Form** gem. § 313 S. 1:

Die gem. § 313 S. 1 erforderliche **notarielle Beurkundung** nach § 128 i.V.m. dem BeurkG ist **nicht erfolgt.**

Somit wäre die Renovierungsvereinbarung an sich gem. § 125 S. 1 nichtig, sofern keine *Sondervorschriften* eingreifen (wie z. B. §§ 566 S. 2, 1154 II; 6 II VerbrKrG). Sondervorschriften sind vorliegend nicht ersichtlich.

32 (3) **Keine Heilung** gem. § 313 S. 2:

(a) Sollten die Voraussetzungen der Heilung vorliegen, so wäre das Rechtsgeschäft unter Einbeziehung aller Nebenabreden (auch der Renovierungsvereinbarung) **ex nunc** wirksam.

(b) **Voraussetzungen:**

(aa) Grundsätzlich bedarf es nach dem Wortlaut des § 313 S. 2 zur Heilung der **Erfüllung der Verpflichtung**, also der Auflassung und Eintragung im Grundbuch. Im Fall eines Vorvertrages genügt jedoch für die Heilungswirkung schon der **formgültige Abschluß des Hauptvertrages**. Dies ist hier am 13.12. geschehen.

(bb) Die **Willensübereinstimmung** der Parteien muß bzgl. des gesamten Vertragsinhaltes bis zur Auflassung **fortbestehen.**

- ❑ Zwar kann **grundsätzlich** die Willensübereinstimmung **vermutet** werden, solange nicht eine Partei erkennbar einen abweichenden Willen äußert.
- ❑ Diese Vermutung gilt jedoch **nicht, wenn** das zunächst formlos Vereinbarte in einem notariellen Vertrag **nur teilweise beurkundet** wird. In diesem Fall hat die Vermutung Vorrang, daß alles, was die Parteien zur Zeit des Abschlusses des notariellen Vertrages wollten, auch Eingang in den notariellen Vertrag gefunden hat.

Die Heilungswirkung erfaßt also die Nebenabrede gem. Ziff. 9 nicht, da insofern Vorvertrag und Hauptvertrag nicht korrespondieren. Somit ist bezüglich der Renovierungsvereinbarung keine Heilung gem. § 313 S. 2 eingetreten.

33 (4) **Keine Überwindung der Nichtigkeit** gem. § 242:

Nach ganz h. M. kann die Formnichtigkeit eines Rechtsgeschäftes **in besonderen Ausnahmefällen** unter bestimmten Voraussetzungengem. § 242 überwunden werden, so daß es als wirksam zu behandeln ist.

(a) Eine Überwindung der Nichtigkeit ist insbesondere in **folgenden zwei Fällen anerkannt:**

- ❑ Arglistige Täuschung über die Formbedürftigkeit durch eine Partei.
- ❑ Existenzgefährdung

(b) **Abgelehnt** wird dagegen die Überwindung der Formnichtigkeit insbesondere in folgenden Fällen:

- ❑ Kenntnis beider Parteien vom Formmangel.
- ❑ Verhinderung des formgerechten Abschlusses nur infolge Fahrlässigkeit einer Partei.

(c) **Im vorliegenden Fall** wurde S zwar durch die falsche Behauptung des G, die Vereinbarung im schriftlichen Vorvertrag genüge, von der Beurkundung der Ziff. 9 abgehalten. G handelte dabei jedoch nicht in Kenntnis der Unrichtigkeit (also nicht arglistig), sondern allenfalls **nur fahrlässig.** Da auch kein Fall einer Existenzgefährdung der S ersichtlich ist, kann die Formnichtigkeit nicht durch § 242 überwunden werden.

Die Einigung zwischen S und G über die Renovierungsarbeiten ist somit gem. § 125 S. 1 i.V.m. § 313 S. 1 nichtig.

(B) **Ergebnis:** S kann von G nicht Mithilfe bei der Renovierung gem. § 631 I verlangen.

Hinweis: Im Fall der fahrlässigen Verhinderung des formgerechten Abschlusses kommt u. U. ein Schadensersatzanspruch des Betroffenen aus c.i.c. in Betracht. Ein solcher Anspruch der S gegen G scheidet hier wohl aus, da keine konkreten Anhaltspunkte für ein Verschulden des G gegeben sind.

§ 10. Der Verstoß gegen ein Verbotsgesetz gem. § 134

Gem. § 134 ist ein Rechtsgeschäft, das gegen ein gesetzliches Verbot verstößt, nichtig, es sei denn, es ergibt sich aus dem Gesetz ein anderes. § 134 bezweckt eine **Einschränkung der Privatautonomie** zum Schutz der Allgemeinheit, indem es ein Rechtsgeschäft unter bestimmten Voraussetzungen unabhängig vom Willen der Beteiligten für nichtig erklärt (Med. AT Rn. 645 f.).

A. Überblick über die einzelnen Prüfungspunkte

Bei der Frage nach der Unwirksamkeit einer vertraglichen Einigung gem. § 134 ist in folgenden Schritten vorzugehen: 1

I. **Anwendbarkeit** des § 134.

II. Verstoß gegen ein **Verbotsgesetz.**

III. **Rechtsfolge:** Nichtigkeit, sofern sich dies aus dem Sinn und Zweck des Verbotsgesetzes ergibt.

Im folgenden werden nun die einzelnen Prüfungspunkte näher dargestellt.

B. Die Anwendbarkeit des § 134

2 Für eine Anwendung des § 134 ist dann kein Raum, wenn das betreffende Gesetz selbst anordnet, daß ein Verstoß zur Nichtigkeit führt (Med. AT Rn. 645).

Beispiele:

- ❑ Schließen die Parteien eines Kaufvertrages vollständig die Gewährleistung wegen eines Sachmangels aus, so ist die Vereinbarung bereits gem. § 476 nichtig, ohne daß eine Anwendung des § 134 in Betracht kommt.
- ❑ Vereinbaren die Parteien, daß dem Schuldner die Haftung wegen Vorsatzes im voraus erlassen wird, so ist diese Vereinbarung schon gem. § 276 II unwirksam, ohne daß § 134 herangezogen werden darf.

C. Verstoß gegen ein Verbotsgesetz

3 Bei der Vorschrift, gegen die das Rechtsgeschäft verstößt, muß es sich um ein *echtes Verbotsgesetz* handeln.

I. Gesetz

Gesetz im Sinne des § 134 ist **jede inländische Rechtsnorm** i. S. v. *Art. 2 EGBGB.*

- ❑ Rechtsnormen sind hiernach alle Gesetze **im formellen Sinn** (d. h. die von der Legislative erlassen wurden), sowie **Rechtsverordnungen**, autonome **Satzungen**, Tarifverträge und Gewohnheitsrecht.
- ❑ **Keine** Rechtsnormen sind dagegen der Handelsbrauch, die Verkehrssitte, Vereinssatzungen sowie Allgemeine Geschäftsbedingungen (Pal.§ 134 Rn. 2; Köhler AT § 20 II).

Beispiele:

- ❑ Die Abgabensatzung einer Gemeinde stellt wie die Satzung der Rechtsanwaltskammer ein Gesetz in diesem Sinne dar.
- ❑ Auch eine Biergartenverordnung erfüllt als Rechtsverordnung diese Voraussetzungen.
- ❑ Keine Gesetze in diesem Sinne sind dagegen die Satzung eines Kleingartenvereins oder die Allgemeinen Geschäftsbedingungen eines Fitneßstudios.

Beachte: Der Gesetzesbegriff i. S. v. Art. 2 EGBGB ist auch bei der Prüfung eines Schutzgesetzes im Rahmen des § 823 II von Bedeutung. Kommentieren Sie sich daher – sofern mit Ihrer Prüfungsordnung vereinbar – Art. 2 EGBGB sowohl neben § 134 als auch neben § 823 II.

Gesetz i. S. d. § 134 ist **jede inländische Rechtsnorm** i. S. v. Art. 2 EGBGB!

II. Verbotsgesetz

Das Rechtsgeschäft muß gegen ein Verbotsgesetz verstoßen. Die Definition des Verbotsgesetzes lautet (Pal. § 134 Rn. 1): 4

> Verbotsgesetze sind Vorschriften, die ein nach der Rechtsordnung grundsätzlich mögliches Rechtsgeschäft wegen seines **Inhalts** oder der **Umstände** seines Zustandekommens **untersagen.**

1. Das betreffende Gesetz muß zunächst ein **Verbot** enthalten, d. h. es muß *ein an sich mögliches* Rechtsgeschäft verbieten. Ein Verbotsgesetz beschränkt also das **rechtliche Dürfen.** Somit liegt kein Verbotsgesetz vor, wenn – wie im Fall der §§ 137, 181, 399 – schon das *rechtliche Können* beschränkt wird (Pal. § 134 Rn. 1).

Beispiel: Vereinbaren V und K beim Abschluß eines Kaufvertrages, daß V die noch offene Kaufpreisforderung aus § 433 II nicht abtreten darf, so handelt es sich insoweit um ein Verfügungsverbot, das eine Abtretung gem. § 399 unmöglich macht. § 399 beschränkt also schon das rechtliche Können des V zur Abtretung, nicht erst das rechtliche Dürfen hierzu.

2. Entscheidend ist dann, daß sich ein Verbotsgesetz stets gegen die **Vornahme** des Rechtsgeschäfts *als solches* richtet, *um* auf diese Weise seinen rechtlichen oder wirtschaftlichen *Erfolg zu verhindern* (BGH NJW 1993, 2873; Pal. § 134 Rn. 1). Somit liegt kein Verbotsgesetz i. S. v. § 134 vor, wenn es sich um eine **bloße Ordnungsvorschrift** handelt. Eine Ordnungsvorschrift richtet sich nämlich nur gegen die *Form* oder die *Art und Weise der Vornahme* des Rechtsgeschäfts, will jedoch nicht das Rechtsgeschäft als solches verhindern (Pal. § 134 Rn. 8; Köhler AT § 20 II).

Beispiele:

- ❑ Schenkt ein Gastwirt auf Drängen seines Stammgastes nach der Sperrstunde noch 1 Maß Bier aus, so verstößt er gegen die Sperrzeitenregelung nach § 18 GastG i.V.m. der landesrechtlichen Gaststättenverordnung. Die Sperrzeitenregelung richtet sich *nicht* gegen den Ausschank von Bier *als solchen*, **sondern gegen** den Zeitpunkt und somit die **Art und Weise** des Verkaufs. Es handelt sich daher insoweit um kein Verbotsgesetz i. S. v. § 134, sondern eine **bloße Ordnungsvorschrift.**
- ❑ Nach dem LadenschlußG ist der Verkauf von Waren nach Ladenschluß untersagt. Da das LadenschlußG *nicht* den Verkauf von Waren *als solchen*, **sondern die Art und Weise der Vornahme** – nämlich den Verkauf ab einem bestimmten Zeitpunkt – verhindern will, handelt es sich insoweit nicht um ein VerbotsG i. S. v. § 134, sondern um eine **bloße Ordnungsvorschrift.**

> Ein VerbotsG richtet sich gegen die **Vornahme** des Rechtsgeschäfts **als solches**, eine Ordnungsvorschrift dagegen nur gegen die **Art und Weise** der Vornahme.

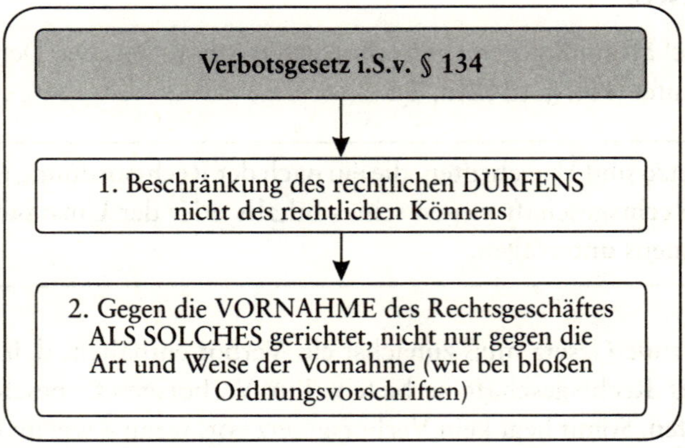

III. Verstoß gegen das Verbotsgesetz

5 Das Rechtsgeschäft muß **objektiv** gegen das Verbotsgesetz **verstoßen**, d. h. die Tatbestandsvoraussetzungen müssen erfüllt sein. Ein Verschulden der Parteien hinsichtlich des Verstosses ist dagegen nicht erforderlich (BGHZ 122, 122; Pal. § 134 Rn. 5).

D. Die Rechtsfolge des Verstoßes

I. Nichtigkeit, Teilnichtigkeit oder Wirksamkeit

6 § 134 bestimmt, daß ein Rechtsgeschäft, das gegen ein Verbotsgesetz verstößt, nichtig ist, *wenn sich aus dem Gesetz nicht ein anderes ergibt*. Das bedeutet, daß *nicht jeder Verstoß* gegen ein Verbotsgesetz *automatisch* zur *Nichtigkeit* des betreffenden Rechtsgeschäfts führt. Vielmehr ist im Wege der **Auslegung** des Verbotsgesetzes zu ermitteln, *ob* der Verstoß zur (gesamten oder teilweisen) *Nichtigkeit* des Rechtsgeschäfts führen soll *oder nicht*. Maßgeblich ist, ob es mit dem Sinn und Zweck des Verbotsgesetzes vereinbar wäre, daß das Rechtsgeschäft bestehen bleibt oder nicht. Als *Indiz* kann insoweit v. a. der *Adressatenkreis* des Verbotsgesetzes dienen. Dabei ist in folgender Weise **zu unterscheiden** (BGH NJW 1992, 2558; Pal. § 134 Rn. 8 ff.):

7 ❑ Richtet sich das Verbot **gegen beide Parteien** des Rechtsgeschäfts, so kann regelmäßig davon ausgegangen werden, daß das Rechtsgeschäft *nichtig* sein soll. Dies gilt insbesondere dann, wenn die Handlung für beide Parteien mit Strafe bedroht ist (st. Rspr., vgl.u. a. BGHZ 53, 157; Pal § 134 Rn. 8).

Beispielsfall: B möchte sein Haus durch einen Anbau vergrößern. Da ihm die Errichtung durch eine Baufirma zu teuer ist, bittet er seinen Freund U, einen arbeitslosen Maurer um Hilfe. Die beiden vereinbaren, daß U den Anbau für DM 25,-- pro Stunde schwarz und ohne Quittung errichten werde. Fünf Monate nach der Fertigstellung stellen sich Mängel am Bauwerk heraus. B verlangt Mängelbeseitigung. Zu Recht?

B könnte gegen U ein Mängelbeseitigungsanspruch gem. § 633 II 1 zustehen. Voraussetzung wäre zunächst, daß zwischen den Parteien ein wirksamer Werkvertrag i. S. v. § 631 zustandegekommen ist. Der Vertrag könnte wegen des Wirksamkeitshindernisses des § 134 i.V.m. §§ 1, 2 SchwArbG nichtig sein. Gegen die Anwendbarkeit des § 134 bestehen keine Bedenken. Das SchwArbG müßte ein Verbotsgesetz darstellen: Das SchwArbG dient der Bekämpfung der Schwarzarbeit wegen ihrer sozialschädlichen Auswirkungen. Es richtet sich *gegen die Vornahme* eines an sich möglichen Rechtsgeschäfts als solches und nicht bloß gegen die Art und Weise des Zustandekommens. Das SchwArbG will wirtschaftlichen und rechtlichen Erfolg eines unter Verstoß gegen das SchwArbG geschlossenen Vertrages verhindern. Somit handelt es sich hierbei um ein Gesetz i. S. v. § 134. Die Parteien haben beide gegen dieses Verbotsgesetz verstoßen. Faglich ist die Rechtsfolge dieses Verstosses: Ein Verstoß führt gem. § 134 HS 2 nicht automatisch zur Nichtigkeit des Rechtsgeschäfts. Vielmehr ist im Wege der Auslegung zu ermitteln , ob es mit dem Sinn und Zweck des Verbotsgesetzes unvereinbar wäre, das Rechtsgeschäft bestehen zu lassen. Als Indiz gilt hierbei auch der Adressatenkreis. Da vorliegend beide Parteien gegen das SchwArbG verstoßen, ist von einer Nichtigkeit des Werkvertrages auszugehen. Insbesondere kann dem Zweck dieser Norm – die Verhinderung der sozialschädlichen Auswirkungen für die Allgemeinheit – nur dadurch Rechnung getragen werden, daß die Parteien aus dem verbotswidrigen Vertrag keinerlei Rechte herleiten können. Auf diese Weise werden sie abgeschreckt, einen solchen Vertrag überhaupt zu schließen. Somit ist der Werkvertrag nichtig und B kann keine Mängelbeseitigung von U verlangen.

❑ Ist das Rechtsgeschäft dagegen nur **für eine Partei** verboten, so ist das verbots- 8
widrige Rechtsgeschäft regelmäßig ***gültig*** (st. Rspr., vgl.u. a. BGH NJW 1981, 1205; Pal. § 134 Rn. 9).

Eine *Ausnahme* gilt jedoch dann, wenn es **mit** dem **Zweck** des Verbotsgesetzes **unvereinbar** wäre, das Rechtsgeschäft bestehen zu lassen (BGHZ 115, 125; Pal. § 134 Rn. 9).

Beispiele:

- Ein Kaufvertrag, der auf einem Betrug des Verkäufers gegründet ist, ist wirksam, da sich das Verbot des § 263 StGB nur gegen eine Partei richtet. Ebenso fordert auch der Normzweck des § 263 StGB nicht die Nichtigkeit, da der Käufer durch die Anfechtungsmöglichkeit nach § 123 I und seine Schadensersatzansprüche gem. §§ 823 II i.V.m. § 263 StGB; 826 ausreichend geschützt ist.
- Schließt ein Jurastudent einen Rechtsberatungsvertrag, so verstößt dieses Rechtsgeschäft gegen § 1 RBerG. Obwohl in diesem Fall nur ein einseitiges Verbot besteht, ist der Vertrag ausnahmsweise nichtig, da es mit dem Normzweck – Schutz der Allgemeinheit vor unqualifizierter Rechtsberatung – unvereinbar wäre, den Beratungsvertrag bestehen zu lassen (BGH NJW-RR 1994, 236).

❑ Daneben kann sich aus dem *Sinn und Zweck* des Verbotsgesetzes eine **Teilnich-** 9
tigkeit des Rechtsgeschäfts ergeben. So ist *insbesondere bei einem Verstoß gegen Preisvorschriften* davon auszugehen, daß selbst bei einem beidseitigen Ver-

stoß das Rechtsgeschäft nicht nichtig ist, sondern regelmäßig *zum zulässigen Preis* aufrechterhalten wird (BGHZ 89, 316; Pal. § 134 Rn. 8 a.E., 27).

Beispiel: Gem. § 8 I 1 WoBindG darf ein Vermieter bei Mietverhältnissen im sozialen Wohnungsbau keine höhere Miete als die sog. Kostenmiete vereinbaren. Verstößt er gegen dieses Verbotsgesetz, so ist nicht der gesamte Mietvertrag nichtig, sondern nur die Klausel über die Höhe des Mietzinses, vgl. § 8 II WoBindG. Eine Gesamtnichtigkeit würde den Zweck der Vorschrift – Schutz des sozial schwachen Mieters – ins Gegenteil verkehren, da der Mieter aus dem nichtigen Vertrag keinerlei Rechte herleiten könnte.

10 ❑ Die Nichtigkeit bezieht sich dabei auch auf **Umgehungsgeschäfte**, die zwar nicht unmittelbar gegen ein bestimmtes Verbotsgesetz verstoßen, mit denen aber der rechtlich mißbilligte Erfolg gleichwohl erreicht werden soll (MüKo § 134 Rn. 28; Köhler AT § 20 II).

Beispielsfall: U betreibt ein großes Raumpflegeunternehmen in dem sehr viele Ausländer beschäftigt sind. Weil er befürchtet, daß ein Teil seines Personals verspätet aus dem Sommerurlaub zurückkehren könnte, läßt er seine Arbeitnehmer kurz vor dem Urlaubsbeginn ein Formular unterschreiben, wonach sie sich damit einverstanden erklären, daß im Falle einer verspäteten Rückkehr aus dem Urlaub, das Arbeitsverhältnis erlöschen soll. Diese Vereinbarung stellt eine Umgehung der arbeitsvertraglichen Kündigungsvorschriften (insb. des § 626) dar und ist somit als Umgehungsgeschäft nichtig.

Hinweis: Im Examen legen die Prüfer auf eine sorgfältige Erörterung der Rechtsfolge eines Gesetzesverstoßes besonderen Wert. Hier können Sie Punkte sammeln! (oder verlieren!)

II. Bezugspunkt der Nichtigkeit

11 Fraglich ist, ob die Nichtigkeit wegen eines Verstosses gegen ein Verbotsgesetz nur das *Verpflichtungsgeschäft* oder auch das *Erfüllungsgeschäft* erfaßt (Vgl. hierzu auch unten im Kapitel 6):

1. Grundsätzlich führt der Verstoß gegen das Verbotsgesetz nur zu einer Nichtigkeit des **Verpflichtungsgeschäfts**, während das dingliche Erfüllungsgeschäft hiervon wegen des Abstraktionsprinzips i. d. R. unberührt bleibt (Näheres zum Abstraktionsprinzip im BGB-AT Band I § 11).

Argument: Die Rückabwicklung erfolgt nach Bereicherungsrecht, insbesondere nach § 817. Diese Vorschrift setzt ein wirksames Erfüllungsgeschäft bei einem verbotswidrigen, nichtigen Verpflichtungsgeschäft voraus.

2. Ausnahmsweise kann die Auslegung des Verbotsgesetzes jedoch ergeben, daß **auch das Erfüllungsgeschäft** von der Nichtigkeit erfaßt sein soll. Dies ist dann der Fall, wenn die Umstände, die den Gesetzesverstoß begründen, zugleich und unmittelbar *auch* das *Erfüllungsgeschäft betreffen* und der *Normzweck* des Verbotsgesetzes die

Nichtigkeit des Erfüllungsgeschäftes *erfordert* (BGH NJW 1992, 2350; Larenz AT § 22 II; vgl. hierzu auch den nachfolgenden Fall 7, Rn. 15).

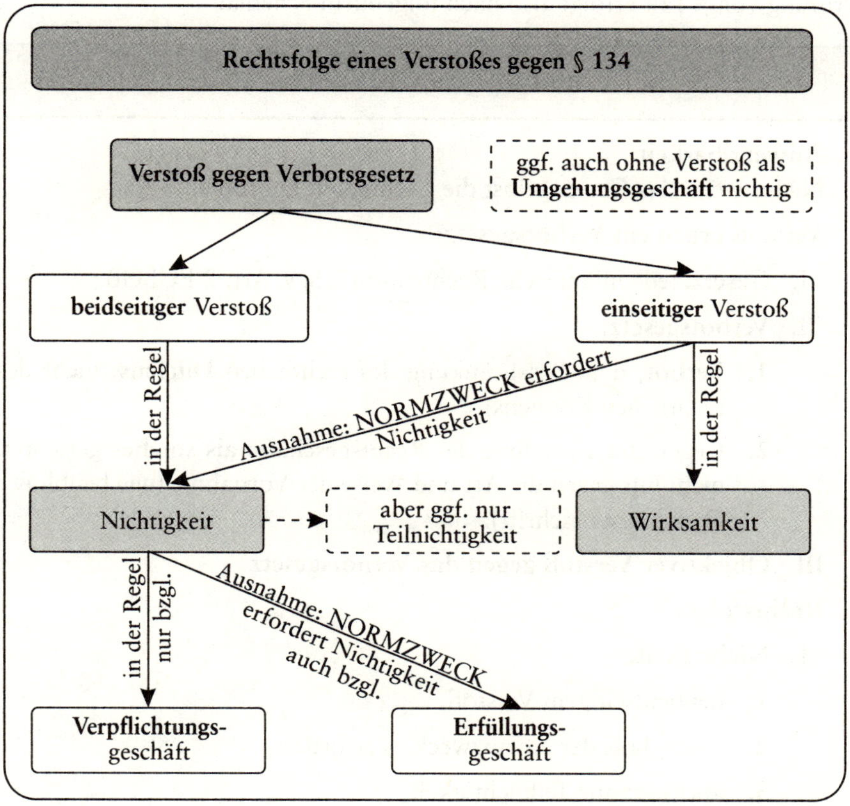

E. Zusammenfassendes Prüfungsschema zu § 134

Die Prüfung von § 134 erfolgt also nach folgendem Schema:

Prüfungsschema zu § 134

A. **Anwendbarkeit:**
Nicht, wenn das Gesetz selbst die Nichtigkeit anordnet.

B. **Verstoß gegen ein Verbotsgesetz:**

I. **Gesetz:** jede inländische Rechtsnorm i. S. v. Art. 2 EGBGB.

II. **Verbotsgesetz:**

1. **Verbot,** d. h. Beschränkung des rechtlichen **Dürfens** (nicht des rechtlichen Könnens).
2. Gegen die Vornahme des Rechtsgeschäfts **als solches** gerichtet, nicht nur gegen die Art und Weise der Vornahme (wie bei bloßer Ordnungsvorschrift).

III. **Objektiver Verstoß gegen das Verbotsgesetz**

C. **Rechtsfolge:**

I. **Nichtigkeit:**

1. bei beidseitigem Verstoß,
2. sonst, falls der Normzweck es erfordert,
3. aber evt. nur Teilnichtigkeit,
4. auch bei Umgehungsgeschäften.

II. **Bezugspunkt der Nichtigkeit:**

1. **Grundsätzlich** nur Verpflichtungsgeschäft.
2. **Ausnahmsweise** auch Erfüllungsgeschäft, soweit zugleich und unmittelbar auch Erfüllungsgeschäft betroffen und Normzweck Nichtigkeit erfordert.

F. Fall 8: „Die Finanzen des Dr. Andorius“

Der praktische Arzt Dr. Andorius möchte sich mehr um seine Patienten und weniger um seine Buchhaltung kümmern. Aus diesem Grunde schließt er mit der Blech-GmbH, einer ärztlichen Abrechnungsstelle, einen Vertrag, in dem er der GmbH die ihm gegen seine Privatpatienten zustehenden Honorarforderungen an diese verkauft und abtritt.

Celsius ist bei Dr. Andorius Privatpatient. Als er von der Blech-GmbH aufgefordert wird, einen Betrag von DM 750,-- für eine Behandlung bei Dr. Andorius zu bezahlen, weigert er sich, dieser Aufforderung nachzukommen. Er bestreitet nicht, daß ein Anspruch des Dr. A in der geltend gemachten Höhe besteht, doch hält er die Abtretung für nichtig. Zu Recht?

Anspruch der B gegen C auf Zahlung von DM 750,-

Ein Anspruch der B gegen C auf Zahlung von DM 750,- ist gegeben, wenn B die Forderung durch wirksame Abtretung von A erworben hat, der Anspruch nicht nachträglich wieder erloschen ist sowie keine Einreden bestehen.

(A) Ein Erwerb der Forderung im Wege wirksamer Abtretung setzt zunächst voraus, daß sich A und B wirksam über die Abtretung i. S. v. § 398 geeinigt haben:

(I) A und die B haben sich darüber geeinigt, daß B Inhaber der Forderung gegen C werden soll, so daß eine **Einigung über** eine **Abtretung i. S. v. § 398** vorliegt.

(II) Fraglich ist, ob die Abtretung wirksam ist. Die Abtretung könnte nämlich wegen eines **Verstoßes gegen** ein **Verbotsgesetz** gem. § 134 nichtig sein. Als solches Verbotsgesetz käme **§ 203 I Nr. 1 StGB** in Betracht, der die Rechtsfolgen eines Verstoßes gegen die ärztliche Schweigepflicht regelt. Hierzu müßten folgende Voraussetzungen erfüllt sein: 12

(1) § 134 müßte **anwendbar** sein. Dies ist zu bejahen, da § 203 StGB nicht selbst die Nichtigkeit anordnet.

(2) Bei § 203 I Nr. 1 StGB müßte es sich um ein **Verbotsgesetz** handeln.

(a) Bei der Vorschrift handelt es sich umproblematisch um ein **Gesetz i. S. v. Art. 2 EGBGB.**

(b) § 203 I Nr. 1 StGB müßte ein **Verbotsgesetz** sein. 13

(aa) Die Abtretung von Honorarforderungen ist grundsätzlich möglich. Es ist somit nicht das rechtliche Können, sondern das rechtliche **Dürfen** betroffen.

(bb) Fraglich ist, ob es sich bei § 203 StGB um eine bloße **Ordnungsvorschrift** handelt. Sinn der Vorschrift ist, zu verhindern, daß Dritte Kenntnis von den intimen Patientendaten erhalten. So soll dem Recht auf informationelle Selbstbestimmung genüge getan werden und das Vertrauensverhältnis zwischen Arzt und Patient geschützt werden. Das Gesetz kann nur dann präventiv wirksam werden, wenn alle Rechtsgeschäfte, die die Offenbarung geheimhaltungsbedürftiger Patientendaten zum Inhalt haben, für nichtig erklärt werden. Damit will das Gesetz die *Vornahme* dieser Rechtsgeschäfte *als solche* verhindern und *nicht nur* die *Art und Weise* der Vornahme. Es handelt sich somit um ein echtes **Verbotsgesetz**.

14 (c) Durch die Abtretung müßte **objektiv** gegen § 203 I Nr. 1 StGB **verstoßen** worden sein.

(aa) Gem. § **402** ist der Abtretende verpflichtet, dem Abtretungsempfänger alle Informationen zu geben, die für die Durchsetzung des Anspruchs erforderlich sind. Vorliegend handelt es sich bei diesen Informationen um schutzbedürftige Patientendaten. Durch die Weitergabe dieser Informationen an B hat A gegen § 203 I Nr. 1 StGB **objektiv verstoßen**.

(bb) Ein Gesetzesverstoß wäre dann nicht gegeben, wenn C sich mit der Übermittlung der Daten einverstanden erklärt hat. Hiebei muß eine derartige **Einwilligung** unmißverständlich und eindeutig erfolgen.

- ❑ Eine **konkludente Einwilligung** durch Unterlassen eines Widerspruchs gegen die Abtretung kann nicht angenommen werden, da es keine allgemeine Verkehrssitte gibt, nach der eine externe Abrechnung durch eine Verrechnungsstelle üblich ist (BGH NJW 1991, 2955; BGH NJW 1996, 773).
- ❑ Ebensowenig kann eine **stillschweigende Einwilligung** darin gesehen werden, daß der Patient trotz eines Aushanges im Wartezimmer des Arztes, in welchem auf eine solche Übung hingewiesen wird, sich hierzu nicht äußert.

Argumente:

- Viele Patienten schenken solchen Aushängen keine Aufmerksamkeit.
- Es ist nicht sicher, daß alle Patienten die rechtliche Tragweite ihres Schweigens erkennen.

Somit liegt keine Einwilligung des C vor.

15 (3) Fraglich ist, ob die Abtretung wegen dieses Verstoßes gem. § 134 **nichtig** ist:

(a) Ein **beiderseitiger Verstoß** gegen § 203 StGB liegt nicht vor, da die Schweigepflicht nur den Arzt trifft.

(b) Somit liegt ein **einseitiger Verstoß** vor, der *grundsätzlich* die *Wirksamkeit* des Rechtsgeschäfts zur Folge hat. Jedoch könnte diese Rechtsfolge mit dem **Normzweck des § 203 StGB unvereinbar** sein. Hier erfordert der mit § 203 StGB bezweckte Schutz des Persönlichkeitsrechts des Patienten die *Nichtigkeit* des Rechtsgeschäfts.

(c) Die Nichtigkeit betrifft zunächst das schuldrechtliche Verpflichtungsgeschäft (= Kaufvertrag über die Forderungen zwischen A und B). Da hier die Verpflichtung zur Weiterleitung der Patientendaten gem. § 402 unmittelbar an das Erfüllungsgeschäft, die Abtretung der Forderungen des A anknüpft, erfordert der Normzweck des § 203 StGB auch die Nichtigkeit der Abtretung selbst. Somit ist vorliegend **ausnahmsweise auch** das **Erfüllungsgeschäft nichtig.**

(B) **Ergebnis:** Somit ist die Abtretung gem. § 134 i.V.m. § 203 I Nr. 1 StGB nichtig, so daß B die Forderung gegen C schon nicht erworben hat.

Hinweis: Die gleiche Problematik stell sich bei der Abtretung von Honorarforderungen eines Rechtsanwalts, wobei hier ein Verstoß gegen § 203 I Nr. 3 StGB in Betracht kommt.

§ 11. Der Verstoß gegen die guten Sitten gem. § 138

A. Einführung

I. Die gesetzliche Regelung 1

1. Nach der **Generalklausel des § 138 I** ist allgemein ein Rechtsgeschäft nichtig, wenn es gegen die guten Sitten verstößt.

2. Eine **besondere Fallgruppe** eines sittenwidrigen Rechtsgeschäftes stellt der **Wucher i. S. v. § 138 II** dar. Hiernach ist ein Rechtsgeschäft insbesondere dann nichtig, durch das jemand unter Ausbeutung der Zwangslage, der Unerfahrenheit, des Mangels an Urteilsvermögen oder der erheblichen Willensschwäche eines anderen sich oder einem Dritten für eine Leistung Vermögensvorteile versprechen oder gewähren läßt, die in einem auffälligen Mißverhältnis zu der Leistung stehen.

II. Der Zweck der Regelung 2

§ 138 stellt ebenso wie § 134 eine **Beschränkung der Privatautonomie** dar. Mit der Regelung des § 138 will der Gesetzgeber in erster Linie verhindern, daß Rechtsgeschäfte Geltung erlangen, die für die Rechtsgemeinschaft unerträglich sind, weil sie von den ethischen Grundwerten abweichen (MüKo § 138 Rn. 1; Med. BGB AT Rn. 680).

III. Die Examensbedeutung

Die Problematik der Sittenwidrigkeit von Rechtsgeschäften wird im Examen v. a. im Zusammenhang mit **Kreditgewährungen** relevant- nämlich bei der Frage, ob eine Knebelung, eine Übersicherung oder eine Verleitung zum Vertragsbruch vorliegt. Daher erfolgt eine Erörterung dieses Problemkreises schwerpunktmäßig im Band Kreditsicherungsrecht. An dieser Stelle soll nur eine grundlegende Einführung in die Problematik gegeben werden.

3 IV. Die Prüfungsreihenfolge

Es stellt sich zunächst die Frage, in welchem **Verhältnis** die Tatbestände des § 134, des § 138 I sowie des § 138 II stehen.

- ❑ § 138 **II** ist als **Spezialfall** des § 138 **I** (vgl. den Wortlaut „insbesondere" in § 138 II) zu verstehen und daher grundsätzlich *vor § 138 I* zu prüfen.
- ❑ **§ 134 geht** im Verhältnis zu § 138 **vor.** Verstößt demnach ein Rechtsgeschäft sowohl gegen ein Verbotsgesetz als auch gegen die guten Sitten, so ist es grunddätzlich nach § 134 zu behandeln. Ergibt sich jedoch, daß eine Anwendung von § 134 nicht zur Nichtigkeit des Rechtsgeschäfts führt, so kann sich diese immer noch nach § 138 ergeben (RGZ 115, 325; MüKo § 134 Rn. 4).

Es empfiehlt sich somit folgende **Prüfungsreihenfolge:**

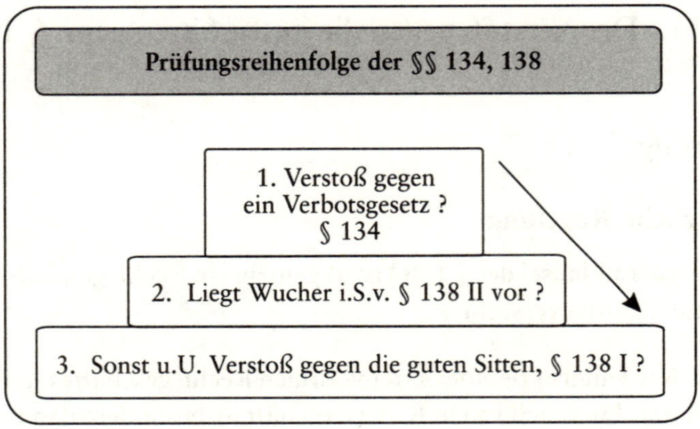

B. Der Wucher – Tatbestand gem. § 138 II

4 § 138 II regelt als besondere Fallgruppe eines sittenwidrigen Rechtsgeschäfts den Wucher-Tatbestand.

I. Die Tatbestandsvoraussetzungen

Bei § 138 II ist zwischen einem **objektiven** und **subjektiven** Tatbestand zu unterscheiden:

1. Der objektive Tatbestand

5 Objektiv muß ein **auffälliges Mißverhältnis** zwischen Leistung und Gegenleistung vorliegen.

a) Aus dieser Formulierung in § 138 II ist ersichtlich, daß § 138 II nur auf Verträge anwendbar ist, die einen **Leistungsaustausch** zum Gegenstand haben. Als solche kommen insbesondere Darlehens-, Kauf- oder Mietverträge in Betracht. Unentgeltliche Verträge – wie Schenkung, Leihe, Auftrag und Verwahrung – sind vom

Anwendungsbereich dieser Vorschrift dagegen nicht erfaßt (BGH NJW 1982, 2767; Pal. § 138 Rn. 66).

b) Für die Beantwortung der Frage, *ob* ein *Mißverhältnis* besteht, muß der **objektive Wert** von Leistung und Gegenleistung *ermittelt* und anschließend *gegenübergestellt* werden.

Hierbei sind die **bei Vertragsschluß bestehenden Verhältnisse** zugrundezulegen. Nachträglich entstehende Mißverhältnisse begründen damit den objektiven Tatbestand des § 138 II nicht (BGH WM 1977, 399; Pal. § 138 Rn. 66).

c) Das Mißverhältnis muß **auffällig** sein. Wann dies der Fall ist, läßt sich nicht allgemein, sondern nur aufgrund einer umfassenden *Würdigung aller Umstände des Einzelfalls* entscheiden. 6

❑ Hierbei sind auch die von den Parteien übernommenen **Risiken** zu berücksichtigen. Geht also eine Partei des Rechtsgeschäfts mit dem Geschäft ein besonderes Risiko ein, so kann sie eine höhere Gegenleistung beanspruchen als dies der Fall wäre, wenn ein geringeres Risiko mit dem Geschäft verbunden wäre (BGH NJW-RR 1990, 1200; Pal. § 138 Rn. 67).

Beispiel: Je umfassender die Sicherheiten für einen in Anspruch genommenen Bankkredit sind, desto geringer muß der zu zahlende Darlehenszins sein, damit kein auffälliges Mißverhältnis zwischen Leistung und Gegenleistung besteht.

❑ Zur Beurteilung des Wuchers bei **Darlehen** hat die Rechtsprechung eine *Faustregel* bzgl. der Auffälligkeit des Mißverhältnisses entwickelt (BGH NJW 1992, 899). Danach gilt ein Darlehen als wucherisch, wenn der Zinssatz den marktüblichen Effektivzins entweder

- **relativ um 100 %** – also um mehr als das Doppelte oder
- **absolut um 12 %** übersteigt.

Beispiel 1: Beträgt der marktübliche Zins 7 %, so ist ein Darlehen, das mit 15 % verzinst wird, sittenwidrig, da der marktübliche Zins um mehr als 100 % überschritten wird.

Beispiel 2: Beträgt der marktübliche Zinssatz 14 %, so ist ein Darlehen, das mit 27 % verzinst wird, sittenwidrig, da der marktübliche Zinssatz um mehr als 12 % überschritten wird.

Hinweis: Die erste Variante schützt den Darlehensnehmer in Niedrigzinsphasen, die zweite in Hochzinsphasen.

2. Der subjektive Tatbestand

Auf subjektiver Seite ist erforderlich, daß der Wucherer bewußt eine **Schwächesituation** des Bewucherten **ausbeutet**. 7

a) Die Fälle einer Schwächesituation

Eine Schwächesituation liegt nach dem Wortlaut des § 138 II in folgenden Fällen vor:

❑ **Zwangslage**

Eine Zwangslage liegt vor, wenn aufgrund wirtschaftlicher Bedrängnis oder Umstände anderer Art für den Betroffenen ein **zwingendes Bedürfnis nach einer Geld- oder Sachleistung besteht.** Hierbei genügt, daß dem Betroffenen schwere Nachteile drohen, eine existenzgefährdende wirtschäftliche Not ist dagegen nicht erforderlich (MüKo § 138 Rn. 124; Pal. § 138 Rn. 70).

❑ **Unerfahrenheit**

Unerfahrenheit ist ein **Mangel an Lebens- oder Geschäftserfahrung.** Hierbei kann sie entweder allgemeiner Natur sein oder aber bestimmte Lebens- und Wirtschaftsbereiche betreffen. Eine Unerfahrenheit kann insbesondere bei Jugendlichen, Alten oder geistig Beschränkten vorliegen aber auch auf einen Zuzug aus einem Land mit anderen Lebensgewohnheiten gegründet sein (MüKo § 138 Rn. 125; Pal. § 138 Rn. 71).

❑ **Mangelndes Urteilsvermögen**

Von mangelndem Urteilsvermögen ist auszugehen, wenn der Betroffene **nicht in der Lage** ist, die **beiderseitigen Leistungen richtig zu bewerten** und Vor- und Nachteile des Geschäfts sachgerecht gegeneinander abzuwägen. Dieses Unvermögen ist vielfach eine Folge von Verstandesschwäche, kann aber auch bei einem normal Begabten vorliegen, wenn die schwierige Ausgestaltung des Geschäfts eine klare Beurteilung verhindert. Entscheidend ist, daß der Betroffene im konkreten Fall zu einer vernünftigen Beurteilung nicht in der Lage ist. Eine allgemeine Schwäche des Urteilsvermögens ist weder erforderlich noch ausreichend (Pal. § 138 Rn. 72).

❑ **Erhebliche Willensschwäche**

Erhebliche Willensschwäche ist gegeben, wenn der Betroffene zwar den Inhalt und die Folgen des Rechtsgeschäfts durchschaut, sich aber **wegen der verminderten psychischen Widerstandsfähigkeit nicht sachgerecht verhalten kann.** Sie kann beispielsweise bei Alkohol- und Drogenabhängigkeit gegeben sein (MüKo § 138 Rn. 127; Pal. § 138 Rn. 73).

8 **b) Ausbeutung dieser Schwächesituation**

Der Wucherer muß die Schwächesituation ausbeuten. Dies bedeutet, daß er sich in **Kenntnis** des auffälligen Mißverhältnisses die Schwächesituation **vorsätzlich** zunutze gemacht haben muß. Eine besondere Ausbeutungsabsicht ist dabei nicht erforderlich (BGH BB 1990, 1510; Pal. § 138 Rn. 74; Med. AT Rn. 710).

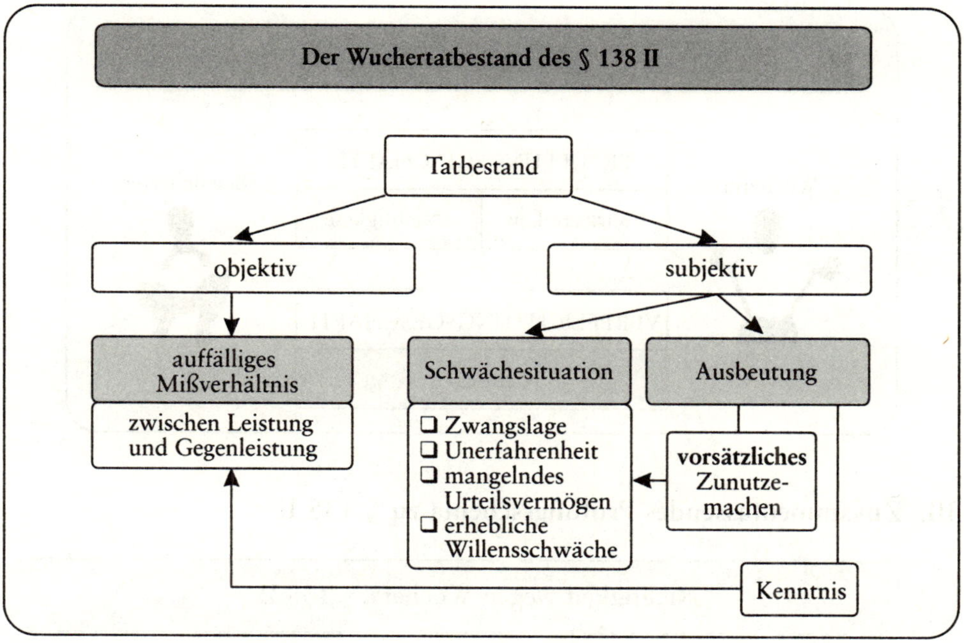

II. Die Rechtsfolge des § 138 II 9

1. Ein wucherisches Geschäft ist **nichtig.** Dabei ist nach h. M. eine Aufrechterhaltung des Rechtsgeschäfts mit einer angemessenen Gegenleistung grundsätzlich nicht möglich, da dies ansonsten zu einer Minimierung des Risikos des Wucherers führen würde (BGH NJW 1958, 1772; Pal. § 138 Rn. 75; Köhler AT § 20 IV 2).

2. Hinsichtlich des **Umfangs der Nichtigkeit** ist zu unterscheiden:

❑ Die *Nichtigkeit* betrifft zum einen das **Verpflichtungsgeschäft.**

❑ Daneben ergibt sich aus dem Wortlaut der Vorschrift „gewähren läßt", daß das **Erfüllungsgeschäft des Bewucherten** – also die Übereignung der Gegenleistung an den Wucherer – ebenfalls *nichtig* ist.

❑ Dagegen ist das **Erfüllungsgeschäft des Wucherers** *wirksam.*

Hinweis: Der Bewucherte bleibt somit Eigentümer der von ihm erbrachten Gegenleistung und kann diese gem. §§ 985, 817 S.1 und § 812 I 1 F 1 zurückfordern. Daneben hat er gegen den Wucherer regelmäßig einen Schadensersatzanspruch aus c.i.c. und § 826. Der Wucherer kann die von ihm erbrachte Leistung allenfalls gem. § 812 I 1 F 1 zurückfordern, wenn der Anspruch nicht nach § 817 S. 2 ausgeschlossen ist (Med. AT Rn. 712 f., Köhler AT § 20 IV 2) – Hiebei ist die Rückabwicklung eines Wucherdarlehens beliebter Prüfungsgegenstand im Examen. Wegen der damit verbundenen umfangreichen Bereicherungsrechtsproblematik, erfolgt eine ausführliche Darstellung im Bereicherungsrechts-Band.

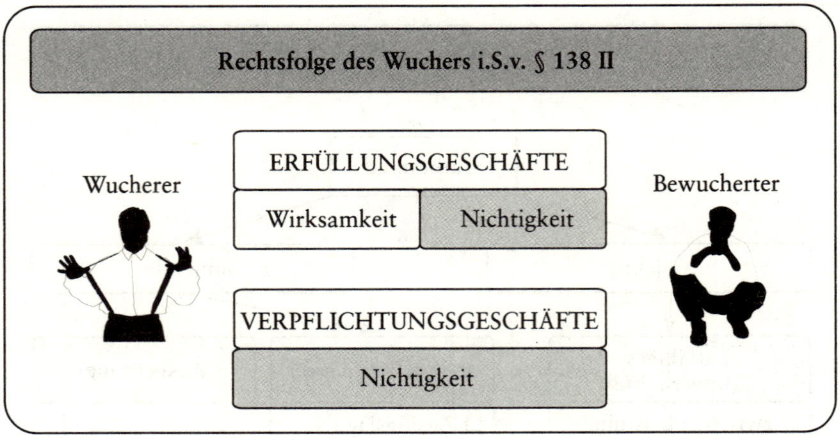

10 **III. Zusammenfassendes Prüfungsschema zu § 138 II**

Nichtigkeit wegen Wuchers, § 138 II

I. Anwendbarkeit

II. Objektiver Tatbestand

d. h. auffälliges Mißverhältnis zwischen Leistung und Gegenleistung.

III. Subjektiver Tatbestand

1. Schwächesituation i. S. v. § 138 II.
2. Ausnutzen dieser Schwächesituation.

IV. Rechtsfolge

1. Nichtigkeit des Verpflichtungsgeschäfts.
2. Nichtigkeit des Erfüllungsgeschäfts des Bewucherten.
3. Wirksamkeit des Erfüllungsgeschäfts des Wucherers.

C. Die Generalklausel des § 138 I

Gem. § 138 I ist ein Rechtsgeschäft nichtig, wenn es gegen die guten Sitten verstößt. An dieser Stelle sollen nur die Grundlagen der Vorschrift dargestellt werden. Ihre Hauptbedeutung erlangt sie im Kreditsicherungsrecht, wo auch eine vertiefte Behandlung erfolgen wird.

I. Anwendbarkeit

Wie schon dargestellt wurde, ist § 134 im Verhältnis zu § 138 speziell. Neben § 138 II kann § 138 I insbesondere in den Fällen Bedeutung gewinnen, in denen zwar ein auffälliges Mißverhältnis zwischen Leistung und Gegenleistung vorliegt, jedoch keine Ausnutzung einer Schwächesituation i. S. v. § 138 II gegeben ist (Pal. § 138 Rn. 69). 11

II. Die Tatbestandsvoraussetzungen

1. Der objektive Tatbestand

Objektiv ist ein **Verstoß gegen die guten Sitten** erforderlich.

a) Der Begriff der guten Sitten 12

- Die Rechtsprechung bestimmt diesen Begriff nach dem **„Rechts- und Anstandsgefühl aller billig und gerecht Denkenden“** (RGZ 80, 221; BGHZ 69, 297; BAG NJW 1976,1958).

> **Merke: Ein Rechtsgeschäft ist sittenwidrig, wenn es gegen das Rechts- und Anstandsgefühl aller billig und gerecht Denkenden verstößt.**

Hinweis: Wegen der Unschärfe dieser Definition ist eine Konkretisierung des Begriffs der guten Sitten mittels einer **Fallgruppenbildung** erforderlich (hierzu unten § 11 Rn.16 ff.).

- Diese nahezu inhaltsleere Formel wird durch die **herrschende Rechts- und Sozialmoral** inhaltlich bestimmt, wobei insoweit ein *durchschnittlicher Maßstab* anzulegen ist (BGHZ 10, 232; Pal. § 138 Rn. 2; Larenz AT § 22 III a).
- Daneben werden durch diesen Begriff die **der Rechtsordnung immanenten rechtsethischen Grundwerte**, die sog. *ordre puplic* erfaßt (BGHZ 80, 158; MüKo § 138 Rn. 13).
- Schließlich wirkt über § 138 auch das **im Grundgesetz verkörperte Wertsystem** – d. h. die Grundrechte sowie die Sozialstaatsklausel in Art. 20 GG – in das Privatrecht ein (BVerfGNJW 1994, 38; BGHZ 70, 324; Pal. § 138 Rn. 5).

b) Die Inhalts- oder Umstandssittenwidrigkeit 13

Die Sittenwidrigkeit eines Rechtsgeschäfts kann entweder durch den **Inhalt** des Rechtsgeschäfts hervorgerufen werden (sog. *Inhaltssittenwidrigkeit*) oder sich aus dem **Gesamtcharakter** des Rechtsgeschäfts (sog. *Umstandssittenwidrigkeit*) ergeben (BGH WM 1988, 625; Pal. § 137 Rn. 7 f.).

- Ein Rechtsgeschäfts ist wegen seines **Inhalts** sittenwidrig, wenn sein Inhalt mit den grundlegenden Wertungen der Rechts- oder Sittenordnung unvereinbar ist. In diesem Fall ist eine Würdigung der Begleitumstände grundsätzlich nicht erforderlich (Pal. § 138 Rn. 7).

Beispiel: Das Anheuern eines Killers ist aufgrund des Inhalts des Rechtsgeschäfts sittenwidrig.

- Bei der Prüfung, ob ein Rechtsgeschäft wegen seines **Gesamtcharakters** sittenwidrig ist, ist eine umfassend Würdigung von Inhalt, Beweggrund und Zweck des Geschäfts vorzunehmen. Hier sind also nicht nur der objektive Gehalt des Rechtsgeschäfts, sondern auch die *Umstände*, die zu seiner Vornahme geführt haben, mitzuberücksichtigen (BGH NJW 1990, 704; Pal. § 138 Rn. 8).

Beispiel: Beim sog. Geliebtentestament kann sich die Sittenwidrigkeit aus den Beweggründen des Erblassers für die Einsetzung der Geliebten als Alleinerbin ergeben: Erfolgt die Erbeinsetzung deshalb, um die Geliebte für ihre sexuellen Dienste zu entlohnen oder sie zur Forsetzung des sexuellen Kontakts zu veranlassen, ist das Testament wegen des verwerflichen Beweggrundes gem. § 138 I sittenwidrig. Hier ergibt sich die Sittenwidrigkeit nicht schon aus dem Inhalt – eine Testamentseinsetzung verstößt für sich nicht gegen die guten Sitten –, jedoch ergibt eine Gesamtwürdigung der Umstände, die zu der Testamentserrichtung geführt haben, daß es sich insoweit um ein sittenwidriges Rechtsgeschäft handelt (BGHZ 53, 369). Andererseits scheidet eine Sittenwidrigkeit aus, wenn die Testamentseinsetzung nur dazu dient, die Geliebte in der Zukunft zu versorgen (BGH NJW 1983, 674).

14 c) Der maßgebliche Beurteilungszeitpunkt

Die Sittenwidrigkeit beurteilt sich *aus Gründen der Rechtsklarheit und -sicherheit* nach den Verhältnissen zum **Zeitpunkt der Vornahme** des Rechtsgeschäfts, nicht nach dem Zeitpunk des Eintritts der Rechtswirkungen (BGH NJW 1989, 1277; Pal. § 138 Rn. 9).

Ein Vertrag, der bei Abschluß wirksam war, wird demnach nicht dadurch gem. § 138 unwirksam, daß nachträglich ein Mißverhältnis zwischen Leistung und Gegenleistung entsteht (BGH ZIP 1995, 1026).

- Nach h. M. gilt dieser Grundsatz auch bei **letztwilligen Verfügungen** (BGHZ 20, 71; Pal. § 138 Rn. 9; Näheres hierzu im Erbrecht).

Beispielsfall: Setzt der Erblasser seine Geliebte G unter Ausschluß seiner Ehefrau als Alleinerbin in seinem Testament mit dem Motiv ein, sie dadurch zur Fortsetzung der sexuellen Beziehung zu veranlassen – „Hergabe für die Hingabe" – so ist ein solches Testament gem. § 138 I sittenwidrig (vgl. oben § 11 Rn. 13). An dieser Beurteilung ändert sich nichts, wenn sich das Verhältnis später in eine rein platonische Beziehung wandelt und der inzwischen krank gewordene Erblasser das Testament aufrecht erhält, weil er sich bei G für ihre aufopfernde Krankenpflege bedanken möchte. Für die Beurteilung der Sittenwidrigkeit ist nämlich der Zeitpunkt der Vornahme des Rechtsgeschäfts maßgeblich. Zum Zeitpungkt der Errichtung des Testaments lag der Verfügung jedoch ein verwerflicher Beweggrund zugrunde.

2. Der subjektive Tatbestand 15

Fraglich ist, ob der Tatbestand des § 138 I auch voraussetzt, daß die Parteien die **Tatsachen aus denen die Sittenwidrigkeit folgt, kennen müssen**. Hiebei ist in folgender Weise zu unterscheiden:

- ❑ Bei einem Rechtsgeschäft, das allein schon wegen seines **Inhalts** sittenwidrig ist, ist mit der h. M. davon auszugehen, daß *allein* die *objektive Sittenwidrigkeit* die Rechtsfolge des § 138 I auszulösen vermag. Auch bei einer Gutgläubigkeit der Parteien muß zum Schutz der Allgemeinheit das Rechtsgeschäft nämlich nichtig sein (BGHZ 94, 272; Pal. § 138 Rn. 7).
- ❑ Beruht die Sittenwidrigkeit dagegen auf einer **Gesamtwürdigung** des Rechtsgeschäfts, so *muß* der sittenwidrig Handelnde die *Tatsachen kennen,* aus denen sich die Sittenwidrigkeit ergibt. Hierbei ist jedoch ausreichend, wenn er sich *bewußt* oder *grobfahrlässig der Tatsachenkenntnis verschlossen hat* (st. Rspr. seit BGHZ 10, 233; Pal. § 138 Rn. 8).

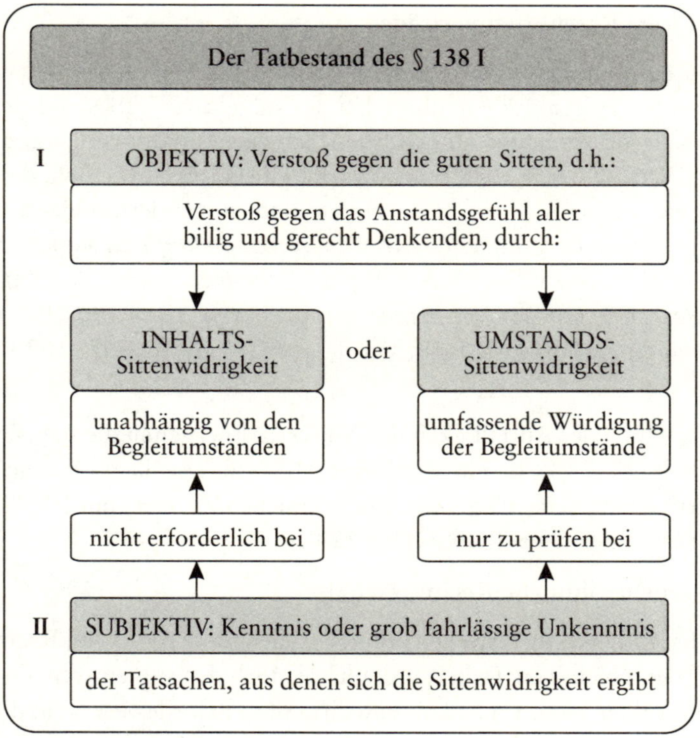

III. Fallgruppen

Wegen der mangelnden Faßbarkeit des Begriffs der Sittenwidrigkeit ist von der Rechtsprechung eine *Konkretisierung mittels Fallgruppen* vorgenommen worden, bei denen typischerweise eine Sittenwidrigkeit bejaht werden kann. Hierbei ist zwischen der Sittenwidrigkeit gegenüber dem **Geschäftspartner** und der Sittenwidrigkeit gegenüber der **Allgemeinheit** zu unterscheiden (Pal. § 138 Rn. 24, 40):

1. Sittenwidriges Verhalten gegenüber dem Geschäftspartner

16 a) Allgemeines

Der Sittenverstoß kann in einem Verhalten gegenüber dem Geschäftspartner begründet sein. Hier gehört als wichtigster *Sonderfall* der *Tatbestand des Wuchers in § 138 II*. In diesen Fällen bezweckt § 138 I einen Schutz des Schwächeren vor der wirtschaftlichen und intellektuellen Übermacht des stärkeren Geschäftspartners (BGH NJW 1981, 1206; Pal. § 138 Rn. 24). Als wichtigste **Fallgruppen** sind in diesem Zusammenhang zu nennen (Pal. § 138 Rn. 24)

- ❑ sittenwidrige Ratenkredite
- ❑ andere wucherähnliche Rechtsgeschäfte
- ❑ Überforderung des Schuldners
- ❑ Knebelungsverträge

17 b) Sittenwidrige Ratenkreditverträge

Liegt bei einem Ratenkreditvertrag ein auffälliges Mißverhältnis zwischen Leistung und Gegenleistung vor, ohne daß der subjektive Tatbestand des § 138 II – die Ausbeutung einer der aufgeführten Schwächesituationen – gegeben ist, so kann der Vertrag nach § 138 I nichtig sein. Hiezu ist erforderlich, daß zum einen **objektiv** ein solches *Mißverhältnis* besteht und zum andern **subjektiv** der *Kreditgeber die schwächere Lage des Kreditnehmers bewußt zu seinem Vorteil ausnutzt* oder *sich zumindest leichtfertig der Erkenntnis verschließt, daß der Kreditnehmer sich nur wegen seiner schwächeren Lage auf die drückenden Bedingungen einläßt* (st. Rspr. vgl. u. a. BGH NJW 1995, 1020; Pal. § 138 Rn. 25).

Zur Beurteilung der Auffälligkeit des Mißverhältnis gelten die selben Grundsätze wie im Fall des § 138 II. Ein auffälliges Mißverhältnis liegt demnach vor, wenn der effektive Jahreszins **relativ** den marktüblichen Zinssatz **um 100 %** oder **absolut um 12 % übersteigt** (BGHZ 110, 228).

18 c) Andere wucherähnliche Rechtsgeschäfte

Neben den Ratenkreditverträgen können auch andere Arten von Rechtsgeschäfte, die zwar den objektiven Tatbestand, nicht jedoch den subjektiven Tatbestand des § 138 II erfüllen, gem. § 138 I sittenwidrig sein. Erforderlich ist in diesen Fällen, daß *neben* dem Vorliegen eines *auffälligen Mißverhältnisses subjektiv* eine **verwerfliche Gesinnung** des sittenwidrig Handelnden gegeben ist. Auf eine solche verwerfliche Gesinnung kann regelmäßig dann geschlossen werden, wenn ein *besonders grobes Mißverhältnis* zwischen Leistung und Gegenleistung vorliegt. Dies ist zu bejahen wenn der Wert der Gegenleistung den Wert der Leistung des sittenwidrig Handelnden *um 200 % übersteigt* (BGH NJW-RR 1990, 1199; Pal. § 138 Rn. 34).

d) Überforderung des Schuldners 19

Der Grundsatz der Privatautonomie enthält nicht nur den Gedanken der Selbstbestimmung, sondern auch den der *Selbstverantwortung*. Danach hat der Einzelne grundsätzlich selbst zu prüfen und zu entscheiden, wo die Grenze seiner Leistungsfähigkeit liegt. Daher kann allein aus der Tatsache, daß eine **Verpflichtung** die **Leistungsfähigkeit des Schuldners übersteigt**, nicht ohne weiteres auf einen Nichtigkeitsgrund geschlossen werden (Pal. § 138 Rn. 36).

Ausnahmsweise kann die **Bürgschaft oder Schuldmitübernahme eines vermögenslosen Partners oder Angehörigen** des Hauptschuldners wegen Überforderung sittenwidrig sein. Dies ist u. a. dann der Fall, wenn ein *besonders grobes Mißverhältnis zwischen* dem *Verpflichtungsumfang und* der *Leistungsfähigkeit* des Bürgen bzw. Schuldübernehmenden besteht *und* dieser aus *Geschäftsunerfahrenheit ohne wesentliches Eigeninteresse* gehandelt hat (BGHZ 125, 207; BGH NJW 1997, 52).

Fehlt ein solches **grobes Mißverhältnis**, dann kann dennoch im Einzelfall § 138 I eingreifen, wenn der Bürge sich in einem Umfang verpflichtet, der seine zur Zeit des Vertragsschluß bestehenden oder erwartenden *Einkommens- und Vermögensverhältnisse weit übersteigt* und wenn *weitere* den Gläubiger zurechenbare und den Schuldner erheblich belastende *Umstände* hinzutreten: Als solche wären beispielsweise zu nennen:

- ❑ die *Verharmlosung* der Tragweite oder des Risikos der Verpflichtung durch einen Bankangestellten (BGH NJW 1994, 1341);
- ❑ die *Überrumpelung* des Angehörigen oder das *Ausnutzen einer seelischen Zwangslage* (BGHZ 120, 277).

e) Knebelungsverträge 20

Verträge, die die **wirtschaftliche Freiheit** des anderen Teil **so sehr beschränken**, daß dieser seine **freie Selbstbestimmung verliert**, sind sittenwidrig, *ohne daß* es einer *Schädigungsabsicht* bedarf (BGH NJW 1993, 1588; Pal. § 138 Rn. 39).

Beispiel: Ein Bierlieferungsvertrag, der den Wirt dazu verpflichtet, über 20 Jahre von einer betimmten Brauerei Bier zu beziehen, ist als Knebelungsvertrag gem. § 138 I allein schon deshalb nichtig, weil er den Schuldner massiv in seiner wirtschaftlichen Bewegungsfreiheit beeinträchtigt (BGH NJW 1979, 865).

2. Sittenwidriges Verhalten gegenüber der Allgemeinheit oder Dritten 21

Ein sittenwidriges Verhalten gegenüber der Allgemeinheit oder Dritten kann sich wiederum aus dem **Inhalt** des Rechtsgeschäfts oder **aus** den **Umständen** ergeben. Im letzteren Fall ist § 138 I grundsätzlich nur dann einschlägig, wenn **alle Beteiligten** sittenwidrig handeln. Dies bedeutet, daß *alle Beteiligten objektiv* gegen die guten Sitten verstoßen *und subjektiv* die die Sittenwidrigkeit begründenden Tatsachen kennen bzw. sie grob fahrlässig nicht kennen müssen (BGH NJW 1990, 568; Pal. § 138 Rn. 40).

Eine anerkannte Einteilung in Fallgruppen hat sich in diesem Bereich nicht durchgesetzt, so daß nur die Möglichkeit verbleibt exemplarisch einige **Beispiele** zu nennen:

22 ❑ **Verstöße gegen die Gemeinschaftsordnung**

Rechtsgeschäfte, die gegen wichtige rechtlich geschützte Belange der Allgemeinheit verstoßen, können sittenwidrig sein. Hierunter fallen in erster Linie Vereinbarungen, die der Vorbereitung, der Förderung oder Ausnutzung strafbarer Handlungen dienen (BGH NJW-RR 1990, 1522).

Beispiel: Vereinbaren A und B einen Einbruchsdiebstahl, so ist diese Vereinbarung wegen eines Verstoßes gegen die Gemeinschaftsordnung (hier das StGB) gem. § 138 I nichtig.

23 ❑ **Verstöße gegen die Ehe- und Familienordnung**

Rechtsgeschäfte, die **gegen** das **Wesen der Ehe** verstoßen, sind sittenwidrig.

Beispiele:

❑ Vereinbarung eines Entgelts für das Eingehen einer Scheinehe (OLG Düsseldorf FamRZ 1983, 1023).

❑ Vereinbarung über ein dauerndes Recht zum Getrenntleben (OLG Düsseldorf FamRZ 1981, 545).

24 ❑ **Standeswidrige Rechtsgeschäfte**

Standeswidrige Rechtsgeschäfte können sittenwidrig sein, wenn der betreffende Berufsstand rechtlich anerkannt ist und wichtige Gemeinschaftsaufgaben zu erfüllen hat (MüKo § 138 Rn. 39, Pal. § 138 Rn. 57).

Beispiel: Die Vereinbarung eines Erfolgshonorars gefährdet die Unabhängigkeit des Rechtsanwalts und ist deshalb sittenwidrig (BGHZ 51, 295).

25 ❑ **Schädigung Dritter**

Als examensrelevantestes Beispiel einer sittenwidrigen Schädigung Dritter (d. h. am Rechtsgechäft nicht beteiligter Personen), ist die Problematik der **Kollision eines verlängerten Eigentumsvorbehalts mit einer Globalzession** zu nennen. Insoweit ist auf die Ausführungen im Band Kreditsicherungsrecht zu verweisen (i.Ü. vgl. auch im Band Schuldrecht AT II § 18 Rn. 11).

IV. Rechtsfolge

26 **1.** Grundsätzlich ist das sittenwidrige Rechtsgeschäft **im ganzen** nichtig. Dies bedeutet, daß insbesondere bei Geschäften mit einem sittenwidrig überhöhten Entgelt, diese nicht mit einer angemessenen Gegenleistung aufrechterhalten werden können. Ansonsten wären für den sittenwidrig Handelnden derartige Geschäfte risikolos (BGH NJW 1987, 2015; Pal. § 138 Rn. 19).

Beispiel: Beträgt der Marktzins 8 % und vereinbart S mit der Bank B einen Ratenkreditvertrag mit einem effektiven Jahreszins i. H. v. 18 %, so ist dieser Vertrag sittenwidrig, da der Jahreszins mehr als 100 % über dem Marktzins liegt. Der Vertrag ist in diesem Fall im volllen Umfang nichtig und kann nicht gem. § 139 mit einem Jahreszins i. H. v. max. 15 % aufrechterhalten werden.

Wichtigste Fallgruppen und Fälle der Sittenwidrigkeit i.S.v. § 138 I	
sittenwidriges Verhalten gegenüber dem **Geschäftspartner**	sittenwidriges Verhalten gegenüber der **Allgemeinheit** oder **Dritten**
① **sittenwidrige Ratenkreditverträge** ❑ insbes. bei effektivem Jahreszins von 100% (relativ) oder 12% (absolut) über dem marktüblichen Zinssatz	① **Verstöße gegen die Gemeinschaftsordnung** ❑ insbes. Verbreitung, Förderung oder Ausnutzung strafbarer Handlungen
② **andere wucherähnliche Rechtsgeschäfte** ❑ insbes. bei besonders grobem Mißverhältnis von 200%	② **Verstöße gegen die Ehe- und Familienordnung** ❑ z.B. Scheinehe-Vereinbarungen
③ **Überforderung des Schuldners** ❑ insbes. bei Bürgschaft oder Schuldübernahme vermögensloser Personen	③ **standeswidrige Rechtsgeschäfte** ❑ z.B. Erfolgshonorar bei Ärzten oder Anwälten
④ **Knebelungsverträge** ❑ z.B. Zulieferungsverträge über 20 Jahre	④ **Schädigung Dritter** ❑ insbes. Globalzessionen bei Lieferungen unter verlängertem Eigentumsvorbehalt

2. Eine *Ausnahme* hiervon ist bei **Dauerschuldverhältnissen**, die wegen ihrer **überlangen Laufzeit** als Knebelungsverträge sittenwidrig sind, anerkannt. Hier kann aufgrund der generellen Rückabwicklungsschwierigkeiten bei Dauerschuldverhältnissen, das Geschäft gem. § 139 mit einer angemessenen Laufzeit aufrechterhalten werden (BGH NJW-RR 1990, 816; Pal. § 138 Rn. 19). 27

Hinweis: Gem. § 139 ist ein teilweise nichtiges Rechtsgeschäft ohne den nichtigen Teil wirksam, wenn davon auszugehen ist, daß die Parteien es auch ohne den nichtigen Teil geschlossen hätten.

Beispiel: Ein Bierbezugsvertrag, der den Wirt gegenüber der Brauerei 30 Jahre zur Abnahme verpflichtet, ist wegen Schuldnerknebelung sittenwidrig. Dieser Vertrag ist jedoch als Dauerschuldverhältnis nicht insgesamt nichtig, sondern kann gem. § 139 als Vertrag mit einer angemessenen Laufzeit aufrechterhalten werden.

3. Grundsätzlich betrifft die Sittenwidrigkeit **nur** das **Verpflichtungsgeschäft.**

❑ Das abstrakte und deshalb regelmäßig sittlich neutrale **Erfüllungsgeschäft** wird dagegen von der Sittenwidrigkeit **i. d. R. nicht erfaßt** (BGH NJW1990, 384).

❑ *Ausnahmsweise* ist auch das **Erfüllungsgeschäft** gem. § 138 I nichtig, wenn die Sittenwidrigkeit – wie im Fall einer sittenwidrigen Sicherungsübereignung oder -zession – gerade **im Vollzug** der Leistung liegt (BGH NJW-RR 1992, 594; Näheres hierzu im Kapitel 6).

V. Zusammenfassendes Prüfungsschema zu § 138 I

Nichtigkeit gem. § 138 I

I. Anwendbarkeit

Subsidiär gegenüber § 134 und § 138 II.

II. Objektiver Tatbestand: Verstoß gegen die guten Sitten, durch

1. **Inhalts** - sittenwidrigkeit oder
2. **Umstands** - sittenwidrigkeit.

III. Subjektiver Tatbestand: Kenntnis oder grobfahrlässige Unkenntnis.

1. Nur bei Umstandssittenwidrigkeit zu prüfen,
2. bei Inhaltssittenwidrigkeit nicht erforderlich.

IV. Rechtsfolge

1. Grundsätzlich Gesamtnichtigkeit (Ausnahme: Dauerschuldverhältnisse).
2. I. d. R. nur bzgl. Verpflichtungsgeschäft (Ausnahme: Vollzug der Leistung ist sittenwidrig).

Zusammenfassung
Personenunabhängige Wirksamkeitshindernisse

A. Verstoß gegen ein Formgebot

I. Funktionen eines Formzwangs: Warn-, Beweis-, Beratungs- und Kontrollfunktion.

II. Gesetzliche Arten der Form: Schriftform (§ 126), notarielle Beurkundung (§ 128), öffentliche Beglaubigung (§ 129).

III. Umfang des Formzwangs:

1. Bei **gesetzlichem Formzwang:** gesamtes Rechtsgeschäft mit allen *wesentlichen* Bestandteilen formbedürftig.
2. Bei **rechtsgeschäftlichem Formzwang:** maßgebend ist in erster Linie *Parteiwille*, *im Zweifel* ist gesamte Rechtsgeschäft einschließlich aller Nebenabreden formbedürftig.

IV. Rechtsfolgen eines Verstoßes:

1. Bei **gesetzlichem Formzwang:**
   a) *Grundsätzlich Nichtigkeit* des Rechtsgeschäfts gem. § 125 S. 1.
   b) *Ausnahmsweise Heilung* des Formverstoßes, sofern gesetzlich vorgesehen.

Fortsetzung der Zusammenfassung auf der nächsten Seite

Fortsetzung der Zusammenfassung

2. Bei **rechtsgeschäftlichem Formzwang:** Entscheidend, ob nach Parteiwille *konstitutive* (dann Nichtigkeitsfolge) oder bloß *deklaratorische* Wirkung des Formzwangs gewollt (dann keine Nichtigkeit). Sofern Parteiwille nicht erkennbar, gilt Zweifelsregelung des § 125 S. 2, wonach im Zweifel konstitutive Wirkung und somit Nichtigkeit bei Verstoß gewollt.

V. **Überwindung der Formnichtigkeit gem. § 242:** wenn Nichtigkeitsfolge mit Treu und Glauben unvereinbar, da für Betroffenen nicht nur hart, sondern *schlechthin untragbar.*

B. Der Verstoß gegen ein Verbotsgesetz nach § 134:

I. **Anwendbarkeit des § 134:** nur, wenn das betreffende Gesetz nicht schon selbst die Nichtigkeit anordnet.

II. **Verstoß gegen ein Verbotsgesetz:**

1. **„Gesetz"** ist jede inländische Rechtsnorm i. S. v. Art 2 EGBGB.
2. **Verbotsgesetz:** schränkt das *rechtliche Dürfen* ein und *richtet sich gegen* die *Vornahme* des Rechtsgeschäfts *als solches* (anders als die bloße Ordnungsvorschrift, die nur eine bestimmte Art und Weise der Vornahme verbieten will).
3. **Verstoß:** Tatbestand des Verbotsgesetzes muß *objektiv* erfüllt sein.

III. **Rechtsfolge:**

1. Bei **beidseitigem** Verstoß ist Rechtsgeschäft nichtig; bei bloß **einseitigem** Verstoß ist es nichtig, wenn dies Normzweck erfordert.
2. Nichtigkeit bezieht sich **grundsätzlich nur** auf **Verpflichtungsgeschäft.** Ausnahmsweise auch Erfüllungsgeschäft nichtig, wenn *unmittelbar und zugleich* vom Verstoß *betroffen* und *Normzweck Nichtigkeit erfordert.*

C. Verstoß gegen die guten Sitten nach § 138:

I. **Nichtigkeit wegen Wuchers nach § 138 II:**

1. **Anwendbarkeit:** gegenüber § 134 subsidiär.
2. **Objektiver Tatbestand:** auffälliges Mißverhältnis zwischen Leistung und Gegenleistung.
3. **Subjektiver Tatbestand:** vorsätzliches Ausbeuten einer Schwächesituation i. S. v. § 138 II.
4. **Rechtsfolge:** Nichtigkeit des Verpflichtungsgeschäfts sowie des Erfüllungsgeschäfts des Bewucherten.

II. **Nichtigkeit nach der Generalklausel des § 138 I:**

1. **Anwendbarkeit:** gegenüber § 134 und § 138 II *subsidiär.*
2. **Objektiver Tatbestand:** Verstoß gegen die guten Sitten aufgrund *Inhalts* des Rechtsgeschäfts oder den zugrundeliegenden *Umständen.*
3. **Subjektiver Tatbestand:** Im Fall der *Umstandssittenwidrigkeit* Kenntnis bzw. grob fahrlässige Unkenntnis der Tatsachen, die Sittenwidrigkeit begründenden.
4. **Rechtsfolge:** Grundsätzlich Nichtigkeit nur des Verpflichtungsgeschäfts, ausnahmsweise auch des Erfüllungsgeschäfts, wenn gerade *Vollzug* der Leistung sittenwidrig.

Kontrollfragen und Übungsfälle

Zu § 9

1. Nennen Sie die verschiedenen Funktionen der Form und erläutern Sie diese jeweils kurz.
2. Welche Arten der Form sind im BGB vorgesehen?
3. Ist in folgenden Fällen die Schriftform gem. § 126 eingehalten?
   - ❑ Der Vertragstext ist gedruckt.
   - ❑ Die Unterschrift befindet sich in der Eingangsformulierung des Vertragstextes.
   - ❑ Die Parteien hatten Schriftform vereinbart, den Vertrag aber dann notariell beurkunden lassen.
4. Welche Grenze setzt das AGBG bei der Vereinbarung der Formbedürftigkeit?
5. Welche zwei Wirkungen kann die rechtsgeschäftlich vereinbarte Form haben?
6. Welchen Umfang hat der gesetzliche bzw. rechtsgeschäftlich vereinbarte Formzwang grundsätzlich?
7. Werden auch Nebenabreden vom gesetzlichen Formzwang erfaßt?
8. B hat schon lange Interesse an einem alten, wertvollen Oldtimer, der dem A gehört. A ist bereit, diesen zu veräußern, allerdings nur, wenn B auch noch ein ölverseuchtes Grundstück des A übernimmt. B ist einverstanden. In welchem Umfang sind die Verträge formbedürftig?
9. Ist auch die nachträgliche Änderung oder Ergänzung eines formbedürftigen Rechtsgeschäftes formbedürftig?
10. Können die Parteien eines Grundstückskaufvertrages diesen formlos beseitigen?
11. Erläutern Sie, in welchen Fällen Rechtsgeschäfte, die das Ergebnis des formbedürftigen Vertrages mittelbar herbeiführen, formbedürftig sind.
12. Kann bei rechtsgeschäftlich vereinbartem Formzwang dieser auch konkludent aufgehoben werden, wenn die Parteien gar nicht daran denken, den Formzwang aufzuheben?
13. Welche Folge hat die Nichtbeachtung eines Formzwanges grundsätzlich?
14. Unter welchen drei Voraussetzungen kann ein Formverstoß in den gesetzlich vorgesehenen Fällen geheilt werden? Mit welcher Folge?
15. Unter welchen Voraussetzungen kann die Formnichtigkeit ausnahmsweise gem. § 242 überwunden werden?

16. In welchen Fallgruppen wird von der Rspr. eine Überwindung der Formnichtigkeit gem. § 242 anerkannt?

Zu § 10

1. Nennen Sie das Prüfungsschema des § 134!
2. Wann findet § 134 keine Anwendung?
3. Wann liegt ein Verbotsgesetz i.S.v. § 134 vor?
4. Führt ein Verstoß gegen ein Verbotsgesetz generell zur Nichtigkeit des betreffenden Geschäftes? Unterscheiden Sie bei der Antwort auch zwischen Verpflichtungs- und Erfüllungsgeschäft!
5. Können ärztliche oder anwaltliche Honorarforderungen abgetreten werden?

Zu § 11

1. In welchem Verhältnis stehen die Regelungen § 134 – § 138 I – § 138 II ?
2. Erläutern Sie knapp den objektiven und subjektiven Tatbestand des Wuchers gem. § 138 II !
3. Auf welche Verträge findet § 138 II nur Anwendung?
4. Begründen auch nachträglich auftretende Umstände, die ein Mißverhältnis iSv. § 138 II bedingen, die Sittenwidrigkeit?
5. In welchem Umfang tritt im Fall des § 138 II Nichtigkeit ein?
6. Wie prüfen Sie den Tatbestand des Wuchers gem. § 138 II (Prüfungsschema)?
7. Definieren Sie den Begriff der guten Sitten!
8. Erläutern Sie, an welchen Bezugspunkten sich die Sittenwidrigkeit eines Rechtsgeschäfts festmachen kann.
9. Auf welchen Zeitpunkt ist für die Beurteilung der Sittenwidrigkeit i.S.v. § 138 I abzustellen?
10. Setzt Sittenwidrigkeit i.S.v. § 138 I Kenntnis der Parteien von den die Sittenwidrigkeit begründenden Umständen voraus?
11. Nennen Sie Fallgruppen, in denen von der Rechtsprechung der generalklauselartige Begriff der Sittenwidrigkeit gegenüber dem Geschäftspartner konkretisiert wird.
12. Wann kann bei Ratenkreditverträgen ein objektiv auffälliges Mißverhältnis zwischen Leistung und Gegenleistung bejaht werden?

13. Unter welchen engen Voraussetzungen kann die Überforderung des Schuldners die Sittenwidrigkeit begründen?
14. Nennen Sie die Fallgruppen, in denen von der Rechtsprechung die Sittenwidrigkeit gegenüber der Allgemeinheit oder Dritten bejaht wurde!
15. Was ist Rechtsfolge der Sittenwidrigkeit (Grundsatz und Ausnahme)?
16. Geben Sie ein Prüfungsschema für die Prüfung der Nichtigkeit gem. § 138 I an!

Kapitel 5. Das Anfechtungsrecht

Literatur: Coester-Waltjen, Die fehlerhafte Willenserklärung, Jura 1990, 362; Grundmann, Zur Anfechtbarkeit des Verfügungsgeschäfts, JA 1985, 80; Koch, Grundprobleme der Abstandnahme vom Vertrag, JuS 1983, 489; Köhler, Die Problematik automatisierter Rechtsvorgänge, insbesondere von Willenserklärungen, AcP 182, 126; Kornblum, Die überzähligen Klorollen – LG Hanau, NJW 1979, 271, JuS 1980, 258; Leenen, Die Anfechtung von Verträgen, Jura 1991, 393; Leßmann, Irrtumsanfechtung nach § 119 BGB, JuS 1969, 478, 525; Marburger, Absichtliche Falschübermittlung und Zurechnung von Willenserklärungen, AcP 173, 137; Raape, Sachmängelhaftung und Irrtum beim Kauf, AcP 150, 481; Singer, Geltungsgrund und Rechtsfolgen der fehlerhaften Willenserklärung, JZ 1989, 1030; Wieser, Der Kalkulationsirrtum, NJW 1972, 708; Wurm, Blankett und Rechtsscheinshaftung, JA 1986, 577.

§ 12. Allgemeines

A. Die Grundproblematik

Der Grundsatz der Privatautonomie umfaßt zum einen die rechtliche **Selbstbestimmung** der einzelnen Person und zum anderen auch die daraus resultierende **Selbstverantwortung.** 1

I. Beruht die Willenserklärung auf einem **Irrtum**, so hat der **Erklärende** ein **Interesse** daran, seine fehlerhafte *Erklärung im nachhinein* wieder *zu beseitigen.*

Gleiches gilt, wenn die rechtsgeschäftliche Erklärung **nicht auf** einem **freien Willensentschluß** beruht, sondern durch eine *arglistige Täuschung* oder *widerrechtliche Drohung* in unzulässiger Weise beeinflußt worden ist.

Der Gedanke der **Selbstbestimmung** gebietet also, daß der Erklärende nicht an Erklärungen gebunden ist, die seinem wirklichen Willen nicht entsprechen.

II. Andererseits sind hierbei auch die **Interessen** des **Erklärungsempfängers** bzw. des **Geschäftsverkehrs** zu beachten:

- ❑ Der **Erklärungsempfänger** hat *im Vertrauen auf* den *Bestand* der Erklärung u. U. schon bestimmte Dispositionen getroffen, die er nur zu seinem Nachteil rückgängig machen könnte.
- ❑ Ebenso wäre der **Geschäftsverkehr** als solcher empfindlich gestört, wenn der Erklärende im Falle eines Irrtums seine Willenserklärung jedes Mal uneingeschränkt anfechten könnte: Unter diesen Voraussetzungen würde sich *niemand mehr* auf die Erklärungen einer anderen Person *verlassen.*

Aus dem Gedanken der **Selbstverantwortung** folgt daher, daß zum Schutz des Rechtsverkehrs nicht jeder Willensmangel uneingeschränkt zur Anfechtung berechtigen kann.

B. Die gesetzgeberische Lösung

2 Der Gesetzgeber löst diesen Interessenskonflikt auf folgende Weise:

- ❑ Der **Erklärende** kann seine fehlerhafte Erklärung nicht uneingeschränkt, sondern nur unter den Voraussetzungen der **§§ 119 ff., 142 ff. anfechten.** Hierzu muß zum einen ein bestimmter *Anfechtungsgrund* vorliegen und die Anfechtung innerhalb einer bestimmten *Frist* gegenüber dem richtigen *Anfechtungsgegner* erklärt werden.
- ❑ Der **Erklärungsempfänger** hat gegen den Erklärenden im Falle einer Irrtumsanfechtung unter bestimmten Voraussetzungen **gem. § 122** einen **Schadensersatzanspruch** in Höhe seines Vertrauensschadens.

§ 13. Überblick über den Prüfungsaufbau

1 Bei der Prüfung einer Anfechtung gem. §§ 119 ff., 142 ff. in der Klausur empfiehlt sich folgender Prüfungsaufbau:

Prüfungsschema zur Anfechtung

I. Anwendbarkeit der §§ 119 ff.

II. Zulässigkeit der Anfechtung.

III. Anfechtungsgrund:

1. Anfechtung wegen eines Irrtums:
   a) Inhaltsirrtum gem. § 119 I F 1.
   b) Erklärungsirrtum gem. § 119 I F 2.
   c) Botenirrung gem. § 120.
2. Anfechtung wegen arglistiger Täuschung oder widerrechtlicher Drohung gem. § 123

IV. Anfechtungserklärung gem. § 143.

V. Anfechtungsfrist:

1. Im Fall der §§ 119 und 120 gilt § 121.
2. Im Fall des § 123 gilt § 124.

VI. Rechtsfolgen gem. §§ 142 I, II; 122.

Im Folgenden nun zu den einzelnen Prüfunsgpunkten:

§ 14. Die Anwendbarkeit der §§ 119 ff.

A. Die Anwendung der §§ 119 ff. auf Willenserklärungen 1

I. Die §§ 119 ff. gelten grundsätzlich **für alle Arten von Willenserklärungen,** für empfangsbedürftige und nicht empfangsbedürftige, für ausdrückliche und konkludente Erklärungen.

II. Jedoch bestehen von diesem Grundsatz Ausnahmen, soweit der Gesetzgeber **Sonderregelungen** vorgesehen hat. Wichtigste Fälle sind dabei:

- ❑ im Schuldrecht BT gehen die §§ 459 ff. der Anfechtung gem. § 119 II vor, soweit der Irrtum eine fehlerbegründende Eigenschaft der Kaufsache betrifft (hierzu unten § 16 Rn. 26 ff.);
- ❑ im Familienrecht: für die Anfechtung der Eheschließung gem. §§ 31 ff. EheG und die Anfechtung der Anerkennung nichtehelicher Vaterschaft gem. §§ 1600 g, m;
- ❑ im Erbrecht: die Anfechtung letztwilliger Verfügungen gem. §§ 2078 ff., 2281 ff. sowie die Anfechtung der Erbschaftsannahme gem. §§ 1949, 1956;

III. Besonderheiten gelten darüberhinaus auch im Fall eines **beidseitigen Irrtums** (wenn sich also beide Vertragsparteien bei der Abgabe ihrer Erklärungen geirrt haben). Nach h. M. werden die §§ 119 ff. in diesem Fall von den **Grundsätzen des Wegfalls der Geschäftsgrundlage** verdrängt (vgl. hierzu im Band Schuldrecht AT I § 27 Rn. 4).

B. Die Anwendung der §§ 119 ff. auf geschäftsähnliche Handlungen und Realakte 2

I. Die §§ 119 ff. finden grundsätzlich auf **geschäftsähnliche Handlungen** entsprechende Anwendung (BGH NJW 1995, 45; Pal. § 119 Rn. 4; Näheres hierzu im Band BGB-AT I § 9 Rn. 2 ff.).

Beispiel: Eine Fristsetzung i. S. v. § 326 I 1, die auf einem Irrtum beruht, kann vom Gläubiger nachträglich angefochten werden.

II. Auf **Realakte** finden die §§ 119 ff. dagegen keine entsprechende Anwendung, da es insoweit an einer Vergleichbarkeit mit Willenserklärungen fehlt (Pal. § 119 Rn. 4).

Beispiel: Eine Anfechtung einer Verbindung, Vermischung oder Verarbeitung gem. §§ 946 ff. scheidet schon mangels Anwendbarkeit der §§ 119 ff. aus.

3 C. Die Anwendung der §§ 119 ff. auf das Schweigen

I. Stellt das Schweigen im Rechtsverkehr ausnahmsweise eine **echte Willenserklärung** dar (sog. beredtes Schweigen bzw. Schweigen als Erklärungshandlung), so sind die §§ 119 ff. unproblematisch *anwendbar*.

II. Hat das Schweigen (kraft Gesetzes oder nach Treu und Glauben) **nur** die **Wirkung einer Willenserklärung**, so finden die §§ 119 ff. *analoge Anwendung*, *wenn* das Schweigen als *Zustimmung* gilt. Dagegen scheidet eine analoge Anwendung der §§ 119 ff. aus, wenn das Schweigen als Ablehnung gilt (Pal. Einf. vor § 116 Rn. 12; Näheres hierzu im Band BGB-AT I § 25 Rn. 22).

§ 15. Die Zulässigkeit der Anfechtung

Grundsätzlich ist eine Anfechtung unproblematisch zulässig, so daß auf diesen Prüfungspunkt im Examen nicht weiter eingegangen werden muß. Die Zulässigkeit der Anfechtung muß jedoch v. a. in folgenden Ausnahmefällen diskutiert werden:

1 A. Bestätigung des anfechtbaren Rechtsgeschäfts, § 144 I

Eine Anfechtung ist gem. § 144 I unzulässig, wenn der Anfechtungsberechtigte durch einseitige, nicht empfangsbedürftige Willenserklärung das anfechtbare Rechtsgeschäft bestätigt und hierdurch auf sein mögliches Anfechtungsrecht verzichtet.

Beispiel: Hat sich der Käufer beim Kauf eines Bildes über die Person des Malers geirrt, so steht ihm ein Anfechtungsrecht aus § 119 II wegen Irrtums über eine verkehrswesentliche Eigenschaft zu. Verlangt er trotz des Irrtums Übereignung des Bildes, so ist darin eine konkludente Bestätigung des anfechtbaren Kaufvertrages zu sehen. Daher ist eine nachträgliche Anfechtung gem. § 144 I ausgeschlossen.

2 B. Einschränkung der Anfechtung aus Verkehrsschutzgründen

Das Anfechtungsrecht bedarf in bestimmten Fällen aus Gründen des vorrangigen Verkehrsschutzes einer Einschränkung. Solche Einschränkungen sind zum Teil gesetzlich geregelt und zum Teil nur gewohnheitsrechtlich anerkannt:

I. Gem. **§ 164 II** ist eine Anfechtung ausgeschlossen, wenn ein Vertreter die Stellvertretung *nicht offengelegt* hat und das Geschäft somit für und gegen ihn selbst wirkt. Die **Unanfechtbarkeit des Eigengeschäfts** dient dem Schutz des Geschäftspartners, der darauf vertraut hat, mit dem Verteter selbst und nicht mit dem Geschäftsherrn den Vertrag zu schließen (BGH NJW-RR 1992, 1010; MüKo § 164 Rn.54).

II. Im **Arbeitsrecht** stelllt sich die Frage, ob die Anfechtungsregeln **durch** die **Kündigungsvorschriften verdrängt** werden. Nach h. M. bleibt die Anfechtung neben der Kündigung zulässig, allerdings ist aus Gründen des Verkehrsschutzes eine Einschränkung bei der Rechtsfolge der Anfechtung vorzunehmen, wenn der Vertrag von den Parteien **bereits in Vollzug gesetzt** worden ist: Die Anfechtung wirkt in einem solchen Fall nicht – wie in § 142 I vorgesehen – auf den Zeitpunkt des Vertragsschlusses zurück (sog. ex-tunc-Wirkung), sondern beseitigt den Vertrag **nur für die Zukunft** (sog. ex-nunc-Wirkung). Eine Rückwirkung der Anfechtung hätte eine Rückabwicklung des Vertrages nach Bereicherungsrecht zur Folge. Danach müßten die Parteien alle empfangenen Leistungen wieder zurückgewähren. Zum einen wäre der Umfang der geflossenen Leistungen nur schwer feststellbar und zum anderen könnten sich die Parteien u. U. auf eine Entreicherung gem. § 818 III berufen, was zu einem Ausschluß der Herausgabepflicht führen würde (BAG NJW 1984, 446; Pal. § 119 Rn. 5; Näheres hierzu im Arbeitsrechtsband).

III. Dieselbe Problematik stellt sich im **Gesellschaftsrecht** (hierzu im Band Gesellschaftsrecht).

C. Anfechtung einer bereits nichtigen Willenserklärung 3

Nach dem Gedanken der sog. **Doppelwirkung im Recht** ist auch die Anfechtung einer bereits nichtigen Willenserklärung möglich. Nach dieser Lehre muß entsprechend dem Sinn und Zweck der Nichtigkeitsnormen die Möglichkeit bestehen, daß ungünstige Folgen eines Nichtigkeitsgrundes durch die Geltendmachung eines anderen vermieden werden (Pal. Überbl. vor § 104 Rn. 35; Med. AT Rn. 728 ff.).

§ 16. Die Anfechtungsgründe

1 A. Überblick

Das Anfechtungsrecht ermöglicht dem Erklärenden seine fehlerhafte Willenserklärung wieder zu beseitigen und somit seinem wirklichen Willen Geltung zu verschaffen. Eine Anfechtung kommt jedoch nur dann in Betracht, wenn ein Anfechtungsgrund besteht. Die Anfechtungsgründe lassen sich in folgender Weise einteilen:

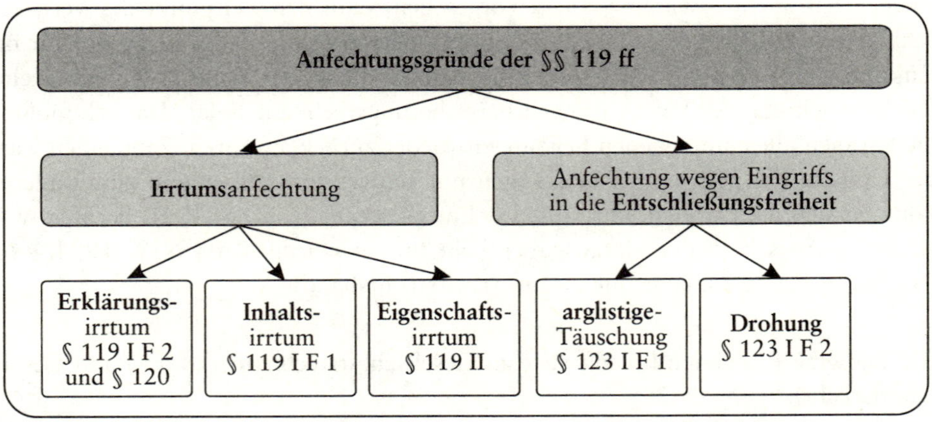

B. Die Irrtumsanfechtung

Hinweis: Wiederholen Sie zum besseren Verständnis der nachstehenden Problematik nochmals die Ausführungen zum objektiven und subjektiven Tatbestand, zur Auslegung eines Rechtsgeschäfts sowie zum Konsens und Dissens im Band BGB-AT I, §§ 13,14,19 und 24.

2 I. Der Begriff des Irrtums

1. Von besonderer **Examensbedeutung** ist die Anfechtung einer Willenserklärung *wegen* eines *Irrtums* des Erklärenden. Daher soll zunächst der Begriff des Irrtums erläutert werden und anschließend eine Darstellung der einzelnen Erscheinungsformen der Irrtumsanfechtung erfolgen.

2. Der Begriff des Irrtums läßt sich in folgender Weise **definieren** (Pal. § 119 Rn. 7):

Irrtum ist das unbewußte Auseinanderfallen von objektiv Erklärtem und subjektiv Gewolltem.

Beachte: Der Irrtum muß nach dem Wortlaut des Gesetzes **zum Zeitpunkt der Abgabe** vorliegen.

3. Für die Beantwortung der Frage, ob eine irrtumsbedingte Anfechtung in Betracht kommt, muß **zunächst** geklärt werden, **ob** überhaupt ein **Irrtum** des Erklärenden vorliegt. Hierbei empfiehlt es sich in drei Stufen vorzugehen: 3

1. Stufe: Bestimmung des **objektiven Inhalts** der Erklärung **durch Auslegung** gem. §§ 133, 157.

2. Stufe: Bestimmung des **subjektiven Geschäftswillens** des Erklärenden.

3. Stufe: **Vergleich** von objektiv Erklärten und subjektiv Gewollten – bei Nichtübereinstimmung liegt ein Irrtum vor.

4. Eine Anfechtung **setzt** somit immer **voraus**, daß der Inhalt der Erklärung im Wege der Auslegung bestimmt worden ist. 4

Merke: Die Auslegung geht der Anfechtung immer voraus!

Zur Bestimmung des objektiven Inhalts einer empfangsbedürftigen Willenserklärung (= Regelfall) gilt nach h. M. die sog. **objektiv-normative Auslegung** gem. §§ 133, 157: Hiernach ist zu fragen, wie ein sorgfältiger Empfänger die Willenserklärung verstehen durfte (vgl. hierzu den Band BGB-AT I § 19 Rn. 6 ff.).

5. Bei einem **Vertrag** kommt eine Anfechtung dann in Betracht, wenn die Auslegung gem. §§ 133, 157 ergibt, daß Angebot und Annahme zwar *im objektiven Tatbestand übereinstimmen*, jedoch *im subjektiven Tatbestand auseinanderfallen.*

Eine **Anfechtung scheidet** somit **aus**, wenn die Auslegung des Vertrages ergibt, daß Angebot und Annahme *weder im objektiven noch im subjektiven Tatbestand übereinstimmen* und somit schon *kein Vertragsschluß* gegeben ist (sog. **Dissens**, vgl. hierzu im Band BGB- AT I, § 24).

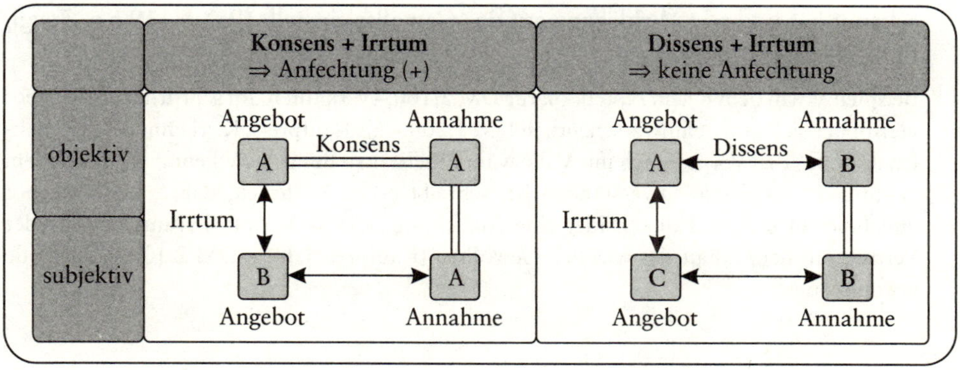

6. Trotz Nichtübereinstimmung von objektiv Erklärten und subjektiv Gewollten **scheidet** eine **Irrtumsanfechtung aus**, wenn das Rechtsgeschäft ohnehin mit dem Inhalt des subjektiv Gewollten zustande kommt. Hierbei *sind zwei Fallgruppen* zu nennen:

- ❑ sog **falsa demonstratio non nocet**
- ❑ sog. **erkannte Irrung**

5 **a) Falsa demonstratio non nocet**

Erklären die Parteien objektiv übereinstimmend etwas anderes als sie subjektiv übereinstimmend wollen, so kommt das Rechtsgeschäft mit dem subjektiv Gewollten zustande. Die **Falschbezeichnung** im objektiven Erklärungstatbestand **schadet** insoweit also **nicht** (lateinisch: falsa demonstratio non nocet). In diesen Fällen kommt eine Anfechtung nicht in Betracht, da der wirkliche Parteiwille im Geschäft schon Ausdruck gefunden hat (Pal. § 119 Rn. 7; vgl. BGB-AT Band I § 24 Rn. 6).

Beispiel (nach RGZ 99, 148): V verkauft K eine Schiffsladung „Haakjöringsköd“, was in der norwegischen Sprache Haifischfleisch bedeutet. Beide Parteien verstehen darunter jedoch Walfischfleisch und wollen über Walfischfleisch einen Kaufvertrag schließen. Obwohl die Parteien übereinstimmend objektiv etwas anderes erklären (Haakjöringsköd) als sie subjektiv wollen (Walfischfleisch), scheidet eine Anfechtung aus. Der Vertrag kommt nämlich trotz der Falschbezeichnung mit dem Inhalt den beide Parteien gewollt haben (Walfischfleisch) zustande.

	Angebot		Annahme
objektiver TB (das Erklärte)	V (Haifischfleisch)	=	K (Haifischfleisch)
subjektiver TB (das Gewollte)	V (Walfischfleisch)	=	K (Walfischfleisch)

6 **b) Erkannte Irrung**

Erklärt eine Vertragspartei objektiv etwas anderes als sie subjektiv will, so kommt eine Anfechtung dann nicht in Betracht, wenn der Vertragspartner den **Irrtum erkannt** hat und seine **Erklärung auf das Gewollte einstellt** (Pal. § 119 Rn. 7; vgl. BGB-AT Band I § 24 Rn. 7).

Beispiel: V will dem K sein Notebook für DM 2.100,– verkaufen. Im schriftlichen Angebot vertippt er sich und nennt versehentlich DM 1.200,– als Kaufpreis. K erkennt den Tippfehler, da er aus den Vorgespräch mit V die wahre Preisvorstellung des V kennt. Da er mit dem „richtigen“ Kaufpreis einverstanden ist, schreibt er an V zurück, daß er das Angebot annehme. In diesem Fall scheidet eine Anfechtung seitens V trotz Irrtums aus, da der Vertrag mit dem Inhalt des wirklich Gewollten (Kaufpreis i. H. v. DM 2.100,–) zustande gekommen ist.

	Angebot	Annahme
objektiver TB (das Erklärte)	V (DM 1.200,–)	K (DM 2.100,–)
subjektiver TB (das Gewollte)	V (DM 2.100,–)	K (DM 2.100,–)

II. Der Erklärungsirrtum gem. § 119 I F 2

1. Der Begriff des Erklärungsirrtums 7

Ein Erklärungsirrtum liegt vor, wenn schon der äußere Erklärungstatbestand (das objektiv Erklärte) nicht dem Willen des Erklärenden entspricht, weil dieser sich **verspricht, verschreibt** oder **vergreift.** In diesen Fällen betrifft der Irrtum demnach die Erklärungs**handlung** (Pal. § 119 Rn. 10).

Merkformel: Der Erklärende sagt nicht, was er sagen will.

Beispielsfall: V bietet seine gebrauchte Surfausrüstung zum Verkauf an. In dem schriftlichen Angebot an K gibt er versehentlich als Kaufpreis DM 2.300,– an, obwohl er DM 3.200,– verlangen wollte. K nimmt das günstige Angebot sofort an. Als V von K Bezahlung von DM 3.200,– verlangt, klärt sich der Irrtum auf. K besteht auf den Kauf zum Preis von DM 2.300,–, V möchte den Vertrag zu diesen Bedingungen auf keinen Fall aufrecht erhalten. Rechtslage?

K hat gegen V einen Anspruch aus § 433 I 1 auf Übereignung und Übergabe der Kaufsache zum Preis von DM 2.300,–, wenn der Anspruch entstanden und nicht wieder erloschen ist und keine Einreden bestehen. Der Anspruch ist entstanden, wenn eine wirksame Einigung i. S. v. § 433 besteht: Eine Einigung setzt voraus, daß die Erklärungen der Parteien zumindest im objektiven oder subjektiven Tatbestand übereinstimmen. Hier haben beide Parteien auf objektiver Ebene den Vertrag zum Preis von DM 2.300,– erklärt. Da keine Wirksamkeitshindernisse ersichtlich sind, ist der Anspruch aus § 433 I 1 aufgrund wirksamer Einigung entstanden.

Der Anspruch könnte jedoch rückwirkend infolge wirksamer Anfechtung seitens V gem. § 142 I erloschen sein: Anwendbarkeit der §§ 119 ff. und Zulässigkeit der Anfechtung sind vorliegend unproblematisch. Fraglich ist, ob ein Anfechtungsgrund vorliegt. Als solcher käme ein Erklärungsirrtum gem. § 119 I F 2 in Betracht. Zunächst ist im Wege der Auslegung zu klären, ob überhaupt ein Irrtum des V vorliegt. Hierbei ist in drei Stufen vorzugehen: 1. Stufe: Nach der für die Auslegung von empfangsbedürftigen Willenserklärungen geltenden objektiv-normativen Auslegung ist bei der Bestimmung des objektiven Inhalts der Erklärung zu fragen, wie ein sorgfältiger Empfänger die Erklärung verstehen mußte. Hiernach gilt, daß K von einem

Kaufpreis i. H. v. DM 2.300,– ausgehen mußte. 2. Stufe: V hat subjektiv das Angebot zum Preis von DM 3.200,– abgeben wollen. 3. Stufe: Ein Vergleich von objektiv Erklärtem und subjektiv Gewollten zeigt, daß insoweit keine Übereinstimmung gegeben ist. Somit lag bei Abgabe des Angebots ein Irrtum des V vor. V hat sich verschrieben, d. h. es liegt ein Fehler in der Erklärungshandlung und somit ein Erklärungsirrtum i. S. v. § 119 I F 2 vor. Sofern V fristgerecht (§ 121) die Anfechtung gegenüber K erklärt (§ 143 I, II) erlischt sein Angebot und somit der Kaufvertrag rückwirkend (§ 142 I). Der Anspruch des K auf Übereignung und Übergabe der Surfausrüstung zum Preis von DM 2.300,– ist damit erloschen.

K hat jedoch gegen V gem. § 122 I einen Anspruch auf Ersatz seines Vertrauensschadens, da er den Anfechtungsgrund weder kannte, noch infolge leichter Fahrlässigkeit nicht kannte, § 122 II.

8 2. Die Problematik des Irrtums beim Unterzeichnen einer Urkunde

Von besonderer Examensrelvanz ist in diesem Zusammenhang die Problematik, inwieweit ein **Irrtum beim Unterschreiben** einer **nicht gelesenen Urkunde** zur Anfechtung wegen eines Erklärungsirrtums nach § 119 I F 2 berechtigt. Hierbei sind folgende Fälle zu unterscheiden (MüKo § 119 Rn. 38 ff.; Musielak Rn. 294):

a) Unterschreibt der Erklärende eine Urkunde **von** deren **Inhalt** er **falsche Vorstellungen** hat, so hat er einen Anfechtungsgrund wegen Erklärungsirrtums gem. § 119 I F 2.

Beispiel: V spricht das Verkaufsangebot an seinen Geschäftspartner in ein Diktiergerät und gibt hierbei als Kaufpreis statt DM 5.300,– versehentlich DM 3.500,– an. Seine Sekretärin übernimmt den fehlerhaften Kaufpreis beim Tippen des Angebotsschreibens, das V ohne es nochmals durchzulesen unterzeichnet.

b) **Unterzeichnet** jemand **bewußt** eine Urkunde, **von** deren **Inhalt** er sich **keine Vorstellung** macht, so scheidet eine Anfechtungmöglichkeit aus: In diesem Fall *fehlt* es nämlich schon an einem *Irrtum*, da objektiv Erklärtes und subjektiv Gewolltes nicht unbewußt auseinanderfallen (Pal. § 119 Rn. 9; Musielak Rn. 294).

9 c) **Unterzeichnet** der Erklärende ein **Blankettformular**, das von einem anderen **abredewidrig ausgefüllt** wird, so liegt an sich ein Erklärungsirrtum i. S. v. § 119 I F 2 vor. Die *Anfechtung* ist jedoch im Verhältnis zu einem Dritten, der auf die Richtigkeit der Urkunde vertraut, *nach dem Rechtsscheinsgedanken des § 172 II ausgeschlossen* (BGH NJW 1963, 1971; Pal. § 119 Rn. 10).

Beispielsfall: K kauft bei V eine Computeranlage zum Preis von DM 20.000,–. Die Parteien vereinbaren, daß das Geschäft über ein Darlehen in Höhe des Kaufpreises seitens der B-Bank finanziert werden soll. K unterschreibt blanco ein Darlehensvertragsformular der B und bittet V darum, das Vertragsangebot fertig zu stellen. V trägt dabei abredewidrig eine Darlehenssumme i. H. v. DM 30.000,– ein. B geht gutgläubig von der Richtigkeit des Angebots des K aus und zahlt die Valuta i. H. v. DM 30.000,– vereinbarungsgemäß unmittelbar an V aus. Nach Eintritt der Fälligkeit des

Darlehens wendet sich B an K und verlangt Rückzahlung von DM 30.000,–. Dieser wendet ein, daß er mit dem Vertrag nichts zu tun haben will. Zu Recht? (Bearbeitervermerk: Die Vorschriften des VerbrKrG sind außer Betracht zu lassen.)

Der Anspruch der B gegen K i. H. v. DM 30.000,– aus § 607 besteht, wenn er entstanden und nicht wieder erloschen ist sowie keine Einreden bestehen.

K und B haben sich wirksam über den Abschluß eines Darlehensvertrages i. S. v. § 607 geeinigt. Die Vervollständigung der Urkunde durch V ändert dabei nichts daran, daß es sich insoweit um ein Angebot des K handelt: Durch die Unterzeichnung der Urkunde hat sich dieser nämlich den gesamten Inhalt der Urkunde zu eigen gemacht. Der Anspruch aus § 607 auf Rückzahlung von DM 30.000,- ist somit entstanden.

Der Anspruch könnte infolge wirksamer Anfechtung rückwirkend gem. § 142 I wieder erloschen sein: Problematisch ist insoweit nur, ob dem K ein Anfechtungsrecht zusteht. Ein Anfechtungsgrund könnte sich aus § 119 I F 2 ergeben. Objektiv Erklärtes (Angebot i. H. v. DM 30.000,–) und subjektiv Gewolltes (Angebot i. H. v. DM 20.000,–) fallen vorliegend unbewußt auseinander, wobei ein Fehler im äußeren Erklärungszeichen vorliegt. Somit besteht an sich ein Anfechtungsgrund nach § 119 I F 2 wegen Erklärungsirrtums. Eine Anfechtung seitens K ist vorliegend jedoch nach dem Rechtsgedanken des § 172 II ausgeschlossen: So wie ein gutgläubiger Dritter in seinem Glauben an den Bestand einer durch Vollmachtsurkunde belegten Vollmacht glauben darf, so wird er auch in dem Glauben geschützt, daß die ihm vorgelegte Urkunde richtig ist. Derjenige, der durch die Unterzeichnung der Blanketturkunde die Möglichkeit eines Mißbrauchs geschaffen hat, muß sich daher an dem von ihm gesetzten Rechtsschein festhalten lassen. Eine Anfechtung ist mithin ausgeschlossen.

Somit ist der Anspruch nicht gem. § 142 I erloschen. Da keine Einreden ersichtlich sind, kann B von K Zahlung der DM 30.000,– aus § 607 verlangen.

3. Die Erheblichkeit des Irrtums gem. § 119 I HS 2 10

Eine Anfechtung wegen eines Irrtums nach den §§ 119, 120 setzt voraus, daß der Irrtum für die Erklärung **ursächlich** war (vgl. die Formulierung in § 119 I HS 2: „... wenn anzunehmen ist, daß er sie bei Kenntnis der Sachlage und bei verständiger Würdigung des Falles nicht abgegeben haben würde.“).

a) Subjektive Erheblichkeit

Nach der Formulierung des § 119 HS 2 muß anzunehmen sein, daß der Erklärende die Willenserklärung „bei Kenntnis der Sachlage“ nicht abgegeben haben würde. An dieser subjektiven Erheblichkeit fehlt es, wenn der Erklärende die Willenserklärung **ohne Irrtum** in gleicher Weise **abgegeben** hätte.

Beispiel (nach Musielak Rn. 289): K bestellt nach Katalog eine Betonfarbe und verschreibt sich bei der Artikelnummer, so daß er nicht das gewollte Produkt des Herstellers A, sondern das im Preis und Qualität völlig gleichwertige Produkt des Herstellers B erhält. In diesem Fall fehlt es an der subjektiven Erheblichkeit des Irrtums für K, da sich für ihn aus dem

Irrtum keinerlei nachteilige Wirkungen ergeben (es sei denn, ihm wäre aus trifftigen Gründen gerade an dem Produkt des Herstellers A besonders gelegen).

b) Objektive Erheblichkeit

Darüber hinaus muß anzunehmen sein, daß der Erklärende die Willenserklärung „bei verständiger Würdigung des Falles", nicht abgegeben hätte. Diese objektive Erheblichkeit des Irrtums kann bejaht werden, wenn der Irrende als verständiger Mensch und „frei von Eigensinn, subjektiven Launen und törichten Anschauungen" die **Abgabe der Erklärung unterlassen hätte** (RGZ 62, 206; Musielak Rn. 289).

Beispiel (nach Musielak Rn. 289): A bestellt ein Hotelzimmer und verschreibt sich, so daß er statt dem gewollten Zimmer 31 das Zimmer 13 reservieren läßt. Soweit zwischen beiden Zimmern – außer der Zimmernummer – kein Unterschied besteht, ist der Irrtum des A objektiv nicht erheblich, da einem vernünftigen Menschen die Nummer 13 nicht stört (allenfalls subjektiv aus Aberglauben).

11 4. Die Botenirrung gem. § 120

Ein Spezialfall des Erklärungsirrtums nach § 119 I F 2 stellt die in § **120** geregelte **Botenirrung** dar. Die Besonderheit dieser Fallgruppe ist darin zu sehen, daß ein zur Übermittlung eingeschalteter Erklärungsbote die Erklärung irrtümlich, d. h. **unbewußt**, *fehlerhaft übermittelt* hat.

Beispiel: V schickt seinen Angestellten A los, um dem M ein Angebot zur Vemietung einer Wohnung für DM 1.200,– monatlich zu überbringen. A übermittelt das Angebot versehentlich zu einem Mietzins i. H. v. DM 1.100,–.

Der Erklärende muß die fehlerhaft übermittelte Erklärung zunächst gegen sich gelten lassen, da er das Risiko einer Falschübermittlung durch den Erklärungsboten trägt. Er kann die Erklärung jedoch innerhalb der Frist des § 121 durch Anfechtung gem. § 120 i.V.m. § 119 rückwirkend wieder beseitigen, muß dafür aber dem Erklärungsempfänger gegebenenfalls dessen Vetrauensschaden nach § 122 ersetzen.

Hinweis: § 120 findet **keine Anwendung**:
- ❑ wenn der Erklärungbote **bewußt** falsch übermittelt – hier gelten vielmehr die *§§ 177 ff. analog* (vgl. oben § 2 Rn. 17);
- ❑ bei fehlerhafter Übermittlung durch einen **Empfangsboten**. Eine fehlerhafte Übermittlung fällt in diesem Fall in den Risikobereich des Empfängers (Näheres hierzu im BGB-AT Band I § 17 Rn. 10).

III. Der Inhaltsirrtum gem. § 119 I F 1

12 1. Der Begriff des Inhaltsirrtums

Ein Inhaltsirrtum liegt vor, wenn zwar das objektiv Erklärte dem Willen des Erklärenden entspricht, dieser sich jedoch **über** die **Bedeutung oder Tragweite** seiner Erklärung **irrt**.

Merksatz: Der Erklärende weiß zwar, was er sagt, weiß aber nicht, was er damit sagt.

Beispiel: Der Erklärende unterzeichnet einen Mietvertrag in der irrigen Vorstellung, es handele sich dabei um einen Leihvertrag.

2. Die Abgrenzung zum Motivirrtum

Der nach § 119 I F 1 beachtliche Inhaltsirrtum muß vom sog. **Motivirrtum**, der grundsätzlich kein Anfechtungsrecht begründet, abgegrenzt werden (Pal. § 119 Rn. 2, 29; Musielak Rn. 292 f.).

Ein Motivirrtum berifft **Fehler bei der Willensbildung.** Der Erklärende irrt über Umstände, die im Vorfeld seiner Willensäußerung liegen und die nur für seine rechtsgeschäftliche Motivation von Bedeutung sind. Ein solcher Irrtum ist nach der Vorstellung des Gesetzgebers grundsätzlich unbeachtlich (wichtigste Ausnahme: § 119 II, hierzu unten § 16 Rn. 23), da es mit den Interessen des Geschäftsverkehrs unvereinbar wäre, dem Irrenden auch in diesen Fällen ein Anfechtungsecht zu geben. Gegenstand eines Inhaltsirrtums können daher nur solche Umstände sein, die bei Abgabe seiner Erklärung auch **Inhalt seines Geschäftswillens** waren.

Beispiele für unbeachtliche Motivirrtümer:
- ❑ Irrtum über den **Wert der Kaufsache;**
- ❑ Irrtum über die **Entwicklung der Kaufkraft** des Geldes;
- ❑ Kauf einer **Kopie** in der irrigen Hoffnung es sei das Original;
- ❑ sog. **interner Kalkulationsirrtum** (hierzu unten § 16 Rn. 16 ff.)

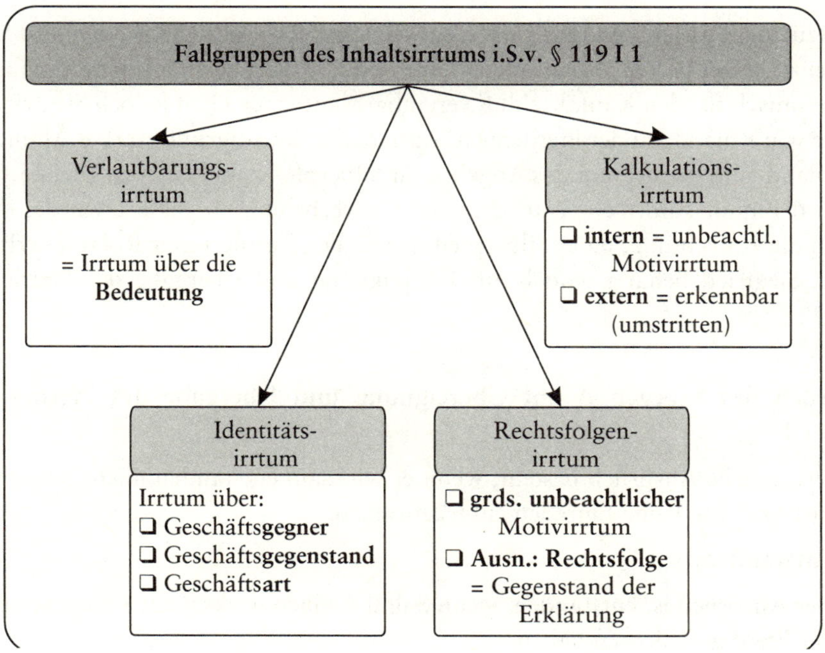

Hinweis: Im übrigen ist der Motivirrtum auch noch im *Erbrecht* beachtlich, so in den Fällen der §§ 1949 I, 2078 f., 2281.

3. Die Fallgruppen des Inhaltsirrtums

Der Inhaltsirrtum hat v. a. folgende Erscheinungsformen (MüKo § 119 Rn. 63 ff.; Pal. § 119 Rn. 11 ff.; vgl. die vorstehende Graphik):

13 **a) Der sog. Verlautbarungsirrtum**

Eine Verlautbarungsirrtum liegt dann vor, wenn der Erklärende sich **über** die **Bedeutung des** von ihm verwendeten **Erklärungsmittels irrt**, so insbesondere bei der Verwendung von nicht ausreichend beherrschten Fremdsprachen oder Fachausdrücken (MüKo § 119 Rn. 63; Soergel § 119 Rn. 22).

Beispiel: Bestellung von „25 Gros Toilettenpapier" in der Vorstellung, es handele sich hierbei um große Rollen. Dagegen steht Gros für die Mengenbezeichnung 12 x 12, so daß 3.600 Rollen bestellt wurden (LG Hanau NJW 1979, 721).

14 **b) Der sog. Identitätsirrtum**

Als Identitätsirrtum bezeichnet man den Fall, daß der Erklärende *zwar das richtige Erklärungszeichen verwendet*, sich aber über die Person des **Geschäftsgegners** oder den **Geschäftsgegenstand irrt** (MüKo § 119 Rn. 64 f.; Musielak Rn. 291).

❑ **Irrtum über den Geschäftsgegner**

Dieser sog. error in persona liegt vor, wenn der Erklärende über die **Identität** des Geschäftsgegners irrt.

Fall 9: „Der falsche Reiter"

Pferdezüchter Adrian beschließt dem Turnierreiter Roland Rasant das Pferd Silberpfeil, eines seiner besten „Züchtungen", für DM 25.000,– zu verkaufen. Am Tag, den sie telefonisch für den Kaufabschluß vereinbart hatten, erscheit jedoch Siegfried, der Bruder von Roland auf der Pferdefarm. Adrian, der ihn aufgrund starker Ähnlichkeit für Roland hält, erklärt ihm das Angebot für Silberpfeil zum Preis von DM 25.000,–. Siegfried nimmt sofort an. Nachdem die Verwechslung aufgeklärt wurde, erklärt Adrian die Anfechtung, da er Silberpfeil nur an den Turnierreiter Roland verkaufen wollte. Siegfried beharrt jedoch auf Übereignung und Übergabe des Pferdes. Zu Recht?

Anspruch des S gegen A auf Übereignung und Übergabe des Pferdes gem. § 433 I 1

Der vertragliche Anspruch besteht, wenn er wirksam entstanden, nicht wieder erloschen ist und ihm keine Einreden entgegenstehen.

(A) Entstanden:

Der Anspruch ist **entstanden,** wenn S und A einen wirksamen Kaufvertrag über das Pferd geschlossen haben.

(I) Einigung:

Der Inhalt der Einigung ist durch **Auslegung** gem. §§ 133, 157 zu ermitteln. Dabei ist zwischen *objektiv Erklärtem* und *subjektiv Gewolltem* zu unterscheiden.

(1) **Angebot des A:**

(a) Die Erklärung des A ist aus der Sicht des **objektiven** Beobachters in der Situation des Empfängers als Verkaufsangebot an S zu verstehen.

(b) Daß A **subjektiv** nur dem R anbieten wollte, berührt die Wirksamkeit der Willenserklärung nicht. (Allenfalls kann A deswegen gem. § 119 I anfechten, siehe sogleich).

(2) **Annahme des S:**

S ist nach dem objektiven und subjektiven Erklärungsinhalt seiner Annahme Vertragspartner des A.

	Angebot des A	Annahme des S
objektiv	433 A – S	433 A – S
subjektiv	433 A – R	433 A – S

Somit stimmen die Erklärungen von A und S in ihren *objektiven* Erklärungstatbeständen überein. Eine Einigung i.S.v. § 433 zwischen A und S liegt vor.

(II) Wirksamkeitshindernisse sind nicht ersichtlich.

Somit ist der Anspruch des S gegen A aus § 433 I 1 entstanden.

(B) Erloschen:

Der Anspruch könnte gem. **§ 142 I durch Anfechtung** rückwirkend wieder erloschen sein:

(I) Die **Anwendbarkeit** der §§ 119 ff. sowie die **Zulässigkeit** der Anfechtung sind hier unproblematisch.

(II) Als **Anfechtungsgrund** kommt ein *Inhaltsirrtum gem. § 119 I F 1* in Betracht. Dabei sagt der Erklärende, was er sagen will, täuscht sich aber über die Bedeutung und Tragweite des Erklärten.

(1) Entscheidend ist dafür zunächst, daß der Irrtum die Willens*äußerung* betrifft. Bezieht sich der Irrtum dagegen nur auf die Willens*bildung*, so liegt ein sog. **Motivirrtum** vor, der von § 119 I nicht erfaßt ist.

(2) Als anerkannte Fallgruppe des Inhaltsirrtum gem. § 119 I F 1 gilt der sog. **Identitätsirrtum**, bei dem sich der Erklärende über die *Identität des Geschäftsgegners*, den *Geschäftsgegenstand* oder über die *Geschäftsart* irrt.

(3) **Hier** irrte A über die Identität des Vertragspartners, da er diesen für R

und nicht für S hielt (error in persona). Somit liegt ein Inhaltsirrtum i.S.v. § 119 I F 1 vor.

(4) Da A nur an R und keinen anderen verkaufen wollte, war sein Irrtum **subjektiv kausal** und infolge der Vorverhandlungen mit R auch **objektiv erheblich** i.S.v. § 119 I HS 2.

(III) Die **Anfechtungserklärung** (§ 143 I) ist gegenüber S als richtigen **Anfechtungsgegner** (§ 143 II) **unverzüglich** (§ 121) erfolgt.

Somit ist der Anspruch des S aus § 433 I 1 gem. § 142 I wieder erloschen.

Ergebnis: S hat keinen Anspruch gegen A aus § 433 I 1 auf Übereignung und Übergabe von Silberpfeil.

❑ **Irrtum über den Geschäftsgegenstand**

Bei dieser Form des Identitätsirrtums hat der Erklärende eine falsche Vorstellung über den konkreten **Gegenstand des Geschäftes** (MüKo § 119 Rn. 65; Musielak Rn. 291).

Beispiel: Gibt der Verkäufer eines Grundstückes dieses im notariell beurkundeten Kaufvertrag irrtümlich mit einer falschen Grundbuchbezeichnung an und geht der Käufer davon aus, das falsch bezeichnete Grundstück zu erwerben, so kann der Verkäufer den Kaufvertrag über das „falsche" Grundstück nachträglich wegen eines Identitätsirrtums gem. § 119 I F 1 anfechten (Beachte: Da in diesem Fall die Erklärungen der Parteien zwar im objektiven, nicht aber im subjektiven Tatbestand übereinstimmen, liegt kein Fall einer falsa demonstratio vor, bei der das von den Parteien übereinstimmend Gewollte Geltung hätte und somit eine Anfechtung ausscheiden würde; siehe oben § 16 Rn. 5).

Merke: Kein Identitätsirrtum i. S. v. § 119 I F 1, sondern ein sog. **Eigenschaftsirrtum i. S. v. § 119 II** liegt vor, wenn der Erklärende **nicht über** die **Identität, sondern** eine bestimmte **Eigenschaft** des Geschäftsgegners oder des Geschäftsgegenstandes **irrt** (Jauernig § 119, 3 b).

Beispiel: Der Juwelier V hält den ihm unbekannten Käufer K irrtümlich für den ihm vom Hörensagen bekannten Millionär gleichen Namens. Stundet er ihm deshalb den Kaufpreis für eine goldene Armbanduhr, so kann er den Kaufvertrag gem. § 119 I F 1 wegen eines Inhaltsirrtums in der Form eines Identitätsirrtums anfechten. Hält V dagegen den ihm bekannten K irrtümlich für reich, so irrt er nicht über die Identität des Geschäftsgegners, sondern über eine bestimmte Eigenschaft dieser Person. Dieser Irrtum berechtigt nur in den Grenzen des § 119 II zur Anfechtung.

❑ Als Unterfall des Identitätsirrtums kann auch der **Irrtum über** die **Geschäftsart** (error in negotii) gesehen werden (Leßmann JuS 1969, 480).

Beispiel: V verleiht dem K für ein Wochenende sein Mountain-Bike und geht irrtümlich dabei aus, Inhalt des Geschäfts sei die entgeltliche Gebrauchsüberlassung. V hat somit objektiv „Leihe" erklärt und subjektiv „Miete" gewollt.

15 c) **Der sog. Rechtsfolgenirrtum**

Irrt der Erklärende über die mit seiner Erklärung verbundenen Rechtsfolge, so stellt sich das Problem der **Abgrenzung** zwischen beachtlichen **Inhaltsirrtum** und **unbeachtlichen Motivirrtum.** Hierbei ist in folgender Weise zu unterscheiden (MüKo § 119 Rn. 69 ff.; Pal. § 119 Rn. 15 f.):

- Befindet sich der Erklärende über Rechtsfolgen seiner Willenserklärung im Irrtum, die sich bereits **aus dem Gesetz** und nicht erst aus dem Inhalt seiner Erklärung **ergeben,** so fehlt es schon an einem Auseinanderfallen von Wille und Erklärung. In diesen Fällen liegt daher nur ein **unbeachtlicher Motivirrtum** vor, der nicht zur Anfechtung berechtigt.

  Beispiel: Der Käufer einer vermieteten Wohnung weiß nicht, daß er kraft Gesetzes gem. § 571 in die sich aus dem Mietverhältnis ergebenen Rechte und Pflichten eintritt. In diesem Fall handelt es sich um einen bloßen Motivirrtum, der nicht zur Anfechtung nach § 119 I F 1 ermächtigt.

- Ein **beachtlicher Inhaltsirrtum i. S. v. § 119 I F 1** liegt dagegen vor, wenn die Partei die **Rechtsfolge zum Gegenstand ihrer Erklärung** gemacht hat und diese Erklärung hinsichtlich der Rechtsfolge eine andere Bedeutung hat, als der Erklärende annimmt.

  Beispiel: V verkauft dem K seinen gebrauchten Pkw wobei er ausdrücklich darauf hinweist, für den Zustand des Wagens „keine Garantie" zu übernehmen. Er geht hierbei irrtümlich davon aus, daß er dadurch von jeglicher Mängelhaftung freigezeichnet sei. Da durch diese Vereinbarung lediglich die erweiterte Haftung nach §§ 459 II, 463 ausgeschlossen ist, befindet sich V im Irrtum über die Rechtsfolge seiner Erklärung. Dieser Rechtsfolgenirrtum ist ausnahmsweise als Inhaltsirrtum i. S. v. § 119 I F 1 beachtlich, da der Irrtum eine Rechtsfolge betrifft, die nicht unmittelbar aus dem Gesetz folgt, sondern aus dem Inhalt der Erklärung des Irrenden.

d) Der sog. Kalkulationsirrtum 16

Beim sog. Kalkulationsirrtum irrt der Erklärende über einen Umstand, den er seiner Berechnung zugrundelegt. Solche Fehler in der Berechnungsgrundlage setzen sich im Inhalt der Erklärung fort.

Beispiel: U bietet dem B an, für DM 200,– den Rasen von dessen Grundstück zu mähen. Nachträglich bemerkt U, daß er bei der Berechnung der Vergütung eine zu geringe Quadratmeterzahl zugrunde gelegt hat. Dieser Kalkulationsirrtum hat dazu geführt, daß er seine Dienste dem B zu günstig angeboten hat.

Problematisch ist, inwieweit ein Kalkulationsirrtum zur Anfechtung nach § 119 I F 1 berechtigt. Man unterscheidet dabei **zwei Fallgruppen** (BGH NJW-RR 1987, 1307; Pal. § 119 Rn. 18 ff.; Musielak Rn. 295):

- **Interner Kalkulationsirrtum** 17

  Ist die **Berechnungsgrundlage** für den Geschäftspartner **nicht erkennbar,** so liegt ein *interner* bzw. *verdeckter* Kalkulationsirrtum vor. Ein solcher Kalkulationsirrtum berechtigt nicht zu einer Anfechtung nach § 119 I F 1, da es sich insoweit um einen **unbeachtlichen Motivirrtum** handelt (BGH NJW-RR 1987, 1307; MüKo § 119 Rn. 72; Pal. § 119 Rn. 18).

Beispiel: Hat im obigen Beispiel U dem B das Angebot zum Rasenmähen gemacht, ohne diesem mitzuteilen, wie sich die Vergütung berechnet, so kann er sich trotz des Kalkulationsirrtums nicht durch Anfechtung vom Vetrag lösen.

18 ❑ **Externer Kalkulationsirrtum**

Beim *externen* bzw. *offenen* Kalkulationsirrtum ist die **Berechnungsgrundlage** dem Geschäftspartner **erkennbar,** weil sie zum *Gegenstand der Vertragsverhandlungen* gemacht wurde, so ist die Rechtslage streitig:

- Nach *h.Lit.* **scheidet** eine **Anfechtung** nach § 119 I F 1 **aus.** Bei widersprüchlichem Inhalt der Erklärungen ist vielmehr zunächst zu prüfen, ob sich der Widerspruch durch Auslegung beseitigen läßt. Ist dies nicht möglich, so kann über eine Anwendung der Grundsätze des Wegfalls der Geschäftsgrundlage ein interessengerechtes Ergebnis herbeigeführt werden (Pal. § 119 Rn. 18 ff.; Flume § 23, 4 e; Larenz AT § 20 II a; Med. AT Rn. 758).

  Argumente:

  Beim offenen Kalkulationsirrtum ist die Berechnungsgrundlage zwar erkennbar, jedoch **nicht** zum **Inhalt der Erklärung** gemacht worden. Daher betrifft der Fehler auch in diesem Fall nur die Willensbildung, d. h. es handelt sich um einen unbeachtlichen Motivirrtum.

  Ansonsten besteht die Gefahr einer **Aufweichung der Grenzziehung** zwischen unbeachtlichen Motiv- und beachtlichen Inhaltsirrtum.

- Nach *überwiegender Rechtsprechung* wird dagegen die **Anfechtbarkeit** gem. § 119 I F 1 in Form des sog. **erweiterten Inhaltsirrtums bejaht** (vgl. den nachfolgende Hinweis; RGZ 105, 406; OLG München NJW-RR 1990, 1406; OLG Hamm NJW 1993, 2321; vom BGH bisher offen gelassen):

  Argumente:

  Durch die Mitteilung der Berechnungsgrundlage wird der **Beweggrund** quasi **zum Inhalt der Erklärung** gemacht, so daß ein erweiterter Inhaltsirrtum vorliegt.

  Im übrigen macht es **keinen großen Unterschied**, ob sich der Erklärende (nach richtiger Preisberechnung) beim Schreiben seines Angebots auf der Schreibmaschine vertippt (dan beachtlich nach § 119 I F 2) oder ob er sich schon vorher bei der Preisberechnung auf der Rechenmaschine vertippt.

  Hinweis: Ein **erweiterter Inhaltsirrtum** liegt vor, wenn ein irriger Beweggrund (Motiv) in den Vertragsverhandlungen zum Ausdruck gebracht und somit zum Bestandteil der Erklärung gemacht wurde. Die Rechtsprechung läßt in einem solchen Fall eine Anfechtung nach § 119 I F 1 zu, da die Parteien auch Beweggründe zum Inhalt der Willenserklärung machen können (BGHZ 149, 239). Die h.Lit. geht dagegen davon aus, daß auch das mitgeteilte Motiv nicht Inhalt der Erklärung wird und somit ein diesbezüglicher Irrtum als Motivirrtum nicht zur Anfechtung gem. § 119 I F 1 berechtigen kann (Pal. § 119 Rn. 17).

4. Zusammenfassende Graphik

Inhaltsirrtümer i.S.v. § 119 I F 1

Als Inhaltsirrtum gilt grundsätzlich:

1. der sog. **Verlautbarungsirrtum** (über den Sinn der Erklärung)
2. der sog. **Identitätsirrtum** über:
   - ❑ die Geschäftsart
   - ❑ den Geschäftsgegner
   - ❑ den Geschäftsgegenstand

Als Motivirrtum ist grundsätzlich unbeachtlich:

1. der sog. **Rechtsfolgenirrtum**
   Ausnahme: Rechtsfolge ist Inhalt der Erklärung, dann
2. der sog. **Kalkulationsirrtum**
   Ausnahme: sog. offener Kalkulationsirrtum, wenn Kalkulation erkennbar (str.)
3. alle **sonstigen Motivirrtümer**
   (Ausnahme: § 119 II als gesetzlich beachtlicher Morivirrtum)

Fall 10: „Kein Glück mit Zahlen"

Der Galerieinhaber Aquarello wollte dem Kunstsammler Richard Reich drei Gemälde des Malers Samuel Süstermann verkaufen. Im schriftlichen Angebot waren eingangs die einzelnen Bilder mit dem jeweiligen Einzelpreis, nämlich das Bild „Paradiesvogel" für DM 5.000,–, das Bild „Messerstich" für DM 3.000,– sowie das Bild „Liebespaar" für DM 1.800,– aufgeführt, als auch der Gesamtbetrag genannt. Da sich Aquarello jedoch bei der Berechnung der Gesamtsumme verrechnet hatte, lautete das Gesamtangebot fälschlicherweise auf DM 8.800,–. Kurz nachdem Reich das Gesamtangebot angenommen hatte, bemerkte Aquarello den Rechenfehler und erklärte deshalb sofort gegenüber Reich die Anfechtung. Reich besteht dennoch auf Übereignung und Übergabe der Bilder zum Preis von DM 8.800,–. Zu Recht?

Anspruch des R gegen A auf Übereignung und Übergabe der Bilder gem. § 433 I 1

Der vertragliche Anspruch besteht, wenn er *wirksam entstanden*, nicht *wieder erloschen* ist und ihm *keine Einreden* entgegenstehen.

(A) Entstanden:

Der Anspruch ist entstanden, wenn R und K einen wirksamen Kaufvertrag über die Bilder geschlossen haben.

(I) Einigung:

Der Inhalt der Einigung ist durch *Auslegung gem. §§ 133, 157* zu ermitteln:

(1) **Angebot** des A:

(a) Das Angebot lautet auf objektiver Ebene Verkauf der drei Bilder zum Gesamtpreis von DM 8.800,–.

(b) *Subjektiv* wollte A allerdings den richtigen Gesamtpreis von DM 9.800,–. Dies berührt jedoch (wie aus § 119 I ersichtlich ist) die Wirksamkeit seines Angebotes nicht.

(2) **Annahme** des S:

S hat nach dem objektiven und subjektiven Erklärungsinhalt seiner Annahme das Angebot zu DM 8.800, angenommen.

	Angebot des A	Annahme des S
objektiv	8.800,–	8.800,–
subjektiv	9.800,–	8.800,–

19 (3) **Inhalt** der Einigung:

(a) Grundsätzlich gilt der Vertrag mit dem Inhalt der sich deckenden objektiven Erklärungstatbestände, also mit einem Kaufpreis i. H. v. DM 8.800,–.

(b) Ausnahmsweise ist jedoch das subjektiv Gewollte vorrangig, wenn Erklärender und Erklärungsempfänger dasselbe meinen (sog. **falsa demonstratio**) oder der Erklärungsempfänger wenigstens erkannt hat, was der Erklärende in Wirklichkeit wollte (sog. **erkannte Irrung**), so daß dann eine Anfechtung ausscheidet.

(c) **Hier** könnte ein Fall der erkannten Irrung vorliegen, zumal A dem R vorher die Einzelpreise genannt hatte. Dazu müßte R aber wirklich erkannt haben (d. h. **positive Kenntnis** gehabt haben), daß A sich verrechnet hatte und DM 9.800,– erklären wollte. Da R vorliegend jedoch möglicherweise von einem bewußten Preisnachlaß des A ausgegangen ist, steht nicht fest, daß er den Irrtum des A erkannt hat. Der Vertragsschluß gilt daher doch mit dem Inhalt der objektiven Erklärungstatbestände.

A und R haben sich somit über einen Kauf zum Gesamtpreis von DM 8.800,– geeinigt.

(II) Wirksamkeitshindernisse sind nicht ersichtlich.

Somit ist der Anspruch des R gegen A auf Übereignung und Übergabe der Bilder zum Preis von DM 8.800,– aus § 433 I 1 entstanden.

(B) Erloschen:

Der Anspruch könnte **gem. § 142 I durch Anfechtung** wieder erloschen sein.

(I) Die §§ 119 ff. sind **anwendbar**, und die Anfechtung ist **zulässig.**

(II) Anfechtungsgrund:

(1) Ein **Erklärungsirrtum i.S.v. § 119 I F 2** scheidet aus, da A sich nicht „bei der Abgabe“ seiner Willenserklärung versprochen oder verschrieben hat, sondern schon vor der Abgabe im *Stadium der Willensbildung* verrechnet hat.

(2) Es könnte jedoch ein Inhaltsirrtum in Form eines **Kalkulationsirrtum** 20
nach § **119 I F 1** vorliegen. Problematisch ist jedoch, daß auch insoweit der Fehler nicht bei der Abgabe der Willenserklärung, sondern schon vorher, bei der Willensbildung, erfolgt ist. Für die Frage nach der Beachtlichkeit eines solchen Irrtums, ist zwischen internem und externem Kalkulationsirrtum zu unterscheiden:

(a) Beim **verdeckten** (= internen) Kalkulationsirrtum wird nur das *Ergebnis* der (falschen) Berechnung in der Erklärung *mitgeteilt.* Der Fehler in der Kalkulationsgrundlage ist damit ein reiner Motivirrtum, der unstreitig nicht zur Anfechtung berechtigt.

(b) Beim **offenen** (= externen) Kalkulationsirrtum ist die *Kalkulation* dem 21
Geschäftspartner *erkennbar*, weil sie (wie hier) zum Gegenstand der Vertragsverhandlungen gemacht wurde. Umstritten ist, ob dies als Inhaltsirrtum i.S.v. § 119 I F 1 zur Anfechtung berechtigen kann.

- ❑ Nach **h.Lit.** ist dies **abzulehnen**, da ansonsten die *Gefahr einer Aufweichung* der grundsätzlichen Grenzziehung zwischen Motivirrtum einerseits und Inhalts- bzw. Erklärungsirrtum andererseits besteht. Ein interessengerechtes Ergebnis kann in diesen Fällen allenfalls über eine Anwendung der Grundsätze des Wegfalls der Geschäftsgrundlage erzielt werden.
- ❑ Nach **überwiegender Rechtsprechung** wird dagegen eine Anfechtung gem. § 119 I F 1 **bejaht**, da einerseits bei Mitteilung der Berechnung oder ihrer Grundlage diese quasi zum Inhalt der Erklärung gemacht werden, so daß ein erweiterter Inhaltsirrtum vorliegt. Im übrigen macht es wertungsmäßig keinen Unterschied, ob sich jemand (nach richtiger Preisberechnung) beim Schreiben des Angebots auf der Schreibmaschine vertippt oder sich schon vorher bei der Preisberechnung auf der Rechenmaschine vertippt.

Hiernach berechtigt der offene Kalkulationsirrtum des A zur Anfechtung gem. § 119 I F 1.

(III) Die **Anfechtungserklärung** (§ 143 I) des anfechtungsberechtigten A gegenüber R als **Anfechtungsgegner** (§ 143 II) ist unverzüglich, also innerhalb der **Anfechtungsfrist** erfolgt.

(IV) **Rechtsfolge:** Der Anspruch des R aus § 433 I 1 ist gem. § 142 I rückwirkend wieder erloschen.

Ergebnis: R hat keinen Anspruch gegen A auf Lieferung gem. § 433 I 1. Beim Nachweis eines Vertrauensschaden besteht ein Anspruch aus § 122 bzw. cic.

22 **5. Erheblichkeit des Inhaltsirrtums**

Der Inhaltsirrtum begründet nur dann die Anfechtung, wenn der Irrtum für die anfechtbare Willenserklärung ursächlich war, § 119 I HS 2. Hierbei gelten dieselben Anforderungen wie im Fall der Anfechtung wegen eines Erklärungsirrtums, so daß auf die obigen Ausführungen verwiesen werden kann (vgl. § 16 Rn. 10).

IV. Der Eigenschaftsirrtum gem. § 119 II

23 **1. Der Begriff des Eigenschaftsirrtums**

Gem. § 119 II kann der Erklärende seine Erklärung anfechten, wenn er sich über eine verkehrswesentliche Eigenschaft einer Person oder Sache geirrt hat.

Beim Eigenschaftsirrtum stimmen – anders als im Fall des § 119 I – Wille und Erklärung überein. Der Erklärende irrt jedoch über **Eigenschaften** des Geschäftsgegenstandes oder einer Person und somit über Umstände, die nicht Bestandteil der Erklärungshandlung (§ 119 I F 2) oder des Erklärungsinhalts (§ 119 I F 1) sind, sondern der *Willensbildung*. Es handelt sich daher bei § 119 II nach h. M. um einen **ausnahmsweise beachtlichen Motivirrtum** (Pal. § 119 Rn. 23; Larenz AT § 20 II b; a. A. Flume AT § 24 2 b d, der von einem Unterfall des Inhaltsirrtums ausgeht).

2. Die Tatbestandsvoraussetzungen des § 119 II

a) Eigenschaften

24 Die **Eigenschftsdefinition** ist eine der wichtigsten im Zivilrecht und lautet nach h. M. (BGHZ 70, 48; 88, 245):

> **Eigenschaften** sind alle rechtlichen und tatsächlichen Merkmale, die einer Person oder Sache **unmittelbar, gegenwärtig** und **für eine gewisse Dauer anhaften** und die **für die Wertschätzung von Bedeutung** sind.

Beispiele:

- ❑ Eigenschaften einer **Person** sind z. B. das Geschlecht, das Alter, die Sachkunde, die Zuverlässigkeit.
- ❑ Eigenschaften einer **Sache** sind z. B. das Material, die Herkunft, die Echtheit.

Hinweis: Zu den Eigenschaften einer Sache gehören somit **alle wertbildenden Faktoren,** wie z. B. die Echtheit eines Bildes oder die Größe eines Nachlasses, **nicht** jedoch ihr **Wert oder Marktpreis.**

Argument: Der Wert oder Marktpreis haftet der Sache **nicht unmittelbar** an, sondern ist das Ergebnis von Angebot und Nachfrage am Markt. Im übrigen würde eine Anfechtbarkeit wegen Irrtum über den Wert einer Sache den **Rechtsverkehr unerträglich beeinträchtigen** (Pal. § 119 Rn. 27; Köhler AT § 14 IV 2 c aa).

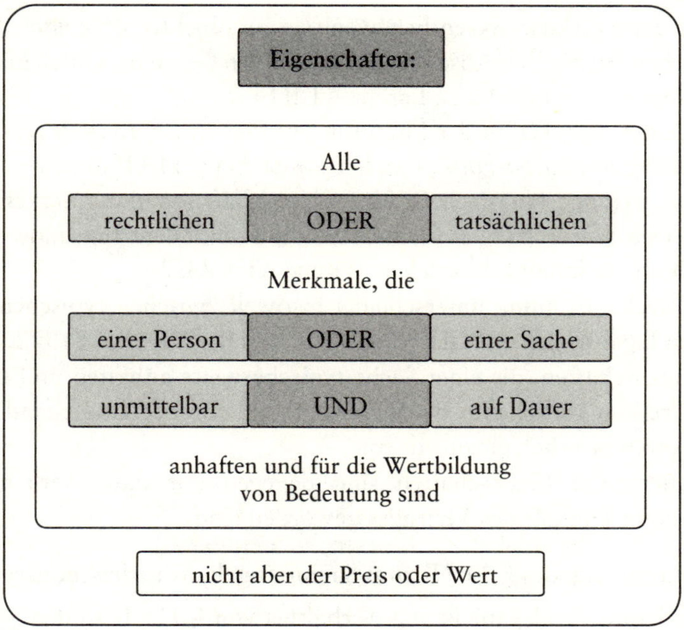

b) Person oder Sache

- ❑ Person i. S. v. § 119 II ist jeder, **auf den sich** das **Rechtsgeschäft bezieht.** Daher kann der Irrtum eine Eigenschaft des *Geschäftsgegners*, des *Erklärenden* selbst und auch eines *Dritten* betreffen (MüKo § 119 Rn. 109; Med. AT Rn. 772; Köhler § 14 IV 2 c bb).

  Beispiel: A erklärt sich bereit, dem G ein Darlehen zu gewähren, wenn dieser einen Bürgen findet. A kann anschließend den mit G geschlossenen Darlehensvertrag u. U. gem. § 119 II anfechten, wenn sie sich über die Solvenz des Bürgen geirrt hat.

- ❑ Der Begriff der **Sache** i. S. v. § 119 II ist weit zu interpretieren. er betrifft nicht nur körperliche Gegenstände i. S. v. § 90, sondern jeden **Geschäftsgegenstand** (MüKo § 119 Rn. 113; Med. AT Rn. 771; Köhler AT § 14 IV 2 c aa).

  Beispiel: Sachen i. S. d. § 119 II sind somit auch Forderungen, sonstige Rechte oder eine Erbschaft als Sachgesamtheit.

25 c) **Verkehrswesentlichkeit**

Ein Eigennschaftsirrtum berechtigt nur dann zur Anfechtung, wenn der Eigenschaftsirrtum verkehrswesentlich ist. Welche Anforderungen an die Verkehrswesentlichkeit zu stellen sind, hängt davon ab, wie § 119 II dogmatisch einzuordnen ist.

- Nach h. M. handelt es sich beim Eigenschaftirrtum nach § 119 II um einen **Motivirrtum**, der ausnahmsweise wegen der engen Verknüpfung von Vorstellung und Erklärungsgegenstand beachtlich ist. Hiernach ist eine Eigenschaft auch dann **verkehrswesentlich, wenn** sie nur **objektiv**, d. h. *nach* der *Verkehrsanschauung* für den Abschluß des konkreten Geschäftes ausschlaggebend war (Köhler AT § 14 IV 2 c cc; Larenz AT II b).
- Nach der zum Teil in der Literatur vertretenen *Lehre vom rechtsgeschäftlichen Eigenschaftsirrtum*, handelt es sich bei § 119 II um einen Unterfall des Inhaltsirrtums. Hiernach ist eine **Eigenschaft nur dann verkehrswesentlich, wenn** sie dem Vertrag ausdrücklich oder konkludent zugrunde gelegt und somit **Vertragsinhalt** geworden ist (Flume AT § 24, 2).
- Die Rechtsprechung unterscheidet insoweit zwischen **typischen** und **untypischen** Eigenschaften (BGH NJW 1979, 160 ff.; BGH WM 1972, 241):
  - Eigenschaften, die einer Sache **typischerweise** anhaften und die zudem **generell** im Verkehr für die Wertschätzung von Bedeutung sind, sind als **verkehrswesentlich** einzuordnen.
  - **Untypische** Eigenschaften sind dagegen nur dann verkehrswesentlich, wenn sie **Inhalt des Vertrages** geworden sind.

3. Die Abgrenzung des § 119 II zum Sachmängelgewährleistungsrecht

Von großer Examensrelevanz ist das **Verhältnis von § 119 II zu den §§ 459 ff.**, den Vorschriften über die Sachmängelgewährleistung beim Kaufvertrag. Dieses Konkurrenzproblem ist im Examen im Rahmen der **Anwendbarkeit des § 119 II** zu erörtern und betrifft nur den Anfechtungsgrund des § 119 II. Eine Anfechtung nach § 119 I, 120 und 123 wird von den §§ 459 ff. dagegen nicht berührt (Pal. Vorb. vor § 459 Rn. 8 f.).

26 a) **Problemstellung**

Ist die gekaufte Sache zur Zeit des Gefahrenübergangs mangelhaft, so haftet der Verkäufer dem Käufer nach den §§ 459 ff. grundsätzlich **nur 6 Monate lang**, vgl. § 477. Der Gesetzgeber möchte auf diese Weise eine schnelle Abwicklung von Kaufverträgen erreichen und damit dem Gebot der Rechtssicherheit und Rechtsklarheit Rechnung tragen.

Irrt der Käufer **über** eine **Eigenschaft der Kaufsache**, die **gleichzeitig** einen **Sachmangel** begründet, so könnte er den Kaufvertrag gem. § 119 II in der Frist des § 121 anfechten. Hiernach kann er bei entsprechender Unkenntnis des Irrtums, **bis 30 Jahre nach Abgabe der Erklärung** die Anfechtung gegenüber dem Anfechtungsgegner erklären, vgl. **§ 121 II.**

b) Lösung 27

Dieses Konkurrenzverhältnis ist nach h. M. wie folgt zu lösen (BGH NJW 1988, 2597; Pal. Vorbem. vor § 459 Rn. 9 f.; vgl. hierzu auch den nachfolgenden Fall, § 16 Rn. 28 ff.):

- Sofern der **Käufer** *über eine verkehrswesentliche Eigenschaft* irrt, die *gleichzeitig* eine *Sachmängelhaftung* nach §§ 459 ff. begründet, so ist eine **Anfechtung gem. § 119 II ausgeschlossen.**

  Argument: Die mit der kurzen Verjährung nach § 477 bezweckte schnelle, endgültige Abwicklung würde durch die lange 30-jährige Verjährung nach § 121 **unterlaufen** werden.
- Da die §§ 459 ff. erst ab Gefahrübergang eingreifen, ist **vor Gefahrübergang** eine *Anfechtung* nach § 119 II *möglich.*
- Der **Käufer** darf **gem. § 119 II anfechten,** wenn sich sein Irrtum auf andere verkehrswesentliche Eigenschaften bezieht, die *nicht zugleich Gewährleistungsmängel* darstellen.
- Soweit eine **Haftung nach den §§ 459 ff. durch** wirksame **Vereinbarung** zwischen Käufer und Verkäufer **ausgeschlossen** wurde, bezieht sich dieser Ausschluß *auch* auf eine *Anfechtung nach § 119 II.*
- Irrt der **Verkäufer** über eine verkehrswesentliche Eigenschaft der Kaufsache, so ist die Anfechtung **grundsätzlich nicht ausgeschlossen,** da die §§ 459 ff. nur die Gewährleistungsrechte *des Käufers* regeln. Eine **Ausnahme** gilt gem. § 242 jedoch dann, wenn sich der Verkäufer durch die Anfechtung **erkennbar** seiner Gewährleistungsverpflichtung entziehen will.

Verhältnis von § 119 II zu den §§ 459 ff.	
Subsidiarität ggü. §§ 459 ff.	Anwendbarkeit neben §§ 459 ff.
① Bei Anfechtung durch Käufer ab Gefahrenübergang bzgl. fehlerbegründenden Eigenschaften	① Bei Anfechtung durch Käufer vor Gefahrenübergang (auch falls §§ 459 ff. schon analog gelten)
② Bei Anfechtung durch Käufer, soweit die Gewährleistung vertraglich ausgeschlossen ist	② Bei Anfechtung durch Käufer, wenn nicht zugleich Gewährleistungsmängel betroffen
③ Bei Anfechtung durch Verkäufer, falls dieser sich erkennbar seiner Gewährleistungspflicht entziehen will (§ 242)	③ Bei Anfechtung durch Verkäufer (da die §§ 459 ff. nur die Rechte des Käufers regeln)

Fall 11: „Fehlgeschlagener Grundstückskauf"

Konrad Klotz kaufte mit notariell beurkundeten Vertrag vom Bauern Viktor Vieh ein im Taunus gelegenes Grundstück zum Preis von DM 300.000,–. Dabei gingen beide Parteien davon aus, daß es sich bei dem Kaufgegenstand um Bauland handeln würde. Auch der Kaufpreis entsprach den ortsüblichen Baulandpreisen.

Noch bevor es zur Auflassung kommt, erfährt Klotz, daß kurz vor Abschluß des Kaufvertrages ein Flächennutzungs- sowie ein Bebauungsplan erlassen worden waren, wonach die Bebaubarkeit für das erworbene Grundstück ausgeschlossen war. Vieh hatte hiervon bis zu diesem Zeitpunkt ebenfalls keine Kenntnis.

Daraufhin erklärt Klotz gegenüber Vieh sofort die Anfechtung wegen Irrtums über die Bebaubarkeit des Grundstücks. Vieh, der sich von seinem Stammtischfreund, einem Anwalt , beraten lassen hatte, wendet ein, daß die Anfechtung ausgeschlossen sei, da die fehlende Bebaubarkeit ein unbehebbarer Mangel des Grundstückes sei. Im übrigen habe Klotz auch gar keinen Anfechtungsgrund.

Kann Vieh von Klotz Zahlung des Kaufpreises verlangen?

Anspruch des V gegen K auf Zahlung der DM 300.000,– gem. § 433 II

Der vertragliche Anspruch besteht, wenn er *wirksam entstanden*, nicht *wieder erloschen* ist und ihm *keine Einreden* entgegenstehen.

Anmerkung: Es ist davon auszugehen, daß die fehlende Bebaubarkeit nach h. M. als Sachmangel des Grundstücks anzusehen ist, da sie auf der Lage des Grundstücks im nichtbebaubaren Gebiet beruht (Pal. § 259 Rn. 2; Näheres hierzu im Band I zum Schuldrecht BT).

(A) **Entstanden:**

Der Anspruch ist entstanden, wenn zwischen V und K eine wirksame Einigung vorliegt.

(I) V und K haben sich über einen Kaufvertrag i. S. v. § 433 **geeinigt.**

(II) **Keine Wirksamkeitshindernisse:**

(1) Die **Formvorschrift des § 313 S. 1** wurde beachtet, so daß eine Nichtigkeit gem. § 125 S. 1 ausscheidet.

(2) Der Vertrag könnte jedoch **gem. § 306 unwirksam** sein, weil dieses Grundstück *von niemandem als bebaubares Grundstück* übereignet werden kann (anfängliche objektive Unmöglichkeit).

Fraglich ist jedoch, ob es sich hier überhaupt um einen Fall der Unmöglichkeit, also um eine Nichterfüllung handelt: Nach h. M. sind Nichterfüllung und Sachmängelgewährleistung nach Voraussetzungen und Wirkung zweierlei, so daß ein Sachmangel beim Erwerb einer bestimmten Sache **keinen Fall der Nichterfüllung** darstellt (Pal. Vorbem vor § 459 Rn. 5; Näheres hierzu im Band I zum Schuldrecht BT).

Somit steht § 306 der Wirksamkeit des Vertrages nicht entgegen.

Der Anspruch ist daher wirksam entstanden.

(B) **Erloschen:** 28

Der Anspruch könnte durch **Anfechtung** oder **Rücktritt** erloschen sein:

(I) **Erlöschen durch Anfechtung gem. § 142 II iVm. § 119 II:**

(1) **Anwendbarkeit** des § 119 II:

Eine Anfechtung gem. § 119 II ist nach ganz h. M. ausgeschlossen, wenn die verkehrswesentliche Eigenschaft i. S. v. § 119 II **zugleich** auch einen **Fehler i. S. v. § 459 I** darstellen würde. Für diese sog. fehlerbegründenden Eigenschaften sind die §§ 459 ff. Sonderregelungen, welche § 119 II verdrängen.

Argument:
Sonst besteht die Gefahr, daß v.a. die Wertungen des § 477 umgangen werden.

(a) Hier könnte ein **Fehler i.S.v. § 459 I** vorliegen. Voraussetzung dafür ist:

(aa) Zum einen müßte eine **nachteilige Abweichung der Ist- von der Sollbeschaffenheit** vorliegen. Dafür müßte die Bebaubarkeit zum gewöhnlichen oder vertraglich vorausgesetzten Gebrauch gehören (= Sollbeschaffenheit). Hier wurde das Grundstück zum Zweck der Bebauung zu Baulandpreisen gekauft. Somit war die Bebaubarkeit vertraglich vorausgesetzt.

(bb) Zum anderen muß es sich um eine **nicht unerhebliche** (§ 459 I 2) **Beeinträchtigung** des Wertes oder der Gebrauchstauglichkeit handeln. Hier wird sowohl der Wert als auch die Tauglichkeit zur Bebauung erheblich beeinträchtigt.

Somit liegt ein Fehler i.S.v. § 459 I vor.

(b) Die §§ 459 ff. sind jedoch erst **ab Gefahrübergang** i.S.v. § 446 anwendbar. 29

Daran fehlt es vorliegend, da das Grundstück *weder übergeben* (§ 446 I), *noch* der Käufer *als Eigentümer im Grundbuch eingetragen* wurde (§ 446 II).

(aa) Nach ganz h. M. sind die §§ 459 ff. jedoch ausnahmsweise zugunsten des Käufers bereits **vor Gefahrübergang analog** anwendbar, wenn ein *nicht behebbarer Sachmangel* vorliegt, oder die Beseitigung des Mangels vom Verkäufer *endgültig und ernsthaft verweigert* worden ist.

Argument:
Die §§ 459 ff. stellen auf den Gefahrenübergang ab, um dem

Verkäufer die Gelegenheit zu geben, einen möglichen Mangel bis zu diesem Zeitpunkt zu beheben. Ist der Verkäufer dazu nicht in der Lage oder Willens, ist es dem Käufer nicht zumutbar, die Sache nur deshalb anzunehmen, um den Gefahrenübergang als Voraussetzung der Geltendmachung der §§ 459 ff. herbeizuführen.

(bb) **Vorliegend** stellt die fehlende Bebaubarkeit des Grundstückes einen derartigen nicht behebbaren Sachmangel dar; damit sind die §§ 459 ff. auch schon vor Gefahrübergang analog anwendbar.

(c) Fraglich ist, ob im Fall einer analoge Anwendung der §§ 459 ff. vor Gefahrübergang auch die **Anfechtung gem. § 119 II ausgeschlossen** ist:

❑ Von einem **Teil der Literatur** wird dies bejaht:

Mit der Anfechtung könnte sich der Käufer entgegen § 460 S. 2 bei grob fahrlässiger Unkenntnis vom Mangel vom Kaufvertrag lösen, da die Anfechtung nur bei Kenntnis vom Anfechtungsgrund (§ 121 I 1) ausgeschlossen ist (MüKo § 119 Rn. 27 a).

Nach dieser Ansicht wäre die Anfechtungserklärung gem. § 140 in eine Wandelungserklärung umzudeuten, mit der Folge der Rückabwicklung gem. §§ 462, 465, 467, 346.

❑ Nach **h. M.** ist dagegen eine Anfechtung gem. § 119 II vor Gefahrübergang durch die analoge Anwendung der §§ 459 ff. nicht ausgeschlossen (BGH NJW 1995, 1737; Pal. § 119 Rn. 28).

Argumente:
- Die Analogie zu § 459 soll eine Vergünstigung für den Käufer darstellen, nicht jedoch den Verlust seines grundsätzlich gegebenen Anfechtungsrechtes bewirken.
- Das Interesse des Verkäufers an einer raschen Vertragsabwicklung wird nicht beeinträchtigt, insbesondere § 477 nicht umgangen, da das Anfechtungsrecht spätestens mit Gefahrenübergang erlöschen würde.

Somit ist § 119 II nach h. M. anwendbar.

(2) Die Anfechtung ist **zulässig.**

(3) **Anfechtungsgrund**:

30 (a) Fraglich ist, ob der Irrtum über die Bebaubarkeit nicht schon als **Inhaltsirrtum gem. § 119 I F 1** angesehen werden kann. Dafür müßte ein Eigenschaftsirrtum gleichzeitig einen Inhaltsirrtum darstellen:

❑ Dies ist nach der sog. **Lehre von der Sollbeschaffenheit** der Fall.

Da ein Gegenstand von seinen Eigenschaften nicht zu trennen sei, werde die Vorstellung von den Eigenschaften auch Bestandteil des rechtsgeschäftlichen Willens (Raape AcP 150, 488).

❑ Diese Lehre ist jedoch nach heute **h. M.** grundsätzlich **abzulehnen** (Pal. § 119 Rn. 17).

Argumente:
- Die Vorstellung von den Eigenschaften ist nur ein Motiv für den Kaufentschluß, nicht aber Bestandteil des Geschäftswillens. Ein Eigenschaftsirrtum begründet also allenfalls einen Anfechtungsgrund gem. § 119 II (kraft Gesetzes beachtlicher Motivirrtum).
- Durch die Lehre von der Sollbeschaffenheit könnte zum einen die einschränkende Voraussetzung der Verkehrswesentlichkeit i.S.v. § 119 II umgangen werden, zum anderen würdedie Gewährleistungsfrist des § 477 leerlaufen, da § 119 I von den §§ 459 ff. nicht ausgeschlossen ist.

***Hinweis**: Eine Ausnahme besteht lediglich bei Gattungsschulden: Hier kann ein Inhaltsirrtum vorliegen, wenn die Eigenschaft zur Individualisierung des Vertragsgegenstandes erforderlich ist, da bei Gattungsschulden der Vertragsgegenstand erst durch die Vorstellung über die Eigenschaften festgelegt wird (z. B. irrige Annahme, die gekaufte Ware seien holländische Tulpen, während es sich tatsächlich um deutsche Tulpen handelt).*

❑ **Hier** liegt keine Gattungsschuld vor. Somit begründet nach h. M. der Irrtum über die Bebaubarkeit des Grundstücks keinen Inhaltsirrtum.

(b) Es könnte jedoch ein **Eigenschaftsirrtum gem. § 119 II** vorliegen. **31**

aa) **Eigenschaften** sind nach h. M. alle rechtlichen und tatsächlichen Merkmale, die einer Person oder Sache unmittelbar, gegenwärtig und für eine gewisse Dauer anhaften und die für die Wertschätzung von Einfluß sind.

Hier ist die Bebaubarkeit des Grundstückes ein rechtliches Merkmal, das dem Grundstück aufgrund seiner Lage unmittelbar, gegenwärtig und für gewisse Dauer anhaftet und auf die Wertschätzung von Einfluß ist. Somit liegt eine Eigenschaft vor.

(bb) **Verkehrswesentlichkeit** der Eigenschaft:

❑ Umstritten ist, ob die Verkehrswesentlichkeit **objektiv** (d. h. nach der Verkehrsanschauung) oder **subjektiv** (d. h. nach dem Vertragsinhalt) zu bestimmen ist.

- Nach *einer Ansicht* ist die Verkehrswesentlichkeit **subjektiv** zu bestimmen. Danach sind die Eigenschaften nur dann verkehrswesentlich, wenn sie dem Vertrag zugrundegelegt worden und somit *Vertragsinhalt* geworden sind.
- Nach *h. M.* ist die Verkehrswesentlichkeit **objektiv** zu bestimmen, so daß Eigenschaften auch dann schon verkehrswesentlich sind, wenn sie nur nach der *Verkehrsanschauung* für den Abschluß des Geschäfts von Bedeutung sind.
- Nach der *Rspr.* ist die Verkehrswesentlichkeit für **typische** Eigenschaften **objektiv** und für **untypische** Eigenschaften **subjetiv** zu bestimmen.

❑ Vorliegend haben die Parteien die Bebaubarkeit des Grundstücks zum Inhalt ihres Vertrages gemacht, so daß in jedem Fall von der Verkehrswesentlichkeit dieser Eigenschaft auszugehen ist.

(cc) **Erheblichkeit:**

Hier war der Irrtum des K subjektiv kausal und objektiv erheblich.

Somit liegt ein Anfechtungsgrund gem. § 119 II vor.

(4) K hat eine **Anfechtungserklärung** gem. § 143 I, II gegenüber V abgegeben.

(5) Die **Anfechtungsfrist** des § 121 I wurde gewahrt.

32 (6) Die Anfechtung könnte jedoch wegen eines *beiderseitigen Irrtums* von den **Grundsätzen des Wegfalles der Geschäftsgrundlage verdrängt** sein:

(a) Nach **h. M.** ist im Fall des beiderseitigen Irrtums ein Anfechtungsrecht **nicht angemessen**, da der zuerst Anfechtende gem. § 122 Schadensersatz leisten müßte. Im übrigen würde es vom Zufall abhängen, welche der Parteien die Anfechtung zuerst erklärt und folglich einer Haftung nach § 122 ausgesetzt ist.

Daher ist in einem solche Fall der Vertrag unter den Voraussetzungen des Wegfalles der Geschäftsgrundlage anzupassen oder aufzuheben.

(b) Nach **a. A.** soll hingegen das Anfechtungsrecht nicht verdrängt sein, denn anfechten werde immer nur derjenige, der aus der Anfechtung einen Vorteil habe. Dieser Vorteil müsse gegenüber einer eventuellen Schadensersatzpflicht aus § 122 abgewogen werden (Med. Rn. 162).

Somit ist nach der h. M., die insoweit zu einem interessengerechteren Ergebnis führt, die Anfechtung vorliegend ausgeschlossen und der Anspruch des V gegen K nicht infolge wirksamer Anfechtung erloschen.

(II) **Erloschen gem. § 346 i.V.m. den Grundsätzen vom WGG:**

(1) Die Grundsätze vom WGG sind **anwendbar**, da vor Gefahrübergang die analoge Anwendung der §§ 459 ff. auch nicht die Berufung auf einen Wegfall der Geschäftsgrundlage ausschließt.

(2) Die Bebaubarkeit mußte **Geschäftsgrundlage** geworden sein:

(a) Beide Parteien haben bei Vertragsschluß die Bebaubarkeit *erkennbar vorausgesetzt.*

(b) Sie hätten den Vertrag bei Kenntnis vom Fehlen der Bebaubarkeit *nicht abgeschlossen.*

(c) Fraglich ist, ob sich V auf die Berücksichtigung dieses Umstandes *redlicherweise einlassen* muß.

Dies ist hier der Fall, da die Bebaubarkeit **nicht allein in den Risikobereich des K** fällt: Zum einen haben sich beide geirrt, zum anderen hat V gerade aufgrund der vorausgesetzten Bebaubarkeit einen höheren Kaufpreis verlangen können.

(3) Der Umstand der Bebaubarkeit **fehlte von Anfang an.**

(4) Die fehlende Bebaubarkeit ist **erheblich**, insbesondere von K nicht verschuldet.

(5) **Rechtsfolge:** Da hier eine Vertragsanpassung ausscheidet, erfolgt eine Vertragsaufhebung durch Rücktritt. Die rechtsgestaltende Rücktrittserklärung kann hierbei in der Anfechtungserklärung gesehen werden (im Wege ergänzender Vertragsauslegung oder Umdeutung gem. § 140).

Ergebnis: Der Anspruch des V aus § 433 II auf Zahlung des Kaufpreises ist damit gem. § 346 S. 1 erloschen.

C. Die Anfechtung wegen Eingriffs in die Entschließungsfreiheit

I. Allgemeines 33

1. In § 123 normiert der Gesetzgeber die Anfechtbarkeit von Willenserklärungen, die aufgrund einer **unzulässigen Beeinflussung der Willensentschließungsfreiheit** abgegeben wurden. Hierbei nennt das Gesetz zwei verschiedene Arten von Eingriffen in die Entschließungsfreiheit, nämlich die **arglistige Täuschung** und die **widerrechtliche Drohung.**

2. § 123 beruht auf dem **Gedanken**, daß die Willenserklärung nur dann Ausdruck rechtsgeschäftlicher Selbstbestimmung und somit mit dem Grundsatz der Privatautonomie vereinbar ist, wenn sich die Willensbildung frei von Täuschung und Drohung vollzogen hat (Pal. § 123 Rn. 1). Entscheidend ist hierbei also nicht, daß der **Erklärungsvollzug** wegen eines Irrtums fehlerhaft ist (so aber im Fall einer Irrtumsanfechtung nach §§ 119, 120), sondern daß schon der **Willensentschluß** nicht unbeeinflußt erfolgt ist und somit fehlerhaft ist.

34 **3.** Die Anfechtung wegen arglistiger Täuschung oder widerrechtlicher Drohung weist gegenüber der Anfechtung nach §§ 119, 120 v. a. **folgende Besonderheiten** auf:

- ❑ In den §§ 119, 120 ist unerheblich, **wie** und **durch wen** der Irrtum entstanden ist. Dafür ist eine Anfechtung nur in eng begrenzten Fällen erheblich; insbesondere **scheidet** eine **Anfechtung wegen** eines **Motivirrtums** grundsätzlich aus (Ausnahme: § 119 II).
- ❑ Demgegenüber genügt für eine Anfechtung nach § 123 I F 1 **jede Art von Irrtum**, d. h. insbesondere auch ein **Motivirrtum**. Dafür muß dieser Irrtum auf ganz besondere Weise herbeigeführt worden sein: Der Irrtum muß entweder **vom Anfechtungsgegner zu verantworten** sein oder – bei Täuschung eines Dritten – für ihn **erkennbar** gewesen sein.
  (Beachte: Im Fall der Anfechtung wegen widerrechtlicher Drohung nach § 123 I F 2 liegt überhaupt kein Irrtum des Erklärenden vor.)
- ❑ Bei der Anfechtung wegen arglistiger Täuschung oder widerrechtlichen Drohung steht dem Anfechtungsgegner **kein Schadensersatzanspruch nach § 122** zu, da dieser nicht schutzwürdig ist.
- ❑ Die **Anfechtungsfrist** bestimmt sich im Falle einer Anfechtung nach § 123 nicht nach § 121, sondern nach der Vorschrift des **§ 124**.

II. Die Anfechtung wegen arglistiger Täuschung gem. § 123 I F 1

35 **1. Prüfungsschema**

Bei einer Anfechtung wegen arglistiger Täuschung des Erklärenden ist in folgenden Prüfungsschritten vorzugehen:

Prüfungsschema zur Anfechtung nach § 123 I F 1

I. Täuschungshandlung:

1. Täuschung durch **positives Tun** oder **Unterlassen**.
2. **Widerrechtlichkeit** der Täuschungshandlung.

II. Kausalität zwischen Täuschung und Willenserklärung.

III. Arglist des Täuschenden.

IV. Kein Auschluß der Anfechtung gem. § 123 II.

Die einzelnen Prüfungsschritte werden nachfolgend anhand eines Falles näher dargestellt.

2. Fall 12: „Schlechte Schokolade: Erster Akt"

Sandro Süß beschloß seine schlecht gehende Schokoladenfabrik in Osnabrück zu verkaufen und sich nach Spanien zurückzuziehen. Als Startkapital für sein neues Leben benötigte er DM 900.000,–, wovon ihm die Borg-Bank DM 300.000,– gegen eine entsprechende Bürgschaft als Kredit gewähren wollte.

Süß konnte seinen Konkurrenten Karlo Kandis vom Kauf der Schokoladenfabrik zu DM 600.000,– überzeugen. Gleichzeitig verlangte er auch noch von Kandis, daß dieser sich für ihn bei der Borg-Bank verbürge. Bei der Vorlage der Unternehmenspläne verschwieg er jedoch Umstände, die die wirtschaftlich ruinöse Lage des Unternehmens bloßgestellt hätten.

Nach längerem Zögern erklärte sich Kandis schließlich bereit, eine Bürgschaft in Höhe von DM 300.000,– zu übernehmen und unterschrieb daher ein entsprechendes Bürgschaftsformular der Bank, das ihm Süß vorgelegt hatte.

Nachdem Süß sein Geld erhalten hatte, verschwand er auf „nimmer Wiedersehen" nach Spanien. Als die Borg-Bank davon erfuhr, verlangte sie am Fälligkeitstag von Kandis Zahlung. Dieser wollte hiervon nichts wissen, weil er beim Firmenkauf „hinters Licht" geführt worden sei und deshalb die Anfechtung erkläre.

Ist die Zahlungsforderung der Borg-Bank gegen Kandis berechtigt?

Hinweis: Zur Lösung des Falles ist die Prüfung eines Anspruchs aus Bürgschaft gem. § 765 erforderlich. Hier müssen Sie insoweit nur das Prüfungsschema kennen. Näheres zur Bürgschaft und zu den anderen Kreditsicherungsmitteln im Band Sachenrecht III – Kreditsicherungsrecht.

Prüfung eines Anspruchs gem. § 765

I. Entstanden:

1. Einigung i.S.v. § 765 (ggf. Abgrenzung zu anderen persönlichen Sicherheiten).
2. Keine Wirksamkeitshindernisse, insbesondere § 766 (i.V.m. § 125) beachten.
3. Bestand der gesicherten Forderung (vgl. § 767).

II. Nicht erloschen gem. §§ 767, 776 oder 777.

III. Keine Einreden:

1. eigene Einreden,
2. Bürgeneinreden (§§ 768, 770, 771).

(A) Anspruch der B gegen K auf Zahlung von DM 300.000,– gem. § 765 I:

(I) Anspruch entstanden:

(1) K und B haben sich über die Bestellung einer Bürgschaft i.H.v. DM 300.000,– **geeinigt**.

(Im Band Sachenrecht III – Kreditsicherungsrecht wird die Bürgschaft von anderen Personalsicherheiten genau abgegrenzt.)

(2) Keine **Wirksamkeitshindernisse**:

(a) Das **Schriftformerfordernis des § 766** für die Erklärung des Bürgen wurde hier gewahrt.

(b) Fraglich ist, ob die Bürgschaft im Fall einer arglistigen Täuschung nicht schon **gem. § 138 I sittenwidrig** ist. Nach ganz h. M. ist jedoch § 123 gegenüber § 138 *lex specialis*. § 138 kann nur dann herangezogen werden, wenn weitere Umstände als die unzulässige Willensbeeinflussung hinzukommen (BGH NJW 1988, 2601; Pal. § 138 Rn. 15; vgl. auch unten § 16 Rn. 46).

Argumente:

- ❑ Das Anfechtungsrecht gem. § 123 wäre überflüssig, wenn die Willenserklärung schon gem. § 138 nichtig wäre.
- ❑ Der Getäuschte soll ein Wahlrecht haben, ob er die Erklärung gelten lassen will oder nicht.

Somit ist die Bürgschaft nicht gem. § 138 I nichtig.

(3) Die Bürgschaft ist ein akzessorisches Sicherungsmittel (vgl. § 767), d. h. sie ist abhängig vom **Bestand und Umfang der gesicherten Hauptforderung.**

Die Hauptforderung ist die *Darlehensforderung der B gegen S* in Höhe von DM 300.000,– gem. § 607. Anhaltspunkte für Wirksamkeitshindernisse bestehen insoweit nicht.

Somit ist eine wirksame Bürgschaft bestellt worden und der Anspruch aus § 765 I i. H. v. DM 300.000,– entstanden.

(II) Erloschen:

Der Anspruch der B gegen K aus § 765 könnte jedoch **durch Anfechtung des K gem. § 142 I** rückwirkend erloschen sein:

(1) Die §§ 119 ff. sind **anwendbar** und die Anfechtung ist **zulässig.**

(2) **Anfechtungsgrund:**

a) Ein **Inhaltsirrtum iSv. § 119 I F 1** liegt nicht vor, da sich K allenfalls über die wirtschaftliche Situation des Unternehmens geirrt hat. Diese ist jedoch ein *bloßes Motiv* für die Bürgschaftserklärung und gehört nicht zum Inhalt der Willenserklärung.

b) Denkbar wäre ein **Eigenschaftsirrtum des K gem. § 119 II**, da K über die Ertragsfähigkeit des Unternehmens irrte.

(aa) Die wirtschaftliche Situation des Unternehmens bzw. dessen Ertragsfähigkeit können zwar zu den Eigenschaften des Unternehmens gehören, doch wird hier die *Bürgschaftserklärung* und *nicht der Unternehmenskauf* angefochten.

(bb) Die wirtschaftliche Situation der Schokoladenfabrik ist nicht Gegenstand des Bürgschaftsvertrages und kann daher nicht zur Anfechtung der Bürgschaftserklärung gem. § 119 II herangezogen werden. Wäre eine solche Erstreckung auch auf den Bürgschaftsvertrag möglich, würde letztlich die *Bürgschaft ihren Sinn verlieren*, nämlich dem Gläubiger gerade das Risiko einer Zahlungsunfähigkeit des Hauptschuldners abzunehmen (BGH NJW 1965, 438; MüKo § 119 Rn. 111).

Eine Anfechtung der Bürgschaftserklärung gem. § 119 II wegen Irrtums über die Ertragsfähigkeit des Unternehmens ist somit nicht möglich.

(c) Anfechtung gem. **§ 123 I F 1 wegen arglistiger Täuschung** durch S:

aa) **Täuschungshandlung:** 36

Die Täuschung kann durch **aktives Tun** (Vorspiegelung oder Entstellung von Tatsachen) oder durch **Unterlassen** (Verschweigen von Tatsachen) erfolgen. Da S die wahre wirtschaftliche Situation des Unternehmens und damit mittelbar seine eigene Zahlungsunfähigkeit dem K gegenüber verschwiegen hat, könnte eine arglistige Täuschung durch Unterlassen vorliegen.

❑ Voraussetzung für eine Täuschung durch Unterlassen ist eine **Rechtspflicht zur Aufklärung.** Diese liegt *gem. § 242* vor, wenn der andere Teil nach *Treu und Glauben redlicherweise* eine Aufklärung *erwarten* durfte. Grundsätzlich ist es allerdings Sache jeder Partei, ihre eigenen Interessen selbst wahrzunehmen, daher besteht keine allgemeine Pflicht, alle Umstände zu offenbaren, die für die Entscheidung des anderen Teils von Bedeutung sein können (BGH MDR 1995, 31; Pal. § 123 Rn. 5). Eine Aufklärungspflicht besteht jedoch ausnahmsweise vor allem in folgenden Fallgruppen:

- **Ausdrückliche Fragen** des anderen Teils müssen vollständig und richtig beantwortet werden.
- **Umstände von offensichtlich ausschlaggebender Bedeutung,** insbesondere solche, die den Vertragszweck vereiteln oder erheblich gefährden könnten (z. B. Schadens-

umfang nach Unfall des verkauften Pkw, OLG Köln VersR 1994, 111; Mangelhaftigkeit des Bads und der Heizung einer verkauften Wohnung, BGH MDR 1995, 31).

- Bei einer **durch besonderes Vertrauen geprägten Beziehung** der Parteien (z. B. familiäre oder persönliche Verbundenheit, BGH NJW 1992, 302; dauernde Geschäftsbeziehung, BGH LM Nr. 52).

❑ **Hier** war die wirtschaftliche Situation des Unternehmens für den Bürgen K von wesentlicher Bedeutung, da diese zur Wertermittlung erheblich ist. S als Unternehmer mußte dies auch **erkennen**. Folglich war S zur Auskunftserteilung verpflichtet. Somit liegt eine Täuschung durch Unterlassen vor.

37 ❑ Die Täuschung muß **widerrechtlich** sein. Dieses an sich nur für die Drohung normierte Merkmal gilt nach ganz h. M. **auch für die Täuschung**, da der Gesetzgeber davon ausging, daß eine Täuschung *selbstverständlich* immer (ipso facto) rechtswidrig sei und daher auf eine entsprechende Regelung verzichtet hat. Die Rechtswidrigkeit wird somit durch die Täuschung indiziert.

Ausnahmsweise kann die Täuschung jedoch infolge eines **Rechtfertigungsgrundes** gerechtfertigt sein. So besteht im Falle einer unzulässigen Frage ein sog. „Recht zur Lüge" (das insbesondere im Arbeitsrecht beim Fragerecht des Arbeitgebers von Bedeutung ist, Pal. § 123 Rn. 10; Näheres dazu im Band Arbeitsrecht).

Hier ist mangels Rechtfertigungsgrundes von der Rechtswidrigkeit der Täuschung auszugehen.

Somit liegt eine widerrechtliche Täuschung durch S vor.

38 (bb) Die Täuschung muß für die Abgabe der Willenserklärung **kausal** gewesen sein („... durch arglistige Täuschung zur Abgabe ... bestimmt ...", § 123 I).

❑ Für die Kausalität reicht aus, daß der Getäuschte die Willenserklärung **nicht, nicht mit diesem Inhalt** oder **nicht zu diesem Zeitpunkt** abgegeben hätte, wobei es genügt, daß die Täuschung mitursächlich war (MüKo § 123 Rn. 9; Pal. § 123 Rn. 24).

❑ **Hier** hätte sich K bei Kenntnis der wahren wirtschaftlichen Lage des Unternehmens nicht für S verbürgt.

39 (cc) **Arglist** i.S.v. § 123 I bedeutet Vorsatz, wobei bedingter Vorsatz ausreichend ist. Eine Schädigungs- oder Bereicherungsabsicht ist hierbei nicht erforderlich (MüKo § 123 Rn. 5).

- *Vorsatz* ist gegeben, wenn der Handelnde weiß, daß der andere seine Willenserklärung ohne die Täuschung nicht abgegeben hätte. *Bedingter Vorsatz* liegt vor, wenn der Handelnde, obwohl er mit der möglichen Unrichtigkeit seiner Angaben rechnet, „ins Blaue hinein“ unrichtige Behauptungen aufstellt (wenn z. B. ein Kfz-Händler ohne entsprechende Nachforschungen behauptet, der Wagen sei mangelfrei; Pal. § 123 Rn. 11).
- Hier handelte S arglistig, da ihm bewußt war, daß K die Bürgschaftserklärung sonst so nicht abgegeben hätte.

(dd) **Ausschluß der Anfechtung gem. § 123 II:** 40

Die Anfechtung wäre gem. § 123 II ausgeschlossen, wenn S als Täuschender **Dritter i.S.v. § 123 II** wäre und die Anfechtungsgegnerin B die Täuschung des S weder kannte, noch (infolge von leichter Fahrlässigkeit; vgl. § 122 II) kennen mußte.

- Dritter i.S.v. § 123 II ist nur **der am Geschäft Unbeteiligte**, nicht aber, wer auf Seiten des Erklärungsempfängers steht und maßgeblich am Zustandekommen des Vertrages mitgewirkt hat, so daß *sein Verhalten dem des Erklärungsempfängers gleichzusetzen* ist (Pal. § 123 Rn. 13; BGH NJW 1996, 1051).

  Somit ist nach h. M. **kein Dritter**:
  - der **Vertreter** (auch wenn er seine Vollmacht überschritten hat und der vollmachtslose Vertreter, wenn die Partei den Vertragsschluß genehmigt; RGZ 101, 98; BGH WM 1979, 237);
  - der **Verhandlungsgehilfe**, dessen Mitwirkung sich der Erklärungsempfänger nach dem Rechtsgedanken des § 278 zurechnen lassen muß (BGH NJW 1962, 2195; BGH NJW 1989, 2880);
  - **Vertrauenspersonen** des Erklärungsempfängers (BGHZ 47, 228; BGH NJW 1962, 1907).

  Merkhilfe: *3 × „VER“ (Vertreter, Verhandlungsgehilfe, Vertrauensperson).*

  Dritter i.S.v. § 123 II **ist hingegen** (BGH NJW 1996, 1051):
  - wer einen Vertragsabschluß **lediglich vermittelt**, z. B. als Makler. Dessen Täuschungshandlung muß sich der Erklärungsempfänger also nur bei Kenntnis oder Kennenmüssen zurechnen lassen.
  - wer **aus eigenem Antrieb einen Vertragsabschluß anbahnt**. Die Eigenschaft als Dritter geht auch dann nicht

verloren, wenn der Vertrag später zustande kommt. Etwas anderes kann allenfalls dann gelten (= kein Dritter), wenn der Erklärungsempfänger das Auftreten als Verhandlungsgehilfe nachträglich billigt.

- ❑ Im **vorliegenden Fall** gilt demnach:
  - S war *kein Vertreter* der B, er könnte jedoch ihr **Verhandlungsgehilfe** gewesen sein. Dazu müßte die B den S allerdings zur Führung von Verhandlungen i.S.d. §§ 662 ff. beauftragt haben.
    Aus der Tatsache allein, daß sich S und nicht die B wegen der Abgabe einer Bürgschaftserklärung an K gewandt hat, kann nicht geschlossen werden, daß S von der Bank mit den Verhandlungen beauftragt worden ist. Daß die Bank die Bürgschaftsurkunde entworfen und den Anstoß für die Verhandlungen mit dem Bürgen gegeben hat, macht den Schuldner S noch nicht zu einem Verhandlungsgehilfen der Bank. Vielmehr wurde S *im eigenen Interesse* tätig, da er die Bürgschaft nicht für die B, sondern für sich wegen seiner fehlenden Kreditwürdigkeit benötigte (BGH BB 1992, 1456; BGH NJW-RR 1992, 1006; Pal. § 123 Rn. 14).
  - S war auch *keine Vertrauensperson* der B. Gerade weil die B als Gläubigerin kein Vertrauen in die Kreditwürdigkeit des S hatte, wollte sie ja eine Bürgschaft (vgl. MüKo § 123 Rn. 19; Schubert AcP 168, 497; Med. Rn. 149).

  S war somit Dritter i.S.v. § 123 II, da er weder Vertreter noch Verhandlungsgehilfe noch Vertrauensperson der B war.

- ❑ K könnte somit nur dann anfechten, wenn B die von S verübte Täuschung **kannte oder kennen mußte**. Selbst wenn die Bank die schwierige wirtschaftliche Lage von S gekannt hätte, mußte diese noch nicht von einer Täuschung des Kreditnehmers ausgehen. Andere Indizien, die eine Nachforschungspflicht der B begründen können, liegen nicht vor. Somit kannte die B die Täuschung nicht und mußte sie auch nicht kennen.

Folglich ist eine Anfechtung gem. § 123 II ausgeschlossen. Der Zahlungsanspruch der B gegen K aus § 765 ist nicht gem. § 142 I erloschen.

(III) Einreden:

(1) **Eigene Einreden** des K und **Einreden i.S.d. §§ 768, 770** liegen nicht vor.

(2) In Betracht kommt die **Einrede der Vorausklage iSd. § 771**, da K sich

nicht selbstschuldnerisch i.S.v. § 773 I Nr. 1 verbürgt hat. Wegen der Kaufmannseigenschaft von K ist aber diese Einrede gem. § 349 HGB ausgeschlossen (Normen bitte nachlesen).

(3) **Einrede gem. § 853 i.V.m. § 823 II i.V.m. § 263 StGB und § 826:** **41**

(a) Grundsätzlich hat der Getäuschte neben der Möglichkeit der Anfechtung gem. § 123 auch noch einen **deliktischen Schadensersatzanspruch** wegen Betrugs gem. § 823 II i.V.m. § 263 StGB und gem. § 826. Damit kann er entweder im Wege der Naturalrestitution gem. § 249 S. 1 Befreiung von seiner Verbindlichkeit verlangen oder er kann den Deliktsanspruch gem. § 853 als Einrede entgegen halten (auch nach Ablauf der Frist des § 124 !).

(b) **Hier** hat jedoch nicht die B getäuscht, sondern S. Da S kein Verrichtungsgehilfe der Bank ist, kommt somit auch keine deliktische Haftung für dessen unerlaubte Handlung nach § 831 i.V.m. §§ 823 II, 826 in Betracht.

K hat somit keine Einrede gem. § 853 i.V.m. §§ 823 ff.

(4) **Einrede aus c.i.c.:**

(a) Grundsätzlich steht dem Getäuschten neben § 123 auch ein **Schadensersatzanspruch aus c.i.c.** zu. Auch dieser Anspruch richtet sich gem. § 249 S. 1 auf Rückgängigmachung des Vertrages und kann als Einrede geltend gemacht werden.

(b) **Hier** besteht jedoch keine Haftung der B nach den Grundsätzen der c.i.c., da sie weder selber getäuscht hat, noch sich die Täuschung des S gem. § 278 zurechnen lassen muß.

Somit bestehen keine Einreden gegen den Anspruch der B aus § 765 I.

(B) Ergebnis: B kann von K Zahlung von DM 300.000,– gem. § 765 I verlangen.

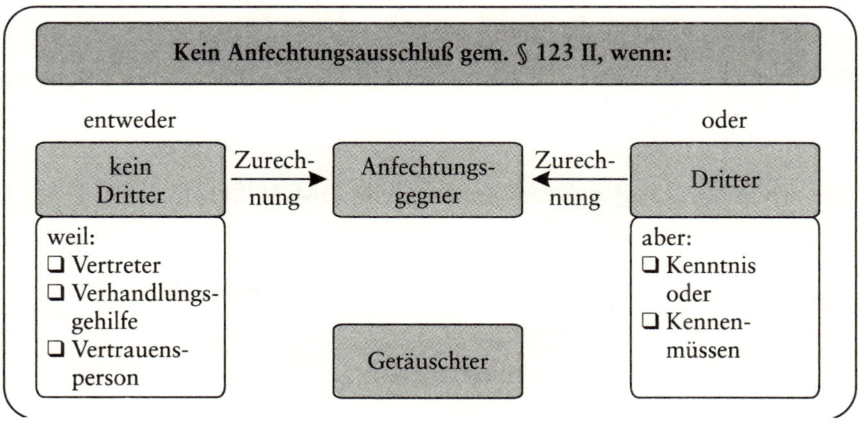

III. Die Anfechtung wegen widerrechtlicher Drohung gem. § 123 I F 2

1. Prüfungsschema 42

Bei der Prüfung des Anfechtungsgrundes nach § 123 I F 2 empfiehlt sich folgende Prüfungsfolge:

Prüfungsschema zur Anfechtung nach § 123 I F 2

I. **Drohung**

II. **Kausalität zwischen Drohung und Willenserklärung.**

III. **Widerrechtlichkeit:**

1. des **Mittels,**
2. des **Zwecks** oder
3. der **Zweck-Mittel-Relation.**

Die einzelnen Prüfungspunkte veranschaulicht Ihnen der nachfolgende Fall:

2. Fall 13: „Schlechte Schokolade: Zweiter Akt“

Für seinen Start in Spanien benötigte Sandro Süß noch weitere DM 200.000,–, die ihm diesmal die Bonzen-Bank – ebenfalls für eine Bürgschaft in gleicher Höhe – gewähren wollte. Sandro wandte sich daraufhin an Gustav Gauner, der mit „schmutzigen Geschäften“ viel Geld gemacht hatte, und der ihm (so meinte er) sicher helfen werde. Als Gauner sich weigerte, die besagte Bürgschaft zu übernehmen, drohte Sandro, ihn wegen seiner dunklen Geschäfte, insbesondere wegen fortgesetzter Hehlerei anzuzeigen. Daraufhin unterschieb Gauner widerwillig die Bürgschaftserklärung für die Bonzen-Bank.

Bei Fälligkeit des Darlehens wandte sich die Bonzen-Bank an den Gauner und bittete ihn aus der Bürgschaft zur Kasse. Dieser erklärte jedoch die Anfechtung, da Sandro ihm „das Messer auf die Brust gesetzt habe“.

Die Bonzen-Bank will hiervon nichts wissen und verlangt dennoch Zahlung i. H. v. DM 200.000,–. Zu Recht?

(A) Anspruch der B gegen G auf Zahlung von DM 200.000,– gem. § 765 I:

(I) Entstanden:

(1) B und G haben sich über den Abschluß eines Bürgschaftsvertrages i. S. v. § 765 **geeinigt.**

(2) **Keine Wirksamkeitshindernisse:**

(a) Der Vertrag ist nicht nach **§ 125 S. 1 i.V.m. § 766 nichtig**, da die Schriftform gewahrt wurde.

(b) Es liegt auch **kein Scheingeschäft i.S.v. § 117 I** vor, da die Bürgschaftserklärung nicht einverständlich nur zum Schein abgegeben worden ist. Vielmehr war die Erklärung und deren Rechtsfolgen *tatsächlich gewollt*, auch wenn sie unter Druck abgegeben wurde.

(3) In Höhe von DM 200.000,– bestand eine wirksame **Hauptforderung** aus § 607 I, so daß der Anspruch der B i. H. v. DM 200.000,– entstanden ist.

(II) Erloschen:

Der Bürgschaftsanspruch könnte durch **Anfechtung gem. § 142 I** erloschen sein.

(1) Die **Anwendbarkeit** der §§ 119 ff. sowie die **Zulässigkeit** der Anfechtung sind gegeben.

(2) Als **Anfechtungsgrund** könnte § 123 I F 2 (widerrechtliche Drohung) in 43
Betracht kommen.

(a) **Drohung** ist das **Inaussichtstellen eines empfindlichen Übels**, das vorgeblich vom Willen des Drohenden **abhängig** ist (MüKo § 123 Rn. 33).

- Als **„Übel"** kommt jeder Nachteil für den Bedrohten oder einer ihm nahestehenden Person in Betracht, sofern er den Bedrohten in eine Zwangslage versetzt (dies folgt aus § 124 II). Keine Drohung besteht bei Anwendung unmittelbarer Gewalt (vis absoluta), da dann schon tatbestandsmäßig keine Willenserklärung vorliegt. Entscheidend ist also die *psychische Zwangslage* (vis compulsiva; vgl. BGH DB 1975, 2075; Pal. § 123 Rn. 15).
- **Hier** hat S dem G durch die Androhung der Strafanzeige wegen fortgesetzter Hehlerei ein für ihn empfindliches Übel in Aussicht gestellt und ihn somit in eine psychische Zwangslage versetzt.

(b) Die Drohung muß **kausal** für die Abgabe der Bürgschaftserklärung sein („ ... zur Abgabe ... bestimmt."). Hätte S nicht gedroht, hätte G auch nicht die Bürgschaftserklärung abgegeben.

(c) Fraglich ist, ob diese Drohung auch **widerrechtlich** war. Die Wider- 44
rechtlichkeit kann sich aus dem *angedrohten Mittel*, aus dem *erstrebten Zweck* oder aus der *Zweck-Mittel-Relation* ergeben (BGHZ 25, 217; Pal. § 123 Rn. 19):

- **Widerrechtlichkeit des Mittels** liegt vor, wenn mit einem rechtswidrigen Verhalten gedroht wird (so z. B. bei Drohung mit einer strafbaren Handlung wie Freiheitsberaubung oder Körperverletzung). Hier ist jedoch die Strafanzeige wegen Hehlerei selbst kein widerrechtliches Mittel.

- **Widerrechtlichkeit des Zwecks** liegt nach h. M. vor, wenn der erstrebte Erfolg rechtswidrig ist, d. h. verboten oder sittenwidrig ist (Pal. § 123 Rn. 20). Hier ist die Abgabe der Bürgschaftserklärung nicht rechtswidrig.
- Die Widerrechtlichkeit kann sich aber aus der sog. **Zweck-Mittel-Relation** ergeben, wenn zwischen Zweck und Mittel kein innerer Zusammenhang besteht (MüKo § 123 Rn. 35; Pal. § 123 Rn. 19 ff.). Dieser innere Zusammenhang wäre etwa dann zu bejahen, wenn der Drohende vom Straftäter durch die Drohung mit einer Anzeige nur die Wiedergutmachung des Schadens verlangen würde. Vorliegend fehlt es an einem derartigen inneren Zusammenhang; die Drohung ist damit widerrechtlich.

45 (d) Ein **Ausschluß der Anfechtung** gem. § 123 II liegt nicht vor, da diese Vorschrift im Falle einer Anfechtung wegen widerrechtlicher Drohung nicht gilt.

(3) G hat die Anfechtung gegenüber dem **Anfechtungsgegner** B gem. § 143 I **erklärt.**

(4) Die **Anfechtungsfrist** des § 124 wurde gewahrt.

(5) **Rechtsfolge:** Der Anspruch der B gegen G aus § 765 I ist durch Anfechtung gem. § 142 I rückwirkend (ex tunc) erloschen.

(B) Ergebnis: Aufgrund wirksamer Anfechtung besteht kein Anspruch der B gegen G aus § 765 I.

IV. Das Verhältnis von § 123 zu konkurrierenden Ansprüchen

46 1. Das Verhältnis zu § 138

§ 123 hat gegenüber § 138 **Vorrang.** Dies bedeutet folgendes: Ist das Rechtsgeschäft durch arglistige Täuschung oder widerrechtliche Drohung zustandegekommen, so ist es nicht nach § 138 sittenwidrig, sondern kann nur nach § 123 angefochten werden. **§ 138** kann also **nur dann** herangezogen werden, **wenn weitere Umstände als** die **unzulässige Willensbeeinflußung** hinzukommen (BGH NJW 1988, 2601; Pal. § 138 Rn. 15).

Beispiel: G gewährt dem N ein Darlehen zu einem Zinssatz von 17 %. Der marktübliche Zinssatz liegt zur Zeit des Vertragsschlusses bei 8 %. Gleichzeitig täuscht er N auch noch arglistig über die Höhe des marktüblichen Zinssatz indem er behauptet, dieser läge bei 10 %. Hier kann N den Vertrag zum einen wegen arglistiger Täuschung anfechten. Daneben ist der Vertrag auch nach § 138 I nichtig, da neben der Täuschung auch noch der Zinssatz wucherisch überhöht ist: Der Vertragszins übersteigt den marktüblichen Effektivzins um mehr als 100 %, so daß ein Verstoß gegen die guten Sitten gem. § 138 I vorliegt (Näheres hierzu oben § 11 Rn. 6).

2. Das Verhältnis zu § 823 II i.V.m. §§ 240, 263 StGB; § 826 47

Neben einer Anfechtungsmöglichkeit nach § 123 steht dem Getäuschten (Bedrohten) regelmäßig auch ein **Schadensersatzanspruch aus § 826 bzw. § 823 II i.V.m. §§ 240, 263 StGB** zu (Pal. § 123 Rn. 26).

a) Nach dem **Grundsatz der Naturalrestitution aus § 249 S. 1** ist der Getäuschte (Bedrohte) so zu stellen, wie er ohne das schädigende Ereignis (die Täuschung/Drohung) stehen würde. Ohne die Täuschung bzw. Drohung hätte er die Willenserklärung nicht abgegeben und somit den Vertrag nicht geschlossen. Er kann somit **Befreiung von der Vertragspflicht** verlangen (MüKo § 123 Rn. 30).

b) Der Schadensersatzanspruch aus unerlaubter Handlung kann **gem. § 853 auch einredeweise** dem Erfüllungsanspruch des Geschäftspartners aus dem auf der Grundlage einer Täuschung bzw. Drohung zustandegekommenen Vertrag entgegengehalten werden. Diese Einrede besteht **auch dann, wenn** die **Anfechtungsfrist nach § 124** bereit **abgelaufen** bzw. der **Schadensersatzanspruch gem. § 852 bereits verjährt** ist (Pal. § 123 Rn. 26).

3. Das Verhältnis zur c.i.c. 48

Eine arglistige Täuschung bzw. widerrechtliche Drohung begründet **i. d. R. zugleich** eine Schadensersatzhaftung nach der Grundsätzen der **c.i.c.** Nach dem Grundsatz der Naturalrestitution kann der Getäuschte (Bedrohte) hiernach die Rückgängigmachung des Vertrages verlangen. Dieser Anspruch besteht **auch dann, wenn** das **Anfechtungsrecht** bereits gem. § 124 verjährt ist. Der Ablauf der Frist des § 124 schließt nämlich nach h. M. nur die Rechte aus § 123, nicht jedoch sonstige Ansprüche des Getäuschten (Bedrohten) aus (BGH NJW 1979, 1984; Pal. §123 Rn. 27; Staud. § 123 Rn. 47).

Hinweis: Da für einen Schadensersatzanspruch aus c.i.c. die bloß fahrlässige Verletzung der vorvertraglichen Pflicht genügt, kommt ein Anspruch auf Rückgängigmachung des Vertrages aus **c.i.c.** nach h. M. **auch dann** in Betracht, **wenn** der Vertragsschluß auf eine **bloß fahrlässige Täuschung** gegründet ist (BGH NJW 1969, 1625; Pal. § 123 Rn. 27).

4. Das Verhältnis zu den §§ 459 ff. 49

Die **§§ 459 ff. schließen** eine Anfechtung nach **§ 123 nicht aus.** Zum einen wäre es mit der Schutzbedürftigkeit des Getäuschten (Bedrohten) nicht vereinbar, ihm die Rechte aus § 123 zu verwähren und zum anderen bedeutet die Möglichkeit der Arglistanfechtung für den Verkäufer keine zusätzliche Belastung (BGH NJW 1958, 177; Pal. § 123 Rn. 29; Köhler JA 1982, 158; anders jedoch im Fall des § 119 II, der von den §§ 459 ff. verdrängt wird).

Beachte: Der Getäuschte (Bedrohte) kann somit bei Mangelhaftigkeit der Kaufsache wählen, ob er die Rechte nach den §§ 459 ff. geltend macht oder den Kaufvertrag gem. § 123 anficht. Hat er die Anfechtung bereits erklärt und ist der Kaufvertrag somit erloschen, so ist ein Übergang auf die Rechte nach den §§ 459 ff. nicht mehr möglich, da hierzu ein wirksamer Kaufvertrag vorliegen müßte.

50 **5. Das Verhältnis zu § 119**

Ist **neben** einer arglistigen Täuschung bzw. widerrechtlichen Drohung gleichzeitig ein **Irrtum nach den §§ 119, 120** gegeben, so kann der Getäuschte (Bedrohte) **wählen,** welches Anfechtungsrecht er ausübt (Pal. § 123 Rn. 28).

Verhältnis von § 123 zu konkurrierenden Ansprüchen	
Im Verhältnis zu:	gilt nach hM:
§ 138	§ 123 ist vorrangige Spezialregelung
§ 823 II i.V.m. §§ 240, 263 StGB	§ 123 ist nicht vorrangig
c.i.c.	sie ist neben § 123 anwendbar
§§ 459 ff.	Wahlrecht zur Anfechtung gem § 123
§ 119	Wahlrecht neben § 123

§ 17. Die Anfechtungserklärung gegenüber dem Anfechtungsgegner

Gem. § 143 muß die Anfechtung vom **Anfechtungberechtigten** gegenüber dem **Anfechtungsgegner** wirksam **erklärt** werden.

Vornahme der Anfechtung gem § 143:
① Anfechtungs**erklärung**
② durch den Anfechtungs**berechtigten**
③ gegenüber dem richtigen Anfechtungs**gegner**

A. Die Anfechtungserklärung 1

I. Die Anfechtung erfolgt gem. § 143 I durch **rechtsgestaltende, empfangsbedürftige** Willenserklärung, die **formlos** erfolgen kann. Sie ist als Gestaltungsrecht **bedingungsfeindlich** (Pal. § 123 Rn. 2; Staud. § 143 Rn. 3).

II. Die Anfechtungserklärung muß nicht das Wort „anfechten" beinhalten. Sie muß jedoch **unzweideutig** erkennen lassen, daß der Erklärende die Willenserklärung **wegen eines Willensmangels rückwirkend nicht gelten lassen will** (BGH NJW-RR 1995, 859; Pal. § 143 Rn. 3).

B. Der Anfechtungsberechtigte 2

Zur Anfechtung ist grundsätzlich derjenige berechtigt, **der** die **anfechtbare Erklärung abgegeben** hat.

Eine Ausnahme gilt jedoch im Fall einer **Stellvertretung:** Obwohl die Erklärung vom Verteter abgegeben wurde und der Anfechtungsgrund gem. § 166 I grundsätzlich in seiner Person vorliegen muß, muß die **Anfechtung** dennoch **vom Geschäftsherrn erklärt** werden.

Argument: Da die Rechtsfolgen der Erklärung des Vertreters gem. § 164 I 1 unmittelbar den Geschäftsherrn treffen, soll er auch entscheiden dürfen, ob er an dem Geschäft festhalten will oder es nachträglich beseitigen will.

C. Der Anfechtungsgegner 3

§ 143 unterscheidet hinsichtlich der Person, dergegenüber die Anfechtung erklärt werden muß, zwischen 3 verschiedenen Fällen, die sich nach der Art des betroffenen Rechtsgeschäfts richten:

I. Betrifft die anfechtbare Willenserklärung einen **Vertrag**, so muß die Anfechtung gem. § 143 **II** gegenüber dem *Vertragspartner* erklärt werden.

Beispiel: Will der Käufer sein Vertragsangebot wegen eines Erklärungsirrtums nach § 119 I F 2 anfechten, so muß er die Anfechtung gem. § 143 II gegenüber dem Verkäufer erklären.

II. Wird eine **einseitige empfangsberdürftige Willenserklärung** angefochten, so ist gem. § 143 **III** der *Erklärungsempfänger* richtiger Anfechtungsgegner.

Beispiel: Will der Geschäftsherr die gegenüber dem Geschäftsgegner erklärte Außenvollmacht anfechten, so muß er die Anfechtung gem. § 143 III ihm gegenüber erklären.

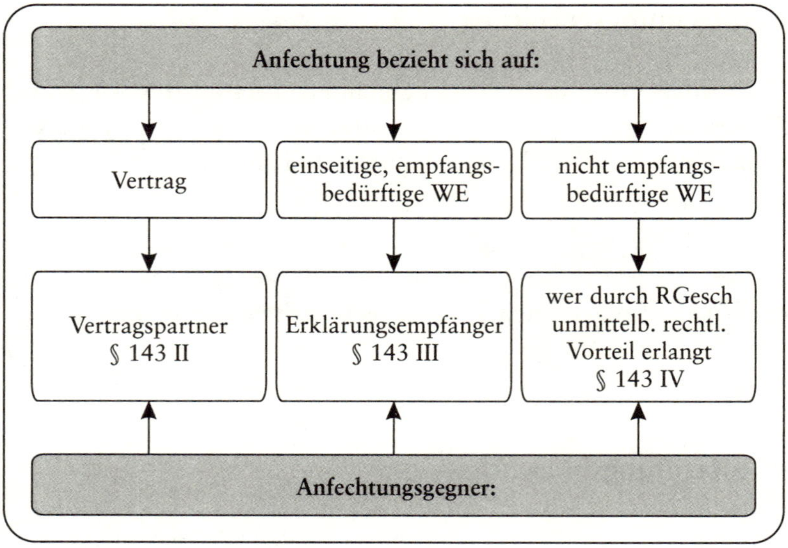

III. Die Anfechtung einer einseitig **nicht empfangsbedürftigen Willenserklärung** (selten!) ist gem. § 143 **IV** gegenüber demjenigen zu erklären, der durch das Rechtsgeschäft **unmittelbar** einen **rechtlichen Vorteil erlangt** hat.

Beispiel: Soll eine Auslobung i.S.v § 657 angefochten werden, so muß die Anfechtung gegenüber demjenigen erklärt werden, der durch seine Handlung die ausgesetzte Belohnung in Anspruch nehmen kann.

§ 18. Die Anfechtungsfrist

Die Anfechtung ist nur dann wirksam, wenn sie **fristgerecht** gegenüber dem Anfechtungsgegner erklärt worden ist. Hierbei unterscheidet der Gesetzgeber hinsichtlich der Fristdauer zwei Fallgruppen:

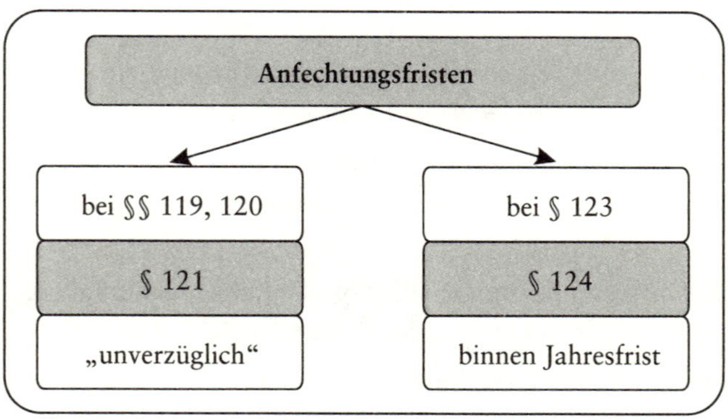

A. Die Anfechtungsfrist nach § 121 1

I. Erfolgt die Anfechtung wegen eines Anfechtungsgrundes **nach den §§ 119, 120,** so bemißt sich die Anfechtungsfrist nach § 121. Hiernach muß die Anfechtung ohne schuldhaftes Zögern, d. h. **unverzüglich**, nachdem der Anfechtugsberechtigte von dem Anfechtunggrund Kenntnis erlangt hat, erklärt werden. Bei der Frist nach § 121 handelt es sich um eine **Ausschlußfrist**, die dazu führt, daß das Anfechtungsrecht mit Fristablauf erlischt (Näheres zur Ausschlußfrist unten § 31 Rn. 3).

Beachte: Die in § 121 enthaltene **Legaldefinition** der Formulierung „unverzüglich" gilt für das gesamte Privatrecht und muß daher immer herangezogen werden, wenn eine Vorschrift in ihren Tatbestandsvoraussetzungen den Begriff „ unverzüglich" beinhaltet (so z. B. in § 377 I, III HGB; Pal. § 121 Rn. 3).

II. Der Begriff „unverzüglich" ist nicht gleichbedeutend mit „sofort", so daß dem Anfechtenden eine **angemessene Überlegungsfrist** einzuräumen ist, in der er gegebenenfalls auch den Rat eines Rechtskundigen einholen kann. Bei der Fristbemessung sind jeweils auch die Interessen des Anfechtungsgegners zu berücksichtigen, wobei i.d.R als Obergrenze eine Frist von 2 Wochen anzusetzen ist (OLG Hamm NJW-RR 1990, 523; Pal. § 121 Rn. 3).

III. Die Anfechtungsfrist nach § 121 **beginnt** mit positiver Kenntnis des Irrtums i. S. v. § 119 bzw. der falschen Übermittlung i. S. v. § 120, wobei ein bloßes Kennenmüssen des Anfechtungsgrundes nicht ausreicht (BGH WM 1973, 751; Pal. § 121 Rn. 2).

IV. Gem. § 121 II ist die Anfechtung auch bei Unkenntnis des Anfechtungsgrundes ausgeschlossen, wenn seit der Abgabe der anfechtbaren Erklärung **30 Jahre verstrichen** sind.

Beispiel: Bemerkt K 30 Jahre nach Abschluß des Kaufvertrages über eine Original- „van de Velde-Vase", daß es sich insoweit um eine sehr gute Fälschung handelt, so ist eine Anfechtung wegen eines Eigenschaftsirrtums nach § 119 II gem. § 121 II ausgeschlossen.

B. Die Anfechtungsfrist nach § 124 2

Erfolgt die Anfechtung wegen einer arglistigen Täuschung oder widerrechtlichen Drohung nach § 123 so bestimmt § 124 abweichend von § 121, daß die Anfechtung **innerhalb eines Jahres** (Berechnung nach den §§ 186 ff.) geltend gemacht werden muß.

I. Bei der Frist nach § 124 handelt es sich um eine *von Amts wegen* zu berücksichtigende **Ausschlußfrist**, die zwar die Anfechtungsmöglichkeit nicht jedoch sonstige Ansprüche des Getäuschten (Bedrohten) – z. B. aus c.i.c. – ausschließt (Pal. § 124 Rn. 1).

II. Die Anfechtungsfrist **beginnt:**

- im Fall einer *arglistigen Täuschung* nach § 123 I F 1 **mit Kenntnis** des Getäuschten vom Irrtum und vom arglistigen Verhalten. Ein bloßer Verdacht reicht hierbei genauso wenig, wie eine auf Fahrlässigkeit beruhende Unkenntnis (BGH WM 1973, 751; MüKo § 124 Rn. 2; Pal. § 124 Rn. 2);
- im Fall einer *widerrechtlichen Drohung* nach § 123 I F 2 mit dem **Aufhören der Zwangslage.** Hierbei ist auf die subjektive Vorstellung des Bedrohten abzustellen, so daß allein maßgeblich ist, ob er sich noch bedroht *fühlt* oder nicht (MüKo § 124 Rn. 2; Pal. § 124 Rn. 2).

III. Wie im Fall des § 121 ist die Anfechtung unabhängig von der Kenntnis der arglistigen Täuschung bzw. dem Aufhören der Zwangslage **ausgeschlossen,** wenn seit der Abgabe der Erklärung *30 Jahre vergangen* sind, § 124 III.

§ 19. Die Rechtsfolgen der Anfechtung

Bei den Rechtsfolgen der Anfechtung unterscheidet man zum einen zwischen den Folgen für das **angefochtene Rechtsgeschäft** und zum anderen zwischen den Folgen für den **Anfechtungsgegner.**

A. Die Folgen für das angefochtene Rechtsgeschäft

1 I. Nichtigkeit des Rechtsgeschäfts

Liegen die Voraussetzungen einer wirksamen Anfechtung vor, so erlischt die angefochtene Willenserklärung **gem. § 142 I mit Rückwirkung** auf den Zeitpunkt der Vornahme (sog. ex-tunc-Wirkung). Ist die Willenserklärung Bestandteil eines Vertrages, so beseitigt die Anfechtung nicht nur die einzelne Erlärung, sondern auch den Vertrag, so daß hieraus keine Ansprüche mehr geltend gemacht werden können. Da die Anfechtung zum Erlöschen des Rechtsgeschäfts führt, stellt sie eine **rechtsvernichtende Einwendung** dar.

Beachte: Wurden auf der Grundlage des anfechtbaren Rechtsgeschäfts bereits Leistungen erbracht, so erfolgt eine **Rückabwicklung nach Bereicherungsrecht** und zwar nach § 812 I 2 F 1.

Beispielsfall: Hat V dem K eine – in seinen Augen – wertlose Imitation einer Barockkommode verkauft und bemerkt er noch vor der Übergabe, daß es sich hierbei um ein Original handelt, so kann er den Vertrag wegen eines Irrtums über die Herkunft des Kaufgegenstandes gem. § 119 II anfechten (§ 119 II ist insoweit nicht von den §§ 459 ff. verdrängt, da der Gefahrenübergang durch Übergabe der Kaufsache an den Käufer noch nicht erfolgt ist). Hat K den Kaufpreis bereits bar an V gezahlt, so kann er den an V geleisteten Besitz sowie das Eigentum an dem Geld gem. § 812 I 2 F 1 wieder herausverlangen. Der rechtliche Grund für diese Vermögensposition (Kaufvertrag) ist nämlich nachträglich infolge wirksamer Anfechtung weggefallen.

2. Bei **vollzogenen Arbeitsvertägen** wirkt die Anfechtung nur ab dem Zeitpunkt der Anfechtungserklärung, d. h. **ex-nunc** (Pal. § 142 Rn. 3; vgl. oben § 15 Rn. 2).

II. Der Umfang der Nichtigkeit 2

1. Grundsätzlich ist das gesamte Rechtsgeschäft vom Willensmangel und somit der Anfechtung betroffen. Ist das Geschäft jedoch teilbar, so kann der Anfechtende die Anfechtung u. U. **auf** diesen **Teil beschränken**, sofern die Wirksamkeit des Restgeschäftes mit dem mutmaßlichen Parteiwillen vereinbar ist, § 139.

Beispiel: K will beim Weinlieferant 2 Kisten seines Lieblingsweines bestellen, kreuzt beim Ausfüllen des Bestellschreibens jedoch versehentlich die Anzahl 20 an. Als der Wein geliefert wird bemerkt er den Irrtum und ficht den Kaufvertrag wegen 15 Kisten an, weil er bemerkt, daß er doch mehr von dem Wein gebrauchen kann.

2. Auch wenn der Anfechtende keine Teilanfechtung erklärt, muß er sich nach Treu und Glauben **an dem festhalten lassen, was** er **wirklich gewollt** hat (Med. BR Rn. 144).

Argument: Die Anfechtungsregeln wollen nur die Korrektur des Willensmangels ermöglichen, jedoch **kein „Reuerecht“** des Anfechtenden begründen.

Beispiel: Im obigen Beispiel muß sich K an dem Kauf von 2 Weinkisten festhalten lassen, auch wenn ihn dieser Kauf im Nachhinein reut.

3. Die Nichtigkeit betrifft **nur das konkret angefochtene Geschäft**. Dies bedeutet 3
folgendes:

a) Der Willensmangel betrifft **grundsätzlich nur** das **schuldrechtliche Verpflichtungsgeschäft,** da sich die Parteien beim Erfüllungsgeschäft regelmäßig keine Gedanken mehr über den Geschäftsgegenstand machen, sondern nur das schuldrechtliche Geschäft vollziehen wollen. Das *Erfüllungsgeschäft* ist in diesen Fällen *wertneutral.* Daher kann grundsätzlich auch nur das Verpflichtungsgeschäft angefochten und rückwirkend beseitigt werden. Die Wirksamkeit des dinglichen **Erfüllungsgeschäfts** bleibt hiervon **nach** dem sog. **Trennung- und Abstraktionsprinzip unberührt** (Pal. Überbl.vor § 104 Rn. 23).

b) Ausnahmsweise ist **auch** das **dingliche Erfüllungsgeschäfts** anfechtbar, wenn Verpflichtungs- und Erfüllungsgeschäft an demselben Willensmangel leiden (sog. **Fehleridentität;** Pal. Überbl. vor § 104 Rn. 23; Musielak Rn. 341; Näheres hierzu im Kapitel 6).

   Beachte: Wird neben dem Verpflichtungsgeschäft auch das Erfüllungsgeschäft angefochten, so ist das für den Anfechtenden u. U. vorteilhafter: Hat der Anfechtende das anfechtbare Verpflichtungsgeschäft bereits erfüllt und ficht er nur das Verpflichtungsgeschäft an, so muß er die übertragene Rechtsposition gem. § 812 I 2 F 1 zurückfordern, um sie zurückzuerwerben. Kann er jedoch auch das Erfüllungsgeschäft durch Anfechtung beseitigen, so fällt die übertragene Rechtsposition automatisch wieder an ihn zurück.

4 **III. Kenntnis bzw. fahrlässige Unkenntnis der Anfechtbarkeit gem. § 142 II**

Die **Anfechtung des Erfüllungsgeschäftes** kann folgende examenstypische *Problematik* nach sich ziehen:

Hat der Anfechtungsgegner **vor** Erklärung der **Anfechtung**, die vom Anfechtenden erworbene Rechtsposition bereits *auf* einen *Dritten übertragen*, so wird diese Verfügung mit Anfechtung rückwirkend zu der eines **Nichtberechtigten.** Hat der Gesetzgeber für diese Verfügung die Möglichkeit eines gutgläubigen Erwerbs vorgesehen (so v. a. für die Übereignung von beweglichen und unbeweglichen Sachen in den §§ 932 ff. und 892; nicht aber für die Übertragung von Forderungen nach §§ 398 ff., da es insoweit an einem Rechtsscheinsträger fehlt), so ist nunmehr zu prüfen, ob der Dritte die Rechtsposition *gutgläubig* vom Nichtberechtigten erworben hat. Hierbei ist *bei* der *Prüfung des guten Glaubens* des Dritten die **Regelung des § 142 II zu beachten:** Danach wird derjenige, der die Anfechtbarkeit kannte oder kennen mußte, nach erfolgter Anfechtung so behandelt, als habe er die Nichtigkeit des Rechtsgeschäfts gekannt oder fahrlässig nicht gekannt.

Beispielsfall: V veräußert ein geerbtes Gemälde an K, wobei dieser ihn arglistig über die Person des bekannten Malers getäuscht hat, so daß V davon ausgeht, es handle sich hierbei um einen wertlosen Gegenstand. K veräußert anschließend das wertvolle Gemälde an D, der von dem „Deal" Kenntnis hat. Einige Wochen später bemerkt V seinen Irrtum und ficht Kaufvertrag und Übereignung gegenüber K an. V fordert nunmehr gem. § 985 Herausgabe seines Eigentums von D. Dieser wendet ein, zwischenzeitlich durch Rechtsgeschäft mit K Eigentümer des Bildes geworden zu sein. Zu Recht?

Der Herausgabeanspruch des V gegen D besteht, wenn V Eigentümer des Bildes ist, D Besitzer des Bildes ist und kein Recht zum Besitz hat.

Ursprünglich war V Eigentümer des Bildes. Er hat sein Eigentum jedoch zunächst durch wirksame Übereignung gem. § 929 an K verloren. K hat seinerseits das Eigentum gem. § 929 an D verloren. Fraglich ist jedoch, welche Auswirkungen insoweit die Anfechtung des V hat: Die wirksame Anfechtung der Übereignung an K bewirkt, daß dieses Rechtsgeschäft gem. §142 I rückwirkend nichtig und K zum Nichtberechtigten wird. Somit konnte D von K nur dann Eigentum erwerben, wenn die Voraussetzungen eines gutgläubigen Erwerbs vom Nichtberechtigten vorliegen. Der Erwerb des Eigentums an einer beweglichen Sache vom Nichtberechtigten richtet sich nach § 932, wenn – wie hier – eine Übergabe nach § 929 stattgefunden hat. Die Gutgläubigkeit des D bemißt sich an sich nach § 932 II, wonach nur die grob fahrlässige

Unkenntnis vom fehlenden Eigentum des Veräußerers schadet. Vorliegend besteht aber die Besonderheit, daß der Veräußerer K zum Zeitpunkt der Übereignung noch Eigentümer war, weil die Anfechtung seitens V zu diesem Zeitpunkt noch nicht erfolgt war. Zur Lösung dieser Problematik ist § 142 II heranzuziehen: Hiernach kommt es für die Frage des Bezugspunkt des guten Glaubens i. S. v. § 932 II nicht auf das fehlende Eigentum des Veräußerers an, sondern auf die Tatsachen, die die Anfechtbarkeit begründen. Der Dritterwerber ist hiernach bösgläubig, wenn er die Anfechtbarkeit des Rechtserwerbs seines Veräußerers zumindest grobfahrlässig nicht gekannt hat. In einem solchen Fall muß er sich nämlich gem. § 142 II so behandeln lassen, als hätte er die Nichtigkeit des Rechtserwerbs der Veräußerers und somit dessen Nichtberechtigung grob fahrlässig nicht gekannt.

Vorliegend hatte D sogar Kenntnis von der Anfechtbarkeit des Rechtserwerbs des K und somit gem. § 142 II auch Kenntnis von der Nichtigkeit der Übereignung V-K. Somit konnte er das Bild mangels guten Glaubens nicht gutgläubig gem. § 932 erwerben. V ist daher infolge der wirksamen Anfechtung rückwirkend Eigentümer des Bildes geworden.

D ist unmittelbarer Besitzer des Gemäldes und hat hierzu kein Recht zum Besitz. Das schuldrechtliche Besitzrecht aus dem Kaufvertrag mit K wirkt gem. § 986 I 1 F 2, S. 2 nicht gegenüber V: Hierzu wäre zum einen ein Besitzrecht des K gegenüber V erforderlich und zum anderen die Berechtigung des K zur Weiterleitung seines Besitzrechtes an D. Hier besteht schon kein Besitzrecht des K, da mit Anfechtung des Kaufvertrages zwischen V und K auch sein schuldrechtliches Besitzrecht gegenüber V entfallen ist.

Somit kann V von D gem. § 985 Herausgabe des Bildes verlangen.

Hinweis: § 142 II ist im Examen immer dann von Bedeutung, wenn eine Vorschrift Gutgläubigkeit einer bestimmten Person voraussetzt. Hierbei sind v. a. die §§ 932, 892, 990, 819 I von Bedeutung. Kommentieren Sie sich daher neben diese Vorschriften- sofern mit ihrer Prüfungsordnung vereinbar- jeweils § 142 II.

B. Die Folgen für den Anfechtungsgegner 5

I. Allgemeines

Gem. § 122 hat der Anfechtungsgegner im Fall einer wirksamen Anfechtung u. U. einen Anspruch auf Schadensersatz. Dieser Vorschrift liegt der Gedanke zugrunde, daß der Erklärende durch seine Erklärung beim Geschäftsgegner *Vertrauen in die Gültigkeit des Geschäfts veranlaßt hat.* Er haftet daher *verschuldensunabhängig* für den Schaden, der dem Geschäftsgegner durch dieses veranlaßte, aber enttäuschte Vertrauen entstanden ist, sog. **Vertrauens- bzw. Veranlassungshaftung** (BGH NJW 1969, 1380; MüKo § 122 Rn. 1 f.; Pal. § 122 Rn. 1).

II. Prüfungsschema

6 Bei der Prüfung dieses Schadensersatzanspruches empfiehlt sich folgende Prüfungsfolge:

Prüfungsschema zu § 122

I. Anwendbarkeit

II. Anspruchsberechtigter

III. Umfang der Ersatzpflicht

IV. Kein Ausschluß nach § 122 II

III. Die Voraussetzungen im Einzelnen

1. Anwendbarkeit

Nach dem klaren Wortlaut des § 122 I findet § 122 nur Anwendung, wenn die Willenserklärung wegen mangelnder Ernstlichkeit gem. § **118** oder wegen Irrtumsanfechtung nach §§ **119, 120** i.V.m. § 142 I nichtig ist. Ficht der Erklärende seine Willenserklärung wegen arglistiger Täuschung oder widerrechtlicher Drohung nach § 123 an, so scheidet eine Ersatzpflicht nach § 122 aus.

2. Anspruchsberechtigter

Da § 122 eine Vertrauenshaftung darstellt, ist nur derjenige ersatzberechtigt, dessen Vertrauen beansprucht und enttäuscht wurde. Dies ist bei einer empfangsbedürftigen Willenserklärung der **Erklärungsgegner** und bei nicht empfangsbedürftigen Willenserklärungen jeder, der wegen seines Vertrauens auf den Bestand der Erklärung **geschädigt** wurde (MüKo § 122 Rn. 7; Pal. § 122 Rn. 3).

7 ### 3. Umfang der Ersatzpflicht

a) Da § 122 einen Ersatz für in Anspruch genommenes, aber enttäuschtes Vertrauen gewähren will, wird nur der sog. **Vertrauensschaden** ersetzt, der sich wie folgt *definieren* läßt (Pal. § 122 Rn. 4; Musielak Rn. 309).

> Wird der **Vertrauensschaden** (= das **negative Interesse**) ersetzt, so ist der Geschädigte so zu stellen, wie er stehen würde, **wenn** er **auf** die **Gültigkeit des Rechtsgeschäfts nicht vertraut hätte**.

Beispiele: Die im Zusammenhang mit dem Rechtsgeschäft entstandenen Kosten, wie Telefon- oder Portokosten, Anfahrts-, Liefer- oder Lagerkosten; die Nachteile die dadurch entstehen, daß ein anderes Angebot im Vertrauen auf den Bestand des Geschäfts mit dem Anfechtenden ausgeschlagen wurde.

b) § 122 bezweckt nur, daß der Geschädigte durch die Anfechtung keinen wirtschaftlichen Nachteil hat. Er soll jedoch durch die Anfechtung *nicht besser gestellt* werden, als er ohne Anfechtung, d. h. bei Fortbestehen des Rechtsgeschäfts stehen würde. Daher sieht § 122 eine Begrenzung der Schadensersatzpflicht auf das sog. **Erfüllunsginteresse** vor („... jedoch nicht über den Betrag des Interesses hinaus, welches der andere ... an der Erfüllung des Vertrages hat.“). Das **Erfüllungsinteresse** läßt sich in folgender Weise *definieren* (Musielak Rn. 310 f.):

Wird das **Erfüllungsinteresse** (= **positive Interesse**) ersetzt, so ist der Geschädigte so zu stellen, **wie er bei ordnungsgemäßer Erfüllung des Vertrages stehen würde.**

Beispielsfall: M möchte seinen Sommerurlaub an der Ostsee verbringen und deshalb bei V eine entsprechende Ferienwohnung für einen Monat zum Preis von DM 1.000,– anmieten. In seinem Angebotsschreiben gibt er als Zeitraum statt Juli versehentlich den Monat Juni an. V antwortet per Telefax zurück, er nehme das Angebot gerne an. Als M Ende Mai seinen Irrtum bemerkt, ficht er sofort gegenüber V wirksam an. V macht nunmehr Schadensersatz i. H. v. DM 1.105,– geltend. Er begründet den Anspruch damit, daß er im Vertrauen auf den Mietvertrag mit M einen anderen Interessenten, der die Wohnung im Juni für DM 1.100,– angemietet hätte, abgewiesen hatte. Zudem wären ihm im Zusammenhang mit dem Vertrag mit M Faxkosten i. H. v. DM 5,– entstanden. Besteht der geltend gemachte Anspruch des V gegen M?

Der Anspruch des V gegen M könnte sich aus § 122 I ergeben: § 122 ist anwendbar, da das Rechtsgeschäft wegen Erklärungsirrtum gem. § 119 I F 2 angefochten wurde und deshalb gem. § 142 I nichtig ist. V ist als Erklärungsgegner anspruchsberechtigt. § 122 ersetzt den sog. Vertrauensschaden, der jedoch durch das Erfüllungsinteresse begrenzt wird. Der Vertrauensschaden des V ist der Schaden, der ihm dadurch entstanden ist, daß er auf die Gültigkeit des Rechtsgeschäfts mit M vertraut hat. Hätte er nicht auf das Geschäft mit M vertraut, so hätte er den Vertrag mit D abgeschlossen und somit DM 1.100,– erhalten. Gleichzeitig wären ihm auch nicht die Faxkosten im Zusammenhang mit dem Vertragsschluß mit M entstanden. Somit beträgt der Vertrauensschaden des V DM 1.105,–. Der Vertrauensschaden kann gem. § 122 I HS 2 jedoch maximal bis zur Höhe des Erfüllungsinteresses geltend gemacht werden. Das Erfüllungsinteresse des V beträgt DM 1.000,–, da er diesen Betrag bei ordnungsgemäßer Erfüllung des angefochtenen Vertrages bekommen hätte. Damit kann V vorliegend nur DM 1.000,– von M verlangen. Der Anspruch ist auch nicht durch § 122 II ausgeschlossen, da V den Grund der Anfechtbarkeit weder kannte noch kennen mußte (Näheres hierzu sogleich).

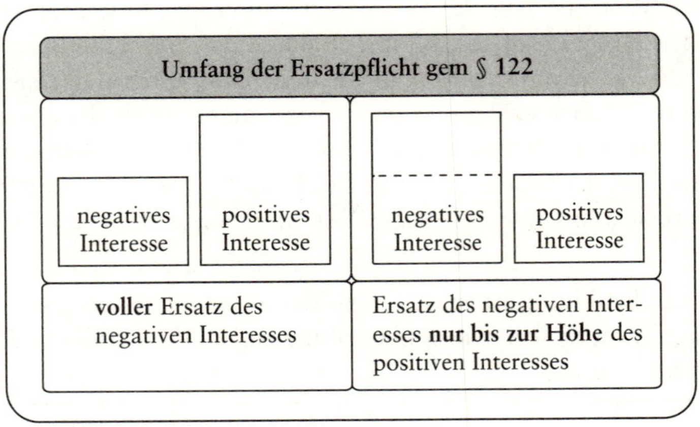

8 **4. Kein Ausschluß der Haftung gem. § 122 II**

a) Gem. § 122 II ist der Schadensersatzanspruch nach § 122 I **ausgeschlossen, wenn** der Anfechtungsgegner den **Anfechtungsgrund kannte bw. kennen mußte.** Dabei wird die Formulierung *„kennen müssen" vom Gesetzgeber definiert* als die infolge von (leichter) Fahrlässigkeit fehlende Kenntnis.

Hinweis: Diese Legaldefinition der Formulierung „kennen müssen" gilt **im gesamten Privatrecht** (Pal. § 122 Rn. 5).

b) § 122 II regelt das **Mitverschulden** abweichend vom Grundsatz des § 254 I. Hierbei führt die Berücksichtigung nicht – wie im Fall des § 254 I – zu einer Anspruchskürzung, sondern zu einem **völligen Ausschluß** der Schadensersatzverpflichtung. Nach h. M. ist die Anwendung des § 254 I neben § 122 II ausgeschlossen, jedoch bleibt die Schadensminderungspflicht nach § 254 II neben § 122 II anwendbar (Pal. § 122 Rn. 5).

c) Hat der Anfechtungsgegner den Nichtigkeits- bzw. Anfechtungsgrund nach den §§ 118-120 **schuldlos mitverursacht**, so ist der Anspruch zwar nicht nach § 122 II ausgeschlossen (da insoweit zumindest leichte Fahrlässigkeit erforderlich wäre), jedoch kann in diesem Fall eine *Anspruchskürzung analog § 254 I* vorgenommen werden (BGH NJW 1969, 1380; Pal. § 122 Rn. 5; Staud. § 122 Rn. 13).

Argument: § 254 enthält den – über die Verschuldenshaftung hinausgehenden – Grundgedanken der **Waffengleichheit** zwischen Schädiger und Geschädigtem.

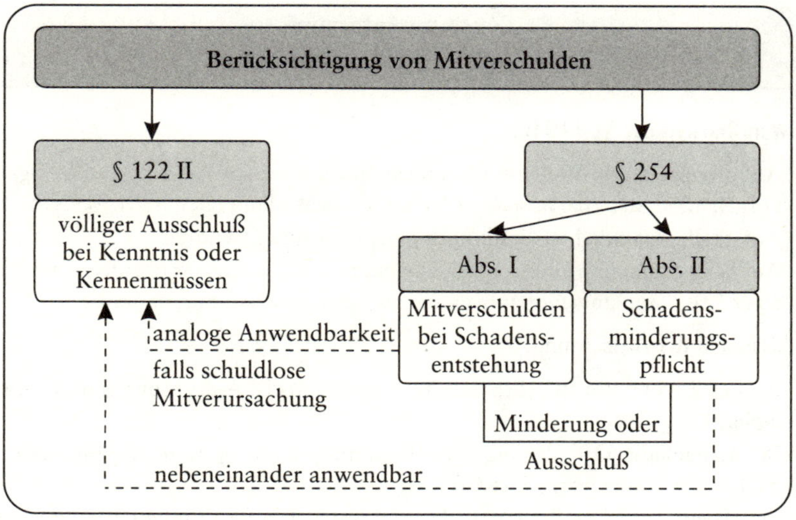

IV. Das Verhältnis von § 122 zur c.i.c. 9

§ 122 stellt keinen besonderen, gesetzlich geregelten Anwendungsfall der c.i.c. dar, sondern hat insoweit **eigenständige Bedeutung**. Somit wird eine Haftung nach den Grundsätzen der c.i.c. durch § 122 *nicht ausgeschlossen*. Da beide Ansprüche unterschiedliche Voraussetzungen und Rechtsfolgen haben, besteht insoweit auch ein Bedarf zu einer Anwendung der c.i.c. neben § 122.

Vergleich der Haftung nach § 122 und nach c.i.c.		
Anspruchsgrundlage	**§ 122**	**c.i.c.**
Voraussetzung	verschuldensunabhängige Haftung	verschuldensabhängige Haftung
Rechtsfolge	negatives Interesse begrenzt durch positives Interesse	negatives Interesse unbegrenzt
Berücksichtigung von Mitverschulden	völliger Ausschluß der Haftung nach § 122 II	Anspruchskürzung nach § 254 I

Zusammenfassung Anfechtungsrecht

A. Anwendbarkeit der §§ 119 ff.:

- ❑ Auf alle Arten von Willenserklärungen anwendbar, sofern keine *Sonderregelungen* vorgehen oder ein *beiderseitiger* Irrtum vorliegt (dann nach h. M. WGG).
- ❑ Auf geschäftsähnliche Handlungen entsprechend anwendbar.
- ❑ Auf Schweigen: unproblematisch anwendbar, wenn echte WE; sofern *nur Wirkung* einer WE, dann anwendbar, wenn Schweigen als Zustimmung wirkt.

B. Zulässigkeit der Anfechtung:

- ❑ Bei Bestätigung des anfechtbaren Rechtsgeschäfts ist Anfechtung gem. § 144 unzulässig.
- ❑ Bei mangelnder Offenlegung einer Vertretung kann Vertreter Eigengeschäft nicht nach § 119 I anfechten, § 164 II.
- ❑ Im Arbeits- und Gesellschaftsrecht grundsätzlich trotz Kündigungsmöglichkeit zulässig.

C. Anfechtungsgründe:

I. Irrtumsanfechtung: *Irrtum* = Auseinanderfallen von objektiv Erklärten und subjektiv Gewollten.

1. Vorab durch **Auslegung** gem. §§ 133, 157 klären, ob Auseinanderfallen von objektiver und subjektiver Ebene und keine *vorrangige* Übereinstimmung auf subjektiver Ebene (so in den Fällen der falsa demonstratio und erkannten Irrung).
2. **Erklärungsirrtum** i. S. v. **§ 119 I F 2,** wenn Fehler in der Erklärungs**handlung** (z. B. versprechen, verschreiben, vergreifen). Unterfall: Botenirrung nach § 120.
3. **Inhaltsirrtum i. S. v. § 119 I F 1,** wenn Irrtum über die Erklärungs**bedeutung.** Wichtigste Fallgruppen: Verlautbarungsirrtum, Identitätsirrtum, Rechtsfolgenirrtum, Kalkulationsirrtum.
4. **Eigenschaftsirrtum i. S. v. § 119 II,** wenn Irrtum über verkehrswesentliche Eigenschaft einer Person oder Sache. Beachte: *§§ 459 ff. speziell,* wenn betreffende Eigenschaft gleichzeitig Sachmängelhaftung begründet.
   - a) **Eigenschaften** = Alle rechtlichen und tatsächlichen Merkmale, die einer Person oder Sache *unmittelbar*, *gegenwärtig* und *für eine gewisse Dauer* anhaften und die für die Wertschätzung von Bedeutung sind.
   - b) **Verkehrswesentlichkeit:** Nach h. M. gegeben, wenn Eigenschaft *objektiv*, nach Verkehrsanschauung für Vertragsschluß ausschlaggebend.

II. Anfechtung wegen Eingriffe in Entschließungsfreiheit:

1. **Anfechtung wegen arglistiger Täuschung gem. § 123 F 1** – Beachte: Ausschluß nach §123 II, wenn Täuschung durch „Dritten“: *Nicht-Dritter* = Vertreter, Verhandlungsgehilfe, Vertrauensperson.

Fortsetzung der Zusammenfassung auf der nächsten Seite

Fortsetzung der Zusammenfassung

2. **Anfechtung wegen widerrechtlicher Drohung gem. § 123 F 1:** Drohung = Inaussichtstellen eines empfindlichen Übels, das vorgeblich vom Willen des Drohenden abhängig ist. Widerrechtlichkeit der Drohung kann sich aus dem *Mittel*, dem *Zweck* und der *Zweck-Mittel-Relation* ergeben.

D. **Anfechtungserklärung gegenüber Anfechtungsgegner** gem. § 143 in der **Frist** des § 121 bzw. § 124.

E. **Rechtsfolgen:**

I. **Rückwirkende Nichtigkeit gem. § 142 I** mit Folge der Rückabwicklung nach §§ 812 ff.

II. **Schadensersatzanspruch des Anfechtungsgegner gem. § 122 I** i.H.d. negativen Interessses *begrenzt* durch positives Interesse – Beachte: *Ausschluß* nach § 122 II.

Kontrollfragen und Übungsfälle

Zu §§ 12 und 13

1. Welche widerstreitenden Interessen mußte der Gesetzgeber bei der Anfechtung von Willenserklärungen berücksichtigen? Wie hat er diesen Konflikt gelöst?
2. Wie prüfen Sie die Anfechtung zweckmäßigerweise?

Zu §§ 14 und 15

1. Erläutern Sie kurz den Anwendungsbereich der Anfechtungsregeln! Können folgende Vorgänge angefochten werden:
   - ❑ Besitzergreifung;
   - ❑ Schweigen auf ein kaufmännisches Bestätigungsschreiben;
   - ❑ Mahnung i.S.v. § 284;
   - ❑ Einwilligung in ärztlichen Eingriff;
   - ❑ Einbringen von Wohnungsgegenständen in Mieträume.
2. Ist in folgenden Fällen die Anfechtung zulässig? Begründen Sie Ihre Antwort bitte!
   - ❑ Käufer K hat den mit V abgeschlossenen Kaufvertrag wirksam gem. § 119 II angefochten. Später erfährt er, daß er von V bei den Verkaufsverhandlungen auch noch arglistig getäuscht wurde und ficht nochmals nach § 123 an.
   - ❑ Arbeitnehmer A, der als Fahrer eingestellt wurde, hat seinen Arbeitgeber X beim Einstellungsgespräch auf ausdrückliche Nachfrage nicht darüber infor-

miert, daß er schon mehrmals wegen Trunkenheit im Verkehr verurteilt wurde. X möchte nun den Arbeitsvertrag anfechten.

- ❑ K hat von V formwirksam ein Mietshaus gekauft. Eine Eintragung im Grundbuch ist noch nicht erfolgt. Später stellt sich heraus, daß V den K arglistig getäuscht hat. K erlangt Kenntnis von der Anfechtbarkeit, führt jedoch die Verwaltung des Hauses trotzdem weiter und erklärt erst nach sechs Monaten die Anfechtung.

Zu § 16

1. Was ist ein Irrtum (Definition)?
2. In welchen Schritten ist das Vorliegen eines Irrtums sinnvollerweise zu ermitteln?
3. Was ist stets vor der Anfechtung einer Willenserklärung zu tun?
4. Erläutern Sie die Begriffe:
   - ❑ erkannte Irrung;
   - ❑ falsa demonstratio.

   Warum ist bei ihrem Vorliegen eine Irrtumsanfechtung nicht möglich?
5. Wann liegt ein Erklärungsirrtum i.S.v. § 119 I F 2 vor?
6. Ist in den Fällen der Unterschrift unter eine nicht gelesene Urkunde eine Anfechtung nach § 119 I F 2 möglich? Unterscheiden Sie bei der Antwort drei denkbare Fallgruppen!
7. A schickt den Boten B los, um dem C ein Verkaufsangebot über einen gebrauchten Drucker i.H.v. DM 200,- zu übermitteln. B findet diesen Preis unangemessen und sagt dem C, A sei bereit, für DM 400,- zu verkaufen. Kann A diese Erklärung anfechten?
8. Wann liegt ein Inhaltsirrtum i.S.v. § 119 I F 1 vor? Wie erfolgt die Abgrenzung zum unbeachtlichen Motivirrtum?
9. Nennen Sie die wichtigsten Erscheinungsformen (Fallgruppen) des Inhaltsirrtums und erläutern Sie diese jeweils knapp!
10. In welchem Fall berechtigt der sog. Rechtsfolgenirrtum zur Anfechtung gem. § 119 I F 1? Berechtigt also der Irrtum über die Bedeutung des Schweigens auf ein kaufmännisches Bestätigungsschreiben zur Anfechtung?
11. Wann berechtigt ein Kalkulationsirrtum zur Anfechtung?
12. Inwieweit ist die Anfechtung wegen eines Eigenschaftsirrtums gem. § 119 II eine Ausnahme zum Grundsatz: Fehler bei der Willensbildung berechtigen nicht zur Anfechtung?
13. Was ist eine Eigenschaft i.S.v. § 119 II?
14. Wann ist eine Eigenschaft verkehrswesentlich?

15. Erläutern Sie das Verhältnis von § 119 II zu den §§ 459 ff.! Wie ist das Konkurrenzverhältnis nach h. M. zu lösen?
16. Wie prüfen Sie:
    - ❑ die Anfechtung wegen arglistiger Täuschung i.S.v. § 123 I F 1;
    - ❑ die Anfechtung wegen widerrechtlicher Drohung i.S.v. § 123 I F 2?
17. Wer ist Dritter i.S.v. § 123 II?
18. Erläutern Sie das Verhältnis der Anfechtung nach § 123 zu folgenden Vorschriften:
    - ❑ § 138;
    - ❑ § 823 II iVm. §§ 240, 263 StBG; § 826;
    - ❑ Ansprüchen aus c.i.c.
    - ❑ §§ 459 ff.;
    - ❑ § 119.

Zu §§ 17 und 18

1. Wann liegt eine Anfechtungserklärung vor? Muß dabei ausdrücklich gesagt werden, daß angefochten wird?
2. Wer ist grds. zur Anfechtung berechtigt? Welche Ausnahme gibt es dazu?
3. Wem gegenüber ist
    - ❑ bei einem Vertrag;
    - ❑ bei einer einseitig empfangsbedürftigen Willenserklärung

    die Anfechtung zu erklären?
4. Welche Unterscheidung müssen Sie bei der Prüfung der Anfechtungsfrist machen?
5. Bedeutet „unverzüglich" i.S.v. § 121 „sofort"?

Zu § 19

1. Nennen Sie die Rechtsfolgen einer Anfechtung!
2. Verkäufer V ficht einen Kaufvertrag wegen eines Schreibfehlers beim Kaufpreis an. Nach der Anfechtung erklärt sich Käufer K mit dem „richtigen" Kaufpreis einverstanden. Kann V, den es dazu noch reute, mit dem K einen Vertrag geschlossen zu haben, Rückabwicklung verlangen?
3. Kann neben dem schuldrechtlichen Verpflichtungsgeschäft auch das dingliche Erfüllungsgeschäft angefochten werden?
4. Erklären Sie den Regelungsgehalt des § 142 II!
5. Wie prüfen Sie zweckmäßigerweise einen Anspruch aus § 122?

6. Was versteht man unter
   - ❑ negativem Interesse;
   - ❑ positivem Interesse.

   Welches Interesse ersetzt § 122?
7. Wie ist das Verhältnis von § 122 II zu § 254 I und II?
8. Ist neben einem Anspruch aus § 122 auch ein solcher aus c.i.c. gegeben? Begründen Sie Ihre Antwort bitte!

Kapitel 6. Die Fehleridentität

Literatur: Schreiber, Der Abstraktionsgrundsatz – Eine Einführung – Jura 1989, 617; Weber, Das Trennungs- und Abstraktionsprinzip, JuS 1993, 173.

§ 20. Einführung

A. Das Trennungs – und Abstraktionsprinzip

Im Band BGB- AT Teil I § 11 wurde das sog **Trennungs- und Abstraktionsprinzip,** 1
als eines der wichtigsten Grundprinzipien des Zivilrechts, näher untersucht. Nach dem *Trennungsprinzip* ist zwischen Verpflichtungs- und Verfügungsgeschäft *strikt zu trennen.* Das *Abstraktionsprinzip* ist als Weiterführung dieses Prinzips zu verstehen und beinhaltet den Grundsatz, daß Verpflichtungs- und Verfügungsgeschäft *in ihrer Wirksamkeit voneinander unabhängig* sind. Mängel des Verpflichtungsgeschäfts berühren daher die Wirksamkeit des Verfügungsgeschäfts grundsätzlich nicht (und umgekehrt).

Hinweis: Das Verpflichtungsgeschäft bezeichnet man auch als **Kausalgeschäft** und das Verfügungsgeschäft auch als **Erfüllungsgeschäft.**

Die in den vorherigen Kapiteln behandelten **Wirksamkeitshindernisse** und **unbewußten Willensmängel** (die unbewußten Willensmängel begründen kein Wirksamkeitshindernis, sondern führen zum Erlöschen des Anspruchs durch Anfechtung und somit zu einer rechtsvernichtenden Einwendung) *betreffen regelmäßig nur* die Wirksamkeit des *Verpflichtungsgeschäfts.* Das Verfügungsgeschäft wird hiervon nach dem Abstraktionsprinzip grundsätzlich nicht berührt.

B. Der Begriff der Fehleridentität

Liegt eine sog. **Fehleridentität** vor, so ist *ausnahmsweise auch* das *Verfügungsgeschäft* von dem Mangel des Verpflichtungsgeschäfts betroffen, d. h. der Fehler ist auf beiden Ebenen identisch, weil der Mangel auf die Verfügungsebene durchschlägt (Pal. Überbl. vor § 104 Rn. 23; Med. AT Rn. 231; Musielak Rn. 342). 2

Von einer **Fehleridentität** spricht man dann, wenn **derselbe Unwirksamkeitsgrund sowohl** das **Verpflichtungsgeschäft als auch** das **Verfügungsgeschäft betrifft.**

Hinweis: Erinnern Sie sich an das „Abstraktionsgebäude", die Merkhilfe für das Abstraktionsprinzip? – (vgl. im BGB-AT Band I § 11 Rn. 10). Damit läßt sich die Fehleridentität wie folgt darstellen:

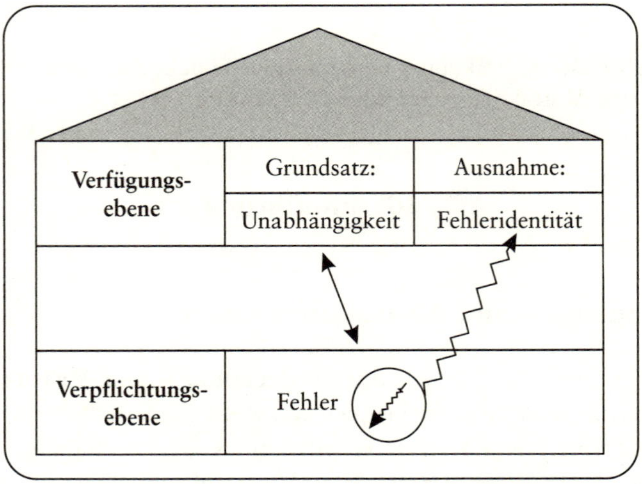

C. Die Fälle der Fehleridentität

3 Die Frage nach dem Durchschlagen eines Mangels des Verpflichtungsgeschäft auf das Verfügungsgeschäft stellt sich v.a. bei folgenden Unwirksamkeitsgründen, die im einzelnen in den §§ 21- 25 dieses Kapitels näher dargestellt werden:

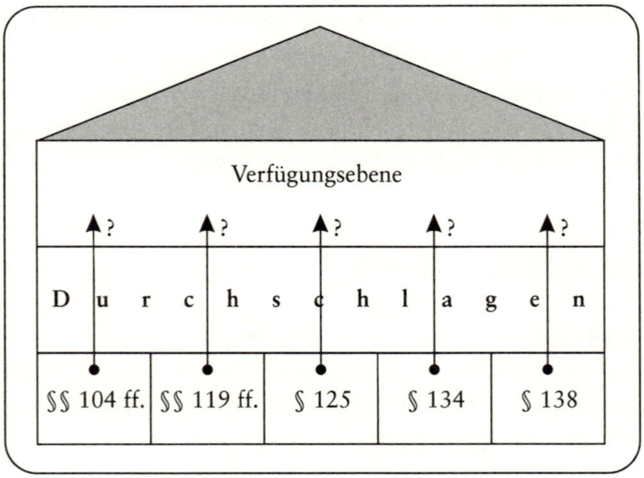

§ 21. Fehleridentität bei Mängeln in der Geschäftsfähigkeit

Mängel in der Geschäftsfähigkeit nach den §§ 104 ff. **betreffen regelmäßig** das **Verpflichtungs- als auch** das **Verfügungsgeschäft**. Dies gilt v. a. dann, wenn die beiden Geschäfte *zeitlich zusammenfallen* (Pal. Überbl. vor § 104 Rn. 23, Med. AT Rn. 232). 1

Beispiel: Verkauft und übereignet die 5-jährige K ihre Puppe an ihre Freundin F, so ist sowohl das Verpflichtungsgeschäft (= Kaufvertrag nach § 433) als auch das Verfügungsgeschäft (Übereignung nach § 929) – unabhängig von der Geschäftsfähigkeit der F – gem. § 105 I nichtig.

Besonderheiten können v. a. dann auftreten, wenn die Geschäfte **zeitlich auseinanderfallen** und *hinsichtlich* der *Geschäftsfähigkeit* zwischenzeitlich *Veränderungen* eingetreten sind.

Beispiele:

- ❑ Der S hat im volltrunkenen Zustand seine Segeljacht an seinen Geschäftspartner B verschenkt. Am nächsten Tag kommt er dem Verlangen des B nach und übereignet diesem das Schiff, weil er sich hierzu verpflichtet fühlt. Das Verpflichtungsgeschäft (Schenkungsvertrag i. S. v. § 516 I) ist unabhängig von dem Formmangel nach § 125 S.1 i.V.m. § 518 I, gem. § 105 II nichtig. Wegen der zwischenzeitlich wiedererlangten Geschäftsfähigkeit, ist das Verfügungsgeschäft (Übereignung gem. § 929 S. 1) von der mangelnden Geschäftsfähigkeit nicht betroffen und somit wirksam.
- ❑ Verkauft der 17-jährige V an den volljährigen K seine Stereoanlage und verweigern die gesetzlichen Vertreter die Genehmigung des Vertrages, so ist das Verpflichtungsgeschäft (= Kaufvertrag) gem. §§ 107, 108 unwirksam. Erfolgt die Übereignung des Geräts kurz nach dem 18. Geburtstag des V, so ist das Verfügungsgeschäft von dem Mangel der Geschäftsfähigkeit nicht betroffen.

§ 22. Fehleridentität bei Willensmängeln

A. Fehleridentität bei Irrtum

Hat sich der Erklärende bei Abgabe seiner Willenserklärung nach § 119 geirrt, so stellt sich wiederum die Frage, inwieweit neben dem Verpflichtungsgeschäft auch das Verfügungsgeschäft von dem Willensmangel betroffen ist. Hierbei ist zwischen den verschiedenen Irrtumsarten zu unterscheiden:

1 ## I. Irrtum gem. § 119 I

Beim **Inhalts- oder Erklärungsirrtum** kommt es darauf an, ob der Irrtum beim Verpflichtungsgeschäfts noch bis zum Verfügungsgeschäfts fortwirkt und sich auf dieses auswirkt.

1. Fortwirkung und Auswirkung auf das Verfügungsgeschäft kommen insbesondere bei Irrtüümern über die *Person des Vertragspartners* oder über den *Vertragsgegenstand* i. S. v. § 119 I F 1 (error in persona vel objecto) in Betracht – sofern diese Irrtümer nicht bis zur Vornahme des Verfügungsgeschäfts aufgeklärt werden (hierzu sogleich unter 2.).

Beispiele:

- ❑ Verkauft V seinen Oldtimer – Pkw an Herrn Müller, den er versehentlich für Herrn Meier hält, so wird dieser Irrtum über den Vertragspartner i. d. R. auch noch bei der Übereignung fortbestehen.
- ❑ Verwechselt V beim Verkauf das Pferd X mit dem Pferd Y, so erfaßt dieser Irrtum auch das Verfügungsgeschäft, falls er bei dessen Vornahme noch fortwirkt.

Hinweis: Dies gilt in beiden Fällen natürlich erst recht, wenn beide Geschäfte zeitlich zusammenfallen!

2. Keine Fehleridentität besteht dagegen in den Fällen, in denen der Irrtum bis zur Vornahme des Verfügungsgeschäfts *aufgeklärt* wird oder das Verfügungsgeschäft von dem Irrtum überhaupt *nicht betroffen* ist.

Beispiele:

- ❑ Bestellt K beim Großhändler V 25 Gros Toilettenpapier in der irrigen Vorstellung es handle sich hierbei um 25 große Rollen anstatt 3600 Rollen, so wird sich dieser Irrtum in der Erklärungsbedeutung nach § 119 I F 1 spätestens im Zeitpunkt der Übereignung der Kaufsache aufklären.
- ❑ Verspricht sich der Verkäufer, als er dem Käufer den Kaufpreis nennt, hinsichtlich des Kaufvertrages, so betrifft dieser Irrtum nicht die Übereignung der Kaufsache, weil bei dieser der Kaufpreis nicht mehr zum Inhalt der Erklärung gehört.

2 ## II. Irrtum gem. § 119 II

1. Irrt sich eine Partei über eine verkehrswesentliche Eigenschaft des Geschäftsgegenstandes, so betrifft dieser Irrtum **regelmäßig nur** das **Verpflichtungsgeschäft.** Das Verfügungsgeschäft soll dagegen nur die aus dem Verpflichtungsgeschäft resultierenden Verpflichtungen erfüllen und ist daher i. d. R. *wertneutral*: Die Parteien machen sich über die Eigenschaften des Geschäftsgegenstandes in diesem Stadium grundsätzlich keine Gedanken mehr.

2. Eine *Ausnahme* gilt jedoch dann, wenn Verpflichtungs- und Verfügungsgeschäft **auf einem einheitlichen Willensakt beruhen.** In einem solchen Fall sind beide Geschäfte von demselben Willensmangel betroffen (RGZ 66, 389; Pal. Überbl. vor § 104 Rn. 23; Staud. § 142 Rn. 8).

Hinweis: Verpflichtungs- und Verfügungsgeschäft beruhen regelmäßig dann auf einem einheitlichen Willensakt, wenn sie **zeitlich zusammenfallen**.

Beispielsfall: V verkauft dem K einen Pkw, den dieser einen Monat später bezahlen will. Da V von der Kreditwürdigkeit des Käufers ausgeht, verzichtet er darauf, einen Eigentumsvorbehalt zu vereinbaren, und händigt dem K sogleich den Autoschlüssel aus. Einen Monat später fordert er von K Bezahlung und muß feststellen, daß dieser sich seit langem in großen finanziellen Schwierigkeiten befindet und daher das Auto nicht bezahlen kann. Kann V den Pkw herausverlangen?

V könnte den Wagen gem. § 985 herausverlangen, wenn er Eigentümer und K Besitzer des Pkw wäre und K kein Recht zum Besitz hätte:

Ursprünglich war V Eigentümer. Er hat sein Eigentum jedoch zunächst durch Rechtsgeschäft gem. § 929 S. 1 an K verloren. (Beachte: Hätte V mit K einen Eigentumsvorbehalt vereinbart, so wäre die Übereignung unter der aufschiebenden Bedingung vollständiger Kaufpreiszahlung gem. § 158 I gestanden und der Eigentumsverlust erst bei vollständiger Bezahlung eingetreten.) Die Übereignung würde jedoch gem. § 142 I rückwirkend erlöschen, wenn V diese wirksam anfechten könnte. Problematisch ist insoweit nur der Anfechtungsgrund: V hat sich bei Abschluß des Kaufvertrages über die verkehrswesentliche Eigenschaft der Kreditwürdigkeit seines Vertragspartners geirrt. Fraglich ist jedoch, ob dieser Irrtum ausnahmsweise auch die an sich wertneutrale Übereignung betrifft. Vorliegend beruht sowohl die Willenserklärung des V zum Abschluß des Kaufvertrages als auch die Willenserklärung des V zur Vornahme der unbedingten Übereignung auf der gleichen Fehlvorstellung, nämlich daß es sich bei K um einen kreditwürdigen Vertragspartner handeln würde. Somit beruht sowohl Verpflichtungs- als auch Übereignungsgeschäft auf demselben Willensmangel. Ficht V die Übereignung fristgerecht (§ 121) gegenüber K (§ 143 II) an, so wird hierdurch die Übereignung gem. § 142 I rückwirkend beseitigt und V wieder Eigentümer.

B ist Besitzer. Da V auch den Kaufvertrag anfechten wird, fällt das im wirksamen Kaufvertrag gegründete Besitzrecht des K (§ 986 I 1 F 1) ebenfalls rückwirkend gem. § 142 I weg, so daß der Herausgabeanspruch gem. § 985 besteht.

Daneben kann V – nach erklärter Anfechtung – auch gem. § 812 I 2 F 1 Herausgabe des Pkw verlangen, da durch die wirksame Anfechtung des Kaufvertrages der Rechtsgrund für die Leistung des V nachträglich wieder weggefallen ist.

B. Fehleridentität bei arglistiger Täuschung bzw. widerrechtlicher Drohung

Liegt ein Willensmangel in Form einer arglistigen Täuschung bzw. widerrechtlichen 3
Drohung nach § 123 I vor, so betrifft dieser Mangel **regelmäßig** neben dem Verpflichtungsgeschäft **auch** das **Verfügungsgeschäft** (BGH DB 1966, 818; Staud. § 142 Rn. 8; Med. AT Rn. 234):

- Dies gilt zunächst dann, wenn **beide Geschäft zeitlich zusammenfallen** und somit auf einem Willensakt beruhen.
- Daneben kann der Willensmangel auch bei zeitlichem Auseinanderfallen der beiden Geschäfte noch im Zeitpunkt der Vornahme des Verfügungsgeschäfts **fortwirken**.

Beispielsfall: V verkauft dem K ein 20-Jahre-altes Cabrio und gibt hierbei wahrheitswidrig an, daß es sich bei dem Motor um einen neuen Austauschmotor handeln würde. Als K zwei Tage später in Begleitung seines Feundes F bei V erscheint und den Kaufpreis bezahlt, stellt F- ein Autofachmann – fest, daß K von V getäuscht worden ist. Der enttäuschte K ficht daraufhin vorsorglich sofort alle mit V getätigten Geschäfte an und fordert den Kaufpreis zurück. Zu Recht?

K könnte von V Herausgabe des Geldes nach § 985 verlangen, wenn er Eigentümer des Geldes und V Besitzer wäre und dieser kein Recht zum Besitz hätte:

Ursprünglich war K Eigentümer des Geldes. Er hat sein Eigentum jedoch durch Rechtsgeschäft mit V gem. § 929 S. 1 an diesen verloren. Die Übereignung könnte jedoch rückwirkend infolge wirksamer Anfechtung gem. § 142 I beseitigt worden sein: Problematisch ist insoweit nur der Anfechtungsgrund. K wurde von V durch arglistige Täuschung zum Kauf des Pkw veranlaßt. Fraglich ist jedoch, ob dieser Willensmangel auch die Übereignung des Geldes betrifft. Zwar fallen Kaufvertrag und Übereignung vorliegend nicht in einem Willensakt zusammen, doch wirkt der durch die Täuschung ausgelöste Irrtum noch zum Zeitpunkt der Übereignung des Geldes fort. Daher konnnte K auch die Übereignung des Geldes wirksam anfechten und ist somit rückwirkend wieder Eigentümer der Geldscheine geworden. V ist in Besitz des Geldes und hat hierzu, infolge der wirksamen Anfechtung des Kaufvertrages, kein Recht zum Besitz i. S. v. § 986 I 1 F 1.

Hinweis: Der Anspruch auf Herausgabe der konkreten, an V übergebenen, Geldscheine, setzt aber voraus, daß noch keine Vermischung i. S. v. § 948 stattgefunden hat; näheres hierzu im Sachenrecht I).

Daneben kann K sein Geld auch nach § 812 I 2 F 1 herausverlangen, da der rechtliche Grund für den Besitz des V infolge der wirksamen Anfechtung des Kaufvertrages nachträglich weggefallen ist.

§ 23. Fehleridentität bei Formmängeln

1 Bei Formmängeln ist jeweils der konkreten Formvorschrift bzw. dem vertraglich begründeten Formzwang zu entnehmen, welches Rechtsgeschäft dem Formgebot unterliegt. *Regelmäßig* wird das Formgebot **entweder** das Verpflichtungsgeschäft **oder** das Verfügungsgeschäft betreffen, so daß eine Fehleridentität grundsätzlich nicht in Betracht kommt.

Hierbei ist zu beachten, daß auch dann **keine Fehleridentität** gegeben ist, wenn die Parteien gleichzeitig gegen zwei verschiedene Formvorschriften verstoßen, von denen die eine das Verpflichtungsgeschäft und die andere das Verfügungsgeschäft betrifft. Eine Fehleridentität setzt – wie der Name schon vermuten läßt – nämlich voraus, daß Verpflichtungs- und Verfügungsgeschäft auf dem identischen, d. h. **demselben** Mangel beruhen (Med. AT Rn. 235).

Beispielsfall: Bei der Veräußerung eines Grundstücks unterliegt der Kaufvertrag dem Formgebot des § 313 S. 1 wonach eine notarielle Beurkundung des Verpflichtungsgeschäfts erfolgen muß. Hinsichtlich des Verfügungsgeschäfts ist das Formgebot der §§ 873, 925 zu beachten: Hiernach muß zur Grundstücksübereignung eine diesbezügliche Einigung bei gleichzeitiger Anwesenheit beider Parteien vor einem Notar erzielt werden (sog. Auflassung, § 925 I) sowie die Übereignung gem. § 873 I in das Grundbuch eingetragen werden.

Verkauft und übereignet V dem K schriftlich sein Grundstück, so ist der Kaufvertrag gem. § 125 S. 1 i.V.m. § 313 S. 1 und das Übereignungsgeschäft gem. § 125 S. 1 i.V.m. §§ 873 I, 925 I nichtig. In diesem Fall sind zwar gleichzeitig Verpflichtung- und Verfügungsgeschäft fehlerhaft, doch liegt mangels Identität des Fehlers keine Fehleridentität vor.

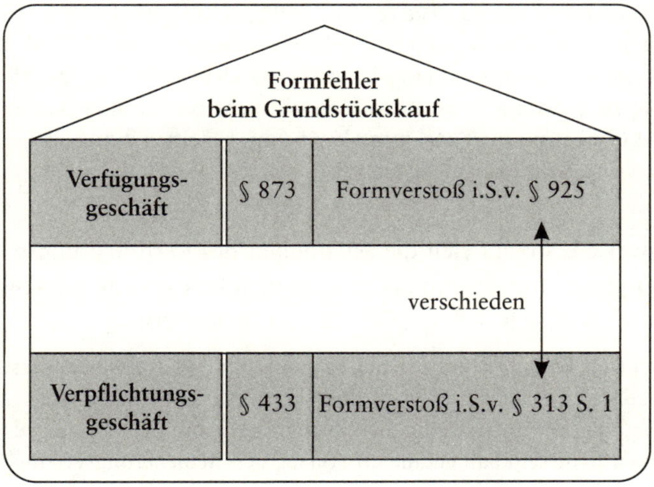

§ 24. Fehleridentität bei Verstößen gegen ein Verbotsgesetz

1 Grundsätzlich betrifft ein Verstoß gegen ein Verbotsgesetz nur das Verpflichtungsgeschäft. Ausnahmsweise ist auch das Verfügungsgeschäft hiervon erfaßt, wenn die Umstände, die den Gesetzesverstoß begründen, **zugleich und unmittelbar** das **Verfügungsgeschäft betreffen** (BGH NJW 1993, 1640; Pal. § 134 Rn. 13).

Beispiel: Verkauft ein Rechtsanwalt seine ausstehenden Honorarforderungen gegen seine Mandanten (ohne deren Wissen) an eine Verrechnungsstelle und tritt er sie – zum Zwecke der Erfüllung des Kaufvertrages – ab, so verstößt er gegen seine Schweigepflicht und somit gegen die Verbotsvorschrift des § 203 I Nr. 3 StGB. In diesem Fall ist nicht nur der Kaufvertrag i. S. v. § 433 I 2 gem. § 134 i.V.m. § 203 I Nr. 3 StGB nichtig, sondern auch das Verfügungsgeschäft, d. h. die Abtretung: Der Verstoß gegen die Schweigepflicht betrifft nicht nur das Kausalgeschäft, sondern **zugleich und unmittelbar** das Erfüllungsgeschäft. Mit der Abtretung ist der Zedent (Abtretende) nämlich gem. § 402 verpflichtet, über die seiner Schweigepflicht unterliegenden Mandanteninformationen Auskunft zu erteilen.

§ 25. Fehleridentität bei Verstößen gegen die guten Sitten

1 A. Fehleridentität und Sittenverstoß i. S. v. § 138 I

I. Ein Verstoß gegen die guten Sitten nach § 138 I betrifft **regelmäßig nur** das **Verpflichtungsgeschäft**. Das abstrakte Verfügungsgeschäft ist dagegen grundsätzlich *sittlich neutral* (BGH NJW 1990, 384; Pal. § 138 Rn. 11, 20; Med. AT Rn. Rn. 712).

Beispiel: Ist ein Ratenkreditvertrag wegen eines auffälligen Mißverhältnisses zwischen Leistung und Gegenleistung (ohne daß die subjektiven Voraussetzungen des § 138 II vorliegen) gem. § 138 I nichtig, so betrifft dieser Mangel nur den Darlehensvertrag. Die Übereignung der Darlehenssumme (sog. Valuta) wird davon jedoch nicht berührt. (Dies folgt u. a. aus der Regelung des § 817 S. 1, die eine wirksame Verfügung bei sittenwidrigem Verpflichtungsgeschäft voraussetzt und sonst überflüssig wäre.)

II. Ausnahmsweise erstreckt sich die Nichtigkeit des Verpflichtungsgeschäfts **auch** auf das **Erfüllungsgeschäft,** wenn die **Sittenwidrigkeit gerade im Vollzug der Leistung** liegt (BGH NJW-RR 1992, 594; Pal. § 138 Rn. 20).

Beispiel: Läßt sich eine Bank für ein Darlehen in Höhe von DM 1.000,– den gesamten Maschinenpark des Kreditnehmers zur Sicherheit übereignen, so ist nicht nur der schuldrechtliche Sicherungsvertrag, sondern auch die dingliche Sicherungsübereignung gem. § 138 I nichtig, da die Sittenwidrigkeit in diesem Fall gerade im Vollzug der im Sicherungsvertrag versprochenen Leistung des Kreditnehmers liegt.

2 B. Fehleridentität und Wucher

Liegt ein Verstoß gegen § 138 II wegen Wucher vor, so ist zum einen das schuldrechtliche **Verpflichtungsgeschäft** gem. § 138 II nichtig. Zum anderen betrifft die Nichtigkeit nach dem klaren Wortlaut des § 138 II („ ... gewähren läßt ...“), **auch** die **Verfügung des Bewucherten**. Die Verfügung des Wucherers bleibt dagegen von § 138 II unberührt (Pal. § 138 Rn. 75; Med. AT Rn. 712).

Beispiel: Gewährt G dem N unter Ausbeutung von dessen Zwangslage ein Darlehen zu einem Zinssatz, der 13 % über dem marktüblichen Zins liegt, so ist der Darlehensvertrag und die Übereignung der Raten von N an G gem. § 138 II nichtig. Die Übereignung der Darlehenssumme ist dagegen von § 138 II nicht erfaßt.

Zusammenfassende Übersicht

I. Bei **personenabhängigen** Mängeln

da der Mangel der Geschäftsfähigkeit grds bei der **Verfügung** fortwirkt	soweit der Irrtum bei der Verfügung **fortwirkt**	da das Verfügungsgeschäft grds. **wertneutral** ist	soweit der Mangel bei der Verfügung **fortwirkt**
i.d.R. (+)	i.d.R. (+)	i.d.R. (–)	i.d.R. (+)
§§ 104 ff.	§ 119 I	§ 119 II	§ 123

II. Bei **personenunabhängigen** Mängeln

da für das Verfügungsgeschäft **andere Formzwänge** gelten	da der Gesetzesverstoß i.d.R. **nicht das Verfügungsgeschäft betrifft**	da das Verfügungsgeschäft i.d.R. **sittlich neutral** ist	nämlich bezüglich der **Verfügung des Bereicherten**
i.d.R. (–)	i.d.R. (–)	i.d.R. (–)	nur z.T.
§ 125	§ 134	§ 138 I	§ 138 II

Zusammenfassung
Fehleridentität

A. Grundsatz:

Wegen des Abstraktionsprinzips schlagen die Mängel des Verpflichtugsgeschäfts **grundsätzlich nicht auf** das **Verfügungsgeschäft** durch.

B. Ausnahmen:

Etwas anderes gilt ausnahmsweise dann, wenn derselbe Unwirksamkeitsgrund sowohl das Verpflichtungs- als auch das Verfügungsgeschäft berührt, d. h. eine **Fehleridentität** vorliegt. Dies ist insbesondere der Fall:

I. bei **zeitlichem Zusammenfallen** von Verpflichtungs- und Verfügungsgeschäft (so z. T. bei § 119 II);

II. Bei **Fortwirken** des Fehlers bis zumVerfügungsgeschäft (so z. T. in den Fällen der §§ 119 I, 123);

III. wenn die Umstände, die den Fehler begründen gerade den **Vollzug der Leistung** betreffen (so z. T. in den Fällen der §§ 134, 138 I);

IV. bei der **Verfügug des Bewucherten** (§ 138 II).

Kontrollfragen und Übungsfälle

Zu §§ 20 – 25

1. Was ist unter dem Trennungs-, was unter dem Abstraktionsprinzip zu verstehen?
2. Definieren Sie den Begriff Fehleridentität!
3. Sind in folgenden Fällen jeweils das Verpflichtungsgeschäft, das Verfügungsgeschäft oder beide Geschäfte von Mängeln erfaßt? Begründen Sie Ihre Antwort bitte auch kurz!
   - ❑ Mängel in der Geschäftsfähigkeit.
   - ❑ Irrtum nach § 119 I und II.
   - ❑ Fälle des § 123.
   - ❑ Verstöße gegen Formvorschriften.
   - ❑ Verstöße gegen § 134 und § 138 I.
4. D gewährt dem G ein Darlehen, das einen wucherischen Zinssatz hat. Die Darlehenssumme wird übereignet und G zahlt in Raten zurück. Welche Geschäfte sind – nach welcher Vorschrift – nichtig?

Kapitel 7. Zeitliche Faktoren

Literatur: A. Blomeyer, Die Anwartschaft aus bedingtem Rechtsgeschäft, 1937; Brox, Das Anwartschaftsrecht des Vorbehaltskäufers, JuS 1984, 657; Büdenbender, Die Verjährung zivilrechtlicher Ansprüche, JuS 1997, 481; H. Dilcher, Das Verjährungsrecht, JZ 1983, 825; Henke, Bedingte Übertragungen im Rechtsverkehr und im Rechtsstreit, 1959; Medicus, Anspruch und Einrede als Rückgrat einer zivilistischen Lehrmethode, AcP 174, 313; Schreiber, Die bedingte Übereignung, NJW 1966, 2333; Zimmermann, Die Verjährung, JuS 1984, 409.

§ 26. Einführung

Die Parteien eines Rechtsgeschäfts können vereinbaren, daß der Eintritt der Rechtswirkungen des Geschäfts von einem **zukünftigen Ereignis** abhängen soll. Handelt es sich dabei um ein *ungewisses* Ereignis, so spricht man von einer **Bedingung** i. S. v. §§ 158 ff. Ist der Eintritt des Ereignisses dagegen *gewiß*, so handelt es sich um eine sog. **Befristung** i. S. v. § 163. 1

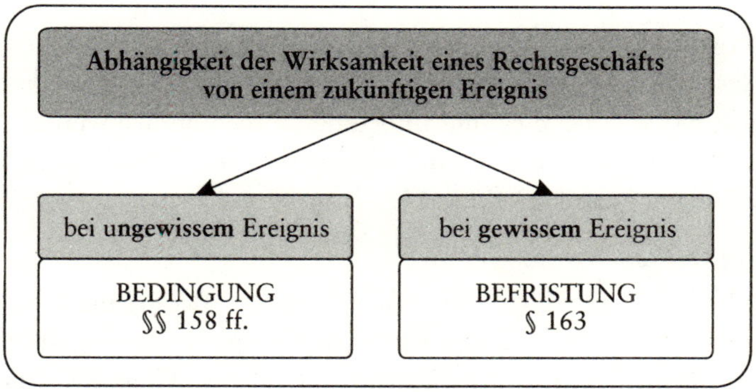

§ 27. Die Bedingung gem. §§ 158 ff.

1 A. Begriffsbestimmung

Die Bedingung wird regelmäßig wie folgt **definiert** (Pal. Einf. vor § 158 Rn. 1; Med. AT Rn. 827):

> Eine Bedingung ist eine **Nebenabrede** eines Rechtsgeschäfts, wonach die **Rechtswirkungen von** einem **ungewissen zukünftigen Ereignis abhängig** gemacht werden.

B. Anwendungsbereich

2 **I. Grundsätzlich** können **alle** Arten vom Rechtsgeschäften unter einer Bedingung vorgenommen werden (Pal. Einf. vor § 158 Rn. 12).

II. Ein **Ausnahme** besteht jedoch in folgenden Fällen:

1. Gesetzlich geregelte Fälle

Soweit der Gesetzgeber ausdrücklich die Bedingungsfeindlichkeit bestimmter Rechtsgeschäfte anordnet, können diese nur unbedingt vorgenommen werden. Als wichtigste Fälle sind hierbei zu nennen: die **Auflassung** eines Grundstücks (vgl. § 925 II) und die **Eheschließung** (vgl. Art. 13 II EheG).

2. Gestaltungsrechte

a) Darüberhinaus gilt der allgemeine Grundsatz der **Bedingungsfeindlichkeit von Gestaltungsrechten.** Gestaltungsrechte wirken unmittelbar gestaltend auf die Rechtslage ein. Daher soll der Gegner keine Ungewißheit über die Rechtslage haben, sondern wissen, woran er ist (BGHZ 97, 267; Pal. Einf. vor § 158 Rn. 13; vgl.a. im Band Schuldrecht AT II § 5 Rn. 18 ff.).

Beispiele: Dies gilt insbesondere für die Aufrechnung (§ 388 S. 2), die Anfechtung (BGH WM 1961, 157), den Rücktritt (BGHZ 97, 267) und die Kündigung (BAG NJW 1995, 1982).

> **Merke: Gestaltungsrechte** sind wegen des Erfordernisses der **Rechtssicherheit** grundsätzlich **bedingungsfeindlich.**

3 b) Eine **Ausnahme** gilt jedoch dann, wenn das unter einer Bedingung vorgenommene Gestaltungsrecht den *Erklärungsempfänger nicht in* eine *ungewisse Lage ver-*

setzt, ihn also nicht in seinen schutzwürdigen Interessen beeinträchtigt (BGHZ 97, 267; Pal. § 158 Rn. 13; Musielak Rn. 544).

- Dies ist insbesondere dann der Fall, wenn es sich bei der Bedingung um eine sog. **Potestativbedingung** handelt (potestas = lateinisch für Macht), bei der der Eintritt bzw. Nichteintritt des Ereignisses *vom Willen des Erklärungsempfängers* abhängt.

  Beispiel: Sog. Änderungskündigung im Arbeitsrecht, bei der die Kündigung des Arbeitsvertrages für den Fall ausgesprochen wird, daß sich der Vertragspartner nicht zu einer Vertragsänderung bereit erklärt (vgl. § 2 KSchG).

- Ebenso kann das Gestaltungsrecht unter einer sog. **Rechtsbedingung** erklärt werden, bei der es sich um keine Bedingung i. S. d. §§ 158 ff. handelt. Bei einer Rechtsbedingung wird der Eintritt der Rechtswirkung nämlich von Voraussetzungen abhängig gemacht, die bereits **kraft Gesetzes** Voraussetzung für das Zustandekommen bzw. die Wirksamkeit des Rechtsgeschäfts sind (BGHZ 99, 239; Pal. Einf. vor § 158 Rn. 5; Musielak Rn. 544).

Merke also: Rechtsbedingungen sind **keine Bedingungen i. S. d. §§ 158 ff.**, da sie **nur gesetzliche** und nicht – wie im Fall der §§ 158 ff. – rechtsgeschäftlich vereinbarte **Wirksamkeitsvoraussetzungen** des Rechtsgeschäfts sind.

Die *prozessuale Variante* zur Rechtsbedingung stellt die sog. **innerprozessuale Bedingung** dar, bei der der Eintritt der Rechtswirkung davon abhängig gemacht wird, wie das Gesetz und der Sachverhalt vom Richter *gewürdigt* wird (Jau. § 387 Anm. 7 b; Pal. § 388 Rn. 3).

Beispiel: Rechnet der Beklagte im Prozeß hilfsweise mit einer Forderung gegen den Kläger auf (sog. **Eventualaufrechnung**), so verstößt dies nicht gegen § 388 S. 2, wonach die Aufrechnung als Gestaltungsrecht nur unbedingt erklärt werden darf. Die Eventualaufrechnung führt nämlich nicht zur Rechtsunsicherheit: Stellt der Richter fest, daß die gesetzliche Voraussetzung einer Aufrechnung – Bestehen einer erfüllbaren Passiv- (= Klage-) forderung – erfüllt ist, so steht eindeutig fest, daß die Aufrechnung gewollt ist. Umgekehrt besteht Klarheit darüber, daß sie nicht gewollt ist, wenn der Richter zu dem Ergebnis kommt, daß die Klageforderung nicht besteht.

Merke also: Gestaltungsrechte sind **bedingungsfeindlich**, es sei denn, der Bedingungseintritt hängt **vom Willen des Empfängers** ab oder es handelt sich um eine **Rechtsbedingung**.

C. Die Grundformen der Bedingung

Bedingungen i. S. v. §§ 158 ff. können in zwei verschieden Grundformen auftreten, nämlich als sog. **aufschiebende** und als sog. **auflösende** Bedingung.

4 I. Die aufschiebende Bedingung gem. § 158 I

Bei der aufschiebenden Bedingung hängt das Wirksam**werden** des Rechtsgeschäfts gem. § 158 I vom **Eintritt** eines ungewissen künftgen Ereignisses ab.

Beispiel: Beim Vorbehaltskauf steht die Übereignung der Kaufsache unter der aufschiebenden Bedingung vollständiger Kaufpreiszahlung. Dies bedeutet, daß der Vorbehaltskäufer erst dann Eigentum erwirbt, wenn er den Kaufpreis vollständig entrichtet hat.

5 II. Die auflösende Bedingung gem. § 158 II

Bei der auflösenden Bedingung hängt dagegen das Wirksam**bleiben** des Rechtsgeschäfts gem. § 158 **II** vom **Nichteintritt** eines ungewissen künftigen Ereignisses ab.

Beispiel: Die Parteien einer Sicherungsübereignung können vereinbaren, daß diese unter der auflösenden Bedingung der vollständigen Rückzahlung des Darlehens vorgenommen wird. Dies bedeutet, daß der Sicherungsnehmer (der Darlehensgeber) nur solange Eigentümer des Sicherungsgutes bleibt, bis die auflösende Bedingung – Rückzahlung des Darlehens seitens des Sicherungsgebers – nicht eingetreten ist.

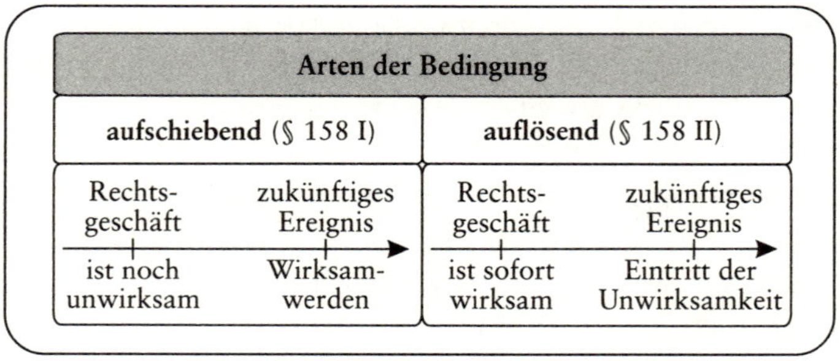

Hinweis: Im Wege der **Auslegung** ist zu ermitteln, welche Form der Bedingung die Parteien gewollt haben. Ist dies nicht möglich, so können im Einzelfall die vom Gesetz vorgesehenen *Auslegungsregeln* (§§ 455, 495 I 2, 2075; bitte lesen!) herangezogen werden.

D. Die Rechtslage bis zum Bedingungseintritt

6 Das bedingte Rechtsgeschäft ist bereits tatbestandlich *vollendet*, befindet sich jedoch bis zum Eintritt oder Ausfall der Bedingung in einem **Schwebezustand**: Zwar sind die Parteien an ihre Erklärungen in gleicher Weise *gebunden* wie bei einem unbedingten Rechtsgeschäft, in der Schwebe ist allerdings, ob und wann die gewollten Rechtswirkungen eintreten (BGH NJW 1994, 3228; Köhler AT § 21 3 c). Im Einzelnen gilt:

I. Für die Frage nach dem Vorliegen von **Wirksamkeitshindernissen** wie §§ 106 ff., 134, 138 kommt es auf den Zeitpunkt der *Vornahme* des Rechtsgeschäfts und nicht auf den des Bedingungseintritts an (Pal. Einf. vor § 158 Rn. 8).

II. Der aus dem bedingten Rechtsgeschäft Berechtigte kann bereits vor dem Bedingungseintritt eine gesicherte Rechtsposition erlangen, die als **Anwartschaftsrecht** bezeichnet wird.

1. Von einem **Anwartschaftsrecht** spricht man immer dann, wenn von einem *mehraktigen Erwerbstatbestand* eines Rechts bereits *so viele Voraussetzungen erfüllt* sind, daß der Berechtigte eine *gesicherte Rechtsposition* erlangt hat, die der Verpflichtete *nicht mehr einseitig zerstören kann* (BGH NJW 1984, 973). Das Anwartschaftrecht ist v. a. im *Sachenrecht* relevant (wichtigster Fall: Anwartschaftsrecht des Vorbehaltskäufers). Daher erfolgt eine umfassende Behandlung im Sachenrecht.

2. Das Anwartschaftsrecht ist **übertragbar, vererblich** und **pfändbar** (Pal. Einf. vor § 158 Rn. 9; Köhler AT § 21 II 3 c; Musielak Rn. 545).

III. Störungen des Schwebezustandes

Der Schwebezustand kann durch **Bedingungsausfall, Bedingungsvereitelung** oder **Zwischenverfügungen** gestört werden:

1. Der Bedingungsausfall 7

Kann die Bedingung *endgültig nicht mehr eintreten*, liegt ein sog. Bedingungsausfall vor, der den Schwebezustand des Geschäfts beseitigt. Das Rechtsgeschäft wird dann so behandelt, **als bestehe keine Bedingung** (Pal. § 158 Rn. 3; Köhler AT § 21 II 3 b). Dies bedeutet:

- ❑ Ein **aufschiebend** bedingtes Rechtsgeschäft wird *endgültig unwirksam.*
- ❑ Ein **auflösendes** Rechtsgeschäft bleibt *dauernd wirksam.*

2. Die Bedingungsvereitelung 8

Wird der Bedingungseintritt von einer Partei zu deren Vorteil **treuwidrig vereitelt** (so beim aufschiebend bedingten Geschäft) oder **treuwidrig herbeigeführt** (so beim auflösend bedingten Geschäft), so kann sich diese *gem. § 162 nicht auf* den *Bedingungsausfall berufen.* Dies bedeutet:

- ❑ Bei einem *aufschiebend* bedingten Geschäft gilt die Bedingung gem. § 162 **I als eingetreten** und
- ❑ bei einem *auflösend* bedingten Geschäft gilt die Bedingung gem. § 162 **II als nicht eingetreten.**

Beispiel: Die Weigerung des Vorbehaltsverkäufers, die ihm vom Käufer angebotene Restzahlung entgegenzunehmen führt gem. § 162 I dazu, daß die aufschiebende Bedingung – vollständige Kaufpreiszahlung – gem. § 162 I als eingetreten gilt und der Käufer somit Eigentümer wird (MüKo § 162 Rn. 12).

Hinweis: Daneben ordnet **§ 160** (bitte lesen!) eine **Schadensersatzhaftung** für den Fall an, daß das von der Bedingung abhängige Recht *schuldhaft* von einem Teil *vereitelt* oder *beeinträchtigt* worden ist.

Störungen des Schwebezustands bei einer Bedingung			
Bedingungs**ausfall**		Bedingungs**vereitelung**	
bei **aufschiebender** Bedingung	bei **auflösender** Bedingung	bei **aufschiebender** Bedingung	bei **auflösender** Bedingung
Rechtsgeschäft wird **endgültig unwirksam**	Rechtsgeschäft bleibt **dauernd unwirksam**	Bedingung **gilt als eingetreten** (§ 162 I)	Bedingung **gilt als nicht eingetreten** (§ 162 II)

9 IV. Zwischenverfügungen

Neben den §§ 160 und 162 sieht auch § **161** einen Schutz des aus einer bedingten Verfügung Berechtigten vor. Hiernach ist er vor Verfügungen des Noch-Berechtigten während der Schwebezeit in folgender Weise geschützt: Mit Eintritt der Bedingung werden solche **Zwischenverfügungen**, die die *Rechtstellung des* – aus einer bedingten Verfügung – *Berechtigten beeinträchtigen*, absolut, d. h. gegenüber jedermann, **unwirksam** (so die h.M., vgl. MüKo § 161 Rn. 7 f.; nach a.A. liegt nur relative Unwirksamkeit vor; Einzelheiten hierzu und zur Ausnahme im Fall des gutgläubigen lastenfreien Zwischenerwerbs gem. §§ 936, 161 III, siehe im Sachenrecht).

Beispielsfall: V veräußert dem K am 1.2. unter Eigentumsvorbehalt ein Kopiergerät. Während des Schwebezustandes veräußert V am 15.2. das Gerät zur Sicherung eines Darlehens gem. §§ 929, 930 an die Bank B. Am 20.2. zahlt K die letzte Kaufpreisrate an V. Wer ist Eigentümer des Kopiergeräts?

Ursprünglich war V Eigentümer des Geräts. Er hat sein Eigentum am 1.2. nicht an K verloren, da die Übereignung gem. §§ 929 S. 1, 158 I unter der aufschiebenden Bedingung vollständiger Kaufpreiszahlung stand und die Bedingung zu diesem Zeitpunkt noch nicht eingetreten war. Jedoch hat er sein Eigentum am 15.2. durch wirksame Übereignung gem. §§ 929 S. 1, 930 an B verloren. Diese Zwischenverfügung wurde jedoch am 20.2. gem. § 161 I absolut unwirksam, da zu diesem Zeitpunkt die Bedingung der vollständigen Kaufpreiszahlung eingetreten ist und die Zwischenverfügung den Eigentumserwerb des K vereiteln würde. Da auch kein gutgläubiger lastenfreier Erwerb der B gem. §§ 936, 161 II vorliegt, ist K mit Bedingungseintritt Eigentümer geworden.

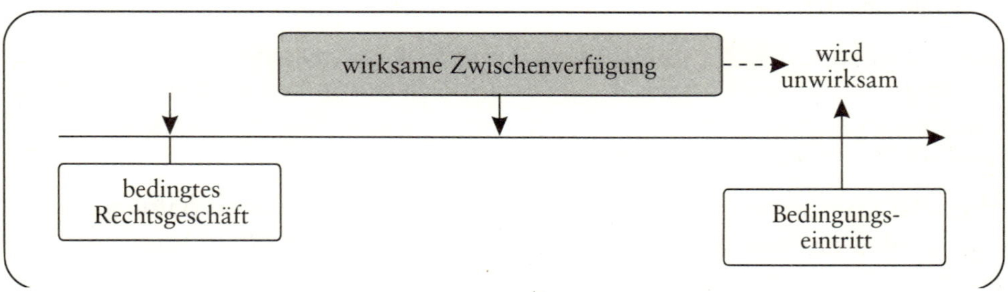

§ 28. Die Befristung gem. § 163

A. Begriffsbestimmung 1

Eine **Befristung** liegt vor, wenn die Parteien eine **Nebenabrede** treffen, wonach die **Rechtswirkungen** des Geschäfts **von** einem **künftigen gewissen Ereignis abhängen.**

Das Ereignis kann entweder **für** den **Beginn** der Rechtswirkungen maßgebend sein (sog. *Anfangstermin*), oder **für** deren **Ende** (sog. *Endtermin*; Pal. Einf. vor § 158 Rn. 2).

B. Abgrenzung 2

Die Abgrenzung von *Bedingung* und *Befristung* richtet sich nach dem **Parteiwillen.** Hiernach ist entscheidend, ob die Parteien *subjektiv* den Eintritt des Ereignisses als **ungewiß** (dann Bedingung) oder als **gewiß** (dann Befristung) betrachtet haben (Pal. § 163 Rn. 2).

Beispiele:

- ❑ Machen die Parteien den Eintritt der Rechtswirkungen von dem Tod einer Person abhängig, so handelt es sich insoweit um ein gewisses Ereignis und somit um eine Befristung.
- ❑ Ist der Eintritt der Rechtswirkungen dagegen an einen Lotteriegewinn geknüpft, so liegt ein ungewisses Ereignis und somit eine Bedingung vor.

C. Rechtsfolgen

Gem. § 163 finden die §§ 158, 160 und 161 auf die Befristung entsprechende Anwendung, so daß auf die obigen Ausführungen verwiesen werden kann.

§ 29. Die Betagung

A. Begriffsbestimmung 1

Eine **Betagung** liegt vor, wenn eine **Forderung** zwar **schon besteht, aber** ihre **Fälligkeit hinausgeschoben** ist.

Ein besonderer Fall der Betagung stellt die **Stundung** dar, die für den Schuldner eine *Einrede gegen* die *Durchsetzung des Anspruchs* begründet (Pal. § 163 Rn. 2; Staud. § 163 Rn. 4).

Beispiel: G hat gegen S eine Forderung, die am 1.10. fällig wird (und insofern zunächst betagt ist). Am 1.10. bittet S den G um einen weiteren Zahlungsaufschub bis zum 1.12. G ist damit einverstanden und stundet die Forderung um weitere 2 Monate. Falls G schon am 15.11. Zahlung verlangen würde, könnte S die Einrede der Stundung geltend machen und somit die Zahlung verweigern.

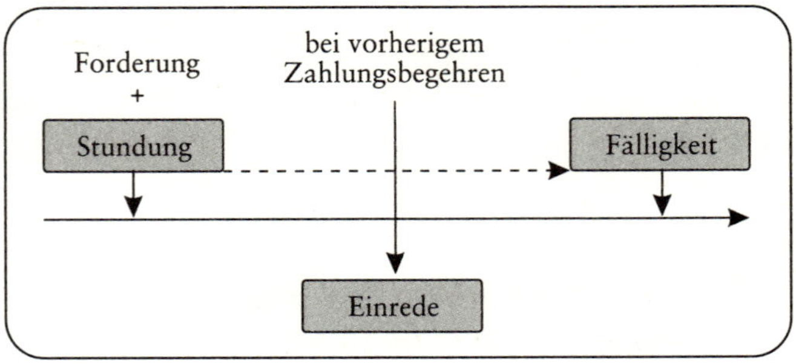

2 B. Rechtsfolgen

Die **§§ 158 ff.** finden auf die Betagung **keine Anwendung**. Gem. **§ 271 II** kann auf eine betagte Forderung bereits geleistet werden. Leistet der Schuldner auf eine betagte Forderung, so kann die Leistung gem. **§ 813 II** grundsätzlich nicht zurückgefordert werden.

§ 30. Fristen und Termine

1 A. Allgemeines

Die **§§ 186 – 193** enthalten Regelungen, die der *Berechnung von* gesetzlichen oder rechtsgeschäftlich vereinbarten *Zeitbestimungen* dienen. Hierbei handelt es sich um bloße *Auslegungsregeln*, d. h. Vorschriften, die nur dann zur Anwendung kommen, soweit Gesetz oder Parteivereinbarung nichts Abweichendes vorsehen.

Die §§ 186 ff. gelten nicht nur für das bürgerliche Recht, sondern auch **für alle sonstigen Rechtsgebiete** (wie z. B. das öffentliche Recht), es sei denn, diese sehen *Sonderbestimmungen* vor.

B. Begriffsbestimmung 2

I. Der Begriff der Frist

Eine **Frist** ist ein abgegrenzter, d. h. *bestimmter* oder *bestimmbarer* Zeit**raum** (Pal. § 186 Rn. 3; Köhler AT § 22 IV).

Beispiele:

- Die Sachmängelgewährleistungsansprüche des Käufers einer beweglichen Sache verjähren gem. § 477 innerhalb des bestimmten Zeitraums von 6 Monaten.
- Ist der Schuldner mit einer synallagmatischen Hauptleistungspflicht in Verzug, so kann der Gläubiger grundsätzlich nur dann gem. § 326 vom Vertrag zurücktreten bzw. Schadensersatz wegen Nichterfüllung verlangen, wenn er dem Schuldner eine angemessene Nachfrist gesetzt hat. Bei dieser Nachfrist handelt es sich um einen bestimmbaren Zeitraum.

II. Der Begriff des Termins 3

Ein **Termin** ist ein *bestimmter* Zeit**punkt**, an dem etwas geschehen soll oder eine Rechtswirkung eintreten soll (Pal. § 186 Rn. 4; Köhler AT § 22 IV).

Beispiel: Vereinbaren die Parteien, daß die Leistung an einem genau datierten Zeitpunkt erbracht werden soll, so bewirkt die Nichtleistung an diesem kalendermäßig bestimmten Termin, daß der Schuldner ohne Mahnung in Verzug gerät.

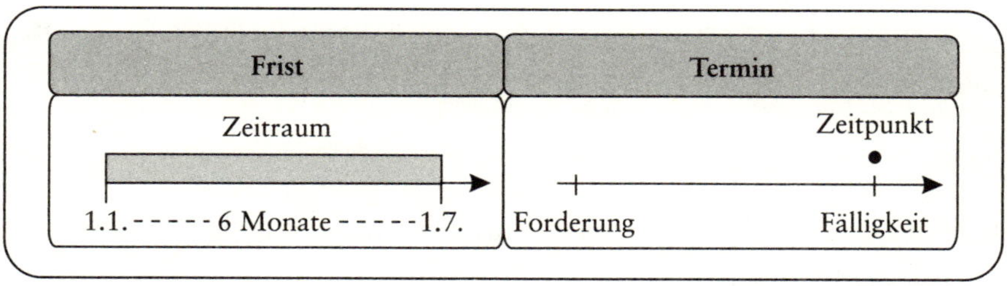

C. Die Berechnung einer Frist

In vielen Examensarbeiten werden Fristenberechnungen gefordert, so daß Sie sich die Grundlagen hierzu gut aneigenen sollten. Die Berechnung einer Frist erfolgt nach folgendem **dreistufigen Schema:** 4

Schema zur Fristberechnung

1. **Beginn** der Frist
2. **Dauer** der Frist
3. **Ende** der Frist

5 I. Der Beginn der Frist

Der Fristbeginn bestimmt sich nach § **187**. Hienach gilt der Grundsatz, daß bei der Fristberechnung nur *nach vollen Tagen* gerechnet wird (Pal. § 187 Rn. 1).

1. *Grundsätzlich* wird nach der Regel des § 187 **I** der für den Fristbeginn maßgebende Tag **nicht mitgerechnet** (sog. **Ereignisfrist**).

Beispiel: Die Sachmängelgewährleistungsrechte des Käufers verjähren für bewegliche Sachen gem. § 477 in 6 Monaten. Dabei beginnt die Frist mit „Ablieferung" der Kaufsache zu laufen. Schließen die Parteien am 2.1. einen Kaufvertrag und erfolgt an diesem Tag auch die Übergabe an den Käufer, so beginnt die Verjährungsfrist gem. § 187 I am 3.1. zu laufen -der Tag in den das den Fristanlauf auslösende Ereignis fällt (die Ablieferung der Sache), wird nämlich nicht mitgerechnet.

2. *Ausnahmsweise* (in seltenen Fällen!) wird gem. § 187 **II** der für den Fristbeginnn maßgebende **Tag mitgerechnet** (sog. **Ablauffrist**):

a) Ist für den Fristanfang der **Beginn eines Tages maßgebend,** so ist dieser Tag gem. § 187 II 1 mitzuzählen.

   Beispiel: Gem. § 3 II 1 BauGB ist ein neuer Bebauungsplan für die Dauer eines Monats öffentlich auszulegen. Bei dieser Auslegungsfrist ist auch der erste Tag der Auslegung maßgebend, so daß gem. § 187 II 1 BGB i.V.m. § bzw. Art. 31 I LandesVwVfG die Frist am ersten Tag der Auslegung zu laufen beginnt.

b) Zur Berechnung des **Lebensalters** wird gem. § 187 II 2 ebenfalls der Tag der Geburt mitgerechnet.

II. Die Dauer der Frist

6 Die Dauer der Frist ergibt sich entweder aus dem **Gesetz** oder aus einer wirksamen **Parteivereinbarung.**

Beispiel: Die gesetzlich vorgesehene Verjährungsfrist für die Sachmängelgewährleistung im Werkvertragsrecht beträgt gem. § 638 I bei beweglichen Gegenständen 6 Monate. Die Parteien können die Frist unproblematisch um weitere 6 Monate auf 1 Jahr verlängern (Pal. § 638 Rn. 4).

III. Das Ende der Frist

7 Das Ende der Frist bemißt sich nach § **188** unter Berücksichtigung der Sonderregelung für Samstage sowie Sonn- und Feiertage in § **193**. Zunächst ist zwischen einer in Tagen bemessenen Frist und einer längeren Frist *zu unterscheiden* (Pal. § 188 Rn. 1 ff.).

1. Ist eine Frist **nach Tagen bemessen,** so endet sie gem. § 188 **I** grundsätzlich *mit* dem *Ablauf des letzten Tages*.

Eine Ausnahme gilt jedoch gem. § **193:** Fällt das Fristende auf einen **Samstag, Sonntag** oder **Feiertag,** so tritt an die Stelle dieses Tages der *nächste Werktag*.

Beispielsfall: K und V haben am 3.1. einen Kaufvertrag über eine Biedermeierkommode geschlossen und vereinbart, daß V das Möbelstück innerhalb der nächsten drei Tage liefern werde. Am welchen Tag läuft die Lieferfrist ab?

Die Frist beginnt gem. § 187 I am 4.1. um 0.00 Uhr zu laufen und dauert 3 Tage. Die Frist endet gem. § 188 I grundsätzlich am 6.1. (um 24.00 Uhr). Da es sich insoweit aber um einen Feiertag handelt (Heilig – Drei – König), endet die Frist § 193 am darauffolgenden Werktag (um 24.00Uhr).

2. Bei **längeren Fristen** ist gem. § 188 **II** zu unterscheiden:

a) Bei den meisten (examensrelevanten) Fristen handelt es sich um **Ereignisfristen i. S. v. § 187 I.** Dabei endet der Fristablauf gem. § 188 II **F 1** mit dem Ablauf des entsprechenden Wochen- oder Monatstages.

Beispiel: Am 4.3. ergeht gegen B ein Versäumnisurteil, das diesem am Montag, den 8.3. zugestellt wird. Gem. § 187 I beginnt die 2-Wochenfrist für seinen Einspruch (§ 339 I ZPO) am Dienstag, den 9.3. um 0.00 Uhr zu laufen und endet gem. § 188 II F 1 am Montag den 22.3. um 24.00 Uhr.

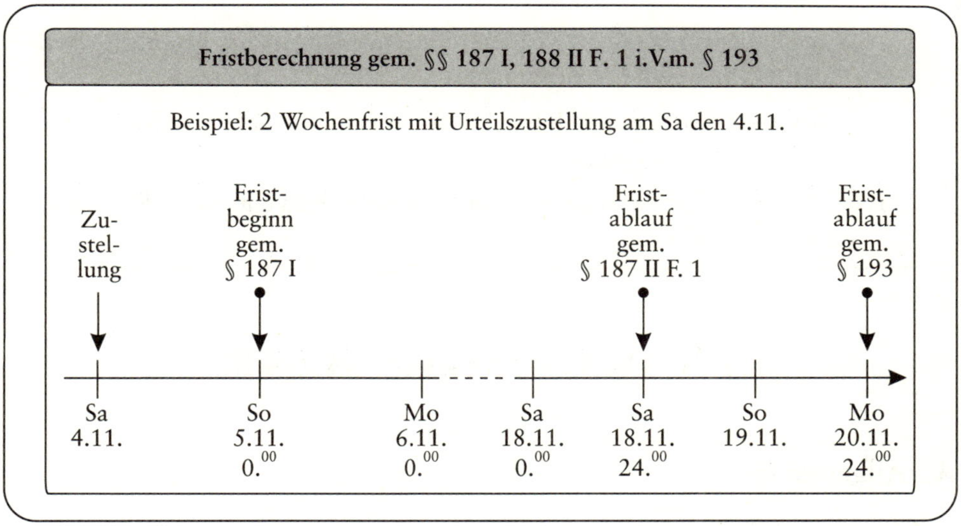

b) Bei den (äußerst selten relevanten) **Ablauffristen i. S. v. § 187 II** ist dagegen gem. § 188 II **F 2** auf den Wochen- oder Monatstag abzustellen, der dem entsprechenden Ereignis vorausgeht.

Beispiel: Wurde A am 17.8.1980 geboren, so wird dieser Tag für die Berechnung seines Lebensalters gem. § 187 II 2 mitgerechnet. Soll der Eintritt der Volljährigkeit des A bestimmt werden, so beginnt die 18-Jahre-Frist somit am 17.8.1980 um 0.00 Uhr zu laufen und endet am 16.8.1998 um 24.00 Uhr. A wird somit am 17.8.1998 um 0.00 Uhr volljährig.

8 D. Zusammenfassendes Prüfungsschema

Prüfungsschema zur Fristberechnung

I. Beginn der Frist

1. Grundsätzlich gilt **§ 187 I:** für Fristbeginn maßgebender Tag wird **nicht mitgerechnet** (sog. Ereignisfrist).
2. Ausnahmsweise gilt **§ 187 II:** für Fristbeginn maßgebender Tag wird **mitgerechnet** (sog. Ablauffrist).

II. Dauer der Frist

Die Fristdauer ergibt sich entweder aus **Gesetz** oder **Parteivereinbarung.**

III. Ende der Frist

1. Bei Tagesfristen gilt **§ 188 I:** Fristende mit Ablauf des letzten Tages.
2. Bei längeren Fristen gilt **§ 188 II:**
   a) Bei Ereignisfrist gilt § 187 II **F 1:** Fristende mit Ablauf des entsprechenden Wochen- oder Monatstages.
   b) Bei Ablauffrist gilt § 188 **F 2:** Fristablauf am Wochen- bzw. Monatstag, der Ereignis vorausgeht.
3. Bei Fristablauf an **Samstagen, Sonn- oder Feiertagen** gilt § **193:** Fristablauf am nächsten Werktag.

§ 31. Die Verjährung gem. §§ 194 ff.

A. Allgemeines

1 I. Begriffsbestimmung

In den §§ 194 ff. wird der Begriff der Verjährung zwar erwähnt, aber eine Definition der Verjährung findet sich im Gesetz nicht. Üblicherweise wird der Begriff der Verjährung in folgender Weise umschrieben (Pal. Überbl. vor § 194; Köhler AT § 6 III 1):

> Unter **Verjährung** i. S. d. §§ 194 ff. ist der **Zeitablauf** zu verstehen, der für den Verpflichteten das **Recht begründet,** die **Leistung zu verweigern.**

II. Die Funktion der Verjährung 2

1. Sicherung des Rechtsfriedens

Die Verjährung dient in erster Linie dem **Rechtsfrieden** und der **Rechtssicherheit:** Könnte ein Anspruchsinhaber, der seinen Anspruch über lange Zeit nicht geltend gemacht hat, diesen ohne zeitliche Begrenzung in der Zukunft durchsetzen, wäre dies mit dem Grundsatz des Rechtsfriedens und der Rechtssicherheit unvereinbar. Es bestünde in solchen Fällen die Gefahr einer Verdunkelung der Rechtslage (MüKo § 194 Rn. 6; Pal. Überbl. vor § 194 Rn. 4).

2. Schutz des Schuldners

Darüberhinaus dient die Verjährung dem Schutz des Schuldners: Ein langer Zeitablauf hat oft eine **Verschlechterung der Beweissituation** zur Folge. Im Übrigen wäre er ohne Verjährung sehr stark in seiner Dispositionsfreiheit beeinträchtigt, da er sonst unbegrenzt Rücklagen für Risiken aus früheren Geschäften bilden müßte (MüKo § 194 Rn. 6; Pal. Überbl. vor § 194 Rn. 4; Büdenbender, JuS 1997, 482).

III. Die Abgrenzung zu ähnlichen Instituten

Der Begriff der Verjährung ist insbesondere von dem der Ausschlußfrist und der Verwirkung **abzugrenzen** (MüKo § 194 Rn. 7, 9; Pal. Überbl. vor § 194 Rn. 7, 9).

1. Die Ausschlußfristen 3

a) Liegt eine sog. Ausschlußfrist vor, so kann das betreffende Recht nur während einer bestimmten Frist geltend gemacht werden. Nach Ablauf der Frist ist der **Anspruch erloschen,** was **von Amts wegen** zu berücksichtigen ist. Dies bedeutet, daß der Schuldner sich auf die Ausschlußfrist im Prozeß nicht berufen muß.

b) Als **wichtigste Ausschlußfristen** sind zu nennen: Die Anfechtungsfrist (§§ 121, 124), die Kündigungserklärungsfrist bei außerordentlicher Kündigung eines Dienst- oder Arbeitsvertrages (§ 626 II) sowie die Ausschlagungsfrist im Falle einer Erbschaft (§ 1944).

c) Im Unterschied hierzu bewirkt die Verjährung nicht ein Erlöschen des Anspruchs, sondern nur ein **dauerndes Leistungsverweigerungsrecht** des Verpflichteten. Zudem wird sie vom Richter nicht von Amts wegen beachtet, sondern muß im Prozeß **als Einrede geltend gemacht** werden.

2. Die Verwirkung 4

a) Die Verwirkung ist **als Unterfall der unzulässsigen Rechtsausübung nach § 242** zu verstehen. Sie ist unter **zwei Voraussetzungen** gegeben (MüKo § 194 Rn. 9; Pal § 242 Rn. 87):
   - ❑ Seit der Möglichkeit der Geltendmachung eines Anspruchs oder eines Gestaltungsrechts muß eine längere Zeit verstrichen sein (sog. **Zeitmoment**) und
   - ❑ es müssen besondere Umstände vorliegen, aufgrund derer die spätere Geltendmachung gegen Treu und Glauben verstößt (sog. **Umstandsmoment**).

b) Die Verwirkung begründet ein **von Amts wegen** zu berücksichtigendes, **dauerndes Ausübungshindernis.**

c) Die Besonderheit gegenüber der Verjährung ist darin zu sehen, daß **neben** dem **Zeitmoment**, auch noch ein besonderes Umstandsmoment vorliegen muß und die Verwirkung nicht erst auf Einrede, sondern **von Amts wegen** vom Richter beachtet werden muß.

5 **IV. Prüfungsschema**

Die Prüfung der Verjährung erfolgt in 5 Schritten. Zweckmäßigerweise ist dabei die Bestimmung der Verjährungsfrist (Dauer der Verjährung) vor dem Verjährungsbeginn vorzunehmen, da letzterer je nach der Verjährungsfrist unterschiedlich ist (vgl. §§ 198 oder 201).

Prüfungsfolge bei Verjährung

1. Verjährungsfähiger **Anspruch** (§ 194).
2. Bestimmung der **Verjährungsfrist** (**Dauer** der Verjährung).
3. **Verjährungsbeginn**
4. **Verjährungsende** (evtl. Hemmung oder Unterbrechung).
5. **Geltendmachung** der Verjährung (Einrede).

Nachfolgend werden nun die einzelnen Prüfungspunkte näher untersucht:

B. Verjährungsfähiger Anspruch

6 **I.** Gem. § **194 I** unterliegen **nur Ansprüche** der Verjährung. Somit können alle anderen Rechtspositionen, die nicht als Ansprüche zu qualifizieren sind, nicht verjähren (Pal. § 194 Rn. 3).

1. Nach der **Legaldefinition** des § 194 I gilt:

Ein **Anspruch** ist das materielle **Recht,** von einem anderen ein **Tun oder** ein **Unterlassen zu verlangen.**

Beispiele: Ansprüche können u. a. auf Herausgabe, auf Erfüllung einer schuldrechtlichen Verpflichtung, auf Unterlassen oder auf Beseitigung gerichtet sein.

2. Damit stellen v. a. folgende Rechtspositionen **keine Ansprüche** dar (Pal. § 194 Rn. 3 ff.):

❑ **Gestaltungsrechte**

Sie verleihen dem Rechtsinhaber die **Befugnis**, durch einseitige, empfangsbedürftige Willenserklärung ein **Recht zu begründen, aufzuheben** oder **zu ändern**, d. h. rechtsgestaltend tätig zu werden. Sie geben jedoch nicht das Recht, ein Tun oder Unterlassen zu verlangen.

Beispiele: Wichtige Gestaltungsrechte sind die Anfechtung, die Aufrechnung, der Rücktritt und die Kündigung.

❑ **Absolute Rechte**

Absolute Rechte wirken **gegenüber jedermann** und sind deshalb keine Ansprüche. Wird jedoch ein absolutes Recht *verletzt*, so kann dies einen Anspruch begründen, der dann auch der Verjährung unterliegt.

Beispiel: Das Eigentum ist das wichtigste absolute, gegenüber jedermann wirkende Recht. Wird dieses Recht verletzt, so kann dem Eigentümer beispielsweise gem. § 823 I ein Schadensersatzanspruch gegen den Schädiger zustehen. Dieser Anspruch verjährt dann gem. § 852 I in drei Jahren.

❑ **Recht zum Besitz**

Das Recht zum Besitz verleiht eine **dauernde Befugnis**, stellt jedoch kein Anspruch dar. Bei Verletzung des Besitzrechtes entstehen aber u. U. Ansprüche, die ihrerseits der Verjährung unterliegen.

Beispiel: Der Abschluß eines wirksamen Mietvertrages begründet für den Mieter ein Besitzrecht. Wird das Besitzrecht des Mieter schuldhaft verletzt, so steht dem Mieter ein Schadensersatzanspruch aus § 823 I (berechtigter Besitz als sonstiges Recht) gegen den Schädiger zu. Dieser Anspruch verjährt gem. § 852 I in drei Jahren.

II. Bestimmte Ansprüche unterliegen nach dem Willen des Gesetzgebers **nicht** der 7
Verjährung (Pal. § 194 Rn. 11; Med. AT 103):

1. Zum einen verjähren gem. **§ 194 II** bestimmte familienrechtliche Ansprüche für die Zukunft nicht.

Beispiele: Ansprüche aus §§ 1353, 1356, 1360, 1361 unterliegen gem. § 194 II keiner Verjährung.

2. Zum anderen sieht der Gesetzgeber in wenigen **Ausnahmefällen** die Unverjährbarkeit bestimmter Ansprüche vor.

Beispiel: Unverjährbarkeit des Grundbuchberichtigungsanspruchs aus § **894** gem. § 898 sowie Unverjährbarkeit von im Grundbuch eingetragenen Rechten gem. § 902.

C. Die Bestimmung der Verjährungsfrist (Dauer der Verjährung)

I. Grundsatz

8 Die regelmäßige Verjährungsfrist beträgt gem. § **195** 30 Jahre. Sie gilt immer dann, wenn weder durch Gesetz noch durch Parteivereinbarung (vgl. § 225) eine kürzere Frist bestimmt ist. Sie ist gleichzeitig die *längste Verjährungsfrist* (Pal. § 195 Rn. 1).

Beispiel: Ansprüche aus Geschäftsführung ohne Auftrag (§§ 677 ff.), ungerechtfertigter Bereicherung (§§ 812 ff.) und Eigentümer-Besitzer -Verhältnis (§§ 985 ff.) verjähren mangels Sonderregelungen gem. § 195 in 30 Jahren.

II. Ausnahmeregelungen

Das Gesetz ordnet in einer Vielzahl von Vorschriften abweichend von § 195 eine **kürzere Verjährung** an, so daß die Regelfrist des § 195 *praktisch* die Ausnahme ist (Pal. § 195 Rn. 1).

9 **1.** Ausnahmen finden sich zum einen bei den Vorschriften die eine Regelung der einzelnen Ansprüche enthalten, also in den **besonderen Büchern des BGB** sowie in den jeweiligen **Nebengesetzen.** Hierbei sind insbesondere zu erwähnen:

- ❑ die Verjährung der speziellen **Gewährleistungsansprüche** im Kaufrecht – § 477, im Mietrecht – § 558, im Werkvertragsrecht – § 638, im Leihvertragsrecht – § 606, im Reisevertragsrecht – § 651 g,
- ❑ die Verjährung **deliktischer** Ansprüche gem. § 852,
- ❑ sowie die Verjährung der Ansprüche aus dem **Produkthaftungsgesetz** gem. § 12 ProdHaftG.

2. Zum anderen regeln die §§ **196, 197** abweichend vom Grundsatz des § 195 eine *kürzere Verjährungsfrist.*

10 a) **Die kurze Verjährung nach § 196**

- ❑ § 196 liegt der **Gedanke** zugrunde, daß *Ansprüche aus Geschäften des täglichen Lebens* regelmäßig schnell erfüllt werden, Belege oft nicht erteilt oder bald vernichtet werden (Pal. § 196 Rn. 1; Med. AT Rn. 114).
- ❑ § 196 I ordnet für bestimmte Ansprüche eine **zwei**jährige Verjährungsfrist an. In § **196 I Nr. 1, 2 und 5** sieht der Gesetzgeber jedoch hiervon wiederum *Ausnahmen* vor (vgl. die Formulierung „... es sei denn,...“), in denen gem. § 196 II eine **vier**jährige Verjährungsfrist gilt. Dies erklärt sich daraus, daß *Kaufleute und sonstige Gewerbetreibende* sich länger auf eine Inanspruchnahme einrichten und ihre Belege länger aufbewahren müssen.

  Hinweis: Kommentieren Sie sich – soweit mit Ihrer Prüfungsordnung vereinbar – neben die Nr. 1, 2 und 5 des § 196 I jeweils § 196 II.

11 b) **Die kurze Verjährung nach § 197**

- ❑ Der Regelung des § 197 liegt der **Gedanke** zugrunde, daß der Schuldner *vor* einem *übermäßigen Anwachsen von Schulden*, die dieser aus seinen laufenden Einkünften begleicht, *geschützt* werden muß (BGHZ 103, 169; Pal. § 197 Rn. 1).

- § 197 gilt für alle **regelmäßig wiederkehrenden** Leistungen, soweit sie nicht unter § 196 I Nr. 1, 6, 7, 8 oder 9 fallen (Pal. § 197 Rn. 1).

Beispiel: Der Anspruch des Vermieters gegen den Mieter auf Zahlung des Mietzinses gem. § 535 S. 2 verjährt gem. § 197 nach Ablauf von 4 Jahren. Handelt der Vermieter gewerbsmäßig, so verjährt sein Anspruch gem. § 196 I Nr. 6 dagegen in zwei Jahren.

D. Der Verjährungsbeginn

I. Grundsatz 12

Nach der Bestimmung der relevanten Verjährungsfrist und der Dauer der Verjährung ist zu untersuchen, wann die Verjährung zu laufen beginnt. **§ 198 S.1** stellt dabei folgenden **Grundsatz** auf:

Die **Verjährung beginnt mit Entstehung** des Anspruchs.

1. Der Anspruch ist entstanden, wenn er **klageweise geltend gemacht werden kann**. Hierzu ist grundsätzlich erforderlich, daß der Anspruch **fällig** ist, § 271 (BGHZ 113, 193).

2. Ein **bedingter** Anspruch unterliegt erst mit Bedingungseintritt der Verjährung (BGH NJW 1987, 2745).

3. Nach dem klaren Wortlaut des § 198 muß die Möglichkeit der Geltendmachung des Anspruchs nur **objektiv** bestehen. Dies bedeutet, daß der Verjährungsbeginn nicht davon abhängt, ob der Berechtigte vom Bestehen des Anspruchs Kenntnis hatte oder haben konnte (BGH NJW 1994, 1001).

II. Ausnahme 13

§ 201 regelt für die kurzen Verjährungsfristen der §§ 196, 197 abweichend von § 198 einen anderen Zeitpunkt als Verjährungsbeginn: Hiernach **beginnt** die Verjährung erst **mit dem Ende des Jahres**, in dem der Anspruch gem. §§ 198-200 entsteht.

Beispiel: K hat beim Pkw- Händler V am 2.5. einen Pkw gekauft. Die noch ausstehende Kaufpreisforderung des V aus § 433 II unterfällt § 196 I Nr.1, da V gem. § 1 II Nr. 1 HGB Kaufmann ist. Somit beginnt die Verjährung gem. § 201 erst am 31.12.um 24 Uhr zu laufen und endet zwei Jahre später am 31.12. um 24 Uhr.

Normzweck des § 201 ist es, Geschäftsleuten eine *ständige Kontrolle des Fristablaufs zu ersparen* (Pal. § 201 Rn. 1).

Hinweis: Kommentieren Sie § 201 jeweils neben § 196, 197, sofern dies mit der für Sie geltenden Prüfungsordnung vereinbar ist.

E. Verjährungsende, Unterbrechung, Hemmung

14 I. Das Verjährungsende

1. Das Ende der Verjährung **berechnet sich nach** den **§§ 187 ff.** unter Berücksichtigung etwaiger Sonderregelungen in den §§ 198 ff.

2. Da der Lauf einer Frist durch eine Unterbrechung oder Hemmung beeinflußt werden kann, ist bei der Berechnung der Verjährungsfrist immer zu prüfen, **ob nicht** ein **Fall einer Unterbrechung** oder **Hemmung** in Betracht kommt.

II. Die Unterbrechung der Verjährung

15 1. Die Wirkung der Unterbrechung

Bei einer Unterbrechung wird die Zeit bis zur Unterbrechung **nicht angerechnet.** Die Verjährung beginnt nach der Unterbrechung daher gem. § 217 **neu** zu laufen.

Beispiel: K hat gegen B einen Schadensersatzanspruch aus § 823 I wegen einer Eigentumsverletzung. Nach zwei Jahren erkennt B den Anspruch gegenüber K an. Dieses Anerkenntnis bewirkt gem. § 217 i.V.m. § 208, daß die 3-Jahresfrist des § 852 neu zu laufen beginnt.

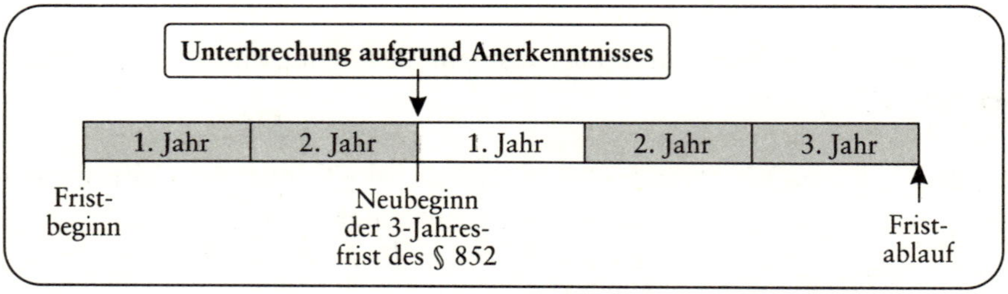

16 2. Die Gründe der Unterbrechung

Die §§ **208 – 216** regeln die in Betracht kommenden Gründe einer Unterbrechung. Hierbei sind folgende bedeutsame Fälle hervorzuheben:

❑ **Anerkenntnis** des Anspruchs gem. § 208.

❑ **Klageerhebung** gem. § 209 I, d. h. Zustellung der Klageschrift an den Beklagten (§ 253 I ZPO). Beachte aber: Im Fall des § 270 III ZPO genügt die bloße Klageeinreichung durch den Kläger (vgl. zur Parallelproblematik im Mahnverfahren den nachfolgenden Beispielsfall).

❑ **Zustellung des Mahnbescheids** gem. § 209 II Nr. 1. Beachte aber: Gem. § 693 II ZPO reicht u. U. die bloße Einreichung des Mahnantrags.

Beispielsfall: V hat gegen K eine Kaufpreisforderung, die am 31.12.1997 verjährt.

Am 28.12.1997 beantragt er beim zuständigen Gericht den Erlaß eines Mahnbescheides. Der Mahnbescheid wird dem K am 9.1.1998 zugestellt. Kann K erfolgreich die Verjährungseinrede erheben?

B kann sich erfolgreich auf die Verjährung berufen, § 222, wenn der Anspruch am 9.1.1998 bereits verjährt war. Der Ablauf der Verjährungsfrist am 31.12.1997 könnte durch die Zustellung eines Mahnbescheides gem. § 209 II Nr. 1 unterbrochen worden sein. Danach wird die Verjährung grundsätzlich jedoch nur dann unterbrochen, wenn das die Unterbrechung auslösende Ereignis noch vor Ablauf der Verjährungsfrist eintritt. Vorliegend trat dieses Ereignis – Zustellung eines Mahnbescheides – jedoch erst nach Ablauf der Verjährungsfrist ein und „ging somit an sich ins Leere". Jedoch gilt für den Fall des § 209 II Nr. 1 die Sonderregelung des § 693 II ZPO: Hiernach reicht die bloße Beantragung eines Mahnbescheides vor Ablauf des Verjährungsfrist als Unterbrechungsgrund aus, wenn die Zustellung des Mahnbescheides **„demnächst"** erfolgt. Die Zustellung erfolgt dann „demnächst", *wenn sie innerhalb einer den Umständen nach angemessenen, auch längeren Frist durchgeführt wird und der Antragsteller alles Zumutbare für die Zustellung getan hat* (BGH NJW 1993, 2811; beachte: Die gleiche Definition gilt auch im Fall des § 270 III ZPO, wo die bloße Einreichung der Klageschrift ohne Zustellung an den Beklagten genügt, falls die Zustellung „demnächst" erfolgt). Davon ist vorliegend auszugehen. Somit reicht die Beantragung eines Mahnbescheids vor Fristablauf für eine Unterbrechung aus und kann sich K nicht erfolgreich auf die Verjährung des Anspruchs berufen.

Hinweis: Kommentieren Sie sich neben § 209 I BGB die Vorschrift des § 270 III ZPO und neben § 209 II Nr. 1 BGB die Vorschrift des § 693 II ZPO – vorausgesetzt dies ist nach der für Sie geltenden Prüfungsordnung gestattet.

III. Die Hemmung der Verjährung

1. Die Wirkung der Hemmung 17

a) Bei der Hemmung wird der **Zeitraum** während dessen die Hemmung besteht, gem. § 205 **nicht angerechnet.** Nach Wegfall der Hemmung läuft die Frist **weiter.**

Beispiel: G hat gegen S einen fälligen Schadensersatzanspruch aus § 823 I. Nachdem S trotz wiederholter Aufforderung nicht zahlen kann, erklärt sich G zwei Jahre nach Entstehung des Anspruchs bereit, diesen für 6 Monate zu stunden. Die Stundung bewirkt gem. § 202, daß der Lauf der Verjährungsfrist während des Stundungszeitraums gehemmt ist. Dies

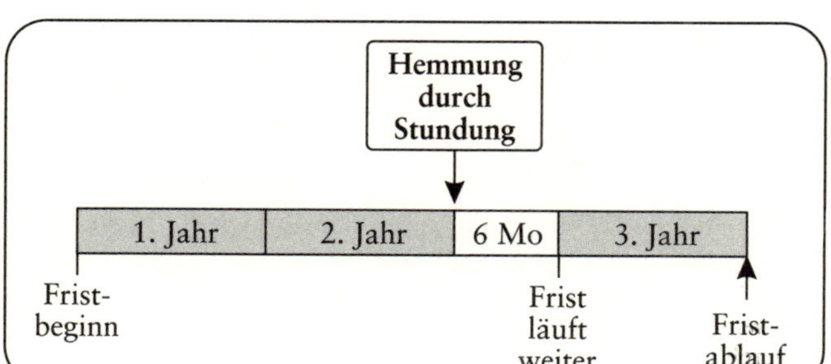

bedeutet, daß die Verjährungsfrist aus § 852 erst nach dem Ablauf der 6 Monate – für das restliche Jahr – weiterläuft.

b) Eine Besonderheit sieht der Gesetzgeber in den §§ 206, 207 vor, nämlich die sog. **Ablaufhemmung.** In diesem Fall wird nicht der Lauf der Verjährungsfrist wie bei einer Hemmung angehalten, sondern der Eintritt der Verjährung hinausgeschoben. Dies erfolgt dadurch, daß sich die *Verjährungsfrist* grundsätzlich um 6 Monate, bei einer kürzeren Frist dagegen um die Dauer dieser Frist *verlängert.*

18 **2. Die Gründe der Hemmung**

Die Gründe einer Hemmung finden sich in den **§§ 202 – 205**. Hierbei ist als examensrelevanter Fall die Hemmung wegen einer **Stundung** der Verpflichtung gem. § 202 I F 1 hervorzuheben (vgl. das oben genannte Beispiel).

F. Die Wirkung der Verjährung

19 Die Verjährung tritt ein, wenn die Verjährungsfrist unter Berücksichtigung etwaiger Hemmungen und Unterbrechungen abgelaufen ist. Die Vollendung der Verjährung hat dabei folgende wichtige **Wirkungen:**

- ❑ Mit Eintritt der Verjährung ist der Schuldner gem. § 222 I berechtigt, die Leistung auf Dauer zu verweigern. Die Verjährung führt nur zu einem **dauernden Leistungsverweigerungsrecht,** *nicht* dagegen zu einem *Erlöschen des Anspruchs.* Der Schuldner ist zur Leistungsverweigerung zwar berechtigt, jedoch nicht verpflichtet. Deshalb muß er sich im Prozeß auf die Verjährung seiner Verpflichtung berufen. Es handelt sich insoweit um eine **Einrede,** die nicht von Amts wegen vom Richter zu beachten ist, sondern vom Schuldner geltend gemacht werden muß (Pal. § 222 Rn. 1 f.; Köhler AT § 6 III 6 a).
- ❑ *Erfüllt* der Schuldner *trotz* der *Verjährung* seine Verpflichtung, so kann er das **Geleistete** gem. §§ 222 II, 813 I 2 **nicht mehr zurückfordern.** Die Forderung bleibt nämlich trotz der Verjährung weiterhin erfüllbar (Pal. § 222 Rn. 3; Köhler AT § 6 III 6 b).

G. Zusammenfassendes Prüfungsschema

Im Examen empfiehlt sich für die Prüfung der Verjährung folgendes **Schema:** 20

Prüfungsschema zur Verjährung

I. Anwendbarkeit der §§ 194 ff.: d. h. verjährungsfähiger Anspruch i. S. v. § 194.

II. Bestimmung der Verjährungsfrist (= Dauer)

1. **Grundsätzlich** gem. § **195** 30 Jahre.
2. **Ausnahmsweise** (regelmäßig) kürzere Frist gem. §§ **196, 197** sowie insbes. gem. §§ **477, 558, 606, 638, 651 g, 852.**

III. Verjährungsbeginn

1. **Grundsätzlich** gem. § **198 mit Entstehung** des Anspruchs.
2. **Ausnahmsweise** gem. § **201 mit Ablauf des Jahres.**

IV. Verjährungsende

1. **Fristberechnung gem. §§ 187 ff.** unter Berücksichtigung der Sonderregelungen in den §§ 198 ff.
2. **Berücksichtigung** von **Unterbrechung** (§§ 208 – 217) und **Hemmung** (§§ 202 – 205).

V. Geltendmachung der Verjährung

Fall 14: „Vergessenes Geld“

Fliesenleger Dieter Dicht hatte im Januar 1993 in der Pizzeria „Bella Italia“ des Bruno Bello die Toiletten neu gefliest. Die Abnahme der Arbeiten erfolgte am 04.02.1993. Die Werklohnforderung beträgt DM 12.750,– und wurde dem Bello von Dicht bis zum 24.12.1993 gestundet. Bello zahlte jedoch nicht und Dicht vergaß zunächst die Geltendmachung der Forderung. Erst im August 1997 entdeckt er die nicht bezahlte Rechnung und schickt dem Bello ein erstes Mahnschreiben, das dieser am 28.08.1997 erhält. Nach weiteren drei Mahnschreiben, die ohne Erfolg bleiben, reicht Dicht am 27.12.1997 beim zuständigen Amtsgericht einen Antrag auf Erlaß eines Mahnbescheides in Höhe seiner Forderung ein. Am 10.01.1998 wird dem Bello der Mahnbescheid zugestellt. Bello legt daraufhin gegen den Mahnbescheid Widerspruch ein und beruft sich auf die Verjährung der Werklohnforderung. Kann Dicht von Bello noch Zahlung der DM 12.750,– fordern?

Hinweis: Es ist nur die materielle Rechtslage zu prüfen. Einzelheiten zum Mahnverfahren vgl. im Band ZPO I.

Anspruch des D gegen B auf Zahlung von DM 12.750,– gem. § 631 I.

Der vertragliche Anspruch des D besteht, wenn er wirksam *enstanden* ist, nicht wieder *erloschen* ist und seiner Durchsetzung *keine Einreden* entgegenstehen.

(A) **Entstanden:**

21 Damit der vertragliche Anspruch ensteht, bedarf es einer *Einigung*, der *keine Wirksamkeitshindernisse* entgegenstehen. Außerdem muß der Anspruch *fällig* sein.

Beachte: *Diesem letzten Prüfungspunkt „Fälligkeit" ist beim Werk- bzw. Dienstvertrag besondere Aufmerksamkeit zu widmen:*

- ❑ ***Grundsätzlich*** *sind Ansprüche sofort fällig, vgl. § 271 I.*
- ❑ ***Ausnahmsweise*** *bestimmt das Gesetz eine Vorleistungspflicht einer Partei, z. B. in § 614 für den Dienstverpflichteten und in § 641 für den Werkunternehmer. Dann wird der Vergütungsanspruch erst nach erbrachter Vorleistung dieser Partei fällig.*

(I) Eine **Einigung** i.S.v. § 631 ist erfolgt.

(II) **Wirksamkeitshindernisse** sind **nicht** ersichtlich.

(III) Der Anspruch wurde gem. § 641 I 1 mit der Abnahme am 04.02.1993 **fällig.**

Dem steht auch die **Stundung** der Forderung nicht entgegen, da diese zwar die Fälligkeit hinausschiebt, aber nur eine *Einrede gegen die Geltendmachung* der Forderung bewirkt, nicht jedoch das Entstehen der Forderung hindert.

Somit ist der Anspruch aus § 631 I am 04.02.1993 entstanden.

(B) **Erlöschen:**

Fraglich ist, ob der Anspruch nicht erloschen ist. In Betracht kommen hier der Ablauf einer **Ausschlußfrist** sowie die rechtsvernichtende Einwendung der **Verwirkung.**

22 (I) **Ausschlußfrist:**

Der Anspruch könnte durch Fristablauf erloschen sein, wenn eine **Ausschlußfrist** zur Geltendmachung des Anspruchs besteht.

(1) Ausschlußfristen **für Ansprüche** enthalten z. B. die §§ 121, 124, 626 II sowie 1944.

(2) Eine Ausschlußfrist besteht **hier jedoch nicht**, insbesondere ist die *Verjährungsfrist keine Ausschlußfrist*, denn sie führt nicht zum Erlöschen des Anspruchs, sondern begründet gem. § 222 I nur ein dauerndes Leistungsverweigerungsrecht.

(II) Verwirkung: 23

Dem Anspruch könnte die Einwendung der **Verwirkung** entgegenstehen. Sie stellt einen Unterfall der *unzulässigen Rechtsausübung* nach § 242 dar (sog. venire contra factum proprium) und führt zu einer rechtsvernichtenden Einwendung, die im Prozeß von Amts wegen zu prüfen ist.

(1) **Voraussetzung** der Verwirkung ist:

(a) Ein sog. **Zeitmoment:** Erforderlich ist, daß der Berechtigte sein Recht **über einen längeren Zeitraum** hinweg **nicht geltend gemacht hat,** obwohl er dazu objektiv die Möglichkeit gehabt hätte. Nicht erforderlich ist jedoch, daß er von dieser Möglichkeit Kenntnis gehabt hat oder ihn an der Nichtgeltendmachung ein Verschulden trifft.

(b) Ein sog. **Umstandsmoment:** Die verspätete Geltendmachung muß aufgrund **besonderer Umstände des Einzelfalles** gegen Treu und Glauben verstoßen.

Dafür muß sich der Verpflichtete aufgrund des Verhaltens des Berechtigten darauf eingerichtet haben, dieser werde sein (vermeintliches) Recht nicht mehr geltend machen, und wegen des geschaffenen **Vertrauenstatbestandes** müßte die verspätete Geltendmachung eine mit Treu und Glauben unvereinbare **Härte** darstellen.

(2) **Hier** ist wohl das *Zeitmoment* erfüllt, da D über drei Jahre seine Forderung nicht geltend gemacht hat, jedoch sind keine Anhaltspunkte für *besondere Umstände* ersichtlich, aufgrund derer eine Geltendmachung des Anspruchs im Jahr 1997 als treuwidrig erscheinen würde. (Die Beweislast hierfür trifft den Verpflichteten B.) Die Verwirkung muß außerdem **auf Ausnahmefälle beschränkt** bleiben und darf **nicht zur Aushöhlung bestehender Verjährungsvorschriften** führen.

Somit liegt kein Fall der Verwirkung vor. Der Anspruch ist also nicht erloschen.

(C) Einreden:

In Betracht kommt die Einrede der **Verjährung** gem. § 222 I. Hierfür müßten die **Voraussetzungen** der Verjährung vorliegen:

(I) Anwendbarkeit der §§ 194 ff.:

Die Anwendung der Verjährungsvorschriften ist hier unproblematisch gegeben, da es sich bei dem Werklohn**anspruch** aus § 631 I um einen verjährungsfähigen Anspruch i. S. v. § 194 handelt.

(II) Bestimmung der Verjährungsfrist: 24

(1) **Grundsätzlich** beträgt die Verjährungsfrist gem. § 195 *30 Jahre.*

(2) **Spezielle kürzere Verjährungsfristen** bestehen insbesondere gem. §§ 196, 197, 477, 538, 606, 638, 852.

(a) Eine Verjährung gem. § **638** liegt hier **nicht** vor, da diese nur für

Gewährleistungsansprüche *des Bestellers* gilt. Hier geht es jedoch um die Zahlungsforderung *des Werkunternehmers*, für die in den §§ 631 ff. keine spezielle Verjährung geregelt ist.

(b) In Betracht kommt aber eine **zweijährige Verjährung gem. § 196 I Nr. 1:**

§ 196 beruht auf dem Gedanken, daß Leistungen aus Geschäften des täglichen Lebens i. d. R. bar bezahlt und Belege oft nicht erteilt oder bald vernichtet werden und sich somit *Beweisschwierigkeiten* ergeben (daher auch die Ausnahmen gem. § 196 II).

(aa) Die Werklohnforderung des Fliesenlegers D ist eine **Handwerkerforderung** i.S.v. § 196 I Nr. 1.

(bb) Gem. § 196 I Nr. 1 HS 2 dürfte die Leistung allerdings **nicht für den Gewerbebetrieb** des Schuldners erfolgt sein.

- ❑ B ist jedoch als Restaurantinhaber *Kaufmann i. S. v. § 1 II Nr. 1 HGB* und somit Gewerbetreibender (BGHZ 70, 134).
- ❑ Die Leistung des D erfolgte *für den Gewerbebetrieb* des B.

Somit gilt nicht die zweijährige Verjährung gem. § 196 I.

(c) In diesen Fällen gilt vielmehr die **vierjährige Verjährung** gem. § 196 II.

Der Anspruch des D unterliegt somit der vierjährigen Verjährung.

25 **(III) Verjährungsbeginn:**

(1) **Grundsätzlich** beginnt die Verjährung gem. § 198 I 1 **mit der Entstehung** des Anspruches. Dies wäre hier der 04.02.1993, da an diesem Tag die *Abnahme* erfolgte und der Anspruch fällig wurde.

(2) **Im Fall des § 196** beginnt jedoch die Verjährung **gem. § 201 S. 1** erst **mit dem Schluß des Jahres,** in welchem der Anspruch entstanden ist. Für diesen Fall bedeutet dies, daß die Verjährung erst am 31.12.1993 um 24.00 Uhr zu laufen beginnt.

26 **(IV) Verjährungsende:**

(1) Die Berechnung des Verjährungsendes richtet sich nach den **§§ 187 ff.** Hier würde die vierjährige Verjährungsfrist daher an sich am 31.12.1997 um 24.00 Uhr enden, vgl. § 188 II F 2.

(2) Die Verjährung könnte aber durch die *Stundung* aus dem Jahr 1993 **gehemmt** worden sein.

(a) Im Fall einer Hemmung wird der **Hemmungszeitraum gem. § 205** in die Verjährungsfrist **nicht eingerechnet**. Nach Wegfall der Hemmung läuft die Frist also weiter.

***Merke**: Der Hemmungszeitraum wird also letztlich zur Verjährungsfrist dazugerechnet.*

(b) Gem. § **202 I F 1** ist die Verjährung gehemmt, solange die Leistung **gestundet** ist.

(c) **Im vorliegenden Fall** wurde die Werklohnforderung zwar vom 04.02.1993 bis zum 24.12.1993, also für drei Monate gestundet. Dies ist jedoch ohne Bedeutung, da die Stundung **vor** dem Verjährungsbeginn gem. § 201 erfolgte. Die Hemmung kann aber erst **nach** Beginn der Verjährung wirken.

Somit wurde die Verjährung durch die Stundung nicht gehemmt.

(3) Die Verjährung könnte jedoch durch das *Mahnverfahren* **unterbrochen** worden sein. 27

(a) Im Fall der Unterbrechung **beginnt die Verjährung gem.** § **217** nach Beendigung der Unterbrechung **neu zu laufen**, während die Zeit bis zur Unterbrechung nicht angerechnet wird.

(b) **Hier** könnte die Verjährung **gem.** § **209 II Nr. 1** unterbrochen worden sein:

(aa) Die Verjährung könnte bereits durch *das Mahnschreiben vom 28.08.1997* unterbrochen worden sein. Solche Mahnungen sind jedoch **keine** Mahnbescheide i.S.v. § 209 II Nr. 1. Voraussetzung ist ein **formeller** Mahnbescheid gem. §§ 688 ff. ZPO, während Mahnungen nur **materielle** rechtsgeschäftsähnliche Handlungen i.S.d. BGB sind (vgl. § 284 I).

(bb) Die **Zustellung** des formellen Mahnbescheids im Mahnverfahren der §§ 688 ff. ZPO erfolgte erst am 10.01.1998, also **nach Ablauf** der Verjährungsfrist.

(cc) Mit der Einreichung seines Antrags auf Erlaß eines Mahnbescheides am 27.12.1997 hat D **jedoch alles ihm Zumutbare getan**, um die Verjährung zu stoppen. Die Verzögerung durch den Gerichtsablauf darf nicht zu seinen Lasten gehen. Daher wird **gem.** § **693 II ZPO** die Verjährung schon **durch die Einreichung** seines Antrags unterbrochen. Die Zustellung erfolgte **demnächst** am 10.01.1998.

Somit wurde die Verjährung am 27.12.1997 unterbrochen.

Der Anspruch des D ist noch nicht verjährt.

Ergebnis: D kann von B Zahlung der DM 12.750,– aus § 631 I verlangen.

Zusammenfassung
Zeitliche Faktoren

A. Bedingung: Nebenabrede eines Rechtsgeschäfts, wonach Rechtswirkungen von *ungewissen zukünftigen* Ereignis abhängig gemacht sind.

I. Bei **aufschiebender** Bedingung i. S. v. § 158 I hängt Wirksam*werden* des Rechtsgschäfts vom Eintritt eines ungewissen künftigen Ereignisses ab.

II. Bei **auflösender** Bedingung i. S. v. § 158 II hängt Wirksam*bleiben* des Rechtsgeschäfts vom Nichteintritt eines ungewissen zukünftigen Ereignisses ab.

B. Befristung: Nebenabrede eines Rechtsgeschäfts, wonach Rechtswirkungen von *künftigen gewissen* Ereignis abhängen.

C. Betagung: Forderung besteht zwar schon, aber ihre *Fälligkeit ist hinausgeschoben* – wichtigster Fall: *Stundung*.

D. Berechnung einer Frist:

I. Fristbeginn: § 187.

II. Fristdauer: aus Gesetz oder Parteivereinbarung.

III. Fristende: § 188 (i.V.m. § 193).

E. Verjährung gem. §§ 194 ff.: Zeitablauf, der für Verpflichteten *dauerndes Leistungsverweigerungsrecht* begründet.

I. Abgrenzung zu *Ausschlußfristen* (Erlöschengrund, Prüfung von Amts wegen) und *Verwirkung* (Unterfall der unzulässigen Rechtsausübung nach § 242, dauerndes Ausübungshindernis, Prüfung von Amts wegen).

II. Prüfungsfolge:

1. **Verjährbarer Anspruch** i.S.v. § 194.
2. **Bestimmung der Verjährungsfrist (Dauer):** §§ 195, 196, 197 sowie Sonderregelungen.
3. **Verjährungsbeginn** gem. §§ 198, 201.
4. **Verjährungsende:** Berechnung gem. §§ 187 ff. unter Einbezug der §§ 198 ff. (insbes. *Unterbrechung* und *Hemmung* beachten).
5. **Geltendmachung** der Verjährung, da Einrede.

Kontrollfragen und Übungsfälle

Zu §§ 26 – 29

1. Definieren Sie die folgenden Begriffe:
   - ❑ Bedingung (aufschiebend und auflösend)
   - ❑ Befristung
   - ❑ Betagung
2. In welchen Fällen kann ein Rechtsgeschäft nicht von einer Bedingung abhängig gemacht werden? Gibt es bei diesen Fällen wiederum Ausnahmen?
3. Was bedeutet, daß das bedingte Rechtsgeschäft sich bis zum Bedingungseintritt in einem Schwebezustand befindet?
4. Welche zwei Fälle sind bei der Bedingung bzgl. Störungen des Schwebezustandes zu unterscheiden?
5. Wie läßt sich die Bedingung von der Befristung abgrenzen?

Zu §§ 30

1. Was versteht man unter einer Frist, was unter einem Termin?
2. Wie berechnen Sie eine Frist (Prüfungsschema)?
3. Arbeitgeber A kündigt seinem Arbeitnehmer N wegen wiederholten Zuspätkommens das Arbeitsverhältnis. Die Kündigung geht N am Samstag, den 01.10. zu. N möchte gegen die Kündigung gerichtlich vorgehen und erhebt Kündigungsschutzklage. Die Klageschrift geht am Montag, den 24.10. bei Gericht ein. Ist dies rechtzeitig, wenn N innerhalb drei Wochen ab Zugang der Kündigung Klage erheben muß (vgl. § 4 Kündigungsschutzgesetz – KSchG)?

Zu § 31

1. Was versteht man unter Verjährung, wo ist sie im Gesetz geregelt und was unterliegt der Verjährung?
2. Welchen Zwecken dient die Verjährung?
3. Was unterscheidet die Verjährung von
   - ❑ einer Ausschlußfrist?
   - ❑ der Verwirkung?

4. Wie prüfen Sie die Verjährung in der Klausur?
5. Geben Sie die Verjährungsfrist für folgende Ansprüche an:
   - ❑ Anspruch auf Schadensersatz gem. §§ 989, 990.
   - ❑ Anspruch auf Minderung beim Kaufvertrag.
   - ❑ Anspruch auf Werklohnzahlung gem. § 633 I.
   - ❑ Anspruch auf Zahlung einer Wohnungsmiete gem. § 535 S. 2.
   - ❑ Anspruch auf Schadensersatz gem. § 823 II iVm. § 263 StGB.
   - ❑ Anspruch aus GoA.
6. Wann beginnt die Verjährungsfrist zu laufen (Grundsatz und Ausnahme)?
7. Worin unterscheiden sich Unterbrechung und Hemmung der Verjährung grundlegend?
8. Welche Wirkung hat die Verjährung eines Anspruches?

Kapitel 8. Sonstige zivilrechtliche Grundlagen

Literatur: Eisenhardt, Deutsche Rechtsgeschichte, 1995; Gmür, Grundriß der Deutschen Rechtsgeschichte, 1994; Kaser, Römisches Privatrecht, 1992; Mitteis/Lieberich, Deutsche Rechtsgeschichte, 1992; Schlosser, Grundzüge der Neueren Privatrechtsgeschichte, 1988.

§ 32. Entstehungsgeschichte des BGB

Im Folgenden soll ein kurzer Überblick über die Entstehungsgeschichte des BGB gegeben werden (zur Vertiefung vgl. die oben angegebene Literatur).

Das derzeit geltende Zivilrecht hat zwei Wurzeln: das **römische Recht** und das **germanisch-deutsche Recht**.

A. Das römische Recht 1

I. Ursprünglich kannte man im römischen Privatrecht das aus Gesetz und Gewohnheit gebildete *ius civile* und das *ius honorarium* (durch den Prätor erlassenes Amtsrecht). Der oströmische *Kaiser Justinian* ließ in den Jahren 528-534 n. Chr. das gesamte damals geltende römische Recht im *Corpus iuris civilis Justiniani* sammeln. Dieses bestand aus vier Teilen:

- ❑ **Institutionen:** systematisches Lehrbuch des Privat- und Prozeßrechts.
- ❑ **Digesten** oder **Pandekten:** Sammlung von Auszügen aus den Schriften der klassischen römischen Juristen (v. a. M. Sabinus und A. Papinianus).
- ❑ **Codex Justinianus:** Sammlung von Kaiserkonstitutionen.
- ❑ **Novellen:** Konstutionen nach Fertigstellung des Codex.

Das *Corpus iuris* wurde zunächst in Italien eingeführt, geriet aber bald wieder in Vergessenheit.

II. Im **11. Jahrhundert** wurde es in Oberitalien im Rahmen der Beschäftigung mit Rhetorik und Grammatik wiederentdeckt. Es entstanden erläuternde Randbemerkungen, sog. *Glossen*, die noch nicht auf die Praxis zugeschnitten waren (theoretische Rezeption = mos Italicus). Im 14. Jahrhundert haben die sog. *Postglossatoren den Corpus iuris* an die mittelalterlichen italienischen Stadtrechte angepaßt.

III. Es folgte die praktische **Rezeption des römischen Rechts in Deutschland** durch Gelehrte, die in Italien (u. a. Bologna) studiert hatten, und durch den Handel, für dessen Bedürfnisse das auf Privateigentum, Geldwirtschaft, beginnender Arbeitsteilung und Güteraustausch aufbauende römische Recht besonders geeignet war.

IV. Viele deutsche Gesetze wurden **an das neue Recht angepaßt** (Reichskammergerichtsordnung von 1495), außerdem beeinflußte es die Stadt- und Landrechtsreformen. Auch die *constitutio criminalis Carolina* (1532, Prozeßordnung) rezipierte oberitalienisches Recht.

V. Zu **Beginn des 17. Jahrhunderts** behandelte die französische Schule das römische Recht aufgrund der Quellen historisch, während die Schule der Praktiker das römische Recht durch Mitberücksichtigung des deutschen Rechts für die Praxis brauchbar zu machen suchte, sog. *usus modernus pandectarum* (Hauptvertreter: *Carpzov*); so entstand das *Gemeine Recht* (= allgemeines Recht).

2 B. Das germanisch-deutsche Recht

Neben dem subsidiär geltenden Gemeinen Recht gab es gewohnheitsrechtliche Regeln deutschrechtlichen Ursprungs.

I. Zunächst entstanden zwischen **500 – 900 n. Chr.** die *leges barbarorum* als Stammesrechte der einzelnen germanischen Völkerschaften.

II. Im **Hochmittelalter** herrschten zersplitterte Landes- und Ortsrechte und die Gottes- und Landfrieden, beschworene Einigungen zwischen Bischof und Adel bzw. König und Reichsfürsten. In dieser Zeit entstanden auch der *Sachsenspiegel* (*Eike von Repgow*, 1230) sowie *Schwabenspiegel* und *Deutschenspiegel.*

III. Im **Spätmittelalter** gab es Rechtsbücher, Stadtrechte und die Ländlichen Weistümer (zusammenfassende Aufzeichnung von Gewohnheitsrecht).

IV. Ende des 18. Jahrhunderts entstanden in einigen Ländern umfassende Kodifikationen, so in Bayern 1756 der *Codex Maximilianeus Bavaricus civilis* von *Kreitmayr* und unter dem Einfluß des Naturrechts und der Aufklärung das *Preußische Allgemeine Landrecht* von *Svarez.*

C. Die Rechtsentwicklung im 19. Jahrhundert in Deutschland 3

Die soeben aufgezeigte Rechtszersplitterung wurde durch die Einführung des *code civil* in den linksrheinischen Gebieten noch verstärkt. Daneben entwickelten sich bedeutende **Rechtsschulen:**

I. Die **Historische Schule,** die die Rechtssätze nach ihren historischen Wurzeln beurteilte und auf die Quellen zurückging. Ihr Begründer und Hauptvertreter war *F.C. von Savigny* (1779-1861).

Daneben waren auch Germanisten vertreten, die politisch hauptsächlich dem Liberalismus folgten (*Eichhorn* 1781-1854 und die *Gebr. Grimm*). Weiter entwickelt wurde die Historische Rechtsschule von *Puchtas* Begriffsjurisprudenz.

II. Die Schule der Pandektisten (oder Romanisten), die das römische Recht den modernen Anschauungen anzupassen suchte (Hauptvertreter: *Windscheid* 1817-1892, *Wächter* und *Ihering*).

D. Die Entstehung des BGB 4

I. Zur Vereinheitlichung und Vereinfachung des geltenden Privatrechts sollte ein Gesetzbuch geschaffen werden. Durch die *lex Miquel-Lasker* wurde 1873 die Gesetzgebungskompetenz des Reiches auf das gesamte bürgerliche Recht erweitert. 1874 trat die Vorkommission und 1875-1886 die 1. Kommission zusammen, deren Vorsitzender *Pape* war: in ihr hatte die Pandektenwissenschaft *Windscheids* den größten Einfluß. 1886 entstand daraus der 1. Entwurf, der v.a. von *Gierke* und *Menger* stark kritisiert wurde, da die formale Chancengleichheit den wirtschaftlich Stärkeren begünstigte und insgesamt soziale Erfordernisse zu wenig beachtet worden seien. Dennoch **trat 1900** der im wesentlichen unveränderte **2. Entwurf in Kraft,** in dem die römisch-rechtliche Tradition überwog.

II. Im Schuld- und Sachenrecht dominierte der wirtschaftliche Geist des **Liberalismus** mit den Prinzipien des individuellen Eigentums, der Vereinigungsfreiheit, Verblichkeit des Vermögens, der römisch-rechtlichen Testierfreiheit und v. a. der Vertragsfreiheit, die in § 305 nur angedeutet ist. Der **Vertragsfreiheit** mußten Institute weichen, die den Vertragspartner vor großen Übervorteilungen im bisherigen Recht schützten, wie z. B. die *clausula rebus sic stantibus* (heute nur noch in den § 321 und § 610 erhalten) und das Gebot des *pretium iustum* (= gerechter Preis).

Den Belangen des kleinen Mannes sollte mit den **Schutzvorschriften** der §§ 616-619 und der **Billigkeitshaftung** des § 829 geholfen werden.

Dank *Gierkes* Kritik fanden die germanisch-deutschrechtlichen Institute des **Gut-**

glaubensschutzes, der **Gesamthand**, der **Grundschuld** und des **Grundbuches** sowie die Regelung des § 571 Eingang ins BGB.

5 E. Prüfungsrelevante rechtsgeschichtliche Wurzeln einzelner Ansprüche

I. Schuldrecht AT

❑ cic

Rudolf v. Ihering „entdeckte" 1861 dieses Rechtsinstitut, das anschließend der BGB-Gesetzgeber in die §§ 122, 179, 307 und 309 übernahm. Später erfolgte eine Weiterentwicklung durch Rechtsprechung und Lehre.

❑ pVV

Die pVV wurde 1902 von Staub zunächst in Analogie zu den §§ 286 ff. entwickelt und später auch auch auf die §§ 280, 325, 326 gestützt.

❑ **Vertrag mit Schutzwirkung zugunsten Dritter**

Von der Rechtsprechung zunächst in Analogie zu § 328 durch ergänzende Vertragsauslegung gem. § 157 entwickelt, da deliktische Ansprüche wegen der Exculpationsmöglichkeit des § 831 nicht ausreichten; später wurde dieses Institut auch auf § 242 gestützt.

II. Schuldrecht BT

In der Sachmängelgewährleistung des Verkäufers (§§ 459 ff.) gehen die Wandelung (*actio redhibitoria*) und Minderung (*actio quantiminoris*) auf die Edikte der kurulischen Ädilen zurück, die im alten Rom die Marktgerichtsbarkeit ausübten.

Die **GoA** stammt in ihrer heutigen Ausprägung unverändert von der römisch-rechtlichen *negotiorum gestio* ab.

III. Sachenrecht

Im römischen Reich galten für die Übereignung von Grundstücken und beweglichen Sachen die gleichen Grundsätze, da das römische Recht kein Grundbuch kannte; auch ein gutgläubiger Erwerb vom Nichtberechtigten war ihm unbekannt.

Diese beiden Prinzipien des heutigen BGB entstammen dem germanischen Recht.

IV. Bereicherungsrecht

Das heutige Bereicherungsrecht ist v. a. eine Fortsetzung aus römisch-rechtlichen Spezialkondiktionen und Pandektenwissenschaft.

Condictio (= *legis actio per condictionem*) bedeutete ursprünglich, jemandem den Gerichtstermin anzusagen. Später entwickelte das römische Recht materiellrechtliche

Einzelkondiktionstatbestände. Auch kannte es im Unterschied zum heutigen Recht die *Versionsklage* (Durchgriffskondiktion).

Nach Kodifikation des BGB sah man zunächst in § 812 I 1 einen einheitlichen Rückabwicklungstatbestand und verstand die gesetzlichen Spezialkondiktionen nur als Beispiele, während bei dem Tatbestandsmerkmal „auf Kosten“ das von *F. C. von Savigny* entwickelte Kriterium der Unmittelbarkeit der Vermögensverschiebung zu prüfen war.

Caemmerer und *W. Wilburg* entwickelten dann die heutige Trennung des § 812 I 1 in die Fälle der Leistungs- und Nichtleistungskondiktion, wobei wegen des zweckbezogenen Leistungsbegriffs das Unmittelbarkeitskriterium meist nicht mehr relevant ist.

V. Erbrecht

Im heutigen Erbrecht vermischen sich das römische und deutsche Recht.

Aus dem römischen Recht entstammen die Beschränkbarkeit für Nachlaßschulden, wenn ein Inventarverzeichnis aufgestellt wird, die Universalsukzession, die Verfügung von Todes wegen und das materielle Noterbrecht (heute: §§ 2303 ff.). Nicht gefolgt ist das BGB der *hereditas iacens*, d. h. einem Zeitraum der Herrenlosigkeit der Erbschaft zwischen Todesfall und Erwerb durch den Erben.

Im germanischen Recht haftete nur die Fahrnis für die Nachlaßschulden, und die männlichen Erben hatten Vorrang vor den weiblichen.

§ 33. Grundbegriffe und wichtige Definitionen zum Zivilrecht

1 ABGABE — Die Abgabe liegt vor, wenn der Erklärende alles seinerseits Erforderliche getan hat, damit eine ➡ Willenserklärung wirksam werden kann.

- ❑ nicht empfangsbedürftige Willenserklärung: Vollendung des Erklärungsvorganges.
- ❑ empfangsbedürftige Willenserklärung: Willentliche Entäußerung in den Rechtsverkehr in Richtung auf den Empfänger, so daß unter Zugrundelegung normaler Verhältnisse mit ➡ Zugang zu rechnen ist.

ABHANDENKOMMEN — Unfreiwilliger Verlust des unmittelbaren Besitzes.

ABSTRAKTIONSPRINZIP — Nach dem Abstraktionsprinzip berührt das Fehlen oder die Unwirksamkeit des Verpflichtungsgeschäftes nicht die Wirksamkeit des Verfügungsgeschäftes (und umgekehrt); siehe auch ➡ Trennungsprinzip.

ADÄQUATE KAUSALITÄT — Jedes Ereignis, das nach dem gewöhnlichen und nicht ganz unwahrscheinlichem Verlauf der Dinge geeignet ist, einen Erfolg herbeizuführen, ist adäquat kausal.

AKZESSORIETÄT — eines dinglichen Rechts bedeutet, daß das Recht bezüglich Entstehung, Übertragung, Bestand und Erlöschen von dem Vorhandensein einer schuldrechtlichen Forderung abhängt.

ANHÄNGIGKEIT — tritt ein mit Einreichung der Klage bei Gericht; siehe auch ➡ Rechtshängigkeit.

ANWARTSCHAFTSRECHT — Der mehraktige Erwerbstatbestand eines dinglichen Rechts ist so weit erfüllt, daß der Veräußerer die Rechtsposition des Erwerbers nicht mehr einseitig zerstören kann.

ÄQUIVALENTE KAUSALITÄT — Jede Bedingung, die nicht hinweggedacht werden kann, ohne daß der Erfolg in seiner konkreten Gestalt entfiele („conditio sine qua non“), ist äquivalent kausal.

ÄQUIVALENZ — Gleichwertigkeit von Leistung und Gegenleistung beim gegenseitigen Vertrag.

ARBEITNEHMER — Person, die aufgrund eines privatrechtlichen Vertrages unselbständige, fremdbestimmte Arbeit leistet.

AUFWENDUNG	Oberbegriff für freiwillige Vermögensopfer (unfreiwillig ➡ Schaden), die allgemein gem. § 670 bzw. §§ (951), 812 ff. ersetzt werden. Wird Aufwendung auf eine Sache getätigt, liegt ➡ Verwendung vor.
BESITZ	Die vom Verkehr anerkannte tatsächliche Herrschaft einer Person über eine Sache.
BESITZDIENER	Person, die tatsächliche Gewalt über eine Sache im Rahmen eines sozialen Abhängigkeitsverhältnisses ausübt, aber selbst keinen Besitz hat.
BETRIEB	Organisatorische Einheit, innerhalb derer ein Unternehmer allein oder mit anderen durch sachliche oder immaterielle Mittel bestimmte arbeitstechnische Zwecke nicht nur zur Deckung des Eigenbedarfs fortgesetzt verfolgt.
BRINGSCHULD	Schuldart, bei der ➡ Leistungs- und ➡ Erfolgsort beim Gläubiger liegen.
C.I.C.	culpa in contrahendo, d. h. jede schuldhafte Pflichtverletzung bei der Vertragsanbahnung.
DAUERSCHULDVERHÄLTNIS	➡ Schuldverhältnis, bei dem der Umfang der Gesamtleistung von der Bestehensdauer des Schuldverhältnisses abhängt (abzugrenzen vom Raten- oder Teillieferungsvertrag, bei dem die Gesamtleistung von vornherein fessteht).
DROHUNG	Inaussichtstellen eines empfindlichen Übels, dessen Eintritt vorgeblich vom Willen des Drohenden abhängt.
EIGENSCHAFT	Alle rechtlichen oder tatsächlichen Merkmale, die einer Person oder Sache unmittelbar und auf Dauer anhaften und für die Wertbildung von Bedeutung sind, nicht aber der Wert oder Preis.
EINGRIFFSKONDIKTION	Eingriff in den Zuweisungsgehalt fremder, absolut geschützter Rechtspositionen.
EMPFANGSBOTE	Person, die zur Entgegennahme von Erklärungen tatsächlich ermächtigt ist oder nach der Verkehrsauffassung als ermächtigt gilt und hierzu bereit und imstande ist.
ERFOLGSORT	Der Ort, an dem der Leistungserfolg (das „Bewirken" der Leistung iSv. § 362 I) eintritt.
ERFÜLLUNGSGEHILFE	Person, die mit Wissen und Wollen des Schuldners als Hilfsperson in dessen Pflichtenkreis tätig wird.
ERKLÄRUNGSBEWUSSTSEIN	Bewußtsein (als Bestandteil des subjektiven Tatbestandes einer ➡ Willenserklärung), überhaupt eine rechtsge-

schäftlich relevante Erklärung abzugeben (d. h. nicht nur eine rein tatsächliche Mitteilung).

„ETWAS" I.S.V. § 812 — Jeder Vermögensvorteil im weiteren Sinne, gleich welcher Art.

FACTORING — Kauf von Forderungen durch sog. Factor (idR. Bank) gegen sofortige Wertstellung oder Kreditierung mit der Übernahme von Dienstleistungspflichten (Buchhaltung, Eintreibung der Forderungen). Unterscheide:

- ❑ echtes Factoring: Gläubiger haftet nur für den Bestand der Forderung, § 437 (Verität).
- ❑ unechtes Factoring: Gläubiger haftet auch für die Zahlungsfähigkeit der Schuldner (Bonität).

FEHLER — Abweichung der tatsächlichen (Ist-)Beschaffenheit von der vertraglich geschuldeten (Soll-)Beschaffenheit (subjektiver Fehlerbegriff).

FEHLERIDENTITÄT — Derselbe Umwirksamkeitsgrund betrifft sowohl das Verpflichtungs- als auch das Verfügungsgeschäft.

GATTUNGSSCHULD — Schuldart, bei der der Leistungegenstand nur nach allgemeinen Gattungsmerkmalen (Zahl, Gewicht, Sorte) bestimmt ist.

GESCHÄFTSFÄHIGKEIT — Fähigkeit, Rechtsgeschäfte selbständig voll wirksam vorzunehmen

GESCHÄFTSWILLE — Wille (als Bestandteil des subjektiven Tatbestandes einer ➡ Willenserklärung), eine ganz bestimmte Rechtsfolge herbeizuführen.

GEWERBE — Jede nach außen gerichtete, planmäßige, selbständige und erlaubte Tätigkeit mit Gewinnerzielungsabsicht mittels kaufmännischer oder technischer Fähigkeiten, nicht aber: freie Berufe, Künstler und Wissenschaftler.

HALTER I.S.V. § 7 I STVG — Person, die das Kfz. auf eigene Rechnung in Gebrauch hat und die zum Gebrauch notwendige Verfügungsgewalt ausübt.

HANDLUNGSWILLE — Allgemeiner Wille (als Bestandteil des subjektiven Tatbestandes einer ➡ Willenserklärung), überhaupt irgendwie tätig zu werden.

HAUPTLEISTUNGSPFLICHTEN — Pflichten aus einem ➡ Schuldverhältnis, um derentwillen das Schuldverhältnis abgeschlossen wurde.

HOLSCHULD — Schuldart, bei der ➡ Leistungs- und ➡ Erfolgsort beim Schuldner liegen.

IRRTUM	Unbewußtes Auseinanderfallen von objektiv Erklärten und subjektiv Gewollten.
LEASING	Zeitweilige Gebrauchsüberlassung von Sachgütern (oder Arbeitskraft). Rechtlich gesehen Mietvertrag (oder Pacht) mit atypischer Gefahrtragung.
LEISTUNG	Jede gewollte, zweckgerichtete Vermehrung fremden Vermögens.
LEISTUNGSGEFAHR	Risiko des Schuldners, trotz Untergangs der geschuldeten Sache nochmals leisten zu müssen.
LEISTUNGSORT	Der Ort, an dem der Schuldner die geschuldete Leistungshandlung (= das „seinerseits Erforderliche" i.S.v. § 243 II) vorzunehmen hat (vom Gesetz auch als Erfüllungsort bezeichnet, vgl. §§ 447 I, 644 II; 29 ZPO).
LEISTUNGSZEIT	Zeitpunkt, zu dem der Gläubiger die Leistung fordern darf (= Fälligkeit) bzw. der Schuldner sie erbringen darf (= Erfüllbarkeit).
MAHNUNG	Die bestimmte und dringende Aufforderung zur Leistung.
MANGEL	Oberbegriff für ➡ Fehler und zugesicherte Eigenschaft (➡ Zusicherung).
MANGELFOLGE-SCHADEN	Schaden, den eine mangelhafte Kaufsache bzw. Werk an anderen Rechtsgütern des Käufers/Bestellers als an der Sache selbst verursacht.
MANGELSCHADEN	Schaden, der sich aus der Mangelhaftigkeit an der Kaufsache bzw. dem Werk selbst ergibt, einschließlich des entgangenen Gewinns.
NEBENLEISTUNGS-PFLICHTEN	Pflichten aus einem ➡ Schuldverhältnis, der die Vorbereitung, Durchführung und Sicherung der Hauptleistungspflichten dienen.
NEBENPFLICHTEN	Aufklärungs-, Treue- und Schutzpflichten, die – im Gegensatz zu ➡ Haupt- und ➡ Nebenleistungspflichten – nicht selbständig einklagbar sind.
NICHTBERECHTIG-TER	Person, die – ohne Befugnis dazu zu haben – über ein fremdes Recht im eigenen Namen verfügt.
OBLIEGENHEIT	Gebotene Maßnahmen im eigenen Interesse, deren Erfüllung nicht verlangt werden kann, bei deren Mißachtung aber Rechtseinbußen (Verlust oder Minderung einer eigenen Rechtsposition) auftreten können.
ORGAN I.S.V. § 31	Neben Vorstand, Vorstandsmitgliedern und verfassungsmäßigen Vertretern jeder, der wesensmäßige Funktionen

	der juristischen Person selbständig und eigenverantwortlich ausübt und insoweit Repräsentationsfunktion hat.
PARTEIFÄHIGKEIT	Fähigkeit, im Prozeß Kläger oder Beklagter zu sein.
PREISGEFAHR	Risiko des Gläubigers, trotz Ausbleibens der Leistung die Gegenleistung weiterhin erbringen zu müssen.
PROZEßFÄHIGKEIT	Fähigkeit, im Prozeß selbst oder durch Vertreter zu handeln.
PROZESSFÜHRUNGS-BEFUGNIS	Befugnis, ein behauptetes Recht im eigenen Namen geltend zu machen.
PVV	positive Vertragsverletzung, d. h. jede schuldhafte Pflichtverletzung, die weder vom Gewährleistungsrecht noch von den Unmöglichkeits- oder Verzugsregeln erfaßt wird.
REALAKT	Willensbetätigungen rein tatsächlicher Art, die kraft Gesetzes eine Rechtsfolge auslösen (Abgrenzung zur ➡ rechtsgeschäftsähnlichen Handlung: keine Erklärung)
RECHTSBINDUNGS-WILLE	Innerer Wille des Erklärenden, eine rechtliche Bindung eingehen zu wollen (Bestandteil des objektiven Tatbestandes einer ➡ Willenserklärung).
RECHTSFÄHIGKEIT	Die Fähigkeit, Träger von Rechten und Pflichten zu sein.
RECHTSGESCHÄFT	Tatbestand aus mindestens einer Willenserklärung, an den die Rechtsordnung Rechtsfolgen knüpft, weil sie gewollt sind.
RECHTSGESCHÄFTS-ÄHNLICHE HANDLUNG	Erklärungen, die auf einen rein tatsächlichen Erfolg gerichtet sind und deren Rechtsfolgen kraft Gesetzes eintreten (Abgrenzung zum ➡ Rechtsgeschäft: Rechtsfolge tritt ohne Rechtsfolgewillen ein).
RECHTSHANDLUNG	Oberbegriff für ➡ rechtsgeschäftsähnliche Handlung und ➡ Realakt. Gemeinsames Merkmal (in Abgrenzung zum ➡ Rechtsgeschäft): Rechtswirkungen treten kraft Gesetzes ein.
RECHTSHÄNGIG-KEIT	tritt ein mit Klageerhebung, also mit Zustellung der Klageschrift an den Beklagten; siehe auch ➡ Anhängigkeit.
SCHADEN	Jede unfreiwillige Einbuße an Rechtsgütern einer Person. Siehe auch ➡ Aufwendung.
SCHICKSCHULD	Schuldart, bei der der ➡ Leistungsort beim Schuldner und der ➡ Erfolgsort beim Gläubiger liegen.

SCHULDVERHÄLTNIS	Rechtsbeziehung zwischen (mindestens) zwei Personen, kraft derer der Gläubiger berechtigt ist, vom Schuldner eine Leistung zu fordern. Unterscheide: ❑ Schuldverhältnis im engeren Sinn: der einzelne Anspruch i.S.v. § 241. ❑ Schuldverhältnis im weiteren Sinn: die Gesamtheit aller Rechte und Pflichten zwischen den Parteien.
SCHUTZGESETZ I.S.V. § 823 II	Jede Rechtsnorm i.S.v. Art. 2 EGBGB, die ihrem Zweck nach nicht nur die Allgemeinheit, sondern auch Individualinteressen schützt.
SITTENWIDRIGKEIT	Verstoß gegen das Rechts- und Anstandsgefühl aller billig und gerecht Denkenden.
STREITGEGENSTAND	setzt sich nach h. M. zusammen aus Antrag und zugrundeliegendem Lebenssachverhalt.
STÜCKSCHULD	Schuldart, bei der der Leistungsgegenstand individuell bestimmt ist.
SYNALLAGMA	Liegt vor, wenn jede Partei ihre Leistung nur deshalb verspricht, weil auch die andere sich zu einer Leistung verpflichtet („do ut des“; Geltung der §§ 320 ff.).
TRENNUNGSPRINZIP	Zwischen Verpflichtungs- und Verfügungsgeschäft ist strikt zu trennen, d. h. für die Erfüllung des Verpflichtungsgeschäftes ist als weiteres Rechtsgeschäft das Verfügungsgeschäft erforderlich; siehe auch ➡ Abstraktionsprinzip.
UNENTGELTLICHKEIT	Verträge sind unentgeltlich, wenn sie Leistungspflichten begründen, denen keine Gegenleistung gegenübersteht.
UNIVERSALSUKZESSION	Übergang der Erschaft als Ganzes mit allen vermögensrechtlichen Positionen auf den oder die Erben.
UNTERNEHMEN	Organisatorische Einheit, die durch den wirtschaftlichen oder ideellen Zweck bestimmt wird, dem ein oder mehrere Betriebe dienen.
VERBOTSGESETZ	Jede materielle Norm i.S.v. Art. 2 EGBGB, die ein nach der Rechtsordnung grundsätzlich mögliches Rechtsgeschäft wegen seines Inhalts oder der Umstände seines Zustandekommens untersagt.
VERFÜGUNG	Alle Rechtsgeschäfte, durch die bestehende Rechte aufgehoben, übertragen, belastet oder inhaltlich verändert werden.
VERRICHTUNGSGEHILFE	Person, die mit Wissen und Wollen des Schuldners weisungsgebunden in dessen Interesse tätig wird.

VERWENDUNG	➡ Aufwendungen auf eine Sache, die notwendig (objektiv erforderlich), nützlich (wertsteigernd) oder Luxus (ohne Verkehrswertsteigerung) sind. Ersatz gem. §§ 994 ff.
WILLENSERKLÄRUNG	Willensäußerung, die auf die Herbeiführung einer bestimmten Rechtsfolge gerichtet ist.
ZUGANG	❑ Mündliche ➡ Willenserklärung unter Anwesenden: akustisch richtige Vernehmung durch den Empfänger. ❑ Schriftliche ➡ Willenerklärung unter An- und Abwesenden: Eintritt in den Machtbereich und Kenntnisnahme unter normalen Verhältnissen zu erwarten.
ZUSICHERUNG	Ausdrückliche oder stillschweigende Erklärung, für den Bestand einer Eigenschaft und alle Folgen ihres Fehlens einstehen zu wollen; abzugrenzen von Anpreisungen und Beschaffenheitsangaben.

§ 34. Wichtige lateinische Ausdrücke im Zivilrecht

ACCIDENTIALIA NEGOTII	(zufällige) Nebenbestimmung eines Vertrages, die über die gesetzliche Regelung hinausgeht 1
ACTIO PRO SOCIO	Klage eines Gesellschafters im eigenen Namen gegen einen Mitgesellschafter auf Leistung an die Gesellschaft
ALIUD	etwas anderes (relevant z. B. bei der Abgrenzung Fehler – aliud bei §§ 459 I, 480)
A POSTERIORI	im nachhinein
A PRIORI	von vornherein
ARGUMENTUM A MAIORE AD MINUS	erst-recht-Schluß vom größeren zum kleineren
ARGUMENTUM A MINORE AD MAIUS	erst-recht-Schluß vom kleineren zum größeren
ARGUMENTUM E CONTRARIO	Umkehrschluß
BREVI MANU TRADITIO	Übergabe „kurzer Hand" i.S.v. § 929 S. 1
CAUSA	Rechtsgrund, Zweckbestimmung
CESSIO LEGIS	Forderungsübergang kraft Gesetzes (z. B. §§ 774, 1250 etc.)
CLAUSULA REBUS SIC STANTIBUS	Klausel „unter gleichbleibenden Verhältnissen"
(STELLVERTRETENDES) COMMODUM	Ersatzvorteil oder Ersatzanspruch (vgl. § 281)
COMMODUM EX RE	Ersatz für gestohlene oder zerstörte Sache (z. B. Versicherungsanspruch)
COMMODUM EX NEGOTIATIONE	Entgelt, das der Schuldner durch ein Rechtsgeschäft für die Sache erhalten hat
CONDICTIO	Bereicherungsanspruch
CONDICTIO INDEBITI	Bereicherungsanspruch wegen Leistung ohne Rechtsgrund (§ 812 I 1 F 1)
CONDICTIO OB CAUSAM FINITAM	Bereicherungsanspruch wegen Wegfall des Rechtsgrundes (§ 812 I 2 F 1)

CONDICTIO OB REM (= CAUSA DATA CAUSA NON SECUTA)	Rückforderungsanspruch wegen Zweckverfehlung (§ 812 I 2 F 2)
CONDITIO	Bedingung
CONDITIO SINE QUA NON	Bedingung „ohne die nicht" (Äquvalenz)
CONTRA LEGEM	gegen das Gesetz, gegen den Gesetzeswortlaut
CULPA IN CONTRAHENDO	Verschulden bei Vertragsschluß
DE LEGE FERENDA	nach (zukünftig) wünschenswertem, zu erlassendem Gesetz
DE LEGE LATA	nach geltender Rechtslage
DILIGENTIA QUAM IN SUIS	Sorgfalt wie in eigenen Angelegenheiten (§ 277)
DOLO FACIT, QUI PETIT, QUOD STATIM REDDITURUS EST	derjenige handelt rechtsmißbräuchlich, der etwas fordert, was er (aus einem anderen Grunde) alsbald wieder zurückzugeben hätte (§ 242)
DOLUS (DIRECTUS)	(direkter) Vorsatz
DOLUS EVENTUALIS	bedingter Vorsatz
ESSENTIALIA NEGOTII	Wesensbestandteile eines Vertrages
EX NUNC	Wirkung ab sofort (für die Zukunft)
EX TUNC	Wirkung von damals, sog. Rückwirkung, vgl. § 142 I
FALSA DEMONSTRATIO NON NOCET	eine falsche Bezeichnung schadet nicht (wenn der wirkliche Wille erkennbar bzw. feststellbar ist)
IMPOSSIBILIUM NULLA EST OBLIGATIO	zu etwas Unmöglichem kann man nicht verpflichtet werden (vgl. § 275 I)
IN PARI TURPITUDINE MELIOR EST CAUSA POSSIDENTIS	bei beiderseitigem Verstoß (gegen die guten Sitten oder das Gesetz) ist der Besitzende in der besseren Lage; Fall des § 817 S. 2
INVITATIO AD OFFERENDUM	Aufforderung zur Abgabe eines Angebotes
LEX SPECIALIS	Spezialvorschrift
NASCITURUS	ungeborenes Kind
NONDUM CONCEPTUS	noch nicht gezeugtes Kind

OBLIGATIO	Verpflichtung
PACTA SUNT SERVANDA	Verträge sind einzuhalten
PACTUM DE NON PETENDO	Abrede, den Schuldner wegen einer bestehenden Schuld nicht in Anspruch zu nehmen
PRIMA FACIE	nach dem ersten Anschein
PROTESTATIO FACTO CONTRARIA	unbeachtliche Erklärung gegen die Bedeutung eines eindeutigen Verhaltens
RATIO LEGIS	Normzweck
SOLVENDI CAUSA	zahlungshalber
SPECIES	bestimmte Einzelsache (im Gegensatz zur Gattung)
VENIRE CONTRA FACTUM PROPRIUM	Zuwiderhandlung gegen das frühere eigene Verhalten

Antworten zu den Kontrollfragen

Zu § 1

1. Die Stellvertretung hat die Wirkung, als hätte der vertretene Geschäftsherr das Rechtsgeschäft des Vertreters selbst vorgenommen.
   (§ 1 Rn. 2)

2. – Aktivvertretung: Abgabe einer den Geschäftsherrn betreffenden Willenserklärung,
     § 164 I 1.
   – Passivvertretung: Empfang einer den Geschäftsherrn betreffenden Willenserklärung,
     § 164 III.
   (§ 1 Rn. 2)

3. – Vertretergeschäft: Rechtsgeschäft zwischen Vertreter und Geschäftsgegner, wirkt unmittelbar für und gegen den Vertretenen.
   – Bevollmächtigung: Begründung der Vollmacht durch einseitige empfangsbedürftige Willenserklärung gegenüber Geschäftsgegner oder Vertreter.
   – Grundverhältnis: Das der Bevollmächtigung zugrundeliegende Rechtsverhältnis zwischen Geschäftsherr und Vertreter.
   (§ 1 Rn. 3–6)

4. – Repräsentationsprinzip: Trennung zwischen Rechtsgeschäft an sich und seinen Wirkungen: Ersteres wird allein vom Vertreter vorgenommen; letztere treffen nur den Geschäftsherrn.
   – Offenkundigkeitsprinzip: Der Vertreter muß erkennbar im Namen des Geschäftsherrn auftreten.
   – Akstraktionsprinzip: Die Vertretungsmacht ist streng von dem ihr zugrundeliegenden Rechtsverhältnis zu trennen; Fehlerunabhängigkeit.
   (§ 1 Rn. 7–10)

5. – Botenschaft: zu unterscheiden ist:
     ❑ Aktivvertreter (gibt eigene Willenserklärung ab) ⇔ Erklärungsbote (übermittelt fremde Willenserklärung).
     ❑ Passivvertreter (Willenserklärung geht unmittelbar in Person des Vertreters mit Wirkung für und gegen den Geschäftsherrn zu) ⇔ Empfangsbote (Willenserklärung geht Geschäftsherrn erst zu im Zeitpunkt üblicher Weiterleitung).
   – mittelbare Stellvertretung: Handelnder schließt Rechtsgeschäft im eigenen (nicht im fremden) Namen im Interesse und für Rechnung des Geschäftsherrn.

- Erfüllungsgehilfenschaft: Zurechnung von schuldhaften Pflichtverletzungen, nicht von Willenserklärungen.

(§ 1 Rn. 11–16)

Zu § 2

1. siehe § 2 Rn. 1
2. – unmittelbar für Willenserklärungen;
   – analog für geschäftsähnliche Handlungen;
   – nicht auf Realakte.

   (§ 2 Rn. 2)
3. Nein! Bei sog. höchstpersönlichen Rechtsgeschäften ist Stellvertretung unzulässig, so auch bei der Eheschließung (vgl. § 13 EheG).

   (§ 2 Rn. 4)
4. – Die Abgrenzung ist vorzunehmen im Wege der Auslegung gem. §§ 133, 157 aus Sicht des Erklärungsempfängers, arg.: Verkehrsschutz.
   – Entscheidendes Abgrenzungskriterium: Entscheidungsspielraum nach dem äußeren Erscheinungsbild:
     - ❑ Auftreten mit Entscheidungsspielraum, d. h. Abgabe einer eigenen, selbst formulierten Willenserklärung: Vertreter.
     - ❑ Auftreten ohne Entscheidungsspielraum, d. h. lediglich Übermittlung einer vorgefertigten Willenserklärung: Erklärungsbote.

   (§ 2 Rn. 9)
5. – Zurechnung von Willensmängeln:
     - ❑ Vertretung: Grds. nur Willensmängel bzw. Kenntnis / Kennenmüssen des Vertreters maßgeblich, § 166 I; Ausnahme: § 166 II.
     - ❑ Botenschaft: Maßgeblich ist allein Person des Geschäftsherrn; Ausnahme: § 120

   (§ 2 Rn. 11)

   – Zugang von Willenserklärungen:
     - ❑ Empfangsvertretung: Zugang in Person des Vertreters wirkt unmittelbar für und gegen den Geschäftsherrn, § 164 III i.V.m. I.
     - ❑ Empfangsbote: Zugang erst in dem Zeitpunkt, in dem unter normalen Umständen mit der Weiterleitung zu rechnen ist.

   (§ 2 Rn. 12)
6. – Variante 1: Fall des abweichenden Auftretens im Rahmen der Boten- bzw. Vertretungsmacht: B gibt vor, Bote zu sein, obwohl er eigentlich Vertreter ist, hält sich aber an den ihm erteilten Auftrag zum Kauf eines Neuwagens. Der Geschäftsherr ist gegenüber dem Geschäftsgegner trotz Nichtvorliegen einer Willenserklärung gebunden; arg.: Letztlich kommt es dem Geschäftsherrn

nicht darauf an, wie die Hilfsperson nach außen auftritt, solange sie sich im Rahmen ihrer Vertretungsmacht bewegt.

- Variante 2: Fall des abweichenden Auftretens ohne Boten- bzw. Vertretungsmacht: B gibt vor, Bote zu sein, obwohl er Vertreter ist, und weicht vom erteilten Auftrag ab (Kauf eines Gebraucht- statt eines Neuwagens). Da die Abweichung aus Versehen geschieht, findet § 120 entsprechende Anwendung; arg.: Vergleichbarkeit zwischen Boten, der aus Versehen unrichtige Erklärung abgibt, und ursprünglich als Vertreter eingesetzter, aber als Bote auftretender Person, die aus Versehen vom Auftrag abweicht.

(§ 2 Rn. 14, 16)

7. – Zweck: Schutz des Geschäftsgegners.
   – Die Offenkundigkeit kann sich ergeben (vgl. § 164 I 2):
     ❑ aufgrund ausdrücklicher Erklärung;
     ❑ aus den Umständen.

   (§ 2 Rn. 19)

8. Das Rechtsgeschäft wirkt gem. § 164 II für und gegen den Vertreter selbst, und zwar in Form eines unanfechtbaren Eigengeschäftes.

   (§ 2 Rn. 22)

9. – verdecktes Geschäft für den, den es angeht;
   – Geschäft mit dem Inhaber eines Gewerbebetriebes;
   – Handeln unter fremden Namen (sog. Identitätstäuschung).

   (§ 2 Rn. 23)

10. Ein Vermieterpfandrecht könnte sich aus §§ 559 S. 1, 580 ergeben, soweit es sich bei dem Kommentar um eine eingebrachte Sache des Mieters handelt, d. h. diese im Eigentum des Larenz steht.
    Problematisch ist hier, zwischen wem die dingliche Einigung zustande gekommen ist: Buchhändler - Maunz oder Buchhändler - Larenz.
    ❑ Da keine Offenlegung der Vertretung erfolgt ist, liegt an sich gem. § 164 II ein unanfechtbares Eigengeschäft des Larenz vor, so daß dieser Eigentümer geworden wäre.
    ❑ Aber: Bei Bargeschäften des täglichen Lebens ist dem Verkäufer die Person des Geschäftsgegners regelmäßig gleichgültig, d. h. trotz fehlender Offenlegung wirkt das Geschäft unmittelbar für und gegen den Vertretenen (also Maunz).

    Damit ist sowohl die schuldrechtliche als auch die dingliche Einigung zwischen dem Buchhändler und Maunz zustande gekommen.
    Ergebnis: Larenz ist nicht Eigentümer des Kommentars, es handelt sich also nicht um eine eingebrachte Sache, ein Vermieterpfandrecht des Kriegnichtgenug besteht nicht.

    (§ 2 Rn. 24–27)

11. – Problematisch ist, daß G seine Vertreterstellung nicht offengelegt hat. Damit liegt an sich gem. § 164 II ein unanfechtbares Eigengeschäft des G vor.
– Aber: Nach den Grundsätzen des Geschäftes mit dem Inhaber eines Gewerbebetriebes kann hier vom Offenkundigkeitsprinzip eine Ausnahme gemacht werden. Denn bei solchen unternehmensbezogenen Rechtsgeschäften wollen beide Partner mit Wirkung für und gegen den Geschäftsinhaber abschließen.
Ergebnis: H kann vom Inhaber der Firma den Werklohn verlangen.
(§ 2 Rn. 28)

12. In beiden Fällen gibt der Handelnde vor, eine andere Person zu sein:
– Namenstäuschung: Handelnder tritt mit Allerweltsnamen auf, mit dem der Geschäftsgegner keine bestimmte Identität verbindet: Eigengeschäft des Handelnden.
– Identitätstäuschung: Handelnder tritt unter Namen auf, der dem Geschäftsgegner die Identität einer bestimmten Person vortäuscht: §§ 164 ff. gelten analog.
(§ 2 Rn. 29)

13. – rechtsgeschäftlich (= Vollmacht);
– gesetzlich;
– organschaftlich;
– Rechtsscheinvollmacht.
(§ 2 Rn. 38)

14. – Zuerst: Bestand der Vollmacht zum Zeitpunkt des Vertretergeschäftes.
– Dann: Deckt der Umfang der Vollmacht das konkrete Vertretergeschäft?
(§ 2 Rn. 37)

15. – Definition: Vollmacht ist die vom Geschäftsherrn qua Rechtsgeschäft erteilte Vertretungsmacht.
(§ 2 Rn. 39)
– Erteilung der Vollmacht durch grundsätzlich formfreie, einseitige, empfangsbedürftige, ausdrückliche oder konkludente Willenserklärung des Geschäftsherrn :
❑ gegenüber dem Vertreter; sog. Innnenvollmacht (§ 167 I F 1);
❑ gegenüber dem Geschäftsgegner; sog. Außenvollmacht (§ 167 I F 2);
❑ durch bewußte Erklärung an die Öffentlichkeit (h. M.; dann keine empfangsbedürftige Willenserklärung).
(§ 2 Rn. 40)
– Erlöschen der Vollmacht:
❑ Erlöschen nach dem Inhalt der Bevollmächtigung;
❑ Erlöschen nach dem Grundverhältnis, § 168 S. 1;
❑ Erlöschen durch Widerruf der Vollmacht, § 168 S. 2.
(§ 2 Rn. 43)

16. – Grundsatz: Die Erteilung der Vollmacht ist formfrei, § 167 II.
    – Ausnahmen:
      ❑ rechtsgeschäftliche Vereinbarung der Formbedürftigkeit;
      ❑ Formbedürftigkeit ausdrücklich gesetzlich angeordnet;
      ❑ Widerspruch zwischen formloser Bevollmächtigung und Zweck der für das Vertretergeschäft vorgeschriebenen Form, so daß § 167 II teleologisch zu reduzieren ist. Voraussetzungen:
        • Formvorschrift mit Warnfunktion;
        • formlose Bevollmächtigung bindet in gleicher Weise wie Abschluß des formbedürftigen Vertretergeschäftes.

    (§ 2 Rn. 41)

17. – Spezialvollmacht: für bestimmte Rechtsgeschäfte;
    – Art- oder Gattungsvollmacht: für bestimmte Art von Rechtsgeschäften;
    – Generalvollmacht: für alle nicht völlig außergewöhnlichen Rechtsgeschäfte.

    (§ 2 Rn. 48)

18. Nein! Lediglich der Umfang der rechtsgeschäftlich erteilten Vollmacht wird gesetzlich festgelegt.

    (§ 2 Rn. 49)

19. – Hauptvertreter erteilt Untervertreter im Namen des Geschäftsherrn Untervollmacht.
    – Hauptvertreter erteilt Untervertreter im eigenen Namen Untervollmacht (Vertreter des Vertreters; Zulässigkeit strittig).
    – Wirksamkeit der Untervertretung:
      ❑ wirksam erteilte Hauptvollmacht;
      ❑ Hauptvertreter zur Unterbevollmächtigung befugt;
      ❑ wirksam erteilte Untervollmacht.

    (§ 2 Rn. 50)

20. §§ 1626, 1629: gesetzliche Vertretungsmacht der Eltern für ihre Kinder.

    (§ 2 Rn. 54)

21. – Objektiver Rechtsscheinstatbestand: Vorliegen von Umständen, die einen Rechtsschein erzeugen.
    – Zurechenbarkeit des Rechtsscheins: Zurechenbare Veranlassung des Rechtsscheins durch den, zu dessen Lasten der Gutglaubensschutz geht.
    – Schutzwürdigkeit des Dritten:
      ❑ Kausalität zwischen Rechtsschein und Abschluß des Rechtsgeschäftes.
      ❑ Gutgläubigkeit:
        • Gutglaubensgegenstand: Bezugspunkt des guten Glaubens.
        • Gutglaubensmaßstab: Grad des guten Glaubens.
        • Gutglaubenszeitpunkt: Zeitpunkt, bis zu dem guter Glaube mindestens vorliegen muß.

    (§ 2 Rn. 57)

22. – Anwendungsbereich:
   - ❑ Gem. Wortlaut Schutz des guten Glaubens an Fortbestand einer wirksam erteilten Vollmacht.
   - ❑ Analog, falls Vollmacht von Anfang an nicht bestand.

   (§ 2 Rn. 60)

   – Voraussetzungen:
   - ❑ Objektiver Rechtsscheinstatbestand gem. Inhalt der §§ 170 - 172.
   - ❑ Zurechenbarkeit des Rechtsscheins: Geschäftsfähigkeit seitens des Geschäftsherrn und Handeln mit Kundgabewillen.
   - ❑ Schutzwürdigkeit des Geschäftsgegners: Gutgläubigkeit gem. § 173:
     - Gegenstand: (Fort-) Bestand der Vollmacht.
     - Maßstab: Kein Kennen oder Kennenmüssen der fehlenden Vollmacht.
     - Zeitpunkt: Vornahme des Vertretergeschäftes.

   (§ 2 Rn. 61)

23. – Duldungsvollmacht: Geschäftsherr läßt wissentlich einen anderen als Vertreter auftreten, ohne diesen ausdrücklich dazu ermächtigt zu haben.

   – Anscheinsvollmacht: Geschäftsherr hätte Auftreten eines anderen als Vertreter bei pflichtgemäßer Sorgfalt erkennen und verhindern können.

   (§ 2 Rn. 62, 63)

24. – Duldungsvollmacht:
   - ❑ Dogmatische Begründung: echte Rechtsscheinsvollmacht (h. M.), a. A. konkludent erteilte Außenvollmacht.
   - ❑ Voraussetzungen:
     - Objektiver Rechtsscheinstatbestand: Wiederholtes, mehrmaliges Auftreten während gewissen Zeitraumes.
     - Zurechenbarkeit: Kenntnis und Duldung trotz Verhinderungsmöglichkeit; Geschäftsfähigkeit.
     - Schutzwürdigkeit des Geschäftsgegners: Kausalität des Rechtsscheins und Redlichkeit analog § 173.

   – Anscheinsvollmacht:
   - ❑ Dogmatische Begründung: echte Rechtsscheinsvollmacht (h. M.), a. A. lehnt Rechtsfigur ab.
   - ❑ Voraussetzungen:
     - Objektiver Rechtsscheinstatbestand: Wiederholtes, mehrmaliges Auftreten während gewissen Zeitraumes.
     - Zurechenbarkeit: Kenntnis- und Verhinderungsmöglichkeit.
     - Schutzwürdigkeit des Geschäftsgegners: Kausalität des Rechtsscheins und Redlichkeit analog § 173.

   (§ 2 Rn. 64–68)

25. – Verbot des Insichgeschäftes, § 181;
- Grundsätze vom Mißbrauch der Vertretungsmacht;
- spezielle Grenzen, z. B. §§ 1629 II, 1795; 1643.

(§ 2 Rn. 69)

26. – Tätigwerden eines Vertreters.
- Vornahme eines Insichgeschäftes:
  - ❑ Selbstkontrahieren oder
  - ❑ Mehrvertretung
- Kein ausnahmsweise zulässiges Insichgeschäft:
  - ❑ Gestattung des Insichgeschäftes durch Rechtsgeschäft oder
  - ❑ Insichgeschäft dient ausschließlich der Erfüllung einer Verbindlichkeit.
- Rechtsfolge bei Verstoß: Schwebende Unwirksamkeit des Rechtsgeschäftes, § 177.

(§ 2 Rn. 71–76)

27. Problematisch ist, ob nicht § 181 der Wirksamkeit entgegensteht. Da jedoch der vertretene Sohn hier offenkundig nicht schutzbedürftig ist (das Geschäft ist für ihn lediglich rechtlich vorteilhaft), ist analog § 107 eine teleologische Einschränkung des § 181 i.V.m. §§ 1629 II, 1795 II geboten. Der Schenkungsvertrag ist also wirksam.
(§ 2 Rn. 78)

28. An sich bestehen keine Bedenken, da insbesondere § 181 seinem Wortlaut nach nicht entgegensteht: Die vorausgesetzte Personenidentität fehlt. Wegen der Gefahr der Benachteiligung des Vertretenen wird § 181 in diesen Fällen aber über seinen Wortlaut hinaus analog angewendet, denn die Vorschrift könnte sonst durch die Bestellung eines Untervertreters umgangen werden. Der Kaufvertrag ist also wegen § 181 schwebend unwirksam.
(§ 2 Rn. 79–81)

29. Unter Kollusion versteht man das bewußte Zusammenwirken zwischen Vertreter und Geschäftsgegner zum Nachteil des Vertretenen. Rechtsfolge: Nichtigkeit gem. § 138 I.
(§ 2 Rn. 83)

30. – Voraussetzungen:
  - ❑ auf Seiten des Vertreters: objektiv pflichtwidriges Verhalten und - bei gesetzlich unbeschränkbarer Vertretungsmacht - Bewußtsein der Pflichtwidrigkeit.
  - ❑ auf Seiten des Geschäftsgegners: positive Kenntnis bzw. grob fahrlässige Unkenntnis (BGH) / objektive Evidenz (Lit.) bzgl. des Mißbrauchs.
- Rechtsfolgen:
  - ❑ BGH: Vertretungsmacht bleibt bestehen, Geschäftsherr hat Einrede unzulässiger Rechtsausübung gem. § 242.
  - ❑ Lit.: §§ 177 ff. analog.

Nach beiden Ansichten wird also der Geschäfsherr nicht an das Vertretergeschäft gebunden.
(§ 2 Rn. 84–86)

31. – Anspruch des H gegen K gem. § 433 II:
   - ❑ Zum Kauf des Bildes für DM 1.100,- hatte V - auch im Außenverhältnis - keine Vertretungsmacht.
   - ❑ Damit ist schon keine Einigung iSv. § 433 zwischen H und K zustande gekommen.

   Beachte: Auf die Grundsätze vom Mißbrauch der Vertretungsmacht kommt es hier also in Ermangelung einer wirksamen Vollmacht gar nicht an.
   - Anspruch des H gegen V gem. § 179 I:
   Der Anspruch besteht, da V in Kenntnis seiner fehlenden Vertretungsmacht den Vertrag mit H abgeschlossen hat.
   (§ 2 Rn. 87)

32. Durch Aufteilung der nachteiligen Folgen aus dem Rechtsgeschäft analog § 254 zwischen Geschäftsherrn und Geschäftsgegner.
(§ 2 Rn. 87)

33. – Unmittelbares wirtschaftliches Eigeninteresse des Vertreters am Vertretergeschäft.
   - Inanspruchnahme von besonderem persönlichen Vertrauen des Geschäftsgegners durch den Vertreter.

   (§ 2 Rn. 93)

Zu § 3

1. – Beseitigung des Schwebezustandes durch den Geschäftsherrn: Genehmigung gem. § 177 I.
   - Beseitigung des Schwebezustandes durch den Geschäftsgegner:
     - ❑ Widerruf gem. § 178.
     - ❑ Aufforderung an den Geschäftsherrn zur Genehmigung gem. § 177 II.

   (§ 3 Rn. 3, 4)

2. siehe § 3 Rn. 8.

3. Nach h. M. nicht, da die Anscheinsvollmacht in ihrer Wirkung einer wirklich erteilten Vollmacht gleichsteht. Nach a. A. Wahlrecht des Geschäftsgegners.
(§ 3 Rn. 12)

4. – Ja! Der Untervertreter haftet nach § 179.
   - Ja! Denn in diesem Fall hat der Untervertreter beim Geschäftsgegner den Eindruck erweckt, er könne den Geschäftsherrn unmittelbar verpflichten.

   (§ 3 Rn. 19)

5. – Bei eigener vorvertraglicher Pflichtverletzung.

- Für vorvertragliche Pflichtverletzungen des Vertreters gem. § 278, wenn der Vertreter Erfüllungsgehilfe ist.

(§ 3 Rn. 25)

Zu § 4

1. – Grds. nein, da gem. § 166 I ein Willensmangel des Vertreters vorliegen muß.
   – Nach h. M. keine analoge Anwendung von § 166 II auf Willensmängel.
   – Ausnahme: Falls Willensmangel auf einer arglistigen Täuschung durch den Geschäftsgegner beruht und darauf beruhend die Weisung an den Vertreter erfolgte.

   (§ 4 Rn. 2–4)

2. Nein! Der Vertreter ist kein am Rechtsgeschäft Unbeteiligter, er steht auf Seiten des Geschäftsherrn.

   (§ 4 Rn. 5)

3. – Grds. nein, da es für die Frage der Anfechtbarkeit gem. § 123 II 1 i.V.m. § 166 I auf die Kenntnis des Vertreters ankommt. Wußte er nichts und hätte er auch nichts wissen müssen, so ist die Anfechtung nicht möglich.
   – Ausnahme: Falls der Vertreter nach bestimmten Weisungen gehandelt hat, kommt es auch auf Kenntnis oder Kennenmüssen des Geschäftsherrn an, § 123 II 1 i.V.m. § 166 II.

   (§ 4 Rn. 6, 7)

4. – Grds. ist die Bevollmächtigung als einseitig empfangsbedürftige Willenserklärung gem. §§ 119 ff. anfechtbar.
   – Bzgl. des Zeitpunktes der Anfechtung ist zu unterscheiden:
     - ❑ Vollmachtsanfechtung vor Gebrauch der Vollmacht uneingeschränkt möglich.
     - ❑ Vollmachtsanfechtung nach Gebrauch der Vollmacht nach h. M. möglich (str., nach a. A. wegen Schutzbedürftigkeit des Geschäftsgegners und Vertreters unzulässig).

   (§ 4 Rn. 9–11)

5. – Noch nicht betätigte Vollmacht: Richtiger Anfechtungsgegner ist der Empfänger der Vollmachtserklärung.
   – Bereits betätigte Vollmacht: Nach e. A. der Geschäftsgegner gem. § 143 II; nach wohl h. M. gem. § 143 III 1 der Empfänger der Vollmachterklärung.

   (§ 4 Rn. 12, 13)

6. – Ansprüche gegen den Vertreter: § 179 II.
   – Ansprüche gegen den Geschäftsherrn: § 122.

   (§ 4 Rn. 14, 15)

Zu §§ 5 und 6

1. vgl. Schema § 5 Rn. 2
2. – Normzweck: Schutz der Allgemeinheit und des Schwächeren gegenüber dem Stärkeren.
   – Grds. Nichtigkeit.
   (§ 6 Rn. 1, 2)
3. Zu unterscheiden sind:
   – personenabhängige Wirksamkeitshindernisse: §§ 104 ff., §§ 116 ff.
   – personenunabhängige Wirksamkeitshindernisse: §§ 125, 134, 138
   (§ 6 Rn. 3)

Zu § 7

1. – Geschäftsfähigkeit: Fähigkeit, Rechtsgeschäfte selbständig voll wirksam vorzunehmen.
   – Minderjährigkeit: Fehlende oder mangelnde Geschäftsfähigkeit infolge Alters, d. h. vor Vollendung des 18. Lebensjahres.
   (§ 7 Rn. 1, 3)
2. Geschäftsfähigkeit ist die Regel (vgl. die Regelung der Ausnahmen in den §§ 104 ff.). Daraus folgt für die Klausur: Solange nichts Gegenteiliges mitgeteilt wird, ist von Geschäftsfähigkeit auszugehen.
   (§ 7 Rn. 2)
3. – § 104 Nr. 1: Geschäftsunfähigkeit vor Vollendung des siebten Lebensjahres.
   – § 104 Nr. 2: Geschäftsunfähigkeit infolge dauernder, die freie Willensbestimmung ausschließende Störung der Geistestätigkeit.
   (§ 7 Rn. 4)
4. – Begriff: Unterbrechung einer an sich dauerhaften geistigen Störung.
   – Während dieser Unterbrechungen besteht volle Geschäftsfähigkeit.
   (§ 7 Rn. 5)
5. – partielle Geschäftsunfähigkeit: Beschränkung der Geschäftsunfähigkeit auf einen bestimmten abgegrenzten Kreis von Geschäften.
   – relative Geschäftsunfähigkeit: Beschränkung der Geschäftsunfähigkeit auf besonders schwierige Geschäfte.
   – Die partielle Geschäftsunfähigkeit ist anerkannt, die relative Geschäftsunfähigkeit wegen erheblicher Rechtsunsicherheit nicht.
   (§ 7 Rn. 5)
6. – Abgabe einer Willenserklärung: Nichtigkeit gem. § 105 I.
   – Zugang einer Willenserklärung: nicht möglich gem. § 131 I.

- Eine Überwindung durch guten Glauben ist nicht möglich, arg.: Vorrang des Schutzes Geschäftsunfähiger.

(§ 7 Rn. 7, 9)

7. Nach den §§ 1626 ff.:
   - grds. die Eltern bzw. ein Elternteil;
   - oder Vormund gem. §§ 1773 ff;
   - oder Ergänzungspfleger, § 1909.

   (§ 7 Rn. 8)

8. - §§ 1629 II, 1795 I, II, 181: Insichgeschäfte.
   - §§ 1643, 1821, 1822: Beschränkungen bei besonders weitreichenden Geschäften.

   (§ 7 Rn. 8)

9. - §§ 112, 113: Wirksamkeit, weil partielle Geschäftsfähigkeit
   - § 107 F 1: Wirksamkeit, weil lediglich rechtlicher Vorteil.
   - § 107 F 2 bzw. § 110: Wirksamkeit, weil Einwilligung.
   - § 108: Wirksamkeit aufgrund Genehmigung.

   (§ 7 Rn. 11)

10. - § 112:
      - ❑ Ermächtigung durch gesetzlichen Vertreter mit Genehmigung des Vormundschaftsgerichts
      - ❑ zur selbständigen Führung eines Erwerbsgeschäftes.
      - ❑ Rechtsfolge: Partielle volle Geschäftsfähigkeit, Ausnahme: § 112 I 2

    (§ 7 Rn. 13, 14)

    - § 113:
      - ❑ Ermächtigung durch gesetzlichen Vertreter
      - ❑ zur Eingehung eines entgeltlichen Dienst- oder Arbeitsverhältnisses.
      - ❑ Rechtsfolge: Partielle volle Geschäftsfähigkeit.

    (§ 7 Rn. 15, 16)

11. - Ein Rechtsgeschäft ist dann nicht lediglich rechtlich vorteilhaft, wenn unmittelbar persönliche Pflichten begründet oder vorhandene Rechte aufgehoben bzw. gemindert werden.
    - Abzustellen ist auf:
      - ❑ unmittelbare Folgen des Rechtsgeschäftes, nicht nur mittelbare Nachteile.
      - ❑ rechtliche Folgen, also nicht wirtschaftliche Aspekte.

    (§ 7 Rn. 17 - 19)

12. - Kein Nachteil i.S.v. § 107 F 1, da Verpflichtung aus dem Grundstück selbst erfüllt werden kann.
    - Kein Nachteil i.S.v. § 107 F 1, da nur mittelbare Folge kraft öffentlichen Rechts.
    - Nachteil i.S.v. § 107 F 1, da mit der Aufbauverpflichtung in das Privatvermögen des Minderjährigen eingegriffen wird.

    (§ 7 Rn. 21–26)

13. Eine Erfüllung ist nur bei Zustimmung des gesetzlichen Vertreters möglich, vgl. Wertungen der §§ 107, 131; arg.: fehlende Empfangszuständigkeit des Minderjährigen.
(§ 7 Rn. 27, 28).

14. – Spezialeinwilligung: Regelfall der Einwilligung gem. § 107 F 2, daher wirksam.
– Generalkonsens: zu unterscheiden sind:
  - ❑ beschränkter Generalkonsens für eine Gruppe zunächst noch nicht näher bestimmter Rechtsgeschäfte des Minderjährigen: bei enger Auslegung wirksam.
  - ❑ unbeschränkter Generalkonsens für alle Arten von Rechtsgeschäften: wegen Umgehung der Wertungen des Minderjährigenrechts unwirksam.

(§ 7 Rn. 33, 34)

15. Nach h. M. besondere (konkludente) Form der Einwilligung i.S.v. § 107 F 2.
(§ 7 Rn. 38)

16. – Bewirken (i.S.v. § 362 I) der vertragsgemäßen Leistung.
– Mit Mitteln, die zweckgebunden oder zur freien Verfügung überlassen wurden.
– Rechtsfolge: Wirksamkeit des Vertrages mit vollständiger (!) Leistungsbewirkung.
(§ 7 Rn. 39–42)

17. Bei Surrogatsgeschäften ist im Wege der Auslegung zu ermitteln, ob die Einwilligung im Einzelfall auch noch diese Geschäfte erfaßt. Grds. (-), wenn der Wert der Surrogate den der überlassenen Mittel erheblich übersteigt.
(§ 7 Rn. 41)

18. – Wirksamkeit:
  - ❑ Genehmigung durch den gesetzlichen Vertreter, §§ 108 I, 184 I.
  - ❑ Genehmigung durch den volljährig gewordenen früheren Minderjährigen, § 108 III.

– endgültige Unwirksamkeit:
  - ❑ Verweigerung der Genehmigung durch den gesetzlichenVertreter oder den völljährig gewordenen Minderjährigen.
  - ❑ Verweigerungsfiktion gem. § 108 II 2 HS 2 bei Aufforderung durch den Vertragspartner.
  - ❑ Widerruf gem. § 109 I durch den Vertragspartner.

(§ 7 Rn. 45–49)

19. – nicht empfangsbedürftige Willenserklärungen: Unwirksamkeit gem. § 111 S. 1.
– empfangsbedürftige Willenserklärungen:
  - ❑ grds. Unwirksamkeit, § 111 S. 1.
  - ❑ Ausnahme: Entsprechende Geltung der §§ 108, 109 bei Kenntnis des Erklärungsempfängers von der Minderjährigkeit.
  - ❑ Bei Zustimmung des gesetzlichen Vertreters § 111 S. 2 und 3 beachten.

(§ 7 Rn. 50, 51)

Zu § 8

1. – Zwar Erklärungsbewußtsein vorhanden,
   – aber Erklärender will Erklärtes (bewußt) nicht gegen sich gelten lassen.
   (§ 8 Rn. 1)

2. – Begriff: Abgabe einer Willenserklärung bis insgeheimen Vorbehalt, das Erklärte nicht zu wollen.
   – Rechtsfolge:
     - ❑ Grds. Unbeachtlichkeit, § 116 S. 1 (d. h. die Willenserklärung ist wirksam);
     - ❑ Ausnahme: § 116 S. 2: Nichtigkeit
   (§ 8 Rn. 2)

3. – Begriff: Abgabe einer empfangsbedürftigen Willenserklärung mit Einverständnis des Erklärungsempfängers nur zum Schein.
   – Abgrenzung zur Mentalreservation:
     - ❑ Einigung über die Scheinabgabe bei § 117 (dagegen "insgeheim" bei § 116).
     - ❑ Empfangsbedürftige Willenserklärung bei § 117 (dagegen alle Arten von Willenserklärungen bei § 116).
   (§ 8 Rn. 3)

4. – § 117 I: Nichtigkeit des Scheingeschäftes.
   – § 117 II: Ggf. verdecktes Geschäft ist wirksam, soweit dessen Vorschriften beachtet wurden.
   (§ 8 Rn. 3)

5. – Begriff: Abgabe einer nicht ernstlich gemeinten Willenserklärung in der Erwartung, der Erklärungsgegner werde den Mangel der Ernstlichkeit erkennen.
   – Rechtsfolge:
     - ❑ § 118: Nichtigkeit der Willenserklärung.
     - ❑ § 122 I: Ggf. Schadensersatzanspruch für den Erklärungsempfänger.
   (§ 8 Rn. 7)

6. In den Fallkonstellationen kommen folgende Normen zur Anwendung:
     - ❑ § 117 I ("Scheingeschäft"):
       In der 1. Variante handelte P beim Austritt im Einverständnis mit dem Vorstand der SPD.
     - ❑ § 116 S. 2 (erkannter Vorbehalt) In der 2. Variante kannte der Vorstand der SPD den Scheincharakter.
     - ❑ § 118 ("Guter Scherz") In der 3. Variante nahm P an, daß der Vorstand der SPD den Scheincharakter erkennen würde.
   (§ 8 Rn. 2–7)

Zu § 9

1. – Warnfunktion: Schutz vor Übereilung.
   – Klarstellungs- und Beweisfunktion: Dokumentation, ob und mit welchem Inhalt das Rechtsgeschäft geschlossen wurde.
   – Beratungsfunktion: sachkundige Beratung durch Notar.
   – Kontrollfunktion: Kontrolle und Überwachung durch Behörden.
   (§ 9 Rn. 2)

2. – Schriftform, § 126
   – notarielle Beurkundung, § 128
   – öffentliche Beglaubigung, § 129
   – nicht typisierbare Formerfordernisse, z. B. § 925
   (§ 9 Rn. 6)

3. – Ja! Schriftlichkeit erfordert nicht Handschriftlichkeit.
   – Nein! Die Unterschrift mußden Vertragstext räumlich abschließen.
   – Ja! Vgl. § 126 III.
   (§ 9 Rn. 7)

4. § 9 Nr. 6 AGBG: Keine strengere Form als die Schriftform.
   (§ 9 Rn. 10)

5. Unterscheide je nach Parteiwillen:
   – konstitutiv: Formbeachtung soll Wirksamkeitsvoraussetzung sein.
   – deklaratorisch: Formbeachtung soll nur Beweiszwecken oder Klarstellung dienen.
   (§ 9 Rn. 11)

6. – gesetzlich: Der Formzwang erfaßt das gesamte Rechtsgeschäft mit allen wesentlichen Bestandteilen.
   – rechtsgeschäftlich: Der Umfang des Formzwanges richtet sich nach dem Parteiwillen; Ermittlung gem. §§ 133, 157; im Zweifel: wie gesetzlich.
   (§ 9 Rn. 12, 18)

7. Erfaßt werden nur wesentliche Nebenabreden, die nach dem Parteiwillen echter Bestandteil des Rechtsgeschäftes sein sollen.
   (§ 9 Rn. 13)

8. Im Fall wird ein formfreies (Autokaufvertrag) mit einem formbedürftigen (Grundstückskaufvertrag, vgl. § 313 S. 1) Rechtsgeschäft verbunden. Da nach dem Parteiwillen die beiden Kaufverträge miteinander stehen und fallen sollen, fallen die Rechtsgeschäfte zu einem zusammen und sind insgesamt formbedürftig gem. § 313 S. 1.
   (§ 9 Rn. 14)

9. – Grundsätzlich bedarf auch die nachträgliche Änderung oder Ergänzung der Form.

- Ausnahme: Die Erklärung nur einer Partei war formbedürftig. Dann kann deren Verpflichtung formlos eingeschränkt werden.

(§ 9 Rn. 15)

10. – Grundsätzlich: ja.
    – gesetzliche Ausnahmen: §§ 2290 IV, 2351.
    – Ausnahme nach Rspr.: Wenn eine Partei eine gesicherte Rechtsposition verliert (z. B. bei Vormerkung).

    (§ 9 Rn. 16)

11. – Vorverträge zu einem formbedürftigen Rechtsgeschäft sind grundsätzlich selbst formbedürftig.
    – Vollmachterteilung zu einem formbedürftigen Rechtsgeschäft ist ihrerseits (entgegen § 167 II) formbedürftig, wenn der Geschäftsherr durch sie bereits gebunden wird (z. B. bei unwiderruflicher Vollmacht).
    – Vereinbarungen, die formbedürftiges Rechtsgeschäft mittelbar erzwingen (z. B. Vertragsstrafeversprechen).

    (§ 9 Rn. 17)

12. ❑ Ja! Nach h. M. reicht der bloße Neuregelungswille, Aufhebungswille ist nicht erforderlich.

    (§ 9 Rn. 19)

13. – gesetzlicher Formzwang: Nichtigkeit des Rechtsgeschäftes, § 125 S. 1.
    – rechtsgeschäftlich vereinbarter Formzwang: falls Form konstitutiv: Nichtigkeit; falls Form deklaratorisch: keine Nichtigkeit; im Zweifel: Nichtigkeit gem. § 125 S. 2.

    (§ 9 Rn. 20, 23)

14. – Erfüllung der formnichtigen Verpflichtung.
    – Fortbestehender Parteiwille.
    – Keine sonstigen Umwirksamkeitsgründe.
    – Rechtsfolge: Wirksamkeit des Rechtsgeschäfts ex nunc.

    (§ 9 Rn. 21, 22)

15. – Keine sonstigen Umwirksamkeitsgründe.
    – Schutzwürdigkeit.
    – Erforderlichkeit.

    (§ 9 Rn. 25)

16. – Arglistige Täuschung über die Formbedürftigkeit in der Absicht, sich auf Formunwirksamkeit zu berufen; nicht bei fahrlässiger Verursachung oder bewußter Mißachtung.
    – Existenzgefährdung oder -vernichtung.
    – Schwere Treuepflichtverletzung.

    (§ 9 Rn. 27–29)

Zu § 10

1. vgl. § 10 Rn. 1
2. § 134 findet keine Anwendung, wenn das betreffende Gesetz selbst die Nichtigkeit des Rechtsgeschäftes anordnet.
   (§ 10 Rn. 2)
3. – Verbots-Gesetz: Jede inländische Rechtsnorm i.S.v. Art. 2 EGBGB.
   – Verbots-Gesetz: Normen, die ein nach der Rechtsordnung grundsätzlich mögliches Rechtsgeschäft wegen seines Inhalts oder der Umstände seines Zustandekommens untersagen (also nicht nur reine Ordnungsvorschriften).
   (§ 10 Rn. 3, 4)
4. Ermittlung der Rechtsfolge durch Auslegung des Verbotsgesetzes. Indiz ist der Adressatenkreis:
   – Verbot richtet sich gegen beide Vertragsparteien: I.d.R. Nichtigkeit, es sei denn Zweck des Verbotsgesetzes gebietet andere Lösung.
   – Verbot richtet sich nur gegen eine Partei: I.d.R. Gültigkeit, es sei denn Zweck des Verbotsgesetzes gebietet andere Lösung.
   – Teilnichtigkeit, soweit Sinn und Zweck des Verbotsgesetzes dies rechtfertigen.
   – Auch Umgehungsgeschäfte werden erfaßt.
   – Grds. Nichtigkeit nur des Verpflichtungsgeschäftes; Ausnahme: Nichtigkeit auch des Erfüllungsgeschäftes, soweit Umstände des Gesetzesverstoßes auch dieses betreffen und der Normzweck die Nichtigkeit erfordert.
   (§ 10 Rn. 7–11)
5. – Die Abtretung ärztlicher oder anwaltlicher Honorarforderungen verstößt wegen der Verpflichtung zur Preisgabe von Informationen gem. § 402 gegen § 203 StGB, wenn nicht der Patient oder Mandant ausdrücklich mit der Weitergabe einverstanden waren.
   – § 203 StGB stellt ein Verbotsgesetz i.S.v. § 134 dar.
   – Da der Gesetzesverstoß gerade in der Abtretung, also im Erfüllungsgeschäft, liegt, bezieht sich die Nichtigkeitsfolge auch hierauf.
   (§ 10 Rn. 12–15)

Zu § 11

1. – § 138 II ist Spezialfall zu § 138 I.
   – § 134 speziell zu § 138 I und II.
   – Prüfungsfolge also: § 134 - § 138 II - § 138 I.
   (§ 11 Rn. 3)
2. – objektiv: auffälliges Mißverhältnis zwischen Leistung und Gegenleistung.
   – subjektiv: bewußtes Ausbeuten einer Schwächesituation (Zwangslage, Uner-

fahrenheit, mangelndes Urteilsvermögen, erhebliche Willensschwäche) des Bewucherten.
(§ 11 Rn. 5–8)

3. Nur auf Verträge, die auf einen Leistungsaustausch gerichtet sind, z. B. Kauf, Miete, nicht aber unentgeltliche Verträge, bei denen nur eine Seite leistet.
(§ 11 Rn. 5)

4. Nein! Maßgebend für die Ermittlung des Mißverhältnisses ist der Zeitpunkt des Vertragsschlusses.
(§ 11 Rn. 5)

5. – Nichtigkeit des Verpflichtungsgeschäft.
   – Nichtigkeit des Erfüllungsgeschäftes des Bewucherten ("gewähren läßt").
   – Keine Nichtigkeit bzgl. Erfüllungsgeschäft des Wucherers.
(§ 11 Rn. 9

6. vgl. Prüfungsschema § 11 Rn. 10

7. Sittenwidrigkeit liegt vor, wenn ein Rechtsgeschäft gegen das Anstandsgefühl aller billig und gerecht Denkenden verstößt.
(§ 11 Rn. 12)

8. – Inhaltssittenwidrigkeit: Der Inhalt eines Rechtsgeschäftes steht im Widerspruch zu den grundlegenden Wertungen der Rechts- und Sittenordnung. -Umstandssittenwidrigkeit: Ein Rechtsgeschäft ist unter Würdigung seines Gesamtcharakters (Inhalt, Beweggrund, Zweck) unvereinbar mit der Rechts- und Sittenordnung.
(§ 11 Rn. 13)

9. Maßgeblich ist der Zeitpunkt, zu dem das Rechtsgeschäft vorgenommen wird, nicht der Zeitpunkt des Eintritts der Rechtswirkungen.
(§ 11 Rn. 14)

10. Differenziere:
   – Sittenwidrigkeit wegen Inhalts des Rechtsgeschäftes: ausreichend objektive Sittenwidrigkeit, keine subjektive Kenntnis erforderlich.
   – Sittenwidrigkeit ergibt sich aus Gesamtwürdigung des Rechtsgeschäftes: subjektive Kenntnis bzw. zumindest bewußtes/grobfahrlässiges Sichverschließen bzgl. der die Sittenwidrigkeit begründenden Umstände.
(§ 11 Rn. 15)

11. – Sittenwidrige Ratenkredite
   – wucherähnliche Rechtsgeschäfte
   – Überforderung des Schuldners
   – Knebelungsverträge
(§ 11 Rn. 17–20)

12. Effektiver Jahreszins übersteigt marktüblichen Zinssatz:
   – relativ um 100 % oder

- absolut um 12 %.

(§ 11 Rn. 17)

13. – Strukturelle Unterschiede in der Verhandlungsstärke und
    – Geschützter ist durch Vertrag einer ungewöhnlich hohen Belastung ausgesetzt.

    (§ 11 Rn. 19)

14. – Verstöße gegen die Gemeinschaftsordnung
    – Verstöße gegen Ehe- und Familienordnung
    – Standeswidrige Rechtsgeschäfte
    – Schädigung Dritter

    (§ 11 Rn. 22–25)

15. – Grundsatz: Sittenwidrigkeit begründet Nichtigkeit des Rechtsgeschäftes.
    – Ausnahme: Bei Dauerschuldverhältnisses wegen Abwicklungsschwierigkeiten ggf. Aufrechterhaltung gem. § 139.

    (§ 11 Rn. 26, 27)

16. vgl. § 11 Rn. 28

Zu §§ 12 und 13

1. – Der Gesetzgeber mußte einen Ausgleich zwischen rechtlicher Selbstbestimmung und Selbstverantwortung des Erklärenden und den Interessen des Erklärungsempfängers sowie des Geschäftsverkehrs am rechtlichen Bestand einer Erklärung schaffen.
   – Lösung: Anfechtungsmöglichkeit durch den Erklärenden unter eingeschränkten Voraussetzungen und Schutz des Erklärungsempfängers durch Schadensersatzanspruch gem. § 122.

   (§ 12 Rn. 1, 2)

2. vgl. Prüfungsschema § 13 Rn. 1

Zu §§ 14 und 15

1. – Die Anfechtungsregeln finden Anwendung:
   - ❑ auf alle Arten von Willenserklärungen (auch auf Schweigen, falls echte Willenserklärung oder mit Wirkung einer zustimmenden Willenserklärung);
   - ❑ auf geschäftsähnliche Handlungen.

   – Keine Anwendung finden die Anfechtungsregeln:
   - ❑ auf Schweigen, das die Wirkung einer ablehnenden Willenserklärung hat;
   - ❑ auf Realakte;
   - ❑ wenn Sonderregelungen vorgehen (z. B. §§ 459 ff. im Verhältnis zu § 119 II).

- Zu den Beispielen:
  - ❑ Besitzergreifung: Nein, da Realakt.
  - ❑ Schweigen auf ein kaufmännisches Bestätigungsschreiben: Grds. Ja, da Schweigen mit Wirkung einer zustimmenden Willenserklärung; beachte aber, daß der Irrtum über die Bedeutung des Schweigens nicht zur Anfechtung berechtigt (unbeachtlicher Rechtsfolgeirrtum).
  - ❑ Mahnung i.S.v. § 284: Ja, da geschäftsähnliche Handlung.
  - ❑ Einwilligung in ärztlichen Eingriff: Ja, da geschäftsähnliche Handlung.
  - ❑ Einbringen von Wohnungsgegenständen in Mieträume: Nein, da Realakt.

  (§ 14 Rn. 1–3)

2. – Die Anfechtung ist zulässig, da nach der sog. Doppelwirkung im Recht auch eine bereits nichtige Willenserklärung noch angefochten werden kann, um nachteilige Folgen des einen Nichtigkeitsgrundes durch Geltendmachung eines anderen abzuwenden.

   (§ 15 Rn. 3)

   – Fraglich ist, ob X nicht kündigen müßte. Allerdings bleibt nach h. M. die Anfechtung neben der Kündigung möglich (arg.: Anfechtung bezieht sich Fehler bei der Willensbildung beim Vertragsschluß, Kündigung regelmäßig auf nach dem Vertragsschluß hinzukommende Umstände), wirkt aber nach Invollzugsetzung des Arbeitsverhältnisses nur ex nunc.

   (§ 15 Rn. 2)

   – Die Anfechtung ist wegen § 144 I nicht mehr zulässig: K hat bei einem anfechtbaren Rechtsgeschäft als Anfechtungsberechtigter durch Weiterführung der Verwaltung eine konkludente Bestätigung vorgenommen. Die Bestätigung ist gem. § 144 II formfrei möglich, so daß auch wegen § 313 keine Bedenken bestehen.

   (§ 15 Rn. 1)

Zu § 16

1. Irrtum ist das unbewußte Auseinanderfallen von objektiv Erklärtem und subjektiv Gewolltem.
   (§ 16 Rn. 2)
2. vgl. Schema § 16 Rn. 3
3. Es ist zunächst im Wege der Auslegung der Inhalt der Willenserklärung zu ermitteln: Auslegung geht vor Anfechtung!
   (§ 16 Rn. 4)
4. – erkannte Irrung: Konstellation, in der eine Vertragspartei zwar objektiv etwas anderes erklärt, als sie subjektiv will, der Erklärungsgegner dies aber erkennt und sich auf das Gewollte einstellt; Folge: keine Anfechtung.
   (§ 16 Rn. 6)

- falsa demonstratio: Konstellation, in der beide Parteien übereinstimmend objektiv etwas anderes erklären, als sie subjektiv wollen; Folge: es gilt das Gewollte, keine Anfechtung.

(§ 16 Rn. 5)

- Eine Irrtumsanfechtung scheidet aus, weil in beiden Fällen das Rechtsgeschäft mit dem Inhalt des subjektiv Gewollten zustande kommt.

(§ 16 Rn. 4)

5. Ein Erklärungsirrtum liegt vor, wenn,
   - ❑ der äußere Erklärungstatbestand nicht mit dem Willen des Erklärenden übereinstimmt, weil dieser sich verspricht, verschreibt, vergreift, und
   - ❑ der Irrtum für die Erklärung erheblich i.S.v. § 119 I HS 2 war.

   (§ 16 Rn. 7, 10)

6. – Fallgruppe 1: Erklärender hat vom Inhalt der Urkunde falsche Vorstellungen: Anfechtung gem. § 119 I F 2 (+).
   - Fallgruppe 2: Erklärender hat sich vom Inhalt überhaupt keine Vorstellung gemacht: Anfechtung (-), da kein Irrtum vorliegt.
   - Fallgruppe 3: Abredewidriges Ausfüllen eines unterzeichneten Blankettformulars: An sich Anfechtung gem. § 119 I F 2 (+), aber u. U. Einschränkung nach Rechtsgedanken des § 172 II.

   (§ 16 Rn. 8, 9)

7. Nein! Eine Anfechtung nach § 120 scheitert hier, da der Bote bewußt von seinem Auftrag abgewichen ist. Allerdings: Es bedarf auch keiner Anfechtung, da C gem. § 177 ff. analog als Bote ohne Botenmacht zu behandeln ist und A - wenn er nicht genehmigt - an das Rechtsgeschäft nicht gebunden ist.

   (§ 16 Rn. 11)

8. – Ein Inhaltsirrtum liegt vor, wenn
     - ❑ der Erklärende sich über die Bedeutung und Tragweite seiner Erklärung irrt und
     - ❑ der Irrtum für die Erklärung erheblich i.S.v. § 119 I HS 2 war.
   - Abgrenzung zum unbeachtlichen Motivirrtum:
     - ❑ Der Inhaltsirrtum betrifft Fehlvorstellungen bzgl. des Inhalts des Geschäftes bei Abgabe der Erklärung.
     - ❑ Der unbeachtliche Motivirrtum hingegen Fehler bei der Willensbildung, also im Vorfeld der Erklärung.

   (§ 16 Rn. 12, 22)

9. – Verlautbarungsirrtum: Irrtum über die Bedeutung des Erklärungsmittels.
   - Identitätsirrtum: Irrtum über Person des Geschäftsgegners oder Gegenstand des Geschäfts.
   - Rechtsfolgenirrtum: Irrtum über die mit einer Erklärung verbundenen Rechtsfolgen. Berechtigt nach h. M. grds. nicht zur Anfechtung.

- Kalkulationsirrtum: Irrtum über die Berechnungsgrundlage. Berechtigt nach Ansicht der Rspr. nur als sog. externer Kalkulationsirrtum zur Anfechtung.

(§ 16 Rn. 13–18)

10. – Irrtum über Rechtsfolge, die sich bereits aus dem Gesetz ergibt: Keine Anfechtungsmöglichkeit, da kein Auseinanderfallen von Wille und Erklärung.
    - Irrtum über Rechtsfolge, die zum Gegenstand der Erklärung gemacht wurde: Anfechtung gem. § 119 I F 1 möglich.
    - Der Irrtum über die Bedeutung des Schweigens auf ein kaufmännisches Bestätigungsschreiben berechtigt nicht zur Anfechtung, da sich die Rechtsfolge (Vertrag kommt zustande) unabhängig vom Willen des Schweigenden ergibt (vgl. BGB Allgemeiner Teil I § 25 Rn. 22).

    (§ 16 Rn. 15)

11. – Nach Ansicht der Rspr. berechtigt nur der sog. externe Kalkulationsirrtum zur Anfechtung, wenn also dem Erklärungsgegner die Berechnungsgrundlage offenbart wurde (nach a. A. keine Anfechtung, statt dessen WGG).
    - Der interne Kalkulationsirrtum berechtigt hingegen nicht zur Anfechtung.

    (§ 16 Rn. 17, 18)

12. Beim Eigenschaftsirrtum irrt der Erklärende über Umstände, die weder Bestandteil der Erklärungshandlung noch des Erklärungsinhalts sind, sondern einen Bestandteil der Willensbildung darstellen. Insoweit ist § 119 II der Fall eines ausnahmsweise beachtlichen Motivirrtum.

    (§ 16 Rn. 23)

13. Vgl. die Definition § 16 Rn. 24

14. In Kombination von h. M. und Rspr. ist die Verkehrswesentlichkeit immer dann zu bejahen, wenn die Eigenschaft entweder verkehrstypisch oder geschäftswesentlich ist.

    (§ 16 Rn. 25)

15. – Problem: Bei Irrtum über eine Eigenschaft der Kaufsache, die gleichzeitig einen Sachmangel i.S.v. §§ 459 ff. darstellt, besteht bei paralleler Anwendung von Anfechtungs- und Gewährleistungsrecht die Gefahr einer Umgehung von § 477.
    - Lösung nach h. M.: §§ 459 ff. schließen § 119 II nach Gefahrübergang aus, soweit der Irrtum sich auf eine Eigenschaft bezieht, die gleichzeitig einen Sachmangel darstellt.

    (§ 16 Rn. 26, 27)

16. Vgl. die Schemata § 16 Rn. 35 und 42 (S. 18/19)

17. ❑ Dritter i.S.v. § 123 II ist nur der am Geschäft Unbeteiligte, nicht aber, wer auf Seiten des Erklärungsempfängers steht und maßgeblich am Zustandekommen des Vertrages mitgewirkt hat (kein Dritter daher: Vertreter, Verhandlungsgehilfe, Vertrauensperson).

    (§ 16 Rn. 40)

18. – § 123 hat gegenüber § 138 Vorrang. § 138 greift nur ein bei zusätzlichen Umständen außerhalb der Drohung oder Täuschung, die eine Sittenwidrigkeit begründen können.
   – Schadensersatzansprüche aus § 823 II; § 826 stehen neben der Anfechtungsmöglichkeit nach § 123.
   – Ansprüche aus c.i.c. werden regelmäßig durch eine arglistige Täuschung bzw. Drohung begründet.
   – Rechte aus §§ 459 ff. und die Anfechtungsmöglichkeit nach § 123 können nebeneinander stehen.
   – Zwischen §§ 119, 120 und § 123 besteht Wahlrecht.
   (§ 16 Rn. 46–50)

Zu §§ 17 und 18

1. – Eine Anfechtungserklärung liegt vor, wenn der Erklärende unzweideutig erkennen läßt, daß er seine Willenserklärung wegen eines Willensmangels rückwirkend nicht gelten lassen will.
   – Dabei muß er nicht ausdrücklich das Wort "Anfechtung" gebrauchen.
   (§ 17 Rn. 1)
2. – Grundsatz: Erklärender.
   – Ausnahme: Bei der Stellvertretung muß die Anfechtung durch den Geschäftsherrn erklärt werden.
   (§ 17 Rn. 2)
3. – Vertrag: Vertragspartner, § 143 II.
   – einseitig empfangsbedürftige Willenserklärung: Erklärungsempfänger, § 143 III.
   (§ 17 Rn. 3
4. – Anfechtung nach §§ 119, 120: § 121 - unverzügliche Anfechtung, gerechnet ab positiver Kenntnis des Irrtums.
   – Anfechtung nach § 123: § 124 - Jahresfrist, gerechnet ab Entdeckung der Täuschung bzw. Ende der Zwangslage.
   (§ 18 Rn. 1, 2)
5. Nein! "Unverzüglich" i.S.v. § 121 erlaubt eine angemessene Überlegungsfrist, höchstens jedoch 2 Wochen.
   (§ 17 Rn. 1)

Zu § 19

1. – für das angefochtene Rechtsgeschäft: Nichtigkeit ex tunc gem. § 142 I; Rückabwicklung gem. § 812 I 2 F 1.
   – für den Anfechtungsgegner: Ggf. Schadensersatzansprüche aus § 122 bzw. c.i.c.
   (§ 19 Rn. 1, 5)

2. Nein! Das Anfechtungsrecht gibt kein Reuerecht. Deshalb muß V sich an dem festhalten lassen, was er wirklich wollte. Erklärt sich K mit dem höheren Kaufpreis einverstanden, kommt der Vertrag mit diesem Inhalt zustande.
   (§ 19 Rn. 2)

3. – Grundsätzlich wird nur das schuldrechtliche Verpflichtungsgeschäft von dem Willensmangel erfaßt, da beim Erfüllungsgeschäft regelmäßig keine Vorstellungen über dem Geschäftsgegenstand mehr bestehen.
   – Ausnahmsweise ist das Erfüllungsgeschäft anfechtbar, wenn beide Geschäfte am selben Willensmangel leiden.
   (§ 19 Rn. 3)

4. § 142 II nimmt eine Gleichstellung vor: Kenntnis oder Kennenmüssen der Anfechtbarkeit steht Kenntnis oder Kennenmüssen der Nichtigkeit des Rechtsgeschäfts gleich. Bedeutsam ist dies in allen Fällen, in denen es auf die Gutgläubigkeit einer Person ankommt, die von einem aufgrund einer Anfechtung zum Nichtberechtigten gewordenen etwas erworben hat.
   (§ 19 Rn. 4)

5. Vgl. Schema § 19 Rn. 6

6. – negatives Interesse: Geschädigter ist so zu stellen, wie er stehen würde, wenn er auf die Gültigkeit des Rechtsgeschäftes nicht vertraut hätte.
   – positives Interesse: Geschädigter ist so zu stellen, wie er stehen würde, wenn der Vertrag ordnungsgemäß erfüllt worden wäre.
   – § 122 ersetzt das negative Interesse, allerdings begrenzt durch das positive Interesse.
   (§ 19 Rn. 7)

7. – § 254 I kommt neben § 122 II grds. nicht zur Anwendung (Ausnahme: analoge Anwendung bei schuldloser Mitverursachung).
   – § 254 II (Schadensminderungspflicht) ist hingegen neben § 122 II anzuwenden.
   (§ 19 Rn. 8)

8. Die Ansprüche aus § 122 und c.i.c. stehen nebeneinander. Arg.: Unterschiede beim anspruchsbegründenden Verschulden, beim ersatzfähigen Schaden und bei der Berücksichtigung von Mitverschulden.
   (§ 19 Rn. 9)

Zu §§ 20–25

1. – Trennungsprinzip: Zwischen Verpflichtungs- und Verfügungsgeschäft ist strikt zu trennen.
   – Abstraktionsprinzip: Verpflichtungs- und Verfügungsgeschäft sind in ihrer Wirksamkeit voneinander unabhängig.
   (§ 20 Rn. 1)
2. Fehleridentität liegt vor, wenn derselbe Umwirksamkeitsgrund sowohl das Verpflichtungs- als auch das Verfügungsgeschäft betrifft.
   (§ 20 Rn. 2)
3. – Grds. beide Geschäfte erfaßt, es sei denn, zwischen Verpflichtungs- und Verfügungsgeschäft treten Änderungen hinsichtlich der Geschäftsfähigkeit auf.
   – Irrtum
     ❑ nach § 119 I: grds. nur Verpflichtungsgeschäft erfaßt.
     ❑ nach § 119 II: grds. nur Verpflichtungsgeschäft erfaßt, Erfüllungsgeschäft idR. wertneutral (Ausnahme: einheitlicher Willensakt).
   – IdR. beide Geschäft erfaßt (zeitliches Zusammenwirken oder Fortwirken).
   – Grds. keine Fehleridentität, da entweder Verpflichtungs- oder Verfügungsgeschäft erfaßt.
   – Verstoß gegen
     ❑ § 134: grds. nur Verpflichtungsgeschäft erfaßt; Ausnahme: Verfügungsgeschäft unmittelbar und zugleich betroffen.
     ❑ § 138 I: grds. nur Verpflichtungsgeschäft, da Verfügungsgeschäft sittlich neutral; Ausnahme: Sittenwidrigkeit liegt gerade im Vollzug der Leistung.
   (§§ 21–25)
4. – Nichtigkeit des schuldrechtlichen Verpflichtungsgeschäfts gem. § 138 II.
   – Nichtigkeit des Verfügungsgeschäftes des G gem. § 138 II.
   – Keine Nichtigkeit des Verfügungsgeschäftes des D.
   (§ 25 Rn. 2)

Zu §§ 27–29

1. – Bedingung: Nebenabrede eines Rechtsgeschäftes, wonach die Rechtswirkungen von einem ungewissen zukünftigen Ereignis abhängen (§ 27 Rn. 1).
   – Befristung: Nebenabrede, wonach die Rechtswirkungen eines Geschäfts von einem künftigen gewissen Ereignis abhängen (§ 28 Rn. 1).
   – Betagung: Hinausschieben der Fälligkeit einer bereits bestehenden Forderung (§ 29 Rn. 1).
2. – Gesetzlich geregelte Fälle, z. B. § 925 II.
   – Bedingungsfeindlichkeit von Gestaltungsrechten.

- Ausnahme: Potestativbedingung und innerprozessuale Rechtsbedingung.

(§ 27 Rn. 2, 3)

3. Schwebezustand: Das Rechtsgeschäft ist tatbestandlich vollendet und gültig, jedoch treten seine Wirkungen erst mit Eintritt bzw. Ausfall der Bedingung ohne Rückwirkung ein.
(§ 27 Rn. 6)

4. – Bedingungsausfall: Bedingung kann endgültig nicht mehr eintreten; Rechtsfolge: endgültige Wirksamkeit bzw. Unwirksamkeit des Rechtsgeschäftes.
   – Bedingungsvereitelung: Treuwidrige Vereitelung des Bedingungseintrittes durch eine Partei; Rechtsfolge: Bedingung gilt als eingetreten bzw. nicht eingetreten.
   (§ 27 Rn. 7)

5. Abgrenzung erfolgt nach Parteiwillen:
   – Parteien erachten den Eintritt des Ereignisses als gewiß: Befristung.
   – Parteien erachten den Eintritt des Ereignisses als ungewiß: Bedingung.
   (§ 28 Rn. 2)

Zu § 30

1. – Frist: abgegrenzter (bestimmter oder bestimmbarer) Zeitraum.
   – Termin: bestimmter Zeitpunkt.
   (§ 30 Rn. 2, 3)

2. vgl. § 30 Rn. 4 und 8

3. – Beginn der Frist: Maßgebliches Ereignis (Zugang des Kündigungsschreibens) Samstag, 01.10., daher Fristbeginn gem. § 187 I am Sonntag, 02.10.
   – Dauer der Frist: Gem. § 4 KSchG drei Wochen.
   – Ende der Frist: Da Frist nicht nur nach Tagen bemessen (also nicht: § 188 I) und Ereignisfrist i.S.v. § 187 I, gilt § 188 II F 1: Fristende eigentlich Samstag, 22.10., aber wegen § 193 erst Montag, 24.10. Die Klageschrift ist also rechtzeitig bei Gericht eingegangen.
   (§ 30 Rn. 5–7)

Zu § 31

1. – Begriff: Zeitraum, nach dessen Ablauf der Verpflichtete das Recht hat, die Leistung zu verweigern.
   – Gesetzliche Regelung in den §§ 194 ff. sowie - für die Dauer der Verjährung - oftmals Sonderregelungen bei den einzelnen Vertragstypen.
   – Der Verjährung unterliegen grds. nur Ansprüche. Nicht der Verjährung unterliegen insbesondere:

- ❑ Gestaltungsrechte.
- ❑ Absolute Rechte.
- ❑ Recht zum Besitz.
- ❑ Unverjährbarkkeit von Ansprüchen in besonderen Fällen (z. B. § 194 II; § 898).

(§ 31 Rn. 1, 6, 7.)

2. – Sicherung des Rechtsfriedens und der Rechtssicherheit: Schutz vor Verdunkelung der Rechtslage.
   – Schutz des Schuldners vor Beweisschwierigkeiten und hoher Rücklagenbildung.
   (§ 31 Rn. 2)

3. – Unterschied zur Ausschlußfrist:
   ❑ Ausschlußfrist bewirkt Erlöschen des Anspruchs, das im Prozeß von Amts wegen geprüft wird.
   ❑ Verjährung gibt nur ein dauerndes Leistungsverweigerungsrecht, auf das sich der Schuldner berufen muß.
   – Unterschied zur Verwirkung:
   ❑ Verwirkung stellt ein Ausübungshindernis dar, das von Amts wegen berücksichtigt wird.
   ❑ Verjährung basiert nur auf dem Zeitmoment, nicht aber auch - wie die Verwirkung - auf einem Umstandsmoment.
   (§ 31 Rn. 3, 4)

4. vgl. § 31 Rn. 20

5. – § 195: 30 Jahre.
   – § 477: 6 Monate.
   – § 196 I Nr. 1: 2 Jahre.
   – § 197: 4 Jahre.
   – § 852 I: 3 Jahre.
   – § 195: 30 Jahre.
   (§ 31 Rn. 8–11)

6. – Grundsatz: Die Verjährung beginnt mit der Entstehung des Anspruchs (= Fälligkeit) zu laufen.
   – Ausnahme: § 201: In Fällen, in denen die kurze Verjährung gem. §§ 196, 197 gilt, beginnt die Verjährung erst mit dem Schluß des Jahres zu laufen, in dem der Anspruch entstanden ist.
   (§ 31 Rn. 12, 13)

7. – Unterbrechung: Zeit bis zur Unterbrechung wird nicht gezählt, d. h. Frist beginnt von neuem zu laufen, § 217.
   – Hemmung: Zeit bis zur Hemmung zählt mit, d. h. Frist läuft nach Wegfall der Hemmung einfach weiter, § 205.
   (§ 31 Rn. 15, 17)

8. – Die Verjährung gibt ein dauerndes Leistungsverweigerungsrecht, auf das sich der Schuldner berufen muß.
   – Die Forderung bleibt aber weiterhin erfüllbar, vgl. §§ 222 II, 813 I 2.
   (§ 31 Rn. 19)

Sachverzeichnis

Magere Zahlen verweisen auf die Randnummern, kursive auf die Hauptfundstellen.